21世纪会计系列教材

江苏省“十二五”重点专业类建设项目

公司治理与内部控制

第2版

Corporate Governance and Internal Control

胡晓明 许婷 刘小峰 编著

人民邮电出版社

北京

图书在版编目（C I P）数据

公司治理与内部控制 / 胡晓明，许婷，刘小峰编著
. -- 2版. -- 北京 : 人民邮电出版社，2018.4
21世纪会计系列教材
ISBN 978-7-115-47517-6

Ⅰ. ①公… Ⅱ. ①胡… ②许… ③刘… Ⅲ. ①公司－企业管理－教材 Ⅳ. ①F276.6

中国版本图书馆CIP数据核字(2017)第311581号

内 容 提 要

本书共 11 章，内容主要包括公司治理基础理论、公司治理结构、公司治理机制、公司治理模式、内部控制的产生和发展、内部控制基本框架、内部环境、风险评估、控制活动、信息与沟通、内部监督与评价等。全书力图通过大量案例的介绍与解读、多形式的表达和诠释，将理论与实践有机融合，满足各层次读者的学习需求。

本书既适合会计学、财务管理、审计学、资产评估等专业的本科生学习，也适合这些专业的研究生以及 MBA、MPA、MPAcc、MV、Maud 等专业硕士学习。同时，本书也可为从事企业管理实务的工作人员提供指导。

◆ 编 著 胡晓明 许 婷 刘小峰
责任编辑 刘向荣
责任印制 焦志炜

◆ 人民邮电出版社出版发行 北京市丰台区成寿寺路 11 号
邮编 100164 电子邮件 315@ptpress.com.cn
网址 http://www.ptpress.com.cn
固安县铭成印刷有限公司印刷

◆ 开本：787×1092 1/16
印张：17.75 2018 年 4 月第 2 版
字数：456 千字 2025 年 9 月河北第 20 次印刷

定价：49.80 元

读者服务热线：(010)81055256 印装质量热线：(010)81055316
反盗版热线：(010)81055315

前 言 Preface

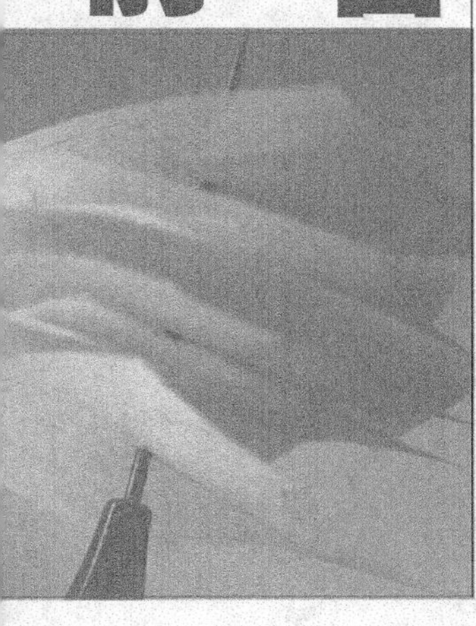

公司是市场经济最具活力的竞争主体，公司治理与内部控制被认为是现代公司制企业成功经营必不可少的两块基石，也是理论界和实务界长期关注的热点问题。公司的治理和控制水准是公司质量的重要标志。公司治理解决公司股东大会、董事会、管理层及利益相关者利益制衡问题，好比人的大脑；内部控制解决公司执行力与风险管理问题，好比人体的协调运行。虽然公司治理的理论核心——两权分离产生的代理问题一直未变，但随着企业内外部环境的日新月异，新的问题不断涌现，公司治理的模式以及治理结构和机制也在不断更新，各国均出台了适应性标准和规范。因此，公司治理与内部控制并非一蹴而就的，是一个从简单到复杂、从不完善到完善的动态发展过程，而且其每一步发展都是系统危机和公司失败事件的推动。这些都要求关于公司治理与内部控制的教学内容也应该与时俱进。

"公司治理与内部控制"是经管类专业本科生非常重要的一门课程，然而，长期以来，在选择教材时，我们发现能结合公司治理与内部控制两方面内容的适用性书籍很少。大部分书籍集中于公司治理或内部控制的某些方面，公司治理方面的教材（专著）较偏重于理论，内部控制方面的教材则偏重于实践，或偏重于法律法规的解释。对读者来说，一方面理解上有一定难度，另一方面作为教材又显得有些枯燥，且将两者结合在一起讲授的时候，容易出现一个在天一个在地、读者思维很难转换的情况。基于以上这些原因，我们有了编写本书的计划。

本书基于公司治理剖析内部控制与企业风险管理的结构和方法，将理论与实践相结合，通过对大量的案例介绍与分析，帮助读者理解、消化和吸收，希望读者在学习结束后，能将理论知识应用于实践分析与解决问题上。本书在每一章章首都给出一个引例，通过历史上比较著名的事件引出本章的主要内容；在每一章中间穿插了许多案例，以近几年发生的事件为主；"小看板"是一些必要的历史背景，不一定和本章的知识点直接关联，但对于理解知识点有帮助；章末的知识链接主要是本章中出现的一些机构或组织的介绍以及相关问题的最新发展与动态。

本书在第 1 版的基础上进行了较大的修改，主要包括：

（1）精简内容。删除了第十二章“IT 控制”和第十三章“综合案例分析”的内容，删减了扩展性内容，并进一步进行了文字梳理等；

（2）充实案例。保留了原版中的经典案例，增加、补充了许多最新的典型案例；

（3）辅助学习指导。为了便于把握教材内容、布置作业、组织复习，再版教材增加了配套学习指导书。学习指导书分为课程信息模块、课程模拟考核以及综合案例分析等 3 部分内容。第 2 版教材共 11 章内容，第一章至第四章作为第一篇公司治理，分别为公司治理基础理论、公司治理结构、公司治理机制与公司治理模式；第五章至第十一章作为第二篇内部控制，第五章为内部控制的产生与发展介绍，第六章是内部控制基本框架，第七章至第十一章为内部控制五大要素（内部环境、风险评估、控制活动、信息与沟通和内部监督与评价）的具体阐述。

本书由胡晓明、许婷、刘小峰编著，由胡晓明总纂定稿。第一章至第四章由许婷和刘小峰共同编写；第五章至第十一章由胡晓明编写。在本书编写过程中参考了大量专家、学者的研究成果。另外，南京财经大学的周友梅、叶玲，宿迁学院的张洁慧等提出了许多中肯的意见，赵丽锦、曹一丹、马娱、鹿媛媛、朱健、魏雯、陈丽等研究生参与收集了大量相关资料。在此特别表示感谢。

本书的出版得到江苏省“十二五”重点专业类建设项目的资助，还得到了南京财经大学会计学院各方面的大力支持，在此一并表示感谢！

由于编者经验不足、专业水平有限，书中难免有错误和疏漏之处，敬请广大读者批评指正。

编　者

2018 年 1 月

目 录 Contents

上篇 公司治理

下篇 内部控制

上篇

公司治理

第一章 公司治理基础理论

【教学目标】

通过本章的学习，读者能了解企业的演进、公司治理的产生、公司治理的定义与特征，熟悉公司治理的主要理论和公司治理的影响因子，理解公司治理原则的主要内容，掌握公司治理的基本知识点和基本框架，并能够初步评价公司的治理状况。

【引例】

1720 年，名噪一时的英国南海公司（South Sea Company）倒闭的消息传来，犹如晴天霹雳，惊呆了正陶醉在黄金美梦中的债权人和投资人。当这些“利害关系者”证实数百万英镑的损失将由自己承担时，他们一致向议会发出了严惩欺诈者并赔偿损失的呼声。面对舆论的压力，英国议会组织了一个 13 人的特别委员会，调查南海公司事件。

南海公司成立于 1711 年，以发展南大西洋贸易为目的，获得了专卖非洲黑奴给南美洲的 30 年的垄断权，兼营捕鲸业。它最大的特权是可以自由地从事海外贸易活动，但在 10 年内该公司的经营没有取得任何成功。后来得到议会批准，把国家公债约 1 000 万英镑换作公司的股票，国家债权人作为公司的股东。1713 年，南海公司与西班牙缔结了《乌特莱克条约》，由公司供应非洲黑奴给西班牙的美洲殖民地，公司因此享有特权。

这项计划的提倡者把美妙的前景吹上了天，以致在全国掀起了一股投机狂潮，成千上万的人赌博似的、根本不顾后果地购买公司的有价证券。在南海公司股票示范效应的带动下，全英所有股份公司的股票都成了投机对象。社会各界人士，包括军人和家庭妇女，甚至物理学家牛顿都卷入了旋涡。人们完全丧失了理智，他们不在乎这些公司的经营范围、经营状况和发展前景，只相信发起人说他们的公司如何能获取巨大利润，人们唯恐错过大捞一把的机会。一时间，股票价格暴涨，平均涨幅超过 5 倍。1720 年 4 月至 7 月，南海公司的股票价格由每股 120 英镑涨到 1 020 英镑。

1720 年 6 月，为了制止各类“泡沫公司”的膨胀，英国国会通过了《泡沫公司取缔法》。自此，许多公司被解散，公众开始清醒过来。对一些公司的怀疑逐渐扩展到南海公司。从当年 7 月开始，首先是外国投资者抛售南海股票，随后国内投资者纷纷跟进，南海公司的股价很快一落千丈，9 月跌至每股 175 英镑，12 月跌到 124 英镑。“南海气泡”由此破灭。

1721 年，英国国会秘密委员会委任查尔斯·斯奈尔（Charles Snell）到南海公司查账，这是国会历史上首次委托民间第三方独立会计师进行核数调查，成功查清南海公司的诈骗及做假账等严重舞弊行为。委任第三方专业会计师的做法在后世被加以采纳，成功降低了企业舞弊的风险，大大促进了注册会计师审计行业的长足发展。

南海事件直接催生了英国《泡沫公司取缔法》的出台，旨在防止不正常的股市投机，禁止设立舞弊性质的股份公司，禁止非股份公司采用股份公司形态和禁止股份公司从事特许证规定业务以外的经营活动。不过，这种抑制股份公司发展的举动表明，当时的英国还没有意识到所有权与经营权分离的股份公司所存在的问题，公司治理尚未得到关注。

第一节 企业的演进与公司治理的产生

一、企业的演进

从企业制度的发展历史看，它经历了两个发展时期——古典企业制度时期和现代企业制度时期。古典企业制度主要以业主制企业和合伙制企业为代表，现代企业制度主要以公司制企业为代表。

（一）业主制企业

业主制也称单一业主制，是历史上最早出现的企业制度形式，也是企业组织最传统、最简单的形式。业主制企业也称“独资企业”，是指由个人出资经营的企业。它只有一个产权所有者，企业财产就是业主的个人财产。也就是说，出资者就是企业主，拥有完整的所有者权利，掌握企业的全部业务经营权力，独享企业的全部经营所得和独自承担所有的风险，并对企业的债务负有完全的偿付责任（即无限责任）。业主制企业不是法人，全凭企业主的个人资信对外进行业务往来。

业主制企业的主要特点有：个人出资，企业的成立方式简单；资金来源主要依靠储蓄、贷款等，但不能以企业的名义进行社会集资；承担无限责任；企业收入为业主收入，业主以此向政府缴纳个人所得税；企业寿命与业主个人寿命联系在一起。

业主制企业的优点有：企业建立与歇业的程序简单易行，企业产权能够较为自由地转让；经营者与所有者合一，所有者的利益与经营者的利益是完全重合的；经营者与产权关系密切、直接，利润独享，风险自担，经营的保密性强。业主制企业的缺点包括无限的责任、有限的规模以及企业的寿命有限。

（二）合伙制企业

合伙制企业是指由两个或两个以上合伙人共同创办的企业。通常这种企业也不具有法人资格。其主要特点与独资企业基本相同。合伙制企业所获收入应在合伙人之间进行分配并以此缴纳个人所得税。

合伙制分为一般合伙制和有限合伙制两类。在一般合伙制企业中，所有的合伙人同意提供一定比例的工作和资金，并且分享相应的利润或分担相应的亏损；每一个合伙人承担合伙制企业中的相应债务；合伙制协议可以是口头协议，也可以是正式文字协议。有限合伙制允许某些合伙人的责任仅限于每人在合伙制企业的出资额；有限合伙制通常要求至少有一人是一般合伙人，且有限合伙人不参与企业管理。

合伙制企业的费用一般较低，在复杂的准备中，无论是有限还是一般合伙制，都需要书面文件，企业经营执照和申请费用是必需的。一般合伙人对所有债务负有无限责任，有限合伙人仅限于负与其出资额相应的责任，如果一个一般合伙人不能履行他或她的承诺，不足部分由其他一般合伙人承担。当一个一般合伙人死亡或撤出时，一般合伙制随之终结，但是，这一点不同于有限合伙制。对于一个合伙制企业，在没有宣布解散的情况下转让产权是很困难的，一般来说，所有的一般合伙人必须一致同意。无论如何，有限合伙人可以出售他们在企业中的利益。合伙制企业要想筹集大量的资金十分困难，权益资本的贡献通常受到合伙人自身能力的限制；对合伙制的收入按照合伙人征收个人所得税；管理控制权归属于一般合伙人；重大事件，如企业利润的留存数额，通常需要通过多数投票表决来确定。

（三）公司制企业

1. 公司制的概念及其特点

公司制企业又叫股份制企业，是指由一个以上投资人（自然人或法人）依法出资组建，有独立法人财产，自主经营、自负盈亏的法人企业。公司制企业的主要特点有：筹资渠道多样化，公司可以通过证券市场进行股权融资，也可以向银行贷款或者发行公司债券进行债权融资；承担有限责任，所有股东以其出资额为限对公司的债务承担有限责任；股东对公司的净收入拥有所有权；企业经营中所有权与经营权相分离；公司缴纳企业所得税，股东缴纳个人所得税。

2. 现代公司的产生

现代公司的雏形可以追溯到14～15世纪，当时在欧洲国家出现了一些人将自己的财产或资金委托给他人经营的组织形式，经营收入按事先的约定进行分配。经营失败时，委托人只承担有限责任。15世纪末，随着航海事业的繁荣和地理大发现的完成，迎来了海上贸易的黄金时代。1600年，英国成立了由政府特许的、专司海外贸易的东印度公司，这被认为是第一个典型的股份公司。到17世纪的时候，英国已经确立了公司独立的法人地位。公司已成为一种稳定的企业组织形式。

这种最早在欧洲兴起的股份公司制度是一种以资本联合为核心的企业组织形式。它是从业主制、合伙制的基础上发展起来的一种全新的企业制度形式。它有一些优于古典企业的地方：一是股份制企业筹资的可能性和规模扩张的便利性；二是降低和分散风险的可能性，由于股东承担有限责任，而且可以转让股票，因此对投资者特别有吸引力；三是公司的稳定性，由于公司的法人特性，股份公司具有稳定的、延续不断的生命，只要公司的经营合理、合法，公司就可以长期地存在下去。

公司制企业的产生与发展，对自由竞争的经济发展，尤其对市场效率的提高有着非常积极的意义。它在很大程度上克服了业主制、合伙制企业经济上的局限性。业主制与合伙制企业在其发展过程中，不仅受到来自财力不足方面的限制，这种限制包括无力从事大规模的经济活动，也包括承担高风险的事业经营，更受到其“自然人”特性的制约。虽然财产可以由家族世袭，但是家族世袭并不能解决企业的持续存在和长期发展的问题。另外，市场的扩大和生产、经营技术的复杂化，越来越需要专业化的职业经营者。而股票市场交易的延展，使众多零星小额资本能不断加入经济活动的行列，因此，公司制首先解决了企业发展的资金问题；其次，以法人身份出现的公司制企业，使企业不再受到“自然人”问题的困扰；最后，专业化的企业经营者的加入，适应了变化和复杂化的经济形势。

【案例 1-1】

股份制公司的产生

1554年，英国成立了第一个以入股形式进行海外贸易的特许公司——莫斯科公司，它的成立标志着真正的股份制度的产生。该公司成立当年，即进行航行白海的冒险尝试，目的是要发现新的地区和岛屿，深入俄国内地。最初把整个公司的资本分为240股，每股25英镑，每人投资一部分，由6人分担风险。起初规定，公司营业只限一次行程，每次远航归来，按股份分配所有的利润，并连股本一起发还。后来随着贸易活动的频繁和规模的扩大，就把原来投入的股份全部或一部分留在公司，做下次航行使用。到1604年，该公司的股东增加到160人，由15位董事管理整个业务。之后陆续成立的贸易公司都是以股份制形式组建的，这些股份制公司是英国向海外扩张殖民势力的工具，其中以东印度公司势力最大。截至1680年年底，英国建立的这类公司有49个，它们对推进英国商品经济的发展和经济实力的增强，起了重要作用。其他欧洲国家也纷纷效仿。例如，荷兰于1602年成立了东印度联合公司，1621年成立了西印度公司；法国、德国、瑞典等国也先后成立了股份贸易公司。

3. 公司制的类型

实行公司制的企业，以有限责任公司和股份有限公司为典型形式，此外还有无限责任公司、两合公司等形式。有限责任公司由50个以下的股东出资设立，注册资本的最低限额为人民币3万元。有限责任公司的股东是以其认缴的出资额为限对公司承担责任的。只有一个自然人或一个法人股东的有限责任公司称为“一人有限责任公司”。一人有限责任公司的股东不能证明公司财产独立于股东个人财产的，应当对公司债务承担连带责任。股份有限公司是将全部资本分为等额股份、股东以其认购的股份为限对公司承担责任的企业法人。在我国，设立股份有限公司，需2人以上200人以下为发起人，注册资本的最低限额为人民币500万元。本书中的所谓公司治理以股份有限公司为典型代表。

二、公司治理的产生及动因

“治理”意为统治、掌舵；在经济活动中，一般含有权威、指导、控制的意思。“公司治理”（corporate governance）是英文的直译，日本称之为“统治结构”，我国有人将“公司治理”的英文翻译成“公司管治”“公司治理结构”“公司治理机制”“企业法人治理结构”“公司督导机制”等。狭义概念的公司治理是指公司的所有者，主要是股东，对经营者的一种监督与制衡机制，即通过一种制度安排来合理地配置所有者与经营者之间的权力与责任关系；广义概念的公司治理指企业中关于各利益相关主体之间的权、责、利关系的制度安排。

（一）公司治理产生的背景

1776年，亚当·斯密在其《国富论》中首次提到“公司治理”问题，这是公司治理研究的源泉。20世纪80年代中期，英国《公司治理财务报告》正式出现了“公司治理”这一术语，即公司的权力、责任和利益如何分配。其实，公司治理中所研究的基本问题早已存在于经济与管理实践中，已经过几个世纪的演变。其每一步发展往往都是针对公司失败或系统危机做出的反应。如1720年英国发生南海公司泡沫，这一事件导致了英国商法和实践的革命性变化；1929年，美国的股市大危机使美国在其后推出了证券法。2001年，美国安然事件爆发后，美国国会通过了萨班斯—奥克斯利法案。

【小看板】

萨班斯—奥克斯利法案（Sarbanes-Oxley Act）

2001年12月，美国最大的能源公司之一安然公司，突然申请破产保护。此后上市公司和证券市场不断曝出丑闻，特别是2002年6月的世界通信公司会计丑闻事件，“彻底打击了投资者对资本市场的信心”（国会报告，2002）。美国国会和政府加速通过了萨班斯—奥克斯利法案，以图改变这一局面。

萨班斯·奥克斯利法案全称《2002年公众公司会计改革和投资者保护法案》，由参议院银行委员会主席萨班斯（Sarbanes）和众议院金融服务委员会（Committee on Financial Services）主席奥克斯利（Oxley）联合提出，又被称作《2002年萨班斯—奥克斯利法案》。该法案对美国《1933年证券法》《1934 年证券交易法》做出大幅修订，在公司治理、会计职业监管、证券市场监管等方面做出了许多新的规定。法案的第一句话为："遵守证券法律以提高公司披露的准确性和可靠性，从而保护投资者及其他目的。"美国总统小布什在签署该法案的新闻发布会上称"这是自罗斯福总统以来美国商业界影响最为深远的改革法案"。

公司治理失败的案件往往都是由舞弊、欺诈或不胜任等引起的，而这些事件又促进了公司治理的改进。公司治理持续的演进造就了今天的各种与公司治理有关的法律、管制措施、机构、惯例，甚至还有市场等。

1. 公司治理问题的提出

公司治理是伴随公司制企业的产生而产生的。公司制企业与由所有者自己管理的传统型企业的明显区别在于：在公司制企业中，企业的所有者即股东将企业的经营管理权委托给他们所选定的代理人，即职业经理人。由于信息不对称，职业经理人无法被所有者完全控制，于是便存在着一种风险，即代理人有可能出于私利而选择有利于自身而不是有利于股东的行为。早在 1776 年，亚当·斯密在其《国富论》中就指出："在钱财的处理上，股份公司的董事为他人打算，而私人合伙公司的合伙人则纯是为自己打算。所以，要想股份公司董事们监视钱财用途，像私人合伙公司的合伙人那样用意周到，那是很难做到的。这样，疏忽和浪费，常成为股份公司业务经营上多少难免的弊端。"这是最早提出的由经营者和资本所有者的利益不一致而引起的代理问题。

20 世纪 20 年代以前，由于代理的缺陷问题还不突出，因此并没有引起人们的普遍关注。一方面，当时占主导地位的企业形式是个人业主制企业和合伙制企业，在这两种企业形式中，所有者与经营者合二为一，所有者的利益与经营者的利益完全或基本一致，不会产生任何分歧，从而治理问题也就不会存在；另一方面，实行股份制的企业，原先的所有者仍然拥有该企业的控股权，利润最大化的企业目标仍可得到顺利的贯彻实施。以美国为例，近代企业家如摩根（Morgan，J.P.）、洛克菲勒（Rockefeller，J.D.）、卡耐基（Carnegie，D.）等，不仅拥有摩根银行、标准石油公司、美国钢铁公司等大型企业的大量股票，而且还积极参与其经营管理，使之坚持利润最大化的企业目标。即使在现代，这样的企业也不在少数，如盖茨（Gates，W.H.）、戴尔（Dell，M.），至今仍分别保持着他们各自开创的微软公司和戴尔电脑公司的最大股东和主要决策者的身份。多年来，这两家公司一直在《财富》《福布斯》《商业周刊》等美国权威杂志的"公司排名"中名列前茅。然而，所有者直接控制公司毕竟不是现代公司制企业的主流，尤其是大规模的公司制企业，所有者更是远离企业，这在客观上为经营者背离所有者的利益提供了可能。20 世纪 20 年代以后的美国，这种可能不仅成为现实，而且已经相当突出。这种控制形态被称为"管理者控制"。在这种情况下，一些经济学家开始研究所有者如何有效地控制和监督管理者行为的问题，只是当时尚未直接采用"公司治理"这一词汇。

20 世纪 60 年代以后，经营者支配公司的情况进一步加剧。在美国，60 年代初，经营者支配公司的资产占 200 家非金融企业总资产的 85%；在日本，1970 年 303 家最大非金融公司的 50%及 29 家最大金融机构的 90%被经营者支配；在英国，1975 年最大的 250 家公司中有 43.75%被经营者支配；在德国，1971 年最大的 150 家制造业和商业企业中有 52%被经营者支配。在这些公司的董事会中，经理人员占了多数，不少公司的首席执行官（CEO）同时又坐上了董事长的宝座，受聘于公司所有者的管理者反过来控制了公司，导致因偏离股东价值最大化目标而造成的各种弊端越来越受到人们的关注。公司到底被谁控制，所有者抑或经营者？在20世纪70年代中期，美国拉开了有关公司治理问题讨论的序幕；80年代，英国不少著名公司的相继倒闭以及随后出台的一系列公司治理准则，则把公司治理问题推向全球，成为一个世界性的问题。

2. 两权分离

两权分离只有持续存在而非暂时的，公司治理才有存在的意义。

20世纪30年代开始出现的公司所有权与经营权的分离，引发了理论界对公司治理的关注。伯利（Adolf A. Berle）与米恩斯（Gardiner C. Means）的《现代公司与私有财产》（1932）一书对所有者主导型企业和经理主导型企业做了区分，提出了所有权与控制权分离的理论，从而为公司治理的基本理论——代理理论奠定了基石，引起了人们对股份公司存在的代理问题可能引起公司管理效率缺失的怀疑。他们说："在所有权充分细分的情况下，经营者持有的股份即使无足轻重，它也会因此成为自我永存的实体。"20世纪60年代前后，鲍莫尔（William Jack Baumol，1959）和威廉姆森（Oliver.Eaton.Williamson，1963）等人分别提出了各自的模型，这些模型的共同点是以经理（管理者）主导企业为前提。20世纪70年代，美国经济学家钱德勒（Chandler）在其颇有影响的著作《看得见的手——美国企业中的经理革命》中通过分部门、行业的具体案例分析，进一步描述了现代公司两权分离的历史演进过程。

伯利和米恩斯将两权分离的原因归结为股权分散化，如1929年美国最大规模的铁路公司宾夕法尼亚铁路公司、最大规模的公用事业美国电话与电报公司和最大规模的产业公司美国钢铁公司的最大股东所持有的股票，占已发行股票的比例分别是0.34%、0.7%和0.9%。即使综合铁路公司前20大股东1929年的全部股份数，也只占全体的2.7%，电话电报公司的这一数字为4.0%，钢铁公司的这一数字为5.1%。随着股份的分散化，两权分离程度也在扩大，股东对公司的控制权正在弱化。本来股东可以通过行使投票权直接参与公司的经营，表达其意志，然而股份公司的成长以及股份的分散化使得股东所拥有的直接投票权变成了委托投票权。当股东的权力被削弱的时候，经理人开始作为公司的实际决策者登上舞台，他们虽然不是公司的所有者，但是他们手中的控制权决定了公司的发展战略，控制权的增加扩大了经营者决策的灵活性。同时，由于股份的分散化降低了股东的监督动力，无论公司的经营者多么无能或腐败，那些拥有少数股份的股东像潜在集团的任何成员一样，不会有动力对公司的经营者发难。

在日本和德国，法人相互持股是公司股权结构的一大特点。在日本，不少交叉持股是发生在同一个集团内部的不同法人之间。法人间相互持股并不以经营者对股东更负责任为要旨，而是旨在加强各法人间的联系。

总之，无论是日本和德国（以下简称"日德"）的法人相互持股，还是英国和美国（以下简称"英美"）的机构投资者，都不可能消除两权分离的状况，即公司经营者控制所存在的风险。两权分离是持续存在的，公司治理也就成了公司发展中的必然选择。

（二）公司治理产生的动因

公司治理问题早已存在，但直到20世纪80年代才引起理论界和实务界的广泛关注，主要原因包括以下几方面。

1. 经理人的高薪引起了股东和社会的不满

据统计，1957年整个美国只有13个公司的首席执行官（CEO）年薪达到40万美元；到1970

年，财富500强公司的首席执行官的平均年薪是40万美元；到1985年，美国大公司执行董事的年薪基本都在40万～67万美元；1988年美国300强公司CEO的平均年薪是95.2万美元；到1990年，《商业周刊》调查中的公司首席执行官的平均工资和奖金达到120万美元，如果加上股票期权和其他长期薪酬计划的收入，平均总薪酬则达到195万美元。Lucian Bebchuk与Jesse Fried在哈佛大学出版社2004年出版的《没有业绩的薪酬：高管报酬未实现的许诺》（Pay without Performance：the Unfulfilled Promise of Executive Compensation）中，列举了很多企业的例子，指出美国企业的CEO没有任何财务风险，不管企业业绩好坏，始终获得令人咂舌的薪水。在英国，《金融时报》发布的数据显示，富时100指数成份股公司首席执行官的总收入，1999年为英国全职员工收入中位数的47倍，2009年跃升至88倍。据英国研究机构“收入数据公司”2011年10月底发布的数据，过去的一年中，构成伦敦金融时报100指数的公司董事收入平均增长了49%，其中奖金平均增加了23%，从2010年的73.7万英镑增至90.6万英镑，而且这些上涨都与公司的业绩毫无关系。

2. 机构股东“积极主义”的兴起

20世纪80年代以后，在以美国为代表的西方国家，机构投资者对待公司治理的态度发生了显著的变化——逐渐从消极的间接治理向积极的直接治理转变，西方学者将此称为机构股东积极主义的兴起。股东进一步法人化和机构化的趋势，使得英美国家股东高度分散化的情况发生了很大变化，以养老金和共同基金为主的机构投资者拥有了越来越多的股份。到90年代末，在美国，机构投资者持有美国1 000所规模最大公司的60%股权，而在其中三分之二的公司内，他们更集体持有超过50%的股权。在英国，差不多75%的英国股票皆由机构投资者持有，其中三分之一由退休基金持有。由于资产规模大，持股比例高，机构投资者卖出股份（用脚投票）会导致市场的剧烈震荡。在这种情况下，他们的选择只能是继续持有股票，而相对长期地持有股票就不能不对公司业绩的持续下滑做出反应，否则将进一步损害其利益。因此，“用脚投票”改为“用手投票”，积极介入公司治理是机构投资者的必然选择。机构股东积极主义的兴起改变了企业的权力结构，同时导致了西方国家治理结构的革命性变革。一些学者甚至认为“投资者资本主义”将替代“经理资本主义”。

3. 恶意收购（hostile buyouts）对利益相关者的损害

20世纪80年代，美国掀起了一股兼并收购的浪潮。在这一浪潮中，股东为了自己的短期利益接受并购协议，损害了其他利益相关者的利益。这种股东接受“恶意收购”的短期获利行为，往往是与企业的长期发展相违背的。一个企业在发展中，已经建立起一系列的人力资本、供销网络、债务关系等，这些安排如果任意被股东的短期获利动机所打断，必将影响到企业的生产率。在这一背景下，美国许多州从80年代末开始修改公司法，允许经理对比股东更广的“利益相关者”负责，从而给予了经理拒绝“恶意收购”的法律依据，因为尽管“恶意收购”给股东带来暴利，但它损害了公司的其他“利益相关者”的利益。

【案例1-2】

宾夕法尼亚州反恶意收购条款

1989年，为了抵御“恶意收购”，宾夕法尼亚州议会提出了新的公司法议案。它包括四条新条款：

第一，任何股东，不论拥有多少股票，最多只能享有20%的投票权，这就是“杠杆收购”（Leveraged Buyout）策略，这一条款突破了传统公司法“一股一票”的原则；

第二，作为被收购对象的公司，有权在“恶意收购”计划宣告后18个月之内，占有股东出售股票给“恶意收购者”所获的利润；

第三，成功了的“恶意收购者”必须保证26周的工人转业费用；在收购计划处于谈判期间，不得终止劳动合同；

第四，赋予公司经理对“利益相关者”负责的权力，而不像传统公司法那样，只对股东一方负责。这也是最引人注目的条款。

4. 公司丑闻案件是引发各国公司治理改革的直接动力

20 世纪 80 年代中期，英国不少著名公司如蓝箭、克拉罗尔、波莉、佩克等相继倒闭，引发了英国上下对公司治理的讨论；1997 年的亚洲金融危机使人们对东亚的公司治理模式有了清楚的认识；2001 年以安然、世界通信、施乐事件为代表的美国会计丑闻又暴露了美国公司治理模式的重大缺陷；2008 年，法国兴业银行重大诈骗案件，贝尔斯登、雷曼兄弟等公司轰然倒下，显示了风险管控的缺失。为什么不少声势浩大的公司悄然倒闭关门？为什么近来各种股东诉讼案件的数量大增？伴随着诸多知名公司（包括我国的银广夏、蓝田股份、三鹿公司和万福生科等）丑闻的接连被披露，如何加强公司治理已经成为一个全球性的课题。在惨痛的教训刺激下，各国整个管理领域对构建完善的公司治理机制的需求日益强烈。

5. 投资者投资对象的选择

投资对象是指投资者准备投资的证券品种，它是根据投资收益目标来确定的。任何一家企业都无法满足某一特定市场内的所有投资者，至少无法让所有投资者得到同样的满足。国际著名的咨询公司麦肯锡公司 2001 年发表的一份投资者意向报告表明：四分之三的投资者表示在选择投资对象时，公司治理与该公司的财务指标一样重要；80%的投资者表示，他们愿意出更高的价钱去购买公司治理好的公司的股票；在财务状况类似的情况下，投资人愿意为“治理良好”的亚洲企业多付 20%～27%的溢价，愿为“治理良好”的北美企业多付 14%的溢价。因此，从某种程度上来说，公司治理状况往往比单纯的财务指标更重要。

6. 新型公司治理模式的产生

公司治理模式是公司制度长期发展演变的结果。在英美模式、德日模式、家族模式 3 种主要公司治理模式的基础上，不断出现新型公司治理模式。亚洲金融危机的爆发事实上是一场治理危机，人们开始研究东亚公司的治理模式。转轨经济国家存在的“内部人控制”现象，又促使人们探讨内部人控制模式。内部人控制是在现代企业中的所有权与经营权（控制权）相分离的前提下形成的，所有者与经营者利益的不一致导致了经营者控制公司，即“内部人控制”的现象。筹资权、投资权、人事权等都掌握在公司的经营者即内部人手中，股东很难对其行为进行有效的监督。

第二节 公司治理的理论

新制度经济学的中心问题是通过个人之间的共同协议而进行经济交易的协调问题。有关的合约被用来解释在一个预见不到的世界中个人之间合作的问题。但是，在不同的情况下，合约被不同的

“治理结构”“命令”或“律法”所管理、组织或支配。市场或科层结构是其中的两个极端。因此，新制度经济学面临的一个经济问题是：在一些具体条件下，哪一种制度安排（治理结构、命令或律法）是合理的，或者在经济上是优越的；企业、市场和国家都是这样的制度安排。新制度经济学关于企业、市场和国家的理论就是要说明这些组织为什么会存在、它们的本质是什么，以及它们的作用是什么等问题。

企业理论是新制度经济学的重要理论之一。科斯最早建立了新制度经济学的企业理论，他认为企业是价格机制的替代物。阿尔奇安和德姆塞茨则不同意科斯的看法，他们认为企业是一种团队生产。沿着科斯的思路，张五常提出，企业是合约选择的一种形式；威廉姆逊则认为企业是一种科层组织。20 世纪七八十年代以后，经济学家们进一步分析了影响交易成本的具体因素，他们认为企业是不完全合约的产物。这些研究使企业理论日臻完善。

有关公司治理的研究很早就已存在，但是对其进行系统性的研究则始于 20 世纪 80 年代，而且愈演愈烈。从经济学的角度看，公司治理产生的理论基础主要有委托代理理论、不完全契约理论、交易成本理论、产权理论等。

一、委托代理理论

20 世纪 70 年代，面对美国公司经济下滑而经理层却牢牢掌握公司控制权的事实，一批学者开始将矛头指向公司经理层，把美国公司经济的下滑归罪于公司管理层，委托代理理论应运而生。

（一）所有者与管理层之间的利益冲突界定为企业的代理问题

委托代理理论认为，公司治理问题是伴随着委托代理问题的出现而产生的。由于现代股份有限公司股权日益分散，经营管理的复杂性与专业化程度不断增加，公司的所有者——股东通常不再直接作为公司的经营者，而是作为委托人，将公司的经营权委托给职业经理人；职业经理人作为代理人接受股东的委托，代理经营企业，股东与经理层之间的委托代理关系由此产生。由于公司的所有者和经营者之间存在委托代理关系，两者之间因利益不一致而产生代理成本，并可能最终导致公司经营成本增加的问题，就称为代理问题。

（二）所有者与管理层之间的利益冲突将引发代理成本

现代公司治理问题在于剩余风险承担者——股东或“委托人”不能确定公司管理者或“代理人”是否根据股东的利益行事。由此产生的成本，以及为防止这种行为而进行的监督和约束费用被称为“代理成本”。代理成本主要包括代理人的选聘费用、代理人的报酬、监督成本、代理人的职务消费和经营损失等，与此对应的自理成本包括学习管理知识的成本、因为经营不专业造成的损失等。代理问题及代理成本存在的条件包括：（1）委托人与代理人的利益不一致——由于代理人的利益可能与公司的利益不一致，代理人最大化自身利益的行为可能会损害公司的整体利益；（2）信息不对称——委托人无法完全掌握代理人所拥有的全部信息，因此委托人必须花费监督成本，如建立机构和雇用第三者对代理人进行监督，尽管如此，有时委托人还是难以评价代理人的技巧和努力程度；（3）不确定性——由于公司的业绩除了取决于代理人的能力及努力程度之外，还受到许多其他外生的、难以预测事件的影响，因此委托人通常很难单纯根据公司的业绩对代理人进行奖惩，而且这样做对代理人也很不公平。

（三）代理问题的解决或降低代理成本需要以公司内部的激励问题为代价

公司治理的主要任务是寻找有助于减轻股东与管理者之间的代理问题的结构和机制。委托代理理论视域中的公司治理是如何缓解公司所有者与经营者之间的代理问题，降低代理成本，其目标是通过公司治理结构与治理机制来协调所有者与经营者之间的利益冲突，使经营者的行为尽可能地符合股东利益，从而实现股东价值的最大化。尤金·法玛（Eugene Fama）和迈克尔·詹森（Michael C. Jensen）认为，公司制企业繁荣兴旺的原因在于其能够促成决策管理与风险剩余承担相分离，实现公司经济风险的最优分配。风险分配的好处是以公司内部的激励问题为代价的，决策管理与剩余风险承担是相互分离和专业化的，这导致了决策者与剩余索取者之间的代理问题。

二、不完全契约理论

从代理问题存在的条件中可以发现，委托代理关系的存在并不一定就会产生代理问题，如果作为委托人的股东能够掌握完全信息，并预测出将来所有可能发生的情况，可以通过制定一份完全的契约，详细地规定代理人的所有职责、权利与义务，并就将来可能发生的所有情况、可能产生的所有后果及解决措施在契约中做出相应的规定，从而完全消除因为委托代理关系的产生可能带来的所有问题。例如，一份完全契约将包括：在什么样的情况下经理人员将被撤换；在什么样的情况下公司将出售或购入资产；在什么样的情况下公司应该招收或解雇工人等。如果这样一份完全契约存在的话，即使委托代理关系存在，也不会产生委托代理问题。如果契约完全，所有事情都在合同中预先规定了，那也就没有“剩余”的事项需要决策了，公司治理的结构和机制也就不重要了。因此，当委托代理关系及不完备合同同时存在时，公司治理就将发挥作用。

（一）自有交易以来，契约就是不完全的

契约不完全的事实比不完全契约理论久远得多。不完全契约理论的初创者是麦克里尔（Ian R. Macneil），他在 1974 年《南加利福尼亚法学评论》上发表的《契约之几个未来发展》和 1980 年在新哈维出版社出版的《新社会契约论：现代契约关系的一个调查》等著作问世之后，不完全契约理论就在法学界和经济学界，特别是在企业理论家那里产生了广泛而重要的影响。现代企业理论认为，企业是一系列契约（合同）的组合，是个人之间交易产权的一种方式。然而，说企业是“契约”，只是揭示了企业与市场的共性，并没有给出企业的特性。张维迎提出，就契约本身而言，企业与市场的区别主要在于契约的完备性程度不同。一个完备的契约是指准确地描述了与交易有关的所有未来可能出现的状态，以及在每种状态下契约各方的权力和责任。相对而言，市场可以说是一种完备的契约，而企业则是一种不完备的契约。

（二）当契约不完全时，将剩余控制权配置给投资决策中相对重要的一方是有效率的

由于不确定性的存在，对一项资产的所有者而言，关键的是对该资产剩余权力的拥有，即剩余控制权（Residual Rights of Control）。据此，哈特（Hart）将所有权定义为拥有剩余控制权或事后的控制决策权。格罗斯曼（Grossman）、哈特（Hart）和莫尔等指出，剩余控制权直接来源于对物质资产的所有权。因而，剩余控制权天然地归非人力资本所有。在契约不完备的环境中，物质资本的所有权是权力的基础，而且对物质资产所有权的拥有将导致对人力资本所有者的控制。因此，企业也就是由它所拥有或控制的非人力资本所规定的。

（三）企业的剩余控制权由谁行使是由要素使用权交易合约事先安排的

企业契约不过是一种特别的市场契约，企业是要素使用权交易合约的履行过程，从而在总体上，要素使用权是剩余控制权交易合约的履行过程、履行载体与结果。不完全契约理论以有限理性和信息非对称假设为前提，把企业的要素所有者划分为人力资本所有者和非人力资本所有者，通过不确定性、资产专用性和机会主义行为等重要概念的引入，分析两类要素所有者的产权特征并讨论企业所有权的最优安排。

不完全契约理论认为，由于人们的有限理性、信息的不完全性及交易事项的不确定性，明晰所有的特殊权力的成本过高，拟定完全契约是不可能的，不完全契约是必然和经常存在的。

【案例 1-3】

鲁滨逊·克鲁索（Robinson Crusoe）与契约

英国青年鲁滨逊·克鲁索从小喜欢航海，曾 3 次离家到南美各地旅行。一日，他怀着云游四海的高远志向，告别家人，越过大西洋和太平洋，在惊心动魄的航海中经历无数险情，后来这条船在太平洋上不幸罹难，船上的人都葬身海底，唯有他一人奇迹般地活了下来，并只身来到一座荒无人烟的小岛。性格坚强的鲁滨逊·克鲁索在岛上劳作生息、开拓荒地、开圈养牲畜、生产水稻和小麦，年复一年地与孤独为伴，克服了种种常人难以克服的困难，独立生活了 28 年。

当他身处荒岛的时候，每一个来到这个岛上的人，都必须宣誓或写下盟誓（一种契约的存在形式）承认他的绝对权力，接受和服从他的统治。因此，通过签订契约的形式，鲁滨逊·克鲁索建立起隶属于他的王国。

后来鲁滨逊·克鲁索离开了他苦心经营的海岛，回到了阔别 35 年的家乡。他回到家中，发现父母早已去世，只剩下两个妹妹和两个侄子在家。作为鲁滨逊·克鲁索的代理人，老船长尽管自己已经穷困潦倒，但仍然倾其所有偿还所欠鲁滨逊·克鲁索的债务，并交给后者一份可靠、详细的账目，上面还有合股人和代理人的签字，同时他还开了一张出让证作为欠款的担保。鲁滨逊·克鲁索在拿了他 100 个葡萄牙金币后，白纸黑字地写了一张收据给他。

随后，他又到巴西去看他的种植园，发现忠实的朋友一直在替他保管钱财。老船长帮他制作了一系列委托手续，帮助鲁滨逊·克鲁索顺利地收回了种植园，此时的鲁滨逊·克鲁索已是一个拥有几千镑现款的富翁了。他回到英国后成家立业，并有了 3 个可爱的孩子。

鲁滨逊·克鲁索请来公证人，立下字据，彻底可靠地取消了欠款；又起草了一份委托书，委托老船长担任其财产的管理人。无论是字据还是委托书，这些以契约方式存在的文件，对鲁滨逊·克鲁索而言都有着神圣的意义和力量，能够一劳永逸地保护他的财产。

三、交易成本理论

交易费用或称“交易成本”（transaction costs）的概念最早是由科斯（1937）在其论文《企业的性质》中提出的。但科斯并没有对“交易费用”这一概念下定义，他只是对其做出了描述性分析。科斯认为，市场价格机制的运转是有代价的，市场交易存在着成本，这种成本包括发现交易对象、发现相对价格、讨价还价、订立契约以及执行契约等所发生的费用。“通过形成一个组织，并允许某个权威（一个‘企业家’）来支配资源，就能节约某些市场运行成本。”企业作为市场的替代物，是一种不同于市场的资源配置机制，这正是企业的本质。但是，企业不能完全替代市场，企业内部交易也存在成本，企业降低交易成本的能力是有限的。

（一）资产专用性、交易频率和不确定性是交易（契约）属性的三个基本维度

追随科斯的交易费用思想，威廉姆森（Oliver.Eaton.Williamson）在其代表作《资本主义经济制度》一书中引入了刻画交易（契约）属性的资产专用性、交易频率和不确定性三个基本维度，尤其是对资产专用性属性的重视，极大拓展了科斯的交易费用思想，使其成为"交易费用经济学"的集大成者。交易费用经济学的逻辑思路是把每种交易都视为不同的契约，拥有不同的属性，进而由不同属性的契约引申出需要不同的治理结构或机制安排，来最大限度地节约交易费用，其研究的逻辑可用"交易—契约—治理结构机制"来概括。资产专用性的程度可以分为绝对专用、非专用和混合式三类。交易频率即交易的频繁程度，可分为一次性契约、偶然契约和经常性契约，主要从买方来定义。不确定性主要是指由于代理人的机会主义行为所导致的对未来情况的不可预测。一旦刻画交易的维度确定了，实际上就确定了交易费用的度量。依据交易属性的三个基本维度，借鉴麦克里尔（Ian R. Macneil）的思路，威廉姆森将契约分为古典契约、新古典契约和关系契约三类，指出不存在资产专用性的契约属于古典契约，由市场治理；资产专用性程度很高、交易频繁且不确定性很高的契约属于某种关系契约，由企业治理；处于两者之间的属于新古典契约和另一种关系契约，由混合形式治理（三方治理或双方治理）。

（二）董事会是作为保护股东投资的一种治理结构而存在的

根据交易费用最小化的原则，不同性质的交易或契约分别与市场、混合形式或企业这三种不同的治理结构相匹配。威廉姆森指出，公司的治理问题在于分析哪些"利益集团"应当进入董事会。他认为，股东作为资金的供给者受制于两种风险：第一，他们提供的只是一般的购买力，但这种购买力可能会被挪用或吞食；第二，这些资金可以用来支持专用投资。尽管企业的其他专用投入品（如劳动力、原材料、中间产品）的供给者也会遇到第二种风险，但他们遇到的第一种风险通常只限于短期贷款风险。从风险承担的角度来看，股东承担的风险最大，因而需要发明出一种治理结构，使股权持有者把它作为抵制侵蚀、防止极其拙劣的管理的一种手段。董事会作为保护投资者的一种手段，就这样应运而生了。

可见，在交易费用经济学理论视域中，由于股东一旦与企业签约，其投资将成为企业的专有资金而无法直接从企业索回，并易受管理者机会主义行为的侵害，承担着公司盈亏的风险，而其他利益相关者（债权人、雇员和供应商等）都可以通过签订受法律保护的契约来得到约定的回报，因而，董事会是作为保护股东投资的一种治理结构而存在的。企业剩余分配应倾向于承担风险最大的股东，这样不仅能够保护投资人的利益，整体经济也将表现不俗。

【案例 1-4】

雪茄与保险

美国北卡罗来纳州夏洛特市的一个人买了一盒非常名贵的雪茄，给它保了火险及其他险种。不到一个月，他抽完了所有的雪茄，却连第一笔保险费都还没有拿到。于是，他向保险公司索赔。在索赔书中，这个人声称，他的雪茄被"一连串小火"烧没了。保险公司拒绝赔付，理由显而易见，这个人是按正常方式消耗掉雪茄的。

这个人提起诉讼，居然胜诉了。在判决书中，法官承认这个人的索赔要求有点无聊，然而他宣

称，在这个人持有的保险契约中，保险公司确认雪茄是可以保险的并承诺为其保火险，并没有规定什么是“不可接受的火”，因此必须赔付。保险公司没有浪费时间和金钱去上诉，它接受了法院的判决，为这个人被“火”烧毁的贵重雪茄赔偿了 1 500 万美元。

就在这个人把支票兑成现金后，保险公司控告他犯有 24 项纵火罪，他被依法逮捕。这个人在前一桩案子里的索赔要求和证词被用来证明其罪行，他因蓄意烧毁被保险财产而被判处 24 个月徒刑和 2 400 万美元罚款。

四、产权理论

根据交易费用经济学，如果两个企业之间存在高度专用性投资，那么通过一体化就可以减少机会主义行为的危害。但是，为什么一个独立的企业主变成另一个企业的雇员之后，他的机会主义行为就会减少呢？或者说，一个独立的企业主与一个雇员之间究竟有什么本质的差别呢？此外，交易费用经济学没有具体考察一体化的产权结构，如果两个企业都具有专用性资产，那么一体化后谁又该拥有企业的所有权呢？

产权理论认为，交易费用经济学出现上述缺陷的根本原因在于，它没有给出一个关于一体化成本和收益的清晰解释，从而难以解释企业的规模问题。产权理论把对资产的剩余控制权定义为企业的所有权，强调了剩余控制权对兼并一方带来的收益和对被兼并一方带来的成本，建立了逻辑严密的由产权结构决定企业边界的数学模型，从而提出了企业一体化的理论。产权理论的研究逻辑可概括为：存在专用性投资的企业之间的契约是不完全的，这会影响各方的事前关系，因此应当设计某种最佳产权结构来保证最大化的联合产出。最佳产权结构通常要求将企业的剩余控制权或所有权安排给投资重要的一方，或者投资不可或缺的一方。

格罗斯曼和哈特把所有的契约权利分为两类：“具体权利”和“剩余权利”。所谓具体权利，就是契约中已经明确规定了的对物质资产的权利（对另一方来说就是责任），如利润分成比例、交货时间等。所谓剩余权利，就是初始契约中没有规定的所有对物质资产的权利，即“剩余控制权”。拥有剩余控制权的一方，可以按照任何不与先前的契约、惯例或法律相违背的方式决定资产的所有用法。哈特明确将剩余控制权等同于所有权，因为只有资产的所有者应该拥有剩余控制权。在不完全契约下，剩余控制权或所有权的配置，必定会影响当事人的事前专用性投资激励，因此为了最小化对投资激励的扭曲后果，应当让某一方将剩余控制权购买过去。可见，产权理论运用“剩余控制权”概念来重新定义所有权，主要考察在特定交易费用导致契约不完全的情形下，如何确保当事人的事前专用性投资激励问题。由于现实世界的不确定性和契约第三方的不可证实性，缔约双方不可能签订穷尽所有可能情况的合约，一旦缔约后未预料到的情况发生，双方就需要重新谈判，就可能出现合约一方侵占另一方专用性投资利益的“敲竹杠”行为。当专用性投资方在事前预期到事后可能被“敲竹杠”时，就势必造成事前专用性投资激励不足和效率损失。为此，在不完全契约条件下，事前对契约规定之外的剩余控制权的配置至关重要，这就要求实现剩余索取权与剩余控制权相匹配，即让资产的所有者拥有剩余控制权，这样，专用性投资激励不足与“敲竹杠”问题才能得到有效解决。

第三节 公司治理的定义与特征

一、公司治理的定义

（一）公司治理概念的文献回顾

在不同的背景下，从不同的角度观察，公司治理有着诸多含义，加之机构和个人在实践中也形成了对公司治理的不同理解，因此如何定义公司治理，诸多学者和机构的看法见仁见智。比较典型的观点有以下几种。

迈克尔·詹森（Michael Jensen）和威廉·麦克林（William Meckling）1976年提出，由于股东和经理人员存在目标不一致性，公司治理的目的就是为了协调经理人员和股东的诱因和动机，并使经理人员的自利行为产生的总成本降到最低。

另一种对公司治理基本问题的解释是科克伦（Phlip L.Cochran）和沃特克（Steven L.Wartick）提出的。他们在1988年发表的《公司治理—文献回顾》一文中指出：公司治理问题包括高级管理层、股东、董事会和公司其他利害相关者的相互作用中产生的具体问题。构成公司治理问题的核心是：（1）谁从公司决策和高级管理层的行动中受益？（2）谁应该从公司决策高级管理者的行动中受益？一旦“是什么”与“应该是什么”之间存在不一致，则一个公司的治理问题即会出现。为了进一步解释公司治理所包含的问题，他们将公司治理分为四个要素，其中每个要素中的问题均由与高层管理者和其他利益相关者（或利益相关集团）相互作用有关的“是什么”与“应该是什么”之间的不一致引起的。具体而言，表现在管理者有优先控制权，董事过分屈从于管理者，工人在公司管理上没有发言权以及政府注册规定过于宽容，而每个要素关注的对象则是利益相关者（或利益相关集团）中的一个，例如股东、董事会、工人与政府，对于这些问题，可以通过加强股东的参与、重构董事会、扩大工人民主以及严格政府管理来解决。

英国牛津大学管理学院院长柯林·梅耶（Myer Colin）1995年将公司治理解释为一种制度安排，他在《市场经济和过渡经济的企业治理机制》一文中，把公司治理定义为“公司赖以代表和服务于他的投资者的一种组织安排。它包括从公司董事会到执行经理人员激励计划的一切东西……公司治理的需求随市场经济中现代股份有限公司所有权和控制权相分离而产生”。

奥利弗·哈特（Oliver Hart）1995年提出了一个公司治理理论的分析框架，其认为，只要存在两个条件，则公司治理问题必然会在一个组织中产生：第一个条件是代理问题，确切地说是组织成员（可能是所有者、工人或消费者）之间存在利益冲突；第二个条件是交易成本最大使得代理问题不可能通过合约解决。公司治理可以被看作一种机制安排，用于制定那些事先未能做出的决策，治理机制分配公司非人力资本的剩余控制权，即资产使用权如果在初始合约中未做出安排，治理结构决定其将如何使用。

钱颖一教授1995年认为，所谓公司治理结构，是指一套制度安排，用以支配若干在公司中有重大利害关系的团体——投资者（股东与贷款人）、经理人员、职工之间的关系，并从这些联盟中实现经济利益，其中包括如何配置与行使控制权，如何监督与评价董事会、经理人员及职工，以及如何设计与实施激励机制。一般而言，良好的公司治理结构能够利用这些制度安排的互补性质，并选择一种结构来降低代理成本。

张维迎教授也认为，公司治理是一种制度安排，是指有关公司董事会的功能、结构，股东的权力等方面的制度安排，是有关公司控制权和剩余索取权分配的一整套法律、文化和制度性安排。李维安教授认为，狭义的公司治理，是指所有者（主要是股东）对经营者的一种监督与制衡机制，其主要特点是通过股东大会、董事会、监事会及管理层所构成的公司治理结构的内部治理；广义的公司治理则是通过一套包括正式或非正式的、内部或外部的制度或机制来协调公司与所有利益相关者（股东、债权人、供应者、雇员、政府、社区）之间的利益关系。吴敬琏教授在《现代公司与企业改革》一书中指出，所谓的公司治理结构是指由所有者、董事会和高级执行人员（即高级经理人员）三者组成的一种组织结构。在这种结构中，上述三者之间形成一定的制衡关系。

诸多国际组织也对公司治理进行了定义和说明，其中以英国卡德伯利（Cadbury）报告和经济合作与发展组织（OECD）出台的公司治理原则最具代表性。

英国伦敦证券交易所在 1991 年成立了专门负责调研和研究公司治理问题的卡德伯利委员会（Cadbury Committee）。该委员会于 1992 年提交了一份《卡德伯利报告》。该报告认为，公司有效管理的一个重要方面就是实现公司的内部控制。报告建议董事们对公司内部控制的有效性进行描述，同时规定建立审计委员会，并对公司的内部控制声明进行复核。

《OECD 公司治理原则》（2004）指出，公司治理是一种对工商业公司进行管理和控制的体系，该体系包含管理层、董事会、股东和其他利益相关者的一整套关系。它明确规定了公司的各个参与者的责任和权力分布，详细描述了决策公司事务时所应遵循的规则和程序，还提供了设置和实现公司目标和监控运营的手段，决定了公司的架构。良好的公司治理应该能形成适当激励，使董事会和管理层能够做出有益于股东和其他利益相关者的决策，并能够发挥有效的监督作用，更好地利用公司所属资源。

针对 2008 年金融危机暴露出来的公司治理存在的问题以及机构投资者由于投资链拉长、被动投资等对参与公司治理的消极影响，在 2015 年颁布的《G20/OECD 公司治理原则》（以下简称《OECD 新原则》）中，对《OECD 公司治理原则》（2004）中提出的机构投资者的作用做了进一步的强调，在体例上新增了第三章“机构投资者、证券交易所和其他中介机构”。第三章的 7 条规定中有 4 条是关于机构投资者参与公司治理的规范。《OECD 新原则》第三章的导语开宗明义地提出“公司治理框架应当在投资链条的每一环节中都提供健全的激励因素”，就是针对投资链拉长的情况，强化投资链上各个责任主体的职责履行，倡导建立激励兼容的制度安排。

（二）对公司治理概念的理解

一般来说，公司治理可以分为狭义和广义两种。狭义的公司治理是指对公司董事会的功能、结构、股东的权力等方面所做的制度安排，关注于解决公司内部的所有权安排、激励机制，股东大会、董事会、监事会结构等内部管理问题。广义的公司治理是指有关公司控制权和剩余索取权分配的一套法律、文化和制度性安排，既包含公司内部治理所涉及的公司所有权结构、控制权结构、内部治理机构和激励机制，又包含由外部市场机制、政府机制和社会机制等共同构成的公司外部治理。公司治理涉及的各利益相关者，包括股东、债权人、供应商、雇员、政府和社区等与公司有利益关系的集团，是一个多层次的概念，且随着社会经济的发展和公司内涵的发展而变化。

综上所述，我们认为，所谓公司治理，就是基于公司所有权与控制权分离而形成的公司的所有者、董事会和高级经理人员及公司利益相关者之间的一种权力和利益分配与制衡关系的制度安排。其包括公司治理结构与公司治理机制两部分。

（1）公司治理是研究企业诸多利益相关者的一门科学。企业利益相关者就是任何可能影响企业目标或被企业目标影响的个人或集团，包括所有者（股东）、董事会、经理层、债权人与债务人、员工、供应商与客户、政府与社会等，这些利益关系决定企业的发展方向和业绩。

（2）公司治理是研究企业权力安排和利益分配的一门科学。从狭义角度上理解，是基于企业控制权层次，研究如何授权给职业经理人并针对职业经理人履行职务行为行使监管职能的科学。企业控制权划分为特定控制权和剩余控制权。特定控制权是指那种能在事前通过契约加以明确界定的权力，剩余控制权是指那种事前没有在契约中明确界定如何使用的权力，是决定资产在最终契约所限定的特殊用途之外如何被使用的权力。股东对公司的所有权包含了剩余索取权和剩余控制权，前者是以股权比例反映的收益权。

（3）公司治理是研究企业各利益主体在权力和利益之间相互制衡的一门科学。制衡是公司治理最重要的机制，公司治理就是要使各利益主体在权利、义务、责任和利益间建立相互制衡的制度，共同对公司和全体股东负责。然而，公司治理的目的并不是相互制衡，制衡只是保证公司科学决策的方式和途径。

二、公司治理的特征

广义地讲，公司治理是公司运作的全部准则，包括法律指引、社会标准、道德行为的普遍标准及利益相关者之间的关系。公司治理的核心是在创造财富所需的效率最大化和确保控制方对利益相关者尽职这两者之间取得复杂的平衡模式。

（一）公司治理的动态性

公司治理的动态性有两个方面的含义：其一是指一个具体的公司在不同的发展阶段有与它相适应的公司治理机制；其二是指不同时代的公司治理也有那个时代独有的特点与内容。到目前为止，公司治理理念经历了四个阶段：20 世纪 70 年代管理层中心主义阶段、80 年代股东会中心主义阶段、90 年代董事会中心主义阶段和 21 世纪利益平衡/风险控制阶段。

（二）公司治理的合约性

公司治理的合约性是指公司各利益关系人通过签订合约来规定各自的权、责、利。公司治理是一种合约关系，但是由于各利益关系人的行为具有有限理性和机会主义的特征，所以这些合约不可能是完全合约，只能是一种关系合约。所谓关系合约是指合约各方并不要求对行为的详细内容达成协议，而是对总目标、总原则、遇到问题时的决策规则、分享决策权以及解决可能出现的争议的机制等达成协议，从而节约了不断谈判、不断缔约的成本。公司治理以公司法和公司章程为依据，在本质上就是这种关系合约。它以简约的方式规范公司各利益相关人的关系，约束他们之间的交易，来实现公司交易成本的比较优势。

（三）公司治理的法治性

国家为保护公司各利益关系人的利益，往往通过制定有关法律法规来规范公司的治理。我国也通过《公司法》《证券法》《中国上市公司治理准则》和其他有关法律法规来规范我国的公司治理。公司各利益关系人的权、责、利需要在有关法律的基础上加以明确。公司治理机制完善与否，取决于国家有关法律法规完善与否。在现阶段，我国尤其应重视对大股东、董事、监事、高级管理人员法律责任的研究，这是我国公司治理的关键内容之一。

（四）公司治理的制约性

公司治理强调公司股东、董事会、监事会、经理人员之间的责、权、利配置及相互制衡。在公司治理中，所有者将自己的资产交给公司董事会托管。公司董事会是公司的决策机构。高级经理人员受雇于董事会，组成在董事会领导下的执行机构，在董事会的授权范围内经营企业。监事会同时对董事会、经理人员进行监督。公司治理的制约性不仅体现在公司内部要相互制约，而且在公司外部也还有社会审计、政府有关机构等社会力量对公司内部人员进行监督。

（五）公司治理的价值导向性

公司的本质是进行价值创造，公司治理的好坏不能仅以是否实现有效制衡作为衡量的标准，而更应看它促进公司价值创造活动的有效性。公司治理的价值导向性主要是指合理的公司治理要能保证公司对市场的适应性，公司应根据产品市场、资本市场、人才市场、技术市场等市场的变化，较快地调整公司管理策略和投资策略，使公司在市场竞争中居于有利位置，实现公司价值最大化。

（六）公司治理的地域性

公司治理的地域性是指由于不同国家或地区具有不同的政治、经济、法律、文化等背景，公司治理也会存在不同的模式。目前国外就存在着英美模式、德国模式、日本模式、东亚模式等不同的公司治理模式。随着社会的进步、各国的经济文化交流的加强，公司治理有趋同的特点，但是各国经济文化发展的不均衡性及各国原有文化基因的不同特点，仍然会使各国的公司治理保持一定的特色。

三、公司治理的影响因子

由于公司治理的多角度和多维性，如果将其视为一个目标函数，那么影响公司治理这一因变量的自变量主要有哪些呢?

（一）公司自身的股权结构和运行机制

根据现代企业理论的观点，一般将股权结构定义为企业剩余控制权和剩余索取权的分布状况与匹配方式，股权结构是所有权结构在股份制公司下的具体表现形式。而在实践中，由于经济、环境和社会体制的差异，不同国家对于股权结构含义的理解是有所区别的。一般来说，国外主要从数量角度和权力角度来认识股权结构，国内则主要从股权集中度和股权属性上对股权结构进行划分。另外，公司治理的实现主要通过内部治理机制和外部治理机制来发挥作用。股权结构正是通过影响公司内外部治理机制，发挥正面或负面作用，从而在很大程度上决定了公司治理的有效性。这些治理机制主要包括收购兼并、监督机制、经营激励和代理权争夺等方面。

（二）公司控股股东的身份

从股权身份或股权维度上看，不同身份和类型的股东持有企业所有权的成本是不同的，因为其决策能力、对风险的判断和承受能力、对管理者的监督能力、对信息的遴选和甄别能力等方面是不完全相同的，甚至差异很大。在我国，股东性质结构（又称所有制结构、股权种类结构）分为国有股、法人股和个人股三个部分。国有股包括国家股和国有法人股。法人股是企业法人以其法人财产权为基础，向其他股份制企业投资所形成的股份，企业法人股属于法人企业的所有者。法人股包括国有法人股和社会法人股，社会法人股中又包括一般法人股和机构法人股。一般法人股是指非国有企业以企业法人名义购买的股票，机构法人股是指机构投资者购买的股份。个人股则包括职工股和社会公众股。国有股和国有法人股都是国家股，其主要区别是资金来源不同。国家直接投资企业的资产则为国家股，非国家直接投资企业的净资产则为国有法人股。

不同的股东身份在公司治理方面会存在差异，例如与私有企业相比，国有企业存在以下三个特殊点。（1）企业目标多元化。企业要承担社会福利、就业、医疗保险等社会义务，追求利润最大化不再是企业的唯一目标。（2）财务预算软约束。银行等金融机构与国有企业存在千丝万缕的联系，国家是其共同的所有者，国有企业能够较轻易地从银行获取贷款，扩大融资。（3）对经理激励不足。由于企业目标多元化，所以企业绩效无法准确评价。由此也可以看出，国有股权对公司治理会产生一定的负面影响，在股权从国有性质转为私有的过程中，公司治理中的激励和监督机制能够得到改善，整体效率也会得到提高。

（三）公司的发展阶段及其行业特性

公司的发展与现代企业的发展类似，总体上经历了业主制、合伙制与公司制三个阶段。一般来说，在公司发展初期，生产规模比较小、品种比较单一，在治理结构上，个人业主集剩余索取权、控制权及经营管理权于一身，公司治理水平依赖业主的经营管理水平。随着公司生产水平的逐步提高及公司发展的需求，为了扩大生产经营规模、分散公司风险，企业的组织形式逐渐演变成了投资主体共同分享利益、承担风险，负无限连带责任的合伙制企业。每个合伙人对所发生的经济行为均负有限或无限的责任，这就给共同执行决策、相互监督程序提供了充分的理由。而在公司制形式下，公司所有权与治理权相分离，管理的责任被委托给具有专门管理技能的职业经理人，股东拥有剩余索取权与最终的控制权。这使公司治理的产权结构更加复杂，表现为众多财务资本产权与管理知识人力资本产权之间及其相互之间的竞争与合作的管理，具体包括资本所有者对管理成员的选择、约束、监督与激励，对投资者尤其是小股东、债权人的利益保护，董事会成员、经理成员的权力、绩效评价与竞争等。一个公司制企业如同一个科层制结构的国家，也存在集权与分权的模式。完全集权的治理模式在企业发展的初期可以最大限度地发挥经营的灵活性，以应付市场的迅速变化；随着企业的逐步发展，企业的规模得以迅速壮大，其他利益主体进入企业使得权力被分解稀释，传统的完全集权治理模式已经不能适应公司发展所需。

由于公司处于不同类型的行业，不同的风险状况、市场竞争环境也同样影响着公司治理机制的选择。例如，处于竞争性行业的公司比具有垄断性权力的公司面临着更为残酷的竞争环境，为了生存和发展，这些行业的管理者对市场的变化必须做出更为及时的反应，过于僵化或者集权的治理机制显然无法适应其要求；高新科技企业比传统企业对管理者创新能力的要求更高，从而以股权为基础的激励机制能够在公司治理中发挥更有效的作用。

（四）公司所处的外部市场环境

由科斯关于企业与市场的相互替代原理可知，公司治理与市场的结构、市场的发育程度是直接相关的。市场的信用机制、信息机制、法律机制等对公司治理会产生重要的影响，主要体现在以下几个方面。

一是资本市场的融资机制使投资者有权选择投资的对象，从而促进了公司治理结构的改善和提高。在资本市场中有内部融资和外源融资两种融资渠道。内部融资是指依靠公司已实现的一部分利润作为再循环投资；外源融资又主要分为债务融资和股权融资。股权融资使得股东通过内部的投票机制对公司的经营和治理进行监督。相对于股权融资，债务融资可在一定程度上抑制经营者的过度投资，因为过度的债务融资会使公司的成本上升，债务杠杆比例增大，面临还本付息的压力，虽然股权融资没有还本付息的压力，但融资的大小会受到公司业绩的影响。

二是资本市场的价格机制可使投资者了解公司的经营信息，降低对管理层的监控成本，进而降低公司治理成本。市场价格机制通过公开的公司价值信息影响股份持有人及潜在投资者。一般情况下，公司绩效与经理人员的工作能力和努力程度正相关，所以股票价格在某种程度上被公众视为股东（市场）对经理人员表现满意程度的一种指标。在市场有效的前提下，股票价格能够较好地反映上市公司的业绩。股票价格越高，表示股东对经理人员的满意度越高；如果公司股票价格走低，则反映了股东对公司业绩和管理人员的一种不满意心理。

三是资本市场中关于控制权的争夺问题，可以强制性地提高公司治理效率。公司控制权争夺是指在资本市场条件下，不同的利益主体通过并购、代理权争夺等手段实现取得公司最终控制权的行为。由于委托代理关系的存在，管理者虽然掌握着公司的控制权，但如果委托人发生了变更，控制权也会随之发生变化。因此，依靠资本市场上不同利益主体之间的这种并购或代理权争夺，为公司所有者提供了有效的、低成本的监督。

【案例 1-5】

雷士照明——控制权之争

1998 年，吴长江出资 45 万元，杜刚、胡永宏各出资 27.5 万元，共同创立了雷士照明。2005 年，吴长江和公司的两位创始人就公司经营发展理念出现分歧，吴长江被迫让出董事长的职位。随后，戏剧性的一幕上演了：全体经销商“倒戈”，要求吴长江重掌企业。经过投票，吴长江出任董事长，而其余两名股东各拿 8 000 万元离开了雷士照明。虽然吴长江反败为胜，保住了自己对公司的控制权，但是雷士照明拿不出 1.6 亿元现金，于是只好融资补足缺口。这时，找钱成了吴长江最重要也最头疼的事情。吴长江接受了毛区健丽以 994 万美元入股雷士照明，占股 30%。这样他就借助资本的力量，用股权作为交换解决了与创业股东之间的纠纷。

2010 年 5 月 20 日，雷士照明在香港联交所主板上市，发行 6.94 亿股新股（占发行后总股本的 23.85%），发行价 2.1 港元/股，募资 14.57 亿港元。2011 年 7 月 21 日，雷士照明引进法国施耐德电气作为策略性股东，由软银赛富、高盛联合吴长江等六大股东，共同向施耐德转让 2.88 亿股股票。施耐德股份占比 9.22%，成为雷士照明的第三大股东。2012 年 5 月 25 日，吴长江毫无征兆地“因个人原因”而辞去了雷士照明的一切职务，而接替他出任董事长的则是软银赛富的阎焱，这一变化被外界认为是风险资本在和创始人争夺公司控制权过程中的胜出。在此次事件中，创业者与投资人在董事会的力量对比是 2 : 4。董事会一旦被投资人控制，就意味着企业的控制权落在了投资人手上。

作为公司创始人也无可奈何，只能被迫接受辞职。

2016 年 11 月 21 日，香港上市公司雷士照明（中国）有限公司原法定代表人、董事长吴长江因挪用资金罪、职务侵占罪一审被判处有期徒刑 14 年，并处没收财产 50 万元，并责令其退赔 370 万元给被害单位重庆雷士照明有限公司。

第四节 公司治理原则及框架

一、公司治理原则的概念

广义的公司治理原则包括有关公司治理的准则、报告、建议、指导方针和最佳做法等，它通过一系列规则建立一套具体的公司治理运作机制，维护投资者和其他利害相关者的利益，促进公司健康发展，实现公司的有效治理。公司治理原则可以帮助政府对本国公司治理方面的法律、制度和管理机制框架进行评估、改进，也可以为上市公司（甚至是非上市公司）建立良好的公司治理提供指导、借鉴，还对股票交易所、投资者和其他在建立良好的公司治理中起作用的机构提供了参考和建议。

公司治理原则不具有强制约束力，其目的不在于制定详细的国家立法，而是为人们提供某种参考。比如政策制定者在审查并制定反映本国特定的经济、社会、法律和文化环境特色的有关公司治理的法律和监管框架时，可以公司治理原则为参考；再如市场参与者，可以参考公司治理原则制定自身的公司治理制度。

公司治理原则是不断发展的，因此应根据环境的重大变化不断重新对其进行审查。为了在这个不断变化的世界中保持竞争地位，公司必须不断创新并使自己的公司治理状况适应变化了的环境，这样才能使公司不断满足新的需求，抓住新的机遇。同样，政府有义务制定一个有效的规范框架，保持足够的灵活性，使市场能够有效地发挥作用并能对股东和利益相关者的期望做出反应。政府和市场参与者可以根据成本与收益的比例，自己决定是否采纳这些原则。

二、公司治理原则的内容

针对公司治理，经济合作与发展组织（OECD）早在 1999 年就出台了公司治理准则，旨在帮助其成员及非成员评估和改善其经济法律法规和制度体系，以提高公司治理水平。中国各级监管部门也相应出台了相关指引和要求，包括中国证券监督管理委员会和国家经济贸易委员会于 2002 年 1 月联合发布的《上市公司治理准则》，以推动上市公司建立和完善现代企业制度，规范公司运作，完善公司治理。为了满足机构投资者对公司治理质量的关注，各国与各组织纷纷推出了公司治理原则，如表 1-1 所示。

表 1-1 公司治理原则与制定机构

公司治理原则	制定组织
《OECD 公司治理原则》	经济合作与发展组织（OECD）

续表

公司治理原则	制定组织
《英联邦公司治理原则》	英联邦
《ICGN 全球公司治理原则声明》	国际公司治理网络（ICGN）
《欧洲公司治理建议》	欧洲政策研究中心（CEPS）
《亚太地区公司治理原则》	亚洲太平洋经济合作组织（APEC）
《欧洲证券商自动报价协会公司治理准则》	欧洲证券商自动报价协会（EASDAQ）
《国际性股东协会公司治理倡议》	国际性股东协会
《欧洲证券商协会公司治理协议》	欧洲证券商协会（EASD）

一直以来，《OECD 公司治理原则》（以下简称《原则》）都被认为是全球范围内政策制定者、投资人、公司和其他利益相关者的国际标准。2002 年，OECD 公司治理指导小组对《原则》进行了重新审议，目前的《原则》是体现各成员及非成员公司治理挑战及经验的范本。《原则》是一个灵活的工具，提供了适用于各个国家和地区特殊情况的非约束性标准（non-binding standards）、良好实践（good practices）和实施（implementation）指南。

【知识链接】

经济合作与发展组织

经济合作与发展组织简称“经合组织”（Organization for Economic Co-operation and Development，OECD），是由 30 多个市场经济国家组成的政府间国际经济组织，旨在共同应对全球化带来的经济、社会和政府治理等方面的挑战，并把握全球化带来的机遇。根据第二次世界大战后重建欧洲经济的马歇尔计划要求，经济合作与发展组织于 1961 年在巴黎成立。截至 2010 年年底，随着智利、爱沙尼亚、以色列和斯洛文尼亚四国成为新成员，经合组织成员总数增至 34 个。2016 年 7 月 1 日，拉脱维亚正式加入经济合作与发展组织，成为其第 35 个成员。

经济合作与发展组织常被称作“智囊团”“监督机构”“富人俱乐部”或“非学术性大学”。它具备上述所有特征，但任何一种称呼都不能完全概括经合组织的特点。经合组织最重要的作用是为各国政府提供一个探讨、发展和完善经济及社会政策的场所。

（一）确保有效公司治理框架的基础

为了确保一个有效的公司治理框架，需要建立一套适当且行之有效的法律、监管和制度基础，以便所有的市场参与者都能够在此基础上建立其私有的契约关系。这种公司治理框架，通常是以一国特殊的自身环境、历史状况以及传统习惯为基础建立的一套由法律、监管、自律安排、自愿承诺和商业实践等要素所构成的体系。其具体要求如下。

（1）建立公司治理框架应该考虑到它对整体经济绩效的影响、市场的信誉度的提高、由它而产生的对市场参与者的激励机制以及对市场透明度和效率的促进。

（2）在一个法域内，影响公司治理实践的那些法律的和监管的要求应符合法治原则，并且是透明和可执行的。

（3）一个法域内各管理部门间责任的划分应该明确衔接，并保证公共利益得到妥善保护。

（4）监督、监管和执行部门应当拥有相关的权力、操守和资源，以专业、客观的方式行使职责，对它们的决定应给予及时、透明和全面的解释。

（二）股东权利与关键所有权功能

公司治理框架应该保护和促进股东权利的行使。在此方面除了确保股东基本权利的行使外，还应当获得有效参加股东大会与涉及公司重大变化的决定，并得到相关方面的通知。此外，公司应当披露特定股东获得与其股票所有权不成比例的控制权的资本结构和安排，允许公司控制权市场以有效和透明的方式运行，为所有股东行使所有权创造有利条件。

（三）平等对待股东

资本市场的一个重要因素是，投资者确信其所提供的资本会受到保护以及不受公司管理者、董事或控制性股东滥用或不当挪用。公司治理框架应当确保所有股东（包括少数股东和外国股东）受到平等对待。当其权利受到侵害时，所有股东应能够获得有效赔偿。《原则》中规定，合理的公司治理结构原则应当在此方面实现：（1）同类同级的所有股东都应享有同等待遇；（2）应禁止内部人交易和滥用权力的自我交易；（3）应要求董事和主要执行人员向董事会披露，他们是否在任何直接影响公司的交易或事务中有直接、间接或代表第三方的实质性利益。

（四）利益相关者在公司治理中的作用

公司治理的一个关键方面是关于确保外部资本以权益和债务两种形式流入公司，因此公司治理框架应承认利益相关者的各项经法律或共同协议而确立的权利，并鼓励公司与利益相关者之间在创造财富和工作岗位以及促进企业财务的持续稳健性等方面展开积极合作。

（五）信息披露与透明度

公司治理框架应确保及时准确地披露公司所有重要事务的信息，包括财务状况、绩效、所有权和公司的治理。一个健全的信息披露制度能够推动真正透明的产生，这是以市场为基础公司监控的关键特征，也是股东得以在充分信息的基础上行使股东权利的核心。一个健全的信息披露制度有助于资本市场吸引资本和保持信心。信息披露也有助于加强公众对企业的组织和活动、公司政策和绩效以及公司与所在社会关系的理解。

（1）应当披露的重大信息。应当披露的重大信息至少包括：公司的财务状况及经营成果；公司目标；主要的股份所有权和投票权；董事和主要执行人员，以及他们的报酬；重要可预见的风险因素；与雇员和其他利益相关者有关的重要问题；治理结构和政策。公司应报告在实际工作中其怎样运用相关的公司治理结构原则。管理结构和公司政策的披露，特别是股东、经理层和董事会成员之间权力的划分，对评估公司的治理结构是很重要的。

（2）应根据高质量的会计标准、金融和非金融披露及审计标准，对信息进行准备、审计和披露。

（3）在准备和提交财务报表时，为提供外部和客观的保证，年审应由独立审计员进行。

（4）信息传播渠道应当使用户公正、及时、费用合理地获得有关信息。

（六）董事会的责任

董事会是在股东大会上由全体股东选出的董事所组成、代表股东的利益和意志、执行公司业务的常设权力机构，董事会对股东会或股东大会负责，向股东会或股东大会报告工作。董事会是公司治理结构中的一个重要因素，甚至可以说是中心组成部分。董事会的运作方式和效率直接决定了公司治理的质量。

论及董事会的责任，必然涉及董事会向谁负责的问题。传统观点认为，董事会应向股东负责。

董事会是由股东选举和任命的、接受全体股东的委托、承担受托责任（fiduciary duties）的权力机构，董事会当然要向委托人负责。从另一方面来看，股东是公司的唯一所有者，作为公司的权力机构也应向其所有者负责。

从法律角度考察，以“董事会应向公司负责”的表述更为恰当。其一，董事会绝不仅仅是一个受托机构，董事会是公司的决策机构和权力机构，董事会承担着设定公司目标，制定公司战略、计划和政策等责任。如果董事会仅向股东负责，当出现股东利益与公司利益不一致时，董事会的决策可能会使公司丧失良好的发展机会或失败。美国在20世纪80年代出现的恶性并购就是一个恰当的说明。其二，企业是一系列契约的联结，“在法律意义上，股东并不是公司的所有者，公司与全体股份有所不同”（Lord Evershed，1943）。1909年，英国上诉法院在关于留声机和打字机有限责任公司诉斯坦利的判决中明确规定，公司既不是股东的代理人，也不是他们的托管人。大法官巴克利勋爵（Lord Justice Buckley）否决了认为在实践中股东可以被视为其公司的观点。同时，他认为：“董事不是服从某个作为个人的股东发出的指令的仆人，而是按照规定被授予公司控制权的人；一旦被授予权力，只有达到或超过足以修改公司章程的决定多数股东的否决，他们才会失去控制权。即使所有股东都作为个人行动时发出同一指令，董事们也没有义务服从这个指令。”

公司治理框架应确保董事会对公司的战略指导和对管理层的有效监督，确保董事会对公司和股东的受托责任。公司董事会成员应在全面了解情况的基础上，诚实、尽职、谨慎地开展工作，最大限度地维护公司和股东的利益。

尽管世界上并不存在单一的良好的公司治理模式，但是许多经济组织和研究机构（如OECD等）认为，良好的公司治理是构建在一些共同要素基础之上的。因此，构建在这些共同要素之上并且包容已有的各种不同模式的公司治理原则，是有相当的实用价值的。它既是改善公司治理的标准和方针政策，也是公司管理层次的实务原则，对政府的政策制定和市场参与者的实务操作都有重要的参考作用。

三、公司治理的框架

公司治理主要包括治理结构和治理机制两部分（见本书第二章、第三章的内容），根本目的是提高治理效率。治理结构是从静态考虑，公司治理是一种政治化、法律化的安排，具有制度性和结构性的特点，具体表现为：有关收益和风险的制度安排，有关权力分立和制衡的结构安排和组织安排。治理机制是从动态考虑，指公司治理系统中持续互动的管控关系、功能和运行原理，包括监督机制、激励机制、决策机制和外部治理，表现出系统的无限开放性。公司治理结构与机制如图1-1所示。

按照机制设计或实施所利用资源的来源，公司治理可以简单区分为公司外部治理系统与公司内部治理系统。公司治理框架体系如图1-2所示。

（一）外部治理系统

外部治理系统指的是尽管机制的实施超出了公司资源的计划范围，但仍然可以用于实现公司治理目标的各种公司治理机制的总称，它包括公司治理的法律和政治环境、公司控制权市场、产品和要素市场、外部代理人市场。主要目的在于权力制约和平衡，实现利益相关者利益最大化。

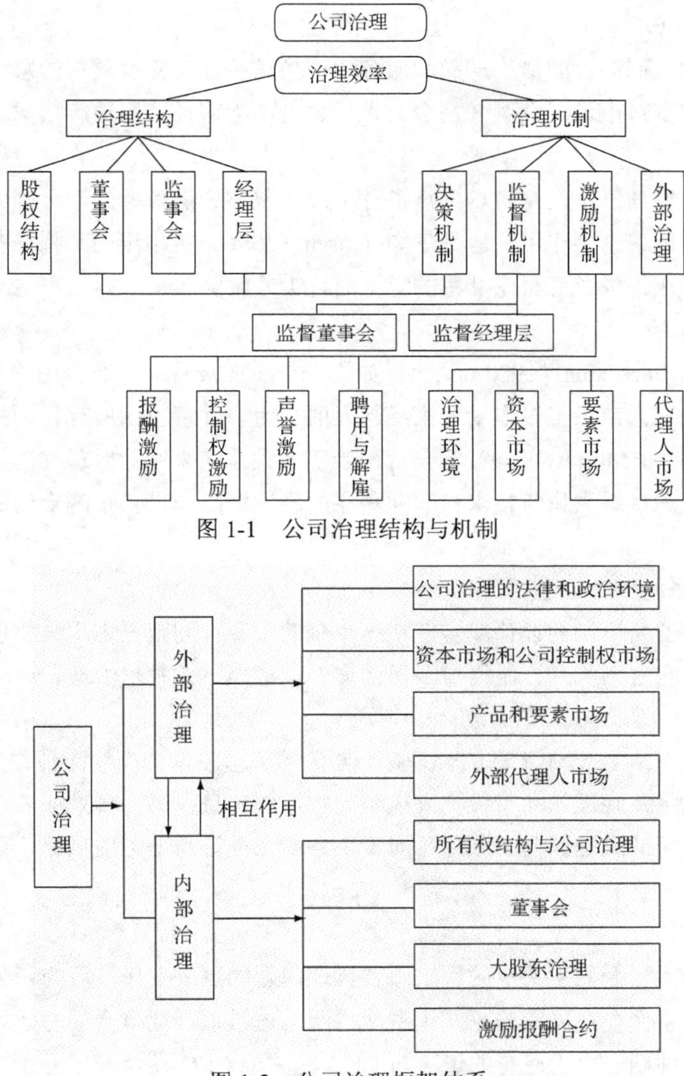

图 1-1 公司治理结构与机制

图 1-2 公司治理框架体系

1. 公司治理的法律和政治环境

公司治理是一个经济问题，但它同时也是一个法律和政治问题。公司治理的法律途径在公司治理机制中处于基础性位置。各国在股权结构、资本市场和公共政策上的差异与投资者在法律上所受到的保护程度密切相关。在市场经济国家，公司治理的政治途径多是借助法律途径来实现的。

2. 资本市场和公司控制权市场

资本市场不仅为投资者提供了一种分散风险的保险机制，还为投资者提供了关于公司业绩状况的信号。随着市场流动性的提高，其监督功能也加强，当然，资本市场对公司治理的最重要的贡献是创造了控制权市场。从该理论可以推知，公司并购后，被收购企业的管理者将被更换，然而经验表明并非如此。接管市场的存在将限制公司总经理忽视利润和所有者回报的行为，从而会约束总经理营造公司帝国的梦想。接管市场的批评者认为，接管的收益来自享受的税收优惠，与原公司经理人、雇员终止合同，以及非效率的资本市场在价值评估中的错误。

3. 产品和要素市场

产品市场是指供人们消费的最终产品和服务的交换场所及其交换关系的总称。要素市场也即生产要素市场包括生产资料市场、金融（资金）市场、劳动力市场、房地产市场、技术市场、信息市场、产权市场等。

产品（要素）市场竞争不仅是市场经济条件下改善整体经济效率的十分强大的力量，同时，它在公司治理方面也发挥着重要作用。但是正如 Jensen（1996）所指出的那样，产品和要素市场的监督力量对于新的和存在大量经济租或准租的活动而言十分微弱。

4. 外部代理人市场

尤金•法玛（Eugene Fama，1980）认为，如果一个企业被看成一组合约，那么企业的所有制就不重要了，完善的经理人市场可以自动约束经理人的行为，并解决由所有权和控制权的分离而产生的激励问题。Gibbon 和 Murphy（1992）研究了当工人关注未来职业时最优的激励合约设计。他们证明，最优的激励合约将最大化包括来自职业关注的隐性激励和来自报酬合约的显性激励在内的总的激励。

（二）内部治理系统

内部治理系统指的是机制的设计或实施在一个企业资源计划范围内用来实现企业治理目标的各种治理机制的总称。它包括所有权结构与公司治理、董事会、大股东治理、激励报酬合约等。

1. 所有权结构与公司治理

代理成本的存在否定了 MM 定理的合理性。债务的代理成本会产生两种相反的效应，第一种效应主要表现为债券会导致经理倾向于投资高风险高收益的项目；另一种效应表现为，由于从声誉角度出发考虑问题，公司或经理倾向于选择相对安全、能保证还清债务的项目，而不是真正价值最大化的项目。

2. 董事会

董事会可以理解为一个内生决定的用来缓解代理问题的制度安排，成为仍处在发展早期的董事会理论文献中揭示董事会存在原因的正式模型。按照上述模型，董事会的有效性受到其独立性的影响，而董事会的独立性则取决于已有的董事与 CEO 在关于 CEO 薪金与增补董事会人选等问题上的讨价还价。

3. 大股东治理

法律不能给小股东以有效的保护时，大股东能获得有效的控制权，所以在世界各国大股东持股很普遍。大股东会牺牲其他投资者的利益来满足自己的偏好，尤其是当他们掌握的控制权大于其现金流量权时更是倾向于追求控制权的私人收益，或“准租金”。因此，在理论上应研究大股东特征、大股东监督、大股东侵害行为、大股东控制权及合作关系问题。

4. 激励报酬合约

在激励报酬合约的实际设计过程中需要注意以下两个问题。第一，在强调合约的绩效衡量的可证实性时，不要忽视关系性合约。第二，当经理人的努力是多维，且对经理人绩效的衡量不完备时，如何协调不同激励方向的冲突问题。协调激励冲突的一般原则是，在提高某种任务的激励时，可以增加该项任务本身的回报，或者通过降低另一种任务的回报实现。

思考题

1. 企业制度形态有哪几种？各自的特点是什么？
2. 通过公司治理产生的背景试述是什么推动了公司治理的发展。
3. 公司治理有哪些基本特征？
4. 公司治理的基本理论有哪些？并分别阐述各个理论的内容。
5. 公司治理有哪些基本原则？各原则之间的关系是什么？
6. 影响公司治理的因子有哪些？
7. 简述公司治理的分类。

第二章 公司治理结构

【教学目标】

通过本章的学习，读者能了解股权结构、资本结构与公司治理结构的关系以及各专门委员会的职能与工作方式，熟悉股东（大）会、董事会以及监事会的职能，理解有关独立董事及其激励机制，掌握股东（大）会、董事会以及监事会在公司治理中的作用。

【引例】

2008年12月，国美出现危机。白手起家、35岁就成为中国首富的黄光裕，因涉嫌经济犯罪被拘留调查。2009年1月，陈晓接任黄光裕董事局主席一职，开始掌舵国美。为应对国美资金链断裂的危机，在陈晓主导下，国美引入美国贝恩资本，此举为黄光裕与陈晓的股权之争埋下伏笔。在2010年国美年度股东大会上，作为大股东的黄光裕对贝恩资本提出的三位非执行董事投了反对票，但以陈晓为首的董事会一致同意推翻股东大会结果，重新任命了三位董事，这成为黄光裕与陈晓的股权黄陈之争的导火索。

在国美股东大会上，黄光裕方的五项提议中有四项是围绕董事局构成，包括即时撤销陈晓国美执行董事兼董事局主席职位、即时撤销孙一丁国美执行董事职务、即时委任邹晓春作为国美执行董事、即时委任黄燕虹作为国美执行董事。现代企业制度下的股份公司特别是上市股份公司中，董事局是公司常设权力机构，经股东大会授权后，董事局往往集经营决策大权、财务大权、人事任免大权于一身。在这一点上，董事局是个组织，组织的背后是制度，制度的背后是利益。董事局由董事组成，董事是股东利益的代言人，对董事会议案有表决权。在股份公司的操作实践中，董事局的构成体现出一种出资比例和董事比例相匹配的特征，这反映了一种责权利相匹配的理念。大股东出资比例最大，承担的风险也最大，因此与之相对应的权力也应该最大。而国美董事局责权利严重不对等，作为大股东的黄光裕，虽然持有约32%的股权即出资最多，但在董事局中代言董事席位为零；而与之形成鲜明对比的是，在贝恩债转股之后，拥有约10%股份的贝恩与陈晓合作，在11个董事席位中直接控制了至少5个董事席位。不能掌控董事局，就不能掌控整个国美，董事局话语权的旁落，使得黄光裕方对自己的利益是否能够得到保障产生忧虑，因此黄光裕在五项提议中有四项是事关董事人选。

黄光裕五项提议中第一项便是“即时撤销国美2010年5月11日召开的股东周年大会上通过的配发、发行及买卖国美股份之一般授权”。股权决定话语权和控制权是现代股份制企业的基本特征。在股份制公司特别是上市公司的各项制度中，股份比例与权力分配是完全成正比的关系。股份制公司或上市公司，遵循的是少数服从多数的票选原则，票选原则有很重要的两点：一是议案在股东大会中获得规定的多数股权支持则表示通过；二是股权达到一定数额的大股东可以就某议案要求召开临时股东大会。

家族制企业或独资企业向现代企业转变的过程中，国美股权之争使一些企业所有者产生了观望和忧虑情绪，担心自己对企业控制权的旁落，也使得企业所有者与职业经理人之间产生了相互不信任。如何通过制度安排和核心人员选任，使企业创始人的权益获得切实保障，成为一个亟待解决的问题。

第一节 公司治理结构概述

一、公司治理结构的概念

公司治理结构（corporate governance structure）或称法人治理结构、公司治理系统（corporate governance system），是一种联系并规范股东（财产所有者）、董事会、高级管理人员权利和义务分配问题的制度框架，包括股权结构、资本结构以及治理机构设置等。简单地说，就是如何在公司内部划分权力。良好的公司治理结构，可解决公司各方利益分配问题，对公司能否高效运转、是否具有竞争力，起到决定性的作用。

我国公司治理结构采用“三权分立”制度，即决策权、经营管理权、监督权分属于股东大会、董事会或执行董事、监事会。通过权力的制衡，使三大机关各司其职，又相互制约，保证公司顺利运行。

公司治理结构重点需要解决公司的两个基本问题：一是如何保证投资者（股东）的投资回报；二是如何协调企业内各利益集团的关系。（1）如何保证投资者（股东）的投资回板，主要包括协调股东与企业的利益关系（即要解决“内部人控制问题”）以及协调股东之间的利益关系（即要解决大股东掏空和小股东“搭便车”问题）。在所有权与经营权分离的情况下，由于股权分散，股东有可能失去控制权，企业被内部人（管理者）所控制。这时控制了企业的内部人有可能做出违背股东利益的决策，侵犯股东的利益。这种情况容易引起投资者不愿投资或股东“用脚表决”的后果，会有损于企业的长期发展。同时，由于小股东股权比例极低，监督成本较高且具有较大的外部性，经济理性的小股东都会选择“搭便车”，这就导致大股东和小股东之间的代理问题。这种代理问题被形象地描述为大股东“掏空”（Tunneling），是指大股东侵占中小股东的利益，将财产和利润转移出去的行为。“掏空”极大地侵害了中小股东的利益，打击了中小投资者的积极性，同时也不利于金融市场的发展和降低会计盈余质量。公司治理结构正是要从制度上保证不同类型股东的利益。（2）如何协调企业内各利益集团的关系，主要包括对经理层与其他员工的激励，以及对高层管理者的制约。这个问题的解决有助于处理企业各集团的利益关系，又可以避免因高管决策失误给企业造成的不利影响。

【小看板】

股东“搭便车”问题

搭便车问题一般来说是公共财物问题，如“路灯”问题。企业具有契约性质，个体自身利益的取得其实是一种博弈的结果。“搭便车”行为是指个人未付费用，但也享受到了团体所提供的服务，在协作性交易当中表现为个人某种形式的“偷懒”，却获得相同的报酬。股东“搭便车”行为基于股东的成本—效益观，即监督要付出成本，但监督成果由大家分享，小股东缺乏监督动力，无须监督却享受收益。

解决此问题的有效办法有：减少各利益相关者的利益冲突；改善信息不对称状况；有利于小股东的联合行动。

公司股权的分散与集中程度决定了公司治理路径的根本不同。如果公司股权高度分散，则公司治理所要解决的根本矛盾是代理人问题（管理者侵占股东的权益）；如果公司股权相对集中或高度集中，则公司治理所要解决的根本矛盾除了代理人问题外，还包括如何保护中小股东利益的问题（即大股东侵占中小股东利益）。

二、股权结构与公司治理结构

（一）股权结构的含义

股权结构（Ownership structure）是指公司股东的构成和各类股东持股所占比例，以及股票的集中度（或分散度）和股东的稳定性。

股权结构是公司治理结构的基础，公司治理结构则是股权结构的具体运行形式。不同的股权结构决定了不同的企业组织结构，从而决定了不同的企业治理结构，最终决定了企业的行为和绩效。

（二）股权结构的分类

股权结构有不同的分类。一般来说，股权结构有两层含义。

第一层含义是指股权集中度，即前五大股东持股比例。从这个意义上讲，股权结构有以下三种典型的类型。

（1）集中分布型股权结构。其表现是：股权高度集中，绝对控股股东一般拥有公司股份的50%以上，对公司拥有绝对控制权。这种股权结构下，大股东缺少来自其他小股东的约束和制衡，导致其容易干预经营者行为，甚至与经营者合谋侵占小股东权益。

（2）均匀分布型股权结构。其表现是：股权高度分散，公司没有大股东，所有权与经营权基本完全分离，单个股东所持股份的比例在10%以下。这种股权结构可以避免集中分布型股权结构下股东行为两极分化以及大股东与经营者之间的合谋，但由于股权比较分散，股东们行使权力的积极性受到一定影响。在证券市场比较发达、股权流动性强的情况下，分散的股东可以利用发达的证券市场低成本却有效地对公司经营进行监督，如果股东对公司所披露的财务状况不满意就可“用脚投票”，从而对公司经营者施加压力，因此公司可以建立起较为有效的治理结构。但在证券市场不太发达、股权流动性较差的情况下，这种股权结构会导致股东对经营者监督约束不力，从而会影响公司经营绩效。

（3）阶梯分布型股权结构。其表现是：第一大股东拥有相对优势的股份，成为核心股东（持股比例为20%～30%），其他股东的地位依次下降。各个股东以其持股水平为依据，决定其行使权力的努力程度。由于各股东持股差距适当，因此有望使各股东达到一种适度参与的境界，形成有效的制衡和监督机制。在证券市场不太发达、股权流动性较差的情况下，股权相对集中，不仅可以提高股东直接监控公司经营的动力和效率，而且有利于保持公司经营发展的稳定和持续性。

一般而言，集中型股权结构公司由于股权集中在少数股东手上，所以成为收购兼并的目标公司的可能性较小；经理所持有的股份比例较多，成功收购该公司的可能性越小，即使收购成功，收购方也需支付巨额金额。相反，股权分散的治理机制公司较容易伴随并购的发生，在流动性较好、发育较为完整的资本市场下，股权分散使接管者可以比较容易地收集到达到控股地位所需要的最低限度的股份。在公司治理的监督方面，股权分散的公司由于小股东不愿意或无能力支付监督成本，公司的股东监督机制就会成为一句空话。而对于股权集中型的公司而言，由于存在相对控股股东或绝对控股股东，这些大股东具有对经理人员实行有效监督的能力和动力。因此，股权集中型的公司与分散型公司相比较，前者的监督能更有效地运作。

在公司所有权与经营权分离的条件下，存在着追求自身利益的经营者和维持自身利益所有者的矛盾问题。在股份高度分散的现代经理式公司里，经理阶层或董事长作为经营决策者在公司治理中的地位和作用相对股东而言更为突出——公司董事会实际上已经由经理所控制，因而作为委托人的股东对作为代理人的经理的激励实际上已为经理所控制。而且，股东们由于“搭便车”的原因而缺乏动力推翻现任经理或董事长，所以在股权十分分散的情形下，对经理的监督会成为一个严重的问题。

第二层含义则是股权构成，即各个不同背景的股东集团分别持有股份的多少。在我国，就是指国家股东、法人股东及社会公众股东的持股比例。从理论上讲，股权结构可以按企业剩余控制权和剩余收益索取权的分布状况与匹配方式来分类。从这个角度，股权结构还可以被区分为控制权不可竞争和控制权可竞争的股权结构两种类型。在控制权可竞争的情况下，剩余控制权和剩余索取权是相互匹配的，股东能够并且愿意对董事会和经理层实施有效控制；在控制权不可竞争的股权结构中，企业控股股东的控制地位是锁定的，对董事会和经理层的监督作用将被削弱。

三、资本结构与公司治理结构

（一）资本结构的定义

资本结构是指企业各种资本的构成及其比例关系。资本结构是企业筹资决策的核心问题，企业应综合考虑有关影响因素，运用适当的方法确定最佳资本结构，并在以后追加筹资中继续保持。

资本结构有广义和狭义之分。广义的资本结构是指全部资金（包括长期资金、短期资金）的构成及其比例，一般而言，广义资本结构包括债务资本和股权资本的结构、长期资本与短期资本的结构，以及债务资本的内部结构、长期资本的内部结构和股权资本的内部结构等。狭义的资本结构是指各种长期资本构成及其比例，尤其是指长期债务资本与（长期）股权资本之间的构成及其比例关系。

影响资本结构的因素包括企业财务状况、企业资产结构、企业产品销售情况、投资者和管理人员的态度、贷款人和信用评级机构的影响、行业因素、所得税税率的高低以及利率水平的变动趋势等。

（二）企业的融资方式及选择

企业融资可分为股权融资和债务融资两大渠道。这两类不同性质的资本在企业总资本中所占的比例，形成企业的资本结构。一般用公司短期及长期负债与股东权益的比例来反映资本结构，它又可进一步分为股权结构和债务结构。

企业融资又有内源融资和外源融资两种方式。内源融资主要是指企业的自有资产和生产经营过程中的资金积累部分；而外源融资则是指向企业的外部投资者借债或发行股票。

根据迈尔斯的“啄食顺序理论”，公司一般遵循以下融资顺序：首先是内源融资，其次是债券融资，最后才是股权融资。也就是说，公司先依靠内源融资，然后求助于外源融资；而在外部融资中，又通常优先选择发行债券融资，资金不足时再进行股权融资。

（三）资本结构理论

资本结构理论包括净收益理论、净营业收益理论、MM 理论、代理理论和等级筹资理论等。

1. 净收益理论

净收益理论认为，利用债务可以降低企业的综合资金成本。由于债务成本一般较低，所以，负债程度越高，综合资金成本越低，企业价值越大。当负债比率达到100%时，企业价值将达到最大。

2. 净营业收益理论

净营业收益理论认为，资本结构与企业的价值无关，决定企业价值高低的关键要素是企业的净营业收益。尽管企业增加了成本较低的债务资金，但同时也加大了企业的风险，导致权益资金成本的提高，企业的综合资金成本仍保持不变。不论企业的财务杠杆程度如何，其整体的资金成本不变，企业的价值也就不受资本结构的影响，因而不存在最佳资本结构。

3. MM 理论

MM 理论认为，在没有企业和个人所得税的情况下，任何企业的价值，不论其有无负债，都等于经营利润除以适用于其风险等级的收益率。风险相同的企业，其价值不受有无负债及负债程度地影响；但在考虑所得税的情况下，由于存在税额庇护利益，企业价值会随负债程度地提高而增加，股东也可获得更多好处。于是，负债越多，企业价值也会越大。

4. 代理理论

代理理论认为，企业资本结构会影响经理人员的工作水平和其他行为选择，从而影响企业未来现金收入和企业市场价值。该理论认为，债权筹资有很强的激励作用，并将债务视为一种担保机制。这种机制能够促使经理多努力工作，少个人享受，并且做出更好的投资决策，从而降低由于两权分离而产生的代理成本。但是，负债筹资可能导致另一种代理成本，即企业接受债权人监督而产生的成本。均衡的企业所有权结构是由股权代理成本和债权代理成本之间的平衡关系来决定的。

5. 等级筹资理论

等级筹资理论认为：（1）外部筹资的成本不仅包括管理和证券承销成本，还包括不对称信息所产生的“投资不足效应”而引起的成本。（2）债务筹资优于股权筹资。由于企业所得税的节税利益，负债筹资可以增加企业的价值，即负债越多，企业价值增加越多，这是负债的第一种效应；但是，财务危机成本期望值的现值和代理成本的现值会导致企业价值的下降，即负债越多，企业价值减少额越大，这是负债的第二种效应。由于上述两种效应相抵消，企业应适度负债。（3）由于非对称信息的存在，企业需要保留一定的负债容量以便有利可图的投资机会来临时可发行债券，避免以太高的成本发行新股。

（四）资本结构与公司治理的关系

第一，谁向企业投资，谁就对企业拥有相应的控制权。股东通过股东大会、董事会等机制控制企业，但当企业出现资不抵债进入破产状态时，债权人便获得了对企业的控制权。

第二，从对经理控制权的威胁来看，不同融资方式也存在差别。发行新股可能使新股东持有大量股份，掌握公司控制权，进而使现有经理可能被替换。而发行债券带来的控制权损失的可能性，在经营正常状态下不但比发行新股小，也比贷款小。

第三，在企业的总资本中，债务融资占的比重很高，就会形成债权人主导型治理模式；股权融资占的比重很高，则会形成股东主导型治理模式。

由此可见，资本结构决定公司控制权在股东和债权人之间的配置，决定股权约束与债权约束的选择与搭配，涉及对经理人员激励、约束方式和强度的选择，影响公司的股票价格。

第二节 股东

一、股东权利及股东（大）会形式

（一）股东权利

股东权利（shareholders rights）是指在按《中华人民共和国公司法》（以下简称《公司法》）注册的企业中，企业财产的一个或多个权益所有者拥有哪些权利和按什么方式、程序来行使权利。相对于所有权、产权、出资人权利，股东权利是最清楚、明确的权利。股东权利是由法律规定的，所以在不同的国家，股东权利可能会有所差别。即使在同一个国家，不同类型公司的股东权利也不一样。在我国，股东主要享有以下权利。

1. 知情质询权

公司股东有权查阅公司章程、股东名册、公司债券存根、股东大会会议记录、董事会会议决议、监事会会议决议及财务会计报告，对公司的经营提出建议和质询，董事、高级管理人员应当如实向监事会或者不设监事会的有限责任公司的监事提供有关情况和资料，不得妨碍监事会或者监事行使职权；有权知悉董事、监事、高级管理人员从公司获得报酬的情况；股东大会有权要求董事、监事、高级管理人员列席股东会议并接受股东的质询。

2. 决策表决权

股东有权参加（或委托代表参加）股东大会并根据出资比例或其他约定行使表决权、议事权。股东拥有对违规决议的撤销请求权，如果股东大会、董事会的会议召集程序、表决方式违反法律、行政法规或者公司章程，或者决议内容违反公司章程的，股东可以自决议做出之日起60日内，请求人民法院撤销该决议。

3. 选举权和被选举权

股东有权选举和被选举为董事会成员、监事会成员。

4. 收益权

股东有权依照法律、法规、公司章程规定获取红利，分取公司终止后的剩余资产。

5. 强制解散公司的请求权

如果公司经营管理发生严重困难，继续存续会使股东利益受到重大损失，通过其他途径不能解决，持有公司全部股东表决权10%以上的股东，可以请求人民法院解散公司。

6. 股东代表诉讼权

股东代表诉讼是指公司的董事、监事和高级管理人员在执行职务时违反法律、行政法规或者公司章程的规定，给公司造成损失，而公司又怠于行使起诉权时，符合条件的股东可以以自己的名义向法院提起损害赔偿的诉讼。

7. 优先权

股东在公司新增资本或发行新股时在同等条件下有认缴优先权，有限公司股东还享有对其他股东转让股权的优先受让权。

8. 临时股东大会的提议召集权

我国《公司法》规定，持有公司10%以上的股东可以请求召开临时股东大会。

9. 公司章程规定的其他权利

综上分析，我们认为股权可分为自益权（财产性的权利）和共益权（非财产性的权利）。自益权主要指股利分配请求权，股份转让、抵押和继承的权利，股份购买请求权，股份转换请求权，剩余财产索取权等；共益权如股东大会出席权，重大事项表决权及审批权，查阅公司各种文件账表的权利，质询权，对董事的监督权，选举权和被选举权等。

【案例 2-1】

大股东为何缺席董事会

早在 2005 年 2 月 19 日，盛大及其关联企业便宣告已成功收购了新浪 19.5%的股份，成为新浪最大的股东，然而，在其后的一年多时间里，盛大却一直缺席新浪的董事会。公司治理结构理论表明，若所有权与经营权分离，同时缺乏有效的监督机制，将会产生严重的代理问题。盛大作为新浪的第一大股东，却无法进入新浪高层管理团队，甚至长期缺席新浪董事会，此时，盛大作为所有者的利益显然缺乏有效的保障机制。

一种观点是，如果公司掌握在以短线投资或是其他不利于公司发展为目的的人手中，那么这些反收购条款的设置，无疑是对这些人的保护伞。同时，大股东长期缺位，也使得公司股东的利益无法得到有效保障。

【案例 2-2】

永远不要让资本说话，要让资本赚钱

阿里巴巴 IPO 时，其估值在 1 690 亿美元，上市后股价攀升了近 70%，表现超过甲骨文、IBM、威瑞森通信和辉瑞。截至美国东部时间 9 月 22 日收盘，阿里巴巴集团市值（4 507 亿美元）排名全球第 6，仅次于亚马逊、Facebook、微软、谷歌和苹果。

我们仅仅看到淘宝、支付宝和天猫等明星产品，其实最有价值的是背后的团队，尤其是马云及其联合创始人。从 2010 年开始，集团开始在管理团队内部试运行“合伙人”制度，每一年选拔新合伙人加入。马云说：“我们不一定会关心谁去控制这家公司，但我们关心控制这家公司的人，必须是坚守和传承阿里巴巴使命文化的合伙人。”

（二）股东大会的形式

股东大会（以股份有限公司为例）是指公司一年一次必须召开的会议，它一般由董事会组织召开，董事长是大会的当然主席；股东大会必须达到一定的法定人数时才能召开。各国对法定人数的要求不尽相同，计算方法也不一样。有的按股东人数的比例确定，有的按股权的比例确定。股东大会召开之前，董事会应根据《公司法》或本公司章程，在会前若干天将会议日期、地点、议程书面通知股东并登报予以公告。

股东大会从会期上看，分为年度会议和临时股东大会。

1. 年度会议

年度会议一般情况下是在公司的会计年度结束后六个月内召开。

2. 临时股东大会

临时股东大会则是根据公司章程、股东会议事规则等的规定，通常是由符合条件的股东、董事（或董事会）、监事（或监事会）提议而召开的。在以下特定事项发生的两个月内，应召开临时股东大会：董事人数不足公司法规定的法定最低人数 5 人，或者少于章程所定人数的三分之二时；公司未弥补的亏损达股本总额的三分之一时；单独或者合并持有公司有表决权股份总数百分之十（不含投票代理权）以上的股东书面请求时；董事会认为必要时；监事会提议召开时；公司章程规定的其他情形。

（三）股东大会的特征及职权

1. 股东大会的特征

（1）股东大会是公司内部的最高权力机构。许多国家的公司法将股东大会界定为公司的最高权力机构，依法形成的股东大会决议在公司内部具有至高无上的地位。

（2）股东大会是公司的非常设机构。股东大会只是公司的最高决策机构而不是日常业务执行机关或代表机关，除了每年的例行年会和特别会议外，是找不到其踪影的。

2. 股东大会的主要职权

股东大会主要行使下列职权：

（1）决定公司的经营方针和投资计划；

（2）选举和更换非由职工代表担任的董事、监事，决定有关董事、监事的报酬事项；

（3）审议批准董事会的报告；审议批准监事会或者监事的报告；

（4）审议批准公司的年度财务预算方案、决算方案；

（5）审议批准公司的利润分配方案和弥补亏损方案；

（6）对公司增加或者减少注册资本做出决议；

（7）对发行公司债券做出决议；

（8）对公司合并、分立、解散、清算或者变更公司形式做出决议；

（9）修改公司章程；

（10）公司章程规定的其他职权。

二、股东大会的召集及议事程序

（一）股东大会会议的召集

股东大会会议由董事会召集，董事长主持；董事长不能履行职务或者不履行职务的，由副董事长主持；副董事长不能履行职务或者不履行职务的，由半数以上董事共同推举一名董事主持。

董事会不能履行或者不履行召集股东大会会议职责的，监事会应当及时召集和主持；监事会不召集和主持的，连续 90 日以上单独或者合计持有公司 10%以上股份的股东可以自行召集和主持。

（二）股东大会的议事程序

1. 会议召开前必须通知各股东

许多国家的公司法都明确规定股东大会召开前，必须通知股东会议的议程与应审议的事项。如果股东大会就通知中未列明的事项形成决议，股东可以提请法院撤销此决议。

召开股东大会会议，应当将会议召开的时间、地点和审议的事项于会议召开 20 日前通知各股东；

临时股东大会应当于会议召开15日前通知各股东；发行无记名股票的，应当于会议召开30日前公告会议召开的时间、地点和审议事项。

2. 与会的股东必须达到法定人数

参加股东大会的股东必须达到法定人数才能视为合法，通过的决议才能有效。股东大会决议一般采用多数通过的议事原则，但针对不同的决议事项，法律规定了不同的多数标准。

三、股东大会决议

股东大会决议是指公司股东大会依职权对所议事项做出的决议。一般情况下，股东大会会议做出决议时，采取“资本多数决”原则，即由股东按照出资比例行使表决权。

股东出席股东大会会议，所持每一股份有一表决权。但是，公司持有的本公司股份没有表决权。因此可以看出，我国股东大会投票的基本原则是一股一票原则，也称为股票平等原则，即股东原则上以其持有的股份数享有与其股份数同等的投票权。一股一票原则是股东平等原则的具体体现，已成为当今世界各国公司立法的通例。

除公司法有规定外，由公司章程规定。股东大会的决议方法，也因决议事项的不同而不同，按其内容的不同可分为普通事项决议和特别事项决议。

一般来说，关于普通事项的决议必须要得到出席大会有表决权的股东半数以上投票同意时，此决议方能生效；而特别事项决议必须经出席会议的股东所持表决权的三分之二以上通过。以下事项之一适用特别事项决议：增加或减少注册资本；公司合并、分立；公司解散、清算；变更公司形式；修改公司章程；公司章程规定的其他特别决议。

第三节 董事会

一、董事会及其权限

（一）董事会的定义及形式

1. 董事会及其形成

董事会（Board of Directors）是依照有关法律、行政法规和政策规定，按公司或企业章程设立并由全体董事组成的业务执行机关。董事会是公司的执行机构，贯彻公司股东大会的决议，对内管理公司事务，对外代表公司。此外，董事会也是股份有限公司的必设机构，它既是公司的执行机构，又是公司的集体领导机关，其领导水平对公司的稳定和发展举足轻重。

董事会由股东大会选举产生，按照《公司法》和《公司章程》行使董事会权力，执行股东大会决议，是股东大会的代理机构，代表股东大会行使公司管理权限。作为公司董事会，其形成有资格上、数量上和工作安排上的具体要求，也有其具体职责范围。

（1）从资格上讲，董事会的各位成员必须是董事。董事是股东在股东大会上选举产生的。所有董事组成一个集体领导班子称为董事会。

（2）从人员数量上说，董事的人数不得少于法定最低限额，因为人数太少，不利于集思广益和充分集中股东意见。但人数也不宜过多，以避免机构臃肿，降低办事效率。因此公司应在最低限额以上，根据业务需要和公司章程确定董事的人数。由于董事会是会议机构，董事会最终人数一般是奇数。

（3）从人员分工上，董事会一般设有董事长、副董事长、常务董事。人数较多的公司还可设立常务董事会。董事长和副董事长，由董事会成员过半数互相选举产生，罢免的程序也相同。

（4）在董事会中，董事长具有最大权限，是董事会的主席。

2. 董事会的类型

我国董事会包括法定董事会和临时董事会两种。股份有限公司的董事会每年度至少召开两次会议，每次会议应当于会议召开十日前通知全体董事和监事。代表十分之一以上表决权的股东、三分之一以上董事或者监事会，可以提议召开董事会临时会议。董事长应当自接到提议后十日内，召集和主持董事会会议。董事会召开临时会议，可以另定召集董事会的通知方式和通知时限。

（二）董事会会议

1. 董事会会议的召集

董事会会议由董事长召集和主持；董事长不能履行职务或者不履行职务的，由副董事长召集和主持；副董事长不能履行职务或者不履行职务的，由半数以上董事共同推举一名董事召集和主持。

2. 董事会会议的出席

董事会会议应由董事本人出席；董事因故不能出席，可以书面委托其他董事代为出席，委托书中应载明代理人的姓名，代理事项、权限和有效期限，并由委托人签名或盖章。

董事未出席，也未委托代表出席董事会会议的，视为放弃在该次会议上的投票权。董事连续两次未能亲自出席，也不委托其他董事出席董事会会议，视为不能履行职责，董事会应当建议股东大会予以撤换。

3. 董事会会议的举行

董事会会议应有过半数的董事出席方可举行。

（三）董事会权限

董事会权限包括普通事项和特别事项。

1. 普通事项

普通事项包括：负责召集股东大会，并向大会报告工作；执行股东大会的决议；决定公司的经营计划和投资方案；制订公司的年度财务预算方案、决算方案；决定公司内部管理机构的设置；制订公司的基本管理制度；管理公司信息披露事项；向股东大会提请聘请或更换为公司审计的会计师事务所；听取公司经理的工作汇报并检查经理的工作；法律、法规或公司章程规定，以及股东大会授予的其他决定非特别事项的职权。

2. 特别事项

特别事项包括：制订公司的利润分配方案和弥补亏损方案；制订公司增加或者减少注册资本、发行债券或其他证券及上市方案；拟订公司重大收购、回购本公司股票或者合并、分立和解散方案；在股东大会授权范围内，决定公司风险投资、资产抵押及其他担保事项；公司董事长的选任、解任及报酬；聘任或者解聘公司经理、董事会秘书；根据经理的提名，聘任或者解聘财务负责人等高级管理人员，并决定其报酬事项和奖惩事项；制订公司章程的修改方案。

（四）董事会的决议

为了保证董事会会议所形成的决议代表大多数股东的利益，各国公司法一般都明确规定了参加董事会会议的法定人数。也就是说如果参加董事会会议的董事人数没有达到法定人数，此次董事会不合法，所形成的决议无效。

我国《公司法》规定董事会会议应由二分之一以上的董事出席方可举行；而一些国家的公司法规定，董会会议的法定人数可低于董事人数的二分之一，但不得少于董事总数的三分之一。

董事会决议的计票原则采用按人数计算，也就说每一位董事平等地享有一个表决权，不以其所代表的股票数为据。

董事会的决议一般也采用多数通过的原则。按照《公司法》规定，董事会做出的决议，必须经全体董事的过半数通过。董事会决议表决，实行一人一票。不过，公司章程可以另行约定对特殊事项决议的通过条件，但是不能低于《公司法》规定的过半数通过。

一些国家还依据决议的具体事项，将董事会决议分为普通决议和特别决议。普通决议适用于简单多数原则。即由过半数的董事出席会议并由出席会议的董事过半数同意即可；特别决议适用于绝对多数原则，由三分之二的董事出席会议并由出席会议的董事过半数同意才算过。换句话说，普通决议的通过最少需要公司董事的四分之一以上同意，特别决议的通过至少需要公司董事的三分之一以上同意。

对于董事会决议，应特别注意决议无效的情形，决议无效主要包括两种情形：第一，决议成立的过程无效。这是指召集程序或决议方法违反法律或章程规定。第二，决议的内容无效。即决议内容违反法律或章程的规定。对于上述两种无效的决议，利害关系人可以在任何时候、以任何方法提出无效的主张，不必以诉讼的方法，可以以抗辩的方法。

二、董事及其职责

（一）董事的概念

董事（Member of the Board，Director）是指由公司股东大会选举产生的具有实际权力和权威的管理公司事务的人员，是公司内部治理的主要力量，对内管理公司事务，对外代表公司进行经济活动。

占据董事职位的人可以是自然人，也可以是法人。对于这个问题不同的国家（地区）给予了不同的规定。例如，美国、德国、奥地利、瑞士等国家规定，董事须是自然人，法人不能担任董事，而英国、比利时、荷兰以及我国香港、台湾地区规定，法人可以担任董事，但须指定一名有行为能力的人做其常任代表。董事是董事会成员，是公司重大决策的制定与参与者。董事是公司财产的受托人，但董事不以自己的名义，而是以公司的名义持有受托财产，而且是以冒商业风险、以盈利为基本原则托管公司财产。

股份有限公司的董事由股东大会选举产生，可以由股东或非股东担任。董事的任期，一般都是在公司内部细则中给予规定，有定期和不定期两种。定期把董事的任期限制在一定的时间内，但每届任期不得超过 3 年；不定期是指从任期那天算起，满 3 年改选，但可连选连任。董事被解聘的原因有：任期届满而未能连任；违反股东大会决议；股份转让；本人辞职；其他，如董事会解散、董事死亡、公司破产、董事丧失行为能力等。

董事可分为内部董事、外部董事与执行董事、非执行董事。其中，（1）内部董事是指那些同时也是公司职员的董事。（2）外部董事是指那些不属于公司职员的董事。（3）执行董事是指同时兼任公司高级管理人员的董事，他们既参与董事会的决策，同时也在其管理岗位上执行董事会的决策。显然，执行董事都是内部董事。总经理是必然的内部董事，因为他是具体经管公司日常业务的关键人物。内部董事中还可以有几位常务副总经理，这些公司经理人员参加董事会有助于外部董事直接接触经理人员，深入评价管理工作的成效。内部董事在董事会中所占的比例不一。日本大部分企业的董事会都是由内部董事组成的。（4）非执行董事是指公司从外部聘请的在战略管理、金融、投资、财务、法律、公共关系等方面具有专长的知名人士。他们通常是某一方面的专家、学者或其他公司的总裁、董事长，只参与董事会决策而不参与高层管理和决策的执行。非执行董事明显包括了外部董事。除此之外，那些兼任公司中低层管理人员或一般职员的董事，也视作非执行董事。

在实践中，由于中低层管理人员或一般职员担任董事的情况比较少见，因此，一般而言，内部董事与执行董事、外部董事与非执行董事含义几乎一致。

（二）董事的人数、任期与资格

1. 董事的人数

《公司法》第四十五条规定：有限责任公司设董事会，其成员为 3～13 人；同时在第五十一条中指出：股东人数较少或者规模较小的有限责任公司，可以设一名执行董事，不设董事会。执行董事可以兼任公司经理。

两个以上的国有企业或者两个以上的其他国有投资主体投资设立的有限责任公司，其董事会成员中应当有公司职工代表；其他有限责任公司董事会成员中可以有公司职工代表。董事会中的职工代表由公司职工通过职工代表大会、职工大会或者其他形式民主选举产生。

《公司法》第一百零九条规定：股份有限公司的董事会成员为 5～19 人。董事会成员中可以有公司职工代表。董事会中的职工代表由公司职工通过职工代表大会、职工大会或者其他形式民主选举产生。

2. 董事的任期

董事任期由公司章程规定，但每届任期不得超过 3 年。董事任期届满，连选可以连任。董事任期届满未及时改选，或者董事在任期内辞职导致董事会成员低于法定人数的，在改选出的董事就任前，原董事仍应当依照法律、行政法规和公司章程的规定，履行董事职务。

3. 董事的任职资格

（1）积极资格

积极资格就是按照法律、行政、法规及其他有关规定，应具备的任职资格情形。作为公司的董事，其可以是股东，也可以不是股东；可以是自然人，也可以是法人；除董事长外，董事可以具有本国国籍，也可以没有本国国籍；除董事长外，董事可以在国内有住所，也可以在国内没有住所。

（2）消极资格

消极资格就是不能担任的情形。不得担任公司董事的情形有：无民事行为能力或者限制民事行为能力；因犯有贪污、贿赂、侵占财产、挪用财产罪或者破坏社会经济秩序罪，被判处刑罚，执行期满未逾 5 年，或因犯罪被剥夺政治权利，执行期满未逾 5 年；担任因经营不善破产清算的公司、企业的董事或者厂长、经理，并对该公司、企业的破产负有个人责任的，自该公司、企业破产清算完结之日起未逾三年；担任因违法被吊销营业执照的公司、企业的法定代表人，并负有个人责任的，自该公司、企业被吊销营业执照之日起未逾 3 年；个人所负数额较大的债务到期未清偿；国家公务员、军人、公证人、律师等不得兼任公司的董事；监事不能兼任同一公司的董事。

（三）董事的选任

自 2014 年 3 月 1 日起施行的《中华人民共和国公司法》第一百零五条规定：股东大会选举董事、监事，可以依照公司章程的规定或者股东大会的决议，实行累积投票制。所谓累积投票制，是指股东大会选举董事或者监事时，每一股份拥有与应选董事或者监事人数相同的表决权，股东拥有的表决权可以集中使用。

（四）董事的权限

董事的权限主要包括业务执行权、董事会参与权、公司代表权和董事的权利等。

业务执行权是指董事对董事会决定议事的重大问题具体执行、对日常事务的议事决定并具体实施自己所决定的议事的具体执行权。董事可以出席董事会并对决议事项投票表示赞成或反对的权限。董事一般没有代表公司的权限，但除代表公司向政府主管机关申请进行设立、修改章程、发行新股、发行公司债、变更、合并、解散等各项登记的权限，申请募集公司债、发行新股审核的代表权，在公司证券（股票、公司债券）上签名盖章等特殊情况。董事的权利主要包括：向公司请求预付处理委任事务的必要费用的权利；向公司请求偿还因处理委任事务所支出的费用及自支出时起的利息的权利；向公司请求代其清偿因处理委任事务所负担的必要债务，未至清偿期的，请求公司提供担保的权利；向公司请求赔偿其处理委任事务时，因非可归责于自己的事由所导致的损害的权利。

三、董事长及其职责

（一）董事长的定义

董事长（Chairman of the Board）是公司或集团的最高负责人，股东利益的最高代表，统领董事会。

《公司法》第四十五条规定：有限责任公司董事会设董事长一人，可以设副董事长。董事长、副董事长的产生办法由公司章程规定。

《公司法》第一百一十条规定：股份有限公司董事会设董事长一人，可以设副董事长。董事长和副董事长由董事会以全体董事的过半数选举产生。

（二）董事长的人数、任期和资格

1. 董事长的人数

根据我国《公司法》的相关规定，有限责任公司和股份有限公司均只设置一名董事长。

2. 董事长的任期

董事长任期最长不得超过其为董事的任期，可连选连任，具体由公司章程确定。董事任期届满不及改选时，董事长应延长其执行业务至改选董事就任为止。

3. 董事长的任职资格

（1）积极资格。董事长可以是股东，也可以不是股东，但必须是自然人；董事长必须具有本国国籍；董事长必须在国内有住所。

（2）消极资格。不得担任公司的董事长情形有：无民事行为能力人或者限制民事行为能力人；因犯有贪污、贿赂、侵占财产、挪用财产罪或者破坏社会经济秩序罪，被判处刑罚，执行期满未逾 5 年，或者因犯罪被剥夺政治权利，执行期满未逾 5 年；担任因经营不善破产清算的公司、企业的董事或者厂长、经理，并对该公司、企业的破产负有个人责任的，自该公司、企业破产清算完结之日起未逾 3 年；担任因违法被吊销营业执照的公司、企业的法定代表人，并负有个人责任的，自该公司、企业被吊销营业执照之日起未逾 3 年；个人所负数额较大的债务到期未清偿；国家公务员、军人、公证人、律师等不得兼任公司的董事长；监事不能兼任同一公司的董事长。

4. 董事长的选任及退任

董事长的人选由董事会在董事中互选，并以特别决议的形式进行。

导致董事长退任的情形有：第一，董事长失去董事身份。导致董事长失去董事身份的事由就是董事退任的事由。第二，解任。董事会解任董事长，董事长并不失去董事身份，董事会解任董事长应以特别决议进行。

（三）董事长的权限

1. 公司代表权

董事长的公司代表权包括：董事长有代表公司的权限，不得以章程剥夺（但是，公司与董事发生诉讼时，除法律另有规定外，由监事代表公司，股东大会也可另选他人代表公司；董事为自己或他人与公司发生交易时，由监事代表公司）；代表公司向政府主管机关申请进行设立、修改章程、发行新股、发行公司债、变更、合并、解散等各项登记的权限；签署公司股票、公司债券及其他有价证券；签署董事会重要文件和其他应由公司法定代表人签署的其他文件。

2. 业务执行权

董事长的权力在董事会职责范围之内，不管理公司的具体业务，一般也不进行个人决策，只在董事会开会或董事会专门委员会开会时才享有与其他董事同等的投票权。在董事会闭会期间，董事长对公司的重要业务活动有业务执行的处理权和董事会职代行权，并承担执行公司各项规章制度的义务。

3. 董事长的权利

董事长的权利包括：向公司请求预付处理委任事务的必要费用的权利；向公司请求偿还因处理委任事务所支出的费用及自支出时起的利息的权利；向公司请求代其清偿因处理委任事务所负担的必要债务，未至清偿期的，请求公司提供担保的权利；向公司请求赔偿其处理委任事务时，因非可归责于自己的事由所导致的损害的权利。

四、独立董事及其职责

（一）独立董事制度

独立董事制度是指在董事会中设立独立董事，以形成权力制衡与监督的一种制度。独立董事只拥有董事身份和在董事会中的角色，不在公司内担任其他职务，并且在公司内没有其他实质性利益关系，即与其受聘的公司和股东不存在可能妨碍其进行独立判断的关系。我国证监会在《关于在上市公司建立独立董事制度的指导意见》中认为，上市公司独立董事是指不在上市公司担任除董事外的其他职务，并与其所受聘的上市公司及其主要股东不存在可能妨碍其进行独立客观判断关系的董事。

上市公司应当保证独立董事享有与其他董事同等的知情权。凡须经董事会决策的事项，上市公司必须按法定的时间提前通知独立董事并同时提供足够的资料，独立董事认为资料不充分的，可以要求补充。当2名或2名以上独立董事认为资料不充分或论证不明确时，可联名书面向董事会提出延期召开董事会会议或延期审议该事项，董事会应予以采纳。上市公司向独立董事提供的资料，上市公司及独立董事本人应当至少保存5年。

上市公司应提供独立董事履行职责所必需的工作条件。上市公司董事会秘书应积极为独立董事履行职责提供协助，如介绍情况、提供材料等。独立董事发表的独立意见、提案及书面说明应当公告的，董事会秘书应及时到证券交易所办理公告事宜。独立董事行使职权时，上市公司有关人员应当积极配合，不得拒绝、阻碍或隐瞒，不得干预其独立行使职权。独立董事聘请中介机构的费用及其他行使职权时所需的费用由上市公司承担。上市公司应当给予独立董事适当的津贴。津贴的标准应当由董事会制订预案，股东大会审议通过，并在公司年报中进行披露。除上述津贴外，独立董事不应从该上市公司及其主要股东或有利害关系的机构和人员取得额外的、未予披露的其他利益。上市公司可以建立必要的独立董事责任保险制度，以降低独立董事正常履行职责可能引致的风险。

（二）独立董事的任期与资格

独立董事每届任期与该上市公司其他董事任期相同；任期届满，可连选连任，但连任时间不得超过6年。对于公司独立董事人数的设置一般没有限制性要求。但对于上市公司来说，在2003年6月30日前，董事会成员中至少应包括2名独立董事；在2003年6月30日后，董事会成员中至少应包括三分之一的独立董事。

独立董事的资格包括积极与消极两方面。独立董事的积极资格包括具有所要求的独立性；具备一定的业务素质水平，具备相关的知识和经验，对上市公司来说，具备上市公司运作的基础知识，熟悉相关法律、行政法规、规章及规则，具备5年以上法律、经济或者其他履行独立董事职责所必需的工作经验；公司章程规定的其他条件。

独立董事的消极资格包括：之前规定的不能担任公司董事的条件适用于独立董事；在公司或其附属企业任职的；与公司有雇佣关系的人员的直系亲属（配偶、父母、子女）和主要社会关系成员（兄弟姐妹、岳父母、儿媳女婿、兄弟姐妹的配偶、配偶的兄弟姐妹）；直接或间接持有公司已发行股份1%以上或是公司前十名股东中的自然人股东及其直系亲属；在直接或间接持有公司已发行股份5%以上的股东单位或在公司前五名股东单位任职的人员及其直系亲属；最近一年内曾经具有前三项所列举的情形；为公司或其附属企业提供财务、法律、咨询等服务的人员；公司章程规定的其他人员；对上市公司来说，我国证监会认定的其他人员。

【案例2-3】

伊利股份罢免独董风波

2004年6月8日，内蒙古伊利实业集团股份有限公司（简称伊利股份，600887）“独董风波”

骤起。先是俞伯伟、王斌等三位独立董事就公司国债投资、管理层家属持有公司股份等伊利股份未公开披露的信息向部分高管提出质询。

6月16日，伊利股份召开临时董事会将俞伯伟紧急辞退。与此同时，伊利股份的独立董事俞伯伟、王斌、郭晓川向传媒发表独立董事声明。该声明称，他们发现伊利集团在资金运作中存在着诸多疑点——购买国债和伊利股份第五大股东华世商贸有限公司的身世。

当晚，伊利股份就匆匆发布公告，称临时董事会审议同意《监事会关于提请股东大会免去俞伯伟先生独立董事的方案》。这一反击的结果是，第二天伊利股份跌停。于是，伊利股份当天发布第二份公告。在这份公告里，披露了免去俞伯伟独立董事的原因——俞伯伟先生之妻兄为法定代表人的上海承祥商务有限公司与伊利股份曾签订咨询项目合同。

【案例 2-4】

不“添乱”的独董才是好独董吗

2014年5月26日，天目药业的独立董事郑立新、徐壮城因对该公司2013年年度报告投下反对票，让年度报告“不好看”，遭到了该公司股东大会的罢免。

提出罢免议案的股东现代联合称，两名独董未正确履行职责，随意投下反对票，给广大投资者利益造成直接损害。两名独董则辩称，公司内部治理极其混乱，且未能提供独董履行职责的必要条件，因此投下反对票才是独立、尽职的表现。

事实上，这已不是天目药业第一次遭到独董投反对票。在2010～2011年，该公司前一届独董便多次投出反对或弃权票，内容多针对该公司人事任免、高管薪酬、年度报告等。天目药业随后因隐瞒关联行为“东窗事发”遭到证监会处罚，尽管投下了不信任票，三名独董也因“失察”而为大股东的违规行为“背黑锅”。在恢复名誉后，已履职多年的三名独董先后离职。

不管天目药业罢免独立董事的背景如何，都可以看出来，独立董事如果要发挥更大的作用，必须要有一个保护机制，不能一说不好听的就被罢免。

（三）独立董事的选任和退任

1. 独立董事的选任

独立董事的选任由股东大会执行，以普通决议形式进行，一般采用累积投票制。独立董事采取差额选举制的，可采取第一大股东回避的方式。对不符合资格的被提名人，可按照规定提出异议。对我国证监会持有异议的被提名人，可作为公司的董事候选人，但不可作为独立董事的候选人。对提名委员会提出的候选人，拥有董事席位的股东只有在理由充分或拥有可靠证据的前提下，才能否决提名并重新进行独立董事提名和选举。

2. 独立董事的退任

独立董事的退任由下列两种情形引起。

（1）免职。独立董事连续3次未亲自出席董事会会议的，由董事会提请股东大会予以撤换。除上述情况不得担任独立董事的事由发生外，独立董事任期届满前不得无故撤换。

（2）辞职。独立董事辞职时，应向董事会提交书面辞职报告，对任何与辞职有关或其认为有必要引起公司股东和债权人注意的情况进行说明。若独立董事辞职导致董事会中独立董事比例低于章程中规定的最低要求时，该董事的辞职报告在下任独立董事替补其缺额后生效。

（四）独立董事的权限

独立董事除了具有一般董事所拥有的权限外，还具有以下权限。

1. 独立董事的特别职权

（1）对于重大关联交易应由独立董事认可后，提交董事会讨论。所谓重大关联交易指（上市）公司拟与关联人达成的总额高于300万元或高于最近审计后公司净资产5%的关联交易。

（2）向董事会提议聘用或解聘会计师事务所。

（3）向董事会提请召开临时股东大会。

（4）独立聘请外部审计机构和咨询机构。

（5）可在股东大会召开之前公开向股东征集投票权。

2. 独立董事对重大事项的独立意见

所谓重大事项是指下列事项：提名、任免董事；聘请或解聘高级管理人员；公司董事、高级管理人员的薪酬；重要关联人的资金往来；独立董事认为可能损害中小股东权益的事项；公司章程规定的其他事项。

对于重大事项，独立董事可以发表的独立意见的类型主要有以下几种：同意、保留意见及理由、反对意见及理由和无法表示意见及其理由。

【案例2-5】

4亿理财遭独董反对

2012年4月20日四维图新（002405）公告称，公司董事会同意公司使用部分自有闲置资金购买银行理财产品，资金使用额度不超过4亿元，在上述额度内，资金可以滚动使用。为控制风险，以上额度内资金只能购买一年以内保本型理财产品，不得用于购买以股票、汇率、利率及其衍生品以及无担保债券为投资标的的银行理财产品。同时授权公司管理层具体实施本方案相关事宜，授权期限为自决议通过之日起一年内有效。

独立董事张亚勤鉴于不完全确定购买理财产品的可控性，反对公司利用自有闲置资金购买银行理财产品，对该议案投了反对票，不过公司董事会最终还是以12∶1通过了议案。

3. 独立董事与关联交易

根据《公司法》等法律、行政法规的规定及中国证监会、交易所或其他监管部门的规定，独立董事除依法行使一般董事的职权外，还应对以关联交易为主的交易事项发表独立意见。

【案例2-6】

独立董事涉嫌内幕交易

2015年6月15日，上交所发布《关于对京能置业独立董事宋常予以监管关注的决定》，决定称，2015年4月9日，宋常以每股9.31元买入10万股京能置业的股票。2015年4月18日，京能置业披露2014年年报，宋常在定期报告披露前30天内买入公司股票，违反了相关规定。考虑到其主动报告，并采取了补救措施，将给予减轻处理。2016年1月22日，A股上市公司菲利华（300395.SZ）、贵人鸟（603555.SH）、九华旅游（603199.SH）、京能置业（600791.SH）相继发布公告称公司独立董事宋常涉嫌内幕交易、短线交易，证监会决定对其进行立案调查。宋常，中国人民大学教授、博士生导师，同时兼任上述四家公司独立董事，2011年10月至2015年8月还曾任创业板上市公司神雾环保（300156.SZ）的独董。

独董涉嫌内幕交易的事件并非自宋常始。据证监会通报，2011 年 4 月，时任中信证券研究部质量总监、漳泽电力独董杨治山利用内幕消息，斥资 1 500 万元借用他人账户买入漳泽电力股份。2011 年 11 月，杨治山在获悉证监会对其立案调查后，在漳泽电力股票复牌前夜以跌停板价格申报清空所有股票，亏损 82.8 万元。虽然亏了钱，杨治山本人最终还是因涉嫌内幕交易被移送公安机关查处。

据悉，类似案件还有 2011 年南方航空独董林光宇因涉嫌内幕交易，被香港证监会提出刑事起诉。2012 年 6 月，华工科技独董骆晓鸣因涉嫌内幕交易被证监会立案调查，移交司法后被认定犯内幕交易罪并判罚。

五、专门委员会

随着董事会规模的不断扩大，为提高运作的独立性和有效性，专门委员会制度便应运而生。专门委员会是董事会按照股东大会决议设立的专门工作机构，由董事会设立，以协助董事会行使其职权，一般包括薪酬委员会、审计委员会、提名委员会和战略发展委员会等。董事会薪酬委员会主要负责制定公司董事及经理人员的考核标准并进行考核；负责制定、审查公司董事及经理人员的薪酬政策与方案，对董事会负责。审计委员会是处理有关公司财务和会计监督等专门事项的内部职能机构，它并非公司的常设机构，公司可以根据其实际情况决定设置与否。提名委员会主要负责对公司董事和经理人员的人选、选择标准和程序进行选择并提出建议。战略发展委员会主要负责对公司长期发展战略和重大投资决策进行研究并提出建议。董事会专门委员会一般不参与公司日常的管理，且并非公司的常设机构，公司可以根据其实际情况决定设置与否。

（一）专门委员会的产生

1. 委员会组成及人数

董事会专门委员会成员必须全部由董事组成，且不得超过 19 人（董事会最高人数），建议其委员会最低人数为 3 人且最好为奇数。其中，独立董事应占二分之一以上。除以上要求外，审计委员会成员中至少应有一人是专业会计人士。

2. 委员任期

各专门委员会委员与董事会任期一致，即每届任期 3 年，自聘任之日起至下届董事会成立之日止。委员任期届满，可以连选连任。

3. 委员选任和退任

各专门委员会委员的选任经董事长、二分之一以上的独立董事或全体董事的三分之一提名，由董事会选举产生。其中，委员会主任委员在委员内的独立董事中选举，并报请董事会批准产生；但是，如果董事长为战略发展委员会成员，则董事长为主任委员。若在任职期间委员不再担任公司董事，则其自动失去委员资格，委员会要补足人数。

（二）专门委员会会议

1. 会议分类与召集

专门委员会会议可分为例会和临时会议。专门委员会的例会每年至少召开 4 次，每季度召开一次，其中，战略发展委员会例会每年至少召开2次。对于临时会议，必要时由各专门委员会提议召开。

专门委员会会议由主任委员召集和主持，主任委员不能履行职务或者不履行职务的，可以指定一名其他委员单人召集权人，但该委员必须是独立董事。主任委员应于会议召开7日以前通知全体委员及时参加委员会会议。

2. 会议出席

专门委员会的会议应有三分之二以上的委员出席方可召开，必要时可邀请公司董事、监事及其他高级管理人员列席会议。其中，审计工作组的成员可以列席审计委员会会议，投资评审小组的组长、副组长可以列席战略发展委员会会议。出席会议的委员对会议所议事项有保密义务，不得擅自披露有关信息。

3. 会议决议

每一名委员有一票表决权，表决方式为举手表决或投票表决。会议决议需全体与会委员的半数通过，也即须经全体委员的三分之一通过。

4. 会议记录

专门委员会的会议应当有记录，出席会议的委员应当在记录上签名。会议记录由公司董事会秘书保存。

（三）专门委员会权限

1. 薪酬委员会权限和主要职责

薪酬委员会的权限包括：薪酬委员会拥有对董事、监事、经理及其他高管人员的基本工资、奖金和股权激励的提案权；对董事、监事全部薪酬计划必须报董事会审查决定，由股东大会最后批准；对经理及其他高管人员的基本工资、奖金的提案由董事会做出特别决议；对经理及其他高管人员的股权激励的提案由董事会审核、股东大会批准。

薪酬委员会的主要职责包括：制定本委员会的组织和行为章程，明确目标，规定责任；按照章程定期召开会议；定期向董事会汇报工作；在涉及股权等重大事项方面，需要及时与股东大会、董事会进行妥善沟通；通常与外部专家一起设计合理的报酬方案；建立对经营者业绩评估和考核制度；评估、决定主管人员的薪酬水平；评估董事薪酬，评价首席执行官的工作表现；执行主管人员的薪酬计划，负责高管人员股票期权和与股票有关的员工薪酬计划；负责主要高管人员的薪酬公开和信息披露。

2. 审计委员会权限

审计委员会权限包括：提议聘请或更换外部审计机构；监督公司的内部审计制度及其实施；负责内部审计与外部审计之间的沟通；审核公司的财务信息及其披露；审查公司内控制度，对重大关联交易进行审计以及公司董事会授予的其他事宜等。

3. 提名委员会权限

提名委员会的权限包括：根据公司经营活动的情况、资产规模和股权结构对董事会的规模和构成向董事会提出建议；研究董事、经理人员的选择标准和程序，并向董事会提出建议；广泛搜寻合格的董事和经理人选；对董事候选人和经理人选进行审查并提出建议；对需提请董事会聘任的其他高级管理人员进行审查并提出建议；董事会授权的其他事项。公司提名委员会对由职工代表担任的董事没有选人提名权，职工董事由职工民主选举产生。

提名委员会的工作方式包括：与有关人员协商，并形成书面材料；提出关于选任董事的条件、程序、任职期限的议案；制定严格的董事候选人的预审制度；向董事会提交选任董事的名单；由董事会审议决定后，提交股东大会通过。

4. 战略发展委员会权限

战略发展委员会权限包括：对公司长期发展战略规划进行研究并提出建议；对公司章程规定须经过董事会批准的重大投资融资方案进行研究并提出建议；对公司章程规定须经董事会批准的重大资本运作、资产经营项目进行研究并提出建议；对其他影响公司发展的重大事项进行研究并提出建议；对以上事项的实施进行检查；董事会授权的其他事宜。

战略发展委员会可以设立投资评审小组，负责做好战略发展委员会决策前的准备工作，并提供有关方面的资料。由公司有关部门或控股（参股）负责人报告重大投资融资、资本运作、资产经营项目的意向、初步可行性报告及合作方的基本情况等资料；投资评审小组进行初审，签发意见书，报战略发展委员会备案；公司有关部门或控股（参股）企业对外进行协议、合同、章程及可行性报告等洽谈并上报投资评审小组；投资评审小组进行评审，签发书面意见，并向战略发展委员会提交正式议案；战略发展委员会根据投资评审小组的提案召开会议，进行讨论，将讨论结果交给董事会，同时反馈意见给投资评审小组。

第四节 高级管理人员

一、高级管理人员

（一）高级管理人员的定义

根据 2013 年修订的《公司法》的规定，高级管理人员，是指公司的经理、副经理、财务负责人，上市公司董事会秘书和公司章程规定的其他人员。

高级管理人员在现代企业中扮演了极其重要的角色。西门子创始人乔治·西门子（George Siemens）曾这样总结他的管理心得："没有有效的高层管理，企业只不过是一堆应予拍卖的办公室家具而已。"在管理大师德鲁克看来，如果不把高层管理的任务看作是一种独特的职能、一种独特的工作，并按此进行组织，那么它就不能完成。

在高管团队中，最重要的角色是经理人。经理人是指在一个所有权、法人财产权和经营权分离的企业中承担法人财产的保值增值责任，全面负责企业经营管理，对法人财产拥有绝对经营权和管理权，由企业在职业经理人市场（包括社会职业经理人市场和企业内部职业经理人市场）中聘任。经理人的主要职能是辅助法定业务执行机关执行具体业务，具体实施董事会决定的事项。它并非公司强制设置的机构，公司可以根据具体情况确定设置与否。

经理人与公司是有偿委任的关系，经理人的报酬及分配方法，由董事会特别决议确定。值得注意的是，此处所说的经理人可以指总经理、经理、副总经理、副经理等。通常一个公司的经理人人数是不确定的，公司可以根据具体情况进行相应的设置。经理人的任期不得超过董事一届的任期，任期由公司章程决定。

（二）经理人的任职资格

1. 积极资格

经理人可以是股东，也可以不是股东；经理人可以是董事，也可以不是董事；经理人必须是自然人；经理人可以具有本国国籍，也可以没有本国国籍；经理人必须在国内有住所或居所。

2. 消极资格

有下列情形之一的，不得担任公司的经理人：无民事行为能力人或者限制民事行为能力人；因犯有贪污、贿赂、侵占财产、挪用财产罪或者破坏社会经济秩序罪，被判处刑罚，执行期满未逾 5 年，或者因犯罪被剥夺政治权利，执行期满未逾 5 年；担任因经营不善破产清算的公司、企业的董事或者厂长、经理，并对该公司、企业的破产负有个人责任的，自该公司、企业破产清算完结之日起未逾 3 年；担任因违法被吊销营业执照的公司、企业的法定代表人，并负有个人责任的，自该公司、企业被吊销营业执照之日起未逾 3 年；个人所负数额较大的债务到期未清偿。

另外，国家公务员、军人、公证人、律师等不得担任公司的经理人，监事不能兼任同一公司的经理人。

（三）经理人的委任和退任

经理人的委任由董事会负责，以普通决议形式进行。

当出现以下退任事由时，经理人应当退任。（1）委任终止事由发生，如经理人死亡、破产或丧失行为能力。（2）辞职。经理人可随时辞职，无需董事会通过。但除因非可归责于经理人的事由而致使经理人不得不辞职外，如果在不利于公司的时候辞职，经理人应负损害赔偿责任。（3）决议解任。董事会可随时解任经理人。除因非可归责为公司的事由而致使公司不得不将经理人解任外，若在不利于经理人的时候将其解任，公司应负损害赔偿责任。（4）失格解任。当发生经理人“消极资格”中所列事项之一时，失格解任事由出现时经理人应当退任。

（四）经理人的权限

1. 一般事务管理权

一般事务管理权主要包括：主持公司的生产经营管理工作，并向董事会报告工作；组织实施董事会决议、公司年度计划和投资方案；在公司所造具的会计表册上签名盖章；拟订公司内部管理机构设置方案；拟订公司的基本管理制度；制定公司的具体规章；提请董事会聘任或者解聘公司副经理、财务负责人；聘任或者解聘除应由董事会聘任或者解聘以外的管理人员；拟定公司职工的工资、福利、奖惩，决定公司职工的聘用和解聘；提议召开董事会临时会议；公司章程或董事会授予的其他职权。

2. 公司代表权

经理人对于第三人的关系，就所任事务有代表公司实行诉讼上或诉讼外行为的权限，但必须要有公司的书面授权。

3. 经理人的权利

经理人的权利包括向公司请求预付处理委任事务的必要费用的权利；向公司请求偿还因处理委任事务所支出的费用及自支出时起的利息的权利；向公司请求代其清偿因处理委任事务所负担的必要债务，未至清偿期的，请求公司提供担保的权利；向公司请求赔偿其处理委任事务时，因非可归责于自己的事由所导致的损害的权利。

二、管理层的责任

（一）公司治理的管理职能

因为存在信息不对称、潜在的利益冲突、经济理性和机会主义行为，股东缺少信任管理层的理由。管理层可能具有不同于股东的动机，并受诸如财务报告与其他公司治理参与者（董事）的关系等影响，当有机会时，管理层就可能不按公司和股东的最佳利益行动，而采取有利于自己私利的行为。因此，公司治理的一个重要任务就是建立和维护治理机制以协调管理层和股东的利益冲突，减少机会主义行为和信息不对称的程度。

管理层在董事会和监事会的监督下对所有的管理职能负全部责任，包括合理保证企业经营管理合法合规、资产安全、财务报告及相关信息真实完整，提高经营效率和效果，促进企业实现发展战略等。

（二）管理层的能力和尽职

公司管理层的任务包括完成上述管理框架中的使命和任务，那么管理层能否自觉有效地完成这些任务呢？答案是不肯定的。当管理层没有能力的时候或不尽职的时候，都不能做好这些工作。

在现代公司治理框架中，特别强调管理层的激励和监督，原因之一就是在企业的损失中，由于管理层不尽力的损失是最为严重的损失。企业很多问题，重要原因就是管理层无能，或者是管理层有能力但不尽职所致。

管理者不尽职的情况，主要是指公司的实际控制者为了一己私利，损害投资者利益的情况。具体来说，虽然职业经理追求自身利益最大化的行动，可以是与投资者受益的最大化相一致的。但在很多情况下，职业经理的利益最大化往往会与投资者的收益最大化目标完全不同。于是，管理者就会利用手中所掌握的资源为自己牟利，而不为投资者的权益努力工作，甚至以损害投资者利益的方式为自己牟利，这种情况被称为“管理腐败”。

三、管理腐败的类型

管理腐败有两层含义：第一是管理者不能以股东利益作为第一诉求，在决策上不能以股东利益为第一优先考虑的因素；第二是管理者有意利用手中的权力为自己谋福利的过程。管理者为自己谋福利，绝大多数的情况下必然会侵犯股东的利益。

导致管理腐败的根本原因主要来自两个方面。一方面是经营者与股东利益并不一致；另一方面是股东不能准确察觉经营者的行动，存在监督的困难。

管理腐败的具体表现主要在以下几个方面。

（一）管理者直接侵占投资者的财产

直接侵占是投资者利益被损害最主要的、最频繁的形式。经济法的发展在很大程度上就是以保护投资者利益，防止对投资者的无度侵占为主题的。在法律对投资者保护比较好的地方，法律会尽力限制管理者通过各种渠道将公司财产转移给自己。在这种情况下，大多数管理者会转而用在职消费等方式通过控制权为自己带来个人收益。而在法律保护比较弱的地方，财富转移现象就相对普遍。

（二）建立“个人帝国”（empire-building）

管理者不断把公司营造成自己的“个人帝国”。个人帝国是指经理人存在使企业的发展超出理想规模的内在激励，即帝国建造倾向，因为通过不断的投资新项目，经理可以控制更多的资源，建立个人王国，获得更多的在职消费。

（三）过度的在职消费（perquisites）

在职消费有关的费用项目包括办公费、差旅费、业务招待费、通信费、出国培训费、董事会费、小车费和会议费等。这些项目容易成为高管人员获取好处的捷径，高管人员可以轻易通过这些项目报销私人支出，从而将其转嫁为公司费用。

（四）非利润最大化的投资

管理层过度的、不必要的投资可能仅仅是为了提升自身的“公益声誉”，追求个人效用最大化而非企业利润最大化，这种非效率投资会加重企业的代理问题。

（五）转移定价

经理对资金的侵占可以采用更隐蔽的形式，例如转移定价，而不仅是现金输出。例如，经理可以成立一个他们个人拥有的独立公司，并把他们所经营的公司的主要产品以低于市场的价格卖给这种独立企业。在俄罗斯石油工业中，这种把石油卖给经理人员所拥有的商业公司的买卖是很常见的。一个更戏剧性的变化就是把公司资产，而不仅是产品，以低于市场的价格卖给经理所拥有的公司。

第五节 监事会

一、监事

（一）监事的定义

监事（Member of the Board of Supervisors）是股份公司中常设的监察机关的成员，亦称“监察人”，主要监察股份公司业务执行情况。由监事组成的监督机构称为监事会或监察委员会，是公司必备的法定的监督机关。

由于公司股东分散，专业知识和能力差别很大，为了防止董事会、经理滥用职权，损害公司和股东利益，就需要在股东大会上选出这种专门监督机关，代表股东大会行使监督职能。

（二）监事的人数、任期及资格

1. 监事的人数

股份有限公司设监事会，其成员不得少于 3 人。监事会应当包括股东代表和适当比例的公司职工代表，其中职工代表的比例不得低于三分之一，具体比例由公司章程规定。监事会中的职工代表由公司职工通过职工代表大会、职工大会或者其他形式民主选举产生。

2. 监事的任期

监事的任期每届为 3 年。监事任期届满，连选可以连任。监事任期届满未及时改选，或者监事在任期内辞职导致监事会成员低于法定人数的，在改选出的监事就任前，原监事仍应当依照法律、行政法规和公司章程的规定，履行监事职务。

3. 监事的任职资格

（1）积极资格。监事可以是股东，也可以不是股东；监事可以是自然人，也可以是法人（必须指派自然人代表其行使职务，可随时改派）；监事可以具有本国国籍，也可以没有本国国籍；监事会中至少有一人在国内有住所。

（2）消极资格。①有下列情形之一的，不得担任公司的监事：无民事行为能力或者限制民事行为能力；因犯有贪污、贿赂、侵占财产、挪用财产罪或者破坏社会经济秩序罪，被判处刑罚，执行期满未逾五年，或者因犯罪被剥夺政治权利，执行期满未逾 5 年；担任因经营不善破产清算的公司、企业的董事或者厂长、经理，并对该公司、企业的破产负有个人责任的，自该公司、企业破产清算完结之日起未逾 3 年；担任因违法被吊销营业执照的公司、企业的法定代表人，并负有个人责任的，自该公司、企业被吊销营业执照之日起未逾 3 年；个人所负数额较大的债务到期未清偿。②国家公务员、军人、公证人、律师等不得兼任公司的监事。③董事、经理人和其他高级管理人员不能兼任同一公司的监事。

（三）监事的权限

1. 监督权

（1）业务执行监督权。监事可以随时调查公司业务及财务状况，查核簿册和文件，并有权请求董事会提出报告。

（2）公司会计审核权。有权对董事会于每个营业年度终了时所造具的各种会计表册（营业报告书、资产负债表、财产目录、损益表）进行核对账簿，调查实际情况，将其意见做成报告书向股东大会提出报告。

（3）董事会停止违法行为的请求权。当董事会执行业务有违反法律或章程的行为，或经营登记范围以外的业务时，有权通知董事会停止其行为。

（4）其他监督权。可调查公司设立经过，审查清算人就任时所造具的会计表册、审查普通清算人在清算完结时所造具的清算期内的会计表册。

2. 公司代表权

监事一般不能代表公司的权限，但在特殊情况下有权代表公司，监事可代表的内容包括：代表公司向政府主管机关申请进行设立、修改章程，发行新股、发行公司债，变更、合并、解散等各项登记的权限；与董事进行诉讼（若法院另外没有规定，股东大会也没有另选他人）；与董事进行交易（董事为自己或他人与公司发生交易时）；在监督业务执行和审核公司会计中可代表公司委托律师、会计师审核。

3. 股东大会召集权

监事认为有必要或受法院命令而召集股东大会。

4. 监事的权利

监事的权利包括：向公司请求预付处理委任事务必要费用的权利；向公司请求偿还因处理委任事务所支出的费用及自支出时起的利息的权利；向公司请求代其清偿因处理委任事务所负担的必要债务，未至清偿期的，请求公司提供担保的权利；向公司请求赔偿其处理委任事务时，因非可归责于自己的事由所导致的损害的权利。

二、监事会

（一）监事会的定义

监事会是由股东（大）会选举的监事以及由公司职工民主选举的监事组成的，对公司的业务活动进行监督和检查的法定必设和常设机构。监事会，也称公司监察委员会，是股份公司法定的必备监督机关，是在股东大会领导下，与董事会并列设置，对董事会和总经理行政管理系统行使监督的内部组织。

监事会是股份有限公司实行监督的内部机构，对内不能参与公司的经营决策与管理，一般情况下无权对外代表公司。

（二）监事会会议

1. 会议召集次数

有限责任公司的监事会每年度至少召开一次会议；股份有限公司的监事会每6个月至少召开一次会议。监事可以提议召开临时监事会会议。

2. 会议召集权人

监事会会议必须由有召集主持权的人召集和主持，否则，监事会会议不能召开；即使召开，其决议也不产生效力。

股份有限公司监事会由监事会主席召集和主持；监事会主席不能履行职务或者不履行职务的，由监事会副主席召集和主持监事会会议；监事会副主席不能履行职务或者不履行职务的，由半数以上监事共同推举一名监事召集和主持监事会会议。

3. 会议出席

监事会会议应由监事本人出席，监事因故不能出席时，可以书面形式委托其他监事代为出席，代为出席会议的人员应当在授权范围内行使被代理监事的权利。委托书应载明：代理人姓名、代理事项、权限和有效期限，并由委托人签名盖章。

监事无故缺席且不提交书面意见或书面表决的，视为放弃在该次会议上的表决权。监事连续两次未能亲自出席，也不委托其他监事出席监事会会议，视为不能履行职责，监事会应当建议股东大会予以撤换。

（三）监事会权限

监事会权限包括：

（1）检查公司的财务，并有权要求执行公司业务的董事和经理报告公司的业务情况；

（2）对董事、经理和其他高级管理人员执行公司职务时违反法律、法规或者章程的行为进行监督；

（3）当董事、经理和其他高级管理人员的行为损害公司的利益时，要求其予以纠正，必要时向股东大会或国家有关主管机关报告；

（4）提议召开临时股东大会；

（5）列席董事会会议；

（6）公司章程规定或股东大会授予的其他职权；

（7）监事会行使职权时，必要时可以聘请律师事务所、会计师事务所等专业性机构给予帮助，由此发生的费用由公司承担。

【案例 2-7】

监事会抗衡董事会

2000 年 7 月 19 日，在 5 名董事中途退场、列席会议的监事也中途退场的情况下，四砂股份董事会形成了罢免公司一名董事、解聘总经理和聘任 4 人为公司新的经理班子等 5 项决议。被罢免的董事和被解聘的总经理均系老“四砂”背景。

两天后，监事会也发布公告，对董事会的决议提出监督意见。公告称，免去孙致太先生董事职务属无正当理由罢免公司董事，在未提出任何理由的情况下，轻率地提出罢免总经理，违反了《公司法》及《公司章程》的规定，因此要求董事会予以纠正。

此后，事态进一步发展。董事会刚聘的 4 人经理班子中，总经理和两名副总经理先后辞职，另一名副总经理也下落不明，公司管理层实际上出现了真空。由于没有董事长和分管财务的副总经理签字，生产资金无法调度，电力局一度因其未付欠款而停止供电，部分工序因此停产，工厂上下人心惶惶。

在此情况下，监事会再度发表公告：建议董事会慎重决策，实事求是地披露中报，提出监事会要独立聘请审计机构，对公司日常财务状况进行监督检查，并要求董事长和分管财务的副总返回公司，维持公司正常运行。

（四）监事会决议

1. 表决权数

每一个监事平等地享有一票表决权。

2. 表决权行使

（1）行使方式：监事出席监事会，在监事会上行使表决权。

（2）表决方式：记名、无记名投票，如有两名以上监事要求无记名投票方式，则采用无记名投票方式；举手表决方式。

3. 表决方法

由三分之二的监事出席会议并由出席会议的监事过半数同意方可通过。换句话说监事会决议至少需要公司监事的三分之一以上同意。

【案例 2-8】

四川金顶：全国首例监事会炮轰“董事会”

四川金顶是一家水泥制造公司，1993 年在上海证券交易所上市。至 2008 年年底，四川金顶堪称内忧外患，面临重重困难。一方面，银行、债权人等给予四川金顶的 3 个月的宽限期限即将到期，而公司第一大股东华伦集团已于 6 月初进入了破产重整程序。另一方面，四川金顶面临着生产可能停顿和职工不稳定的危急状况。

四川金顶监事会对董事会的表现不满，并决定向其“空降”的董事会摊牌。公司监事会发布临时公告，要求公司第五届董事会履职，并在 2009 年 6 月 30 日前研究解决应对公司现实危机等重大事项的方案并落实。公司公告称，监事会主席王忠、监事但小梅书面提议于6月21日以现场方式召开监事会临时会议，通过了“督促公司第五届董事会履行”等3项议案。

思考题

1．何为股权结构？简述股权结构与公司治理结构的关系。
2．何为资本结构？简述资本结构与公司治理结构的关系。
3．股东（大）会、董事会以及监事会的职能各是什么？如何形成相互制衡？
4．独立董事的任职资格是什么？独立董事是“花瓶董事”吗？其在公司治理中如何发挥作用？
5．如何理解专门委员会在公司治理结构中的作用？
6．某种程度而言，公司竞争实际上是董事会的竞争，为什么？
7．试分析我国上市公司的股权结构现状。

第三章 公司治理机制

【教学目标】

通过本章的学习，读者能了解激励机制、决策机制以及监督机制的设计原理，熟悉激励机制、决策机制以及监督机制的主要内容，掌握反接管的几种情形并能够加以区分。

【引例】

宝洁公司（Procter & Gamble，P&G）是一家美国消费日用品生产商，也是目前全球最大的日用品公司之一。1891 年，宝洁公司的股票在纽约证券交易所上市。宝洁公司总部位于美国俄亥俄州辛辛那提（Cincinnati），全球员工近 110 000 人。2008 年，宝洁公司是世界上市值第 6 大公司，世界上利润第 14 大公司。它同时是财富 500 强中第十大最受赞誉的公司。

宝洁公司在全球范围内取得成功，日化帝国的传奇得益于以下几个方面。

（1）清晰的治理结构。宝洁公司实施了强有力的公司治理政策和实践。宝洁公司的治理结构已经极为规范，形成了股东大会、董事会和管理层各司其职的局面。与大多数欧美上市公司的治理结构类似，股东大会代表了宝洁公司的最高权力机构，他们作为公司的所有者，有权利和义务参与影响公司发展的重大决策；董事会接受股东大会的委托，负责对公司高管进行指导和控制；而公司高管则在董事会的委托下，负责公司战略的实施和公司利润的增长。

（2）以诚实正直为基调的治理理念。一直以来，宝洁公司都是声誉卓著的大公司。宝洁公司的声誉来自其优质的产品、卓越的服务和对社会的贡献。作为有良知的社会公民，宝洁公司希望做正确的事情，这是业务运作的唯一方式。宝洁公司拥有一个积极的、有着丰富经验的董事会，审计委员会只包括独立董事，他们拥有足够的财务技能以提供良好的监督。审计委员会成员与公司的独立审计师德勤会计师事务所定期会面，举行单独会议。

（3）员工是长期投资者。将员工视为“长期投资者”是宝洁公司一项历史悠久的传统。宝洁公司认为，当员工把自己当成公司的主人的时候，公司治理就达到了最佳状态。一百多年前就认识到这一点的宝洁公司第三代家族领导人库柏开始推行员工持股，几乎所有的宝洁公司员工都拥有宝洁公司的股票或股票期权。

（4）健全的董事会。宝洁公司的董事会代表着公司所有股东的利益，并基于股东的利益行事。通过监督、评审并同管理层商议，董事会负责设立业务目标和组织目标并帮助公司取得这些目标。宝洁公司鼓励非员工董事在公司高级管理者不在场的情况下与公司员工接触以收集信息。在这些会议中，董事不能以个人身份直接指导员工，而是由董事会统一提交给公司首席执行官。必要的时候，董事会将雇用独立顾问，包括律师、会计师、投资银行家和其他咨询顾问。

（5）着眼长期增长的高管激励。公司治理的最佳状态就是管理层以公司长期投资者的心态去工作，确保公司资产增值，他们的收益与公司效益直接挂钩。以宝洁公司 CEO 雷富礼先生为例，他所得薪酬由 6 部分组成，分别是关键经理年度股票授予、短期成果奖励——年度奖金、为期 3 年的业务增长奖励（现金形式）、为期 3 年的业务增长奖励（受限股票形式）、退休金、基本工资及其他。由此可见，宝洁公司对高层管理人员采取了很大比例的股票授予，这样的做法使得高层们更有责任感和做好工作的动力。

第一节 公司内部治理机制

委托代理问题势必会产生委托代理风险，委托代理风险有两种：一是逆向选择问题，指委托人不了解代理人的信息，从而导致委托人在选择代理人的问题上产生失误，造成企业经营重大损失；二是道德风险问题，指代理人从事经济活动时做出不利于委托人利益的行动。所以，在契约不完备的情况下，股东为避免自身利益损失，就要监督和约束管理者的行为，这势必导致代理成本的发生。因此，代理成本包括两个方面：一方面是委托人和代理人之间因“道德风险”和“逆向选择”而存在非协议、非效率的剩余损失；另一方面是委托人为了自己的效用目标而对代理人的经济行为进行约束、激励、监督所产生的约束成本和监督成本。因此，需要建立一整套系统的公司治理机制以解决这些难题。在这一整套系统的制度设计中，激励机制、监督机制、决策机制和信息披露机制应当是公司治理机制的灵魂和核心。

一、激励机制

（一）道德风险与设置激励机制的必要性

1. 激励机制的概念

激励机制（motivate mechanism）也称激励制度（motivation system），是通过一套理性化的制度来反映激励主体与激励客体相互作用的方式，激励机制的内涵就是构成这套制度的几个方面的要素。或者说，激励机制是在组织系统中激励主体系统运用多种激励手段并使之规范化和相对固定化，而与激励客体相互作用、相互制约的结构、方式、关系及演变规律的总和。从公司治理的角度看，所谓激励机制是指委托人如何通过一套机理制度安排促使代理人采取适当行动，以最大限度地增加委托人的效用。激励机制包括精神激励、薪酬激励、荣誉激励和工作激励。

2. 道德风险的概念

道德风险是指从事经营活动的人最大限度地增进自身效用时做出的不利于他人的行动。道德风险是由于委托人与代理人之间的信息不对称以及较完备契约的制定和实施中存在的困难和矛盾而形成的。

公司治理机制实质上是一系列委托代理合同的组合。从委托—代理关系的角度分析，公司治理的激励机制解决的是委托人与代理人之间的代理成本（包括代理人道德风险成本）与代理人动力问题，是关于公司所有者（股东）与经营者如何分享公司经营成果的一种契约安排。

公司治理的激励机制，旨在使经营者获取其经营一个企业所付出的努力与承担的风险相对应的利益，同时也使其承担相应的风险和约束。科学的激励机制，应使代理人在追求自身利益最大化的同时实现委托人利益的最大化，避免隐蔽、偷懒和机会主义等。激励机制的终极目标就是为了最大限度地挖掘经营者的潜力和效能，实现公司利润，即股东利益的最大化。通过股东与经营者利益的博弈，最终实现股东与经营者“双赢”的利益格局。

（二）激励机制的理论依据

激励相容性原理和信息显露性原理为设计激励机制提供了理论依据。

1. 激励相容性原理

激励相容性是指把企业经营权和剩余索取权集中于一人，使管理者与被管理者之间形成利益制约，即管理者的收益取决于被管理者的努力程度，从而使双方利益目标一致。

由于各利益主体存在自身利益，如果公司能将各利益主体在合作中产生的外在性内在化，克服合作成员“搭便车”的动机，就会提高每个成员的努力程度，提高经营绩效。如果管理者监督程度会因为与被管理者的利益和动机相同而降低，一种有效的安排就是在管理者与被管理者之间形成利益制约关系，也就是说使管理者的收益取决于被管理者的努力程度，从而双方产生激励相容性。

财产的激励和利益的激励合理组合、相互制衡是使公司内各所有者之间实现激励相容的关键。其中财产的激励是以财产增值为目标来激励其行为。这种激励表明管理者本身就是公司财产的所有者。而利益的激励，对公司内非财产所有者的其他成员来说，激励其行为使其个人利益得以实现。财产激励与利益激励相互制约，利益激励不能脱离财产激励，而财产激励依赖于利益激励的实现。

2. 信息显露性原理

获得代理人行为的信息是建立激励约束机制的关键。这是由于委托人与代理人之间的信息分布具有不对称性，除非通过货币支付或者某种控制工具作为激励和代价，否则代理人就不会如实相告。因此，要使代理人公布其私人信息，必须确立博弈规则。根据信息显露性原理，每个引致代理人扯谎的契约都对应着一个具有相同结果，但代理人提供的信息完全属实的契约。这样不管何种机制设计把隐蔽和扯谎设计得如何充分，其效果都不会高于直接显露机制。

为使期望收益最大化，作为机制设计者的委托人需要建立满足一些基本约束条件的最佳激励约束机制。而最基本的约束机制通常有两个。首先是所谓刺激一致性约束。机制所提供的刺激必须能够诱使作为契约接受者的代理人自愿地选择根据他们所属类型而设计的契约。如果委托人涉及的机制所依据的有关代理人的理性信息与实际相符，那么这个机制代理人带来的效用应该不会小于其他任何根据失真的类型信息设计的机制所提供的效用。不然代理人可能拒绝该契约，委托人无法实现其效用最大化。其次是个人理性约束，即对代理人的行为提出一种理性化的假设。它要求代理人做到接受这一契约比拒绝这一契约在经济上更划算，这就保证了代理人参与机制设计博弈的利益动机。如果配置满足了刺激一致性约束，那么此配置就是可操作的；如果可操作的配置满足个人理性约束，那么该配置可行，从而保证激励约束机制处于最佳状态。

（三）主要内容

国际公司治理研究人员通过实证研究和总结得出对经营者行之有效的激励机制包括如下方面的内容。

1. 报酬激励机制

对经营者的报酬激励，可以由固定薪金、股票与股票期权、退休金计划等构成。

西方现代公司聘用的高中层经理（包括总经理、事业部或子公司经理），一般采用激励性合同的形式，将固定薪金、奖金、股票等短期激励与延期支付奖金、分成、股票期权、退休金计划等长期激励进行结合。在美国公司中，按照长期业绩付给的激励性报酬所占比例很大，总经理的固定薪金比重并不高，奖金等报酬形式同公司效益挂钩的部分比重大，长期激励性的报酬可达其总收入的 40%

至60%，综合计算下来，有的总经理的年收入甚至可达几千万美元。

（1）固定薪金。固定薪金起着基本的保障作用，优点是稳定性好，没有风险，缺点是缺乏足够的灵活性和高强度的刺激性。

（2）奖金和股票。奖金和股票与经营者业绩密切相连，对于经营者来说，有一定的风险，也有较强的激励作用，但容易引发短期行为。

（3）股票期权。股票期权是指允许经营者在一定时期内，以接受期权时的价格购买股票，如果股票价格上涨，经营者的收益就会增加。这种方式在激励经营者长期化行为时，作用显著，但风险很大，时间越长，经营者面临的不确定因素就越多。

（4）退休金计划。退休金计划有利于激励经营者的长期行为，以解除其后顾之忧。

2. 剩余支配权与经营控制权激励机制

剩余支配权激励机制，通俗地说，就是公司股东与经营者约定，分享公司经营利润的一种激励方式。经营控制权激励机制使得经营者具有职位特权，享受职位消费，能够给经营者带来正规报酬激励之外的物质利益满足，如豪华的办公室、汽车、合意的雇员等。

3. 声誉或荣誉激励机制

这种激励属于精神激励的范畴。声誉、荣誉及地位是激励经营者努力工作的重要因素。高层经营者或称职业经理人非常注重自己长期职业生涯的声誉，声誉和荣誉激励一方面能使经营者获得社会赞誉产生成就感和心理满足，另一方面可能意味着未来的货币收入。

4. 聘用与解雇的激励机制

聘用和解雇对经营者行为的激励，是通过职业经理人在人才市场的竞争来实现的。这种激励方式与上述声誉激励相联系。声誉是经理被聘用或者解聘的重要条件，经营者对声誉越重视，这种激励手段的作用就越大。

实现公司内部激励机制的途径主要包括以下几个方面：一是要完善公司内部收入分配制度；二是要完善经理人员任免机制；三是要建立经营者风险抵押机制；四是要完善和加快经理市场和资本市场的建设，重视市场约束作用。

【案例 3-1】

雷曼兄弟公司的倒闭

雷曼兄弟公司自1850年创立以来，已在全球范围内建立起了创造新颖产品、探索最新融资方式、提供最佳优质服务的良好声誉。雷曼兄弟公司是全球性多元化的投资银行，《商业周刊》评出的2000年最佳投资银行，其整体调研实力高居《机构投资者》排名榜首，被《国际融资评论》授予2002年度最佳投行。北京时间2008年9月15日，在次级抵押贷款市场危机（次贷危机）加剧的形势下，作为美国第四大投行的雷曼兄弟公司最终丢盔卸甲，宣布申请破产保护。

雷曼兄弟公司的破产是多种原因共同作用的结果，不可否认，其倒闭和自2007年夏天开始的美国次贷危机是分不开的，但投资银行的奖金激励方式极大地助长了管理层的道德风险。为追求高额奖金和红利，管理层盲目创新业务，无视内部控制过程中对风险的控制，形成了利润第一的企业价值观，这造成了公司治理的缺失。雷曼兄弟公司在使用创新金融工具的过程中缺乏有效的内部控制，公司即使存在所谓的政策和程序，在短期利益面前也变得名存实亡了，未能发挥实际作用。

二、监督机制

（一）监督机制的概念

监督机制是指公司的利益相关者针对公司经营者的经营成果、经营行为或决策所进行的一系列客观而及时的审核、监察与督导的行动。公司内部权力的分立与制衡原理是设计和安排公司内部监督机制的一般原理。公司内部的监督机制包括股东大会和董事会对经理人员的监督和制约，也包括它们之间权力的相互制衡与监督。

（二）公司内部监督机制的设计原理

现代公司作为所有权与控制权分离的典型企业组织形式，其最大特点就是公司财产的原始所有者远离对公司经营者的控制。

为了保护所有者的利益，现代公司以法律的形式确立了一套权力分立与制衡的法人治理结构，这种权力的相互制衡实际上是权力的相互监督。公司内部权力的分立、监督与制衡原理主要应当包括以下几个方面。

首先，由于所有权与控制权的分离，作为财产的最终所有者的股东不能直接从事公司经营管理。股东远离公司的直接治理而又不能不关心公司经营绩效，作为出资者表达其意志的公司权力机关——股东大会的成立旨在对公司管理层进行约束与监督，确保股东利益。

其次，股东大会在保留重大方针政策决策权的同时，将其他决策权交由股东大会选举产生的董事组成的董事会行使，这样公司治理权力出现第一次分工。董事会在公司治理结构中权力巨大，对内是决策者和指挥者，对外是公司的代表和权力象征。当董事会将公司具体经营业务和行政管理交其聘任的经理人员负责时，董事会作为经营者的权力出现了分离，公司权力出现了第二次分工。董事会为了保证其决策的贯彻，必然对经理人员进行约束与监督（包括罢免经理人员），防止其行为损害和偏离公司的经营方向。

最后，尽管董事会拥有任免经理层的权力，但经理层的权力一旦形成，可能会事实上控制董事会甚至任命自己为董事长或CEO。此外，还可能存在董事与经理人员合谋的道德风险问题。因此有些公司成立了出资者代表的专职监督机关——监事会，以便对公司董事会和经理层进行全面的、独立的和强有力的监督。

（三）公司内部监督机制的主要内容

1. 股东与股东大会的监督机制

（1）股东的监督。股东的监督表现为“用手投票”和“用脚投票”两种形式。用手投票，即在股东大会上通过投票否决董事会的提案或其他决议案，或者通过决议替换不称职的或者对现有亏损承担责任的董事会成员，从而促使经理层人员的更换。用脚投票，即在预期收益下降时，通过股票市场或其他方式抛售或者转让股票。

股东的监督具有明显的局限性：一方面，股东的极端分散性使得众多中小股东的个人投票微不足道，任凭大股东操纵董事会；另一方面，由于众多小股东从证券市场获取信息成本高昂，他们往往对公司经营及财务报告不够关心，“用脚投票”时往往带有很大的盲目性。

（2）股东大会的监督。股东大会是公司的最高权力机构，股东大会的监督是公司最高权力机构的监督，理论上说具有最高的权威性和最大的约束性。但是，股东大会不是常设机关，其监督权的行使往往交给专事监督职能的监事会或者部分地交给董事会，仅保留对公司经营结果的审查权和决定权。

具体地说，股东大会对公司经营活动及董事、经理的监督表现为：选举和罢免公司的董事和监事；对玩忽职守、未能尽到受托责任的董事提起诉讼；对公司董事会经理人员的经营活动及有关的账目文件具有阅览权，以了解和监督公司的经营，此即知情权和监察权；通过公司的监事会对董事会和经理层进行监督。

2. 董事会的监督机制

董事会和股东大会在职权上的关系，实际上是代理与被代理、被委托与委托关系。董事会是公司的权力常设机构，而股东大会只是在特定时间召开，也就是说，股东大会只有在特定时间才会行使权力。股东大会委托董事会对公司进行管理，董事会委托经理、副经理等具体执行公司日常管理事务。董事会所做的决议必须符合股东大会决议，如有冲突，要以股东大会决议为准。股东大会可以否决董事会决议，直至改组、解散董事会。

董事会的监督表现为董事会对经理层的监督。董事会对经理层的监督表现为一种制衡关系，其通过行使聘任或者解雇经理层人员、制订重大和长期战略来约束经理层人员的行为，以监督其决议是否得到贯彻执行以及经理人员是否称职。

但由于董事只是股东的受托人，有些董事本身是股东，而有些董事不是股东，而且由于董事会和经理人员分享经营权，因此可能存在董事人员偷懒，或与经理人员合谋损害股东利益等问题。因此，董事会对经理的监督是有限度的。

3. 监事会的监督机制

监事会是公司专事监督职能的机构，监事会对股东大会负责，以出资人代表的身份行使监督权。监事会以董事会和经理层人员为监督对象。监事会可以进行会计监督和业务监督，可以进行事前、事中和事后监督。多数国家的公司法规定，监事会列席董事会议，以便了解决策情况，同时对业务活动进行全面的监督。

一般认为，监事会的监督机制具体表现在：通知经营管理机构停止违法或越权行为；随时调查公司的财务情况，审查文件账册，并有权要求董事会提供情况；审核董事会编制的提供给股东大会的各种报表，并把审核意见向股东大会报告；当监事会认为有必要时，一般是在公司出现重大问题时，可以提议召开股东大会。

从理论上说（也有国家在立法上如此规定），在出现特殊情况下，监事会有代表公司的权力，如当公司与董事之间发生诉讼时，除法律另有规定外，由监事会代表公司作为诉讼一方处理有关法律事宜；当董事自己或者他人与本公司有交涉时，由监事会代表公司与董事进行交涉；当监事调查公司业务和财务状况及审核账册报表时，代表公司委托律师、会计师等中介机构，所发生的费用由公司承担。

【案例 3-2】

东北高速的内部监督问题

东北高速是最早由国务院提议进行组建的四大主营业务为公路开发、维护等的上市公司之一，该公司现金充裕，连续盈利能力较强。然而，2007 年 7 月，东北高速成为我国 A 股市场上首家并非因亏损而被 ST 的上市公司。很难想象这样一家具有国资背景且有较强盈利能力的上市公司会被实施 ST，可能的解释就是该公司在治理结构、内部监督等方面存在重大的问题。

自 2001 年起，东北高速实际由董事长张晓光控制。长达 5 年的时间内，张晓光利用职务之便大肆侵吞挪用公司财产，东北高速因此被卷入“中行高山案”和违规炒期货等轰动性案件中。

2001 年 12 月，在未经董事会许可的情况下，张晓光私自在哈尔滨河松街支行开立账户并陆续存入大量资金。2002 年 10 月，东北高速董事会通过决议投资 3 000 万元设立东高投资，随后在财务总监拒绝签字的情况下调拨 1 亿元汇入该账户。后证实该账户中共计 2.93 亿元存款被高山转移。2004 年 7 月，张晓光未经股东大会审议便向交通银行借款 4 亿元借给东高油脂用作流动资金，该笔资金最终的投向是期货市场。同时，张晓光还在深圳开立账户，存入 1.7 亿元，后私自用于房地产投资。

三、决策机制

（一）决策机制的概念

决策机制是通过建立和实施公司内部监督和激励机制，来促使经营者努力经营、科学决策，从而实现委托人预期收益最大化。公司内部决策机制要能够实施，信息充分是必要前提；优化决策方案是关键；决策民主化是科学决策的保障。

公司治理结构由股东大会、董事会、监事会和经理层构成。决策机制解决的就是，公司权力在上述机构中如何能够科学、合理地分配。决策机制是公司治理机制的核心。因此，为了便于决策者更好地行使指挥权，在企业中必须建立完善的决策系统，包括决策支持系统、决策咨询系统、决策评价系统、决策监督及决策反馈系统。只有完善以上五个系统，才能使决策机制趋于完善。

（二）公司内部决策机制设计原理

决策活动分工与层级式决策是公司内部决策机制设计的原理。

在决策产生的模式中。一种是英雄式领导的个人决策，一种是决策委员会式的集体决策。一人制的老板决策通常比较常见，公司拥有一个英雄式的超能干的老板，老板既是决策人又是执行人，在决策上往往凭一已之力，经常会做出拍脑袋的决策，而不是经过充分论证的。当然一个人根据自己的经验和直觉拍脑袋决策并不总是无效，任何决策都不是百分之百的精准，所以凭个人的拍脑袋决策也有撞上大运的时候，但这明显增大了决策的风险，整个组织的行动方向寄托在一个人的拍脑袋上，这是非常危险的。毕竟一个人的知识和经验是有限的，尤其在涉及到多学科复杂性问题时人是很难完成的。所以决策层面上如何建构成一个更有知识，更聪明的全能型“头脑”至关重要，这就需要多个头脑的“集成”来实现。整合更多的不同专业背景的头脑形成专业化分工，再整合集成形成一个超能的远大于个人的头脑。

层级式决策机制是指在一个决策者的辖区内，决策权的层级分配和层级行使。其优点在于：第一，可以发挥集体决策的优势以弥补个人决策的不足；第二，组织内部的分工与协调使交易费用大大降低，从而形成对市场交易的替代。其缺点：一是由于信息的纵向传输和整理，容易给最高决策者的决策带来失误；二是这种决策机制是一种自上而下的行政性领导过程，所以难免出现各层级决策的动力不足，以及由此而产生的偷懒和“搭便车”行为。

（三）公司内部决策机制的主要内容

1. 股东大会的决策

（1）股东大会决策权的基本内容。股东大会是公司的最高权力机关，拥有选择经营者、重大经营管理和资产受益等终极的决策权。

从多数国家的公司立法规定来看，股东年会的决策权主要内容为：决定股息分配方案；批准公司年度报告、资产负债表、损益表以及其他会计报表；决定公司重要的人事任免；增减公司的资本；

修改公司章程；讨论并通过公司股东提出的各种决议草案。

（2）股东大会的决策程序。股东大会行使决策权是通过不同种类和类别的股东大会来实现的。一般地说，股东大会主要分为普通年会和特别会议两类。此外，根据公司发行股票类别的不同，存在类别股东大会。

（3）股东大会的决策方式。股东大会的决策是以投票表决的方式来实现的，表决的基础是按资分配，所有投票者一律平等，每股一票。具体的表决方式有直接投票、累积投票、分类投票、偶尔投票和不按比例投票五种。

2. 董事会的决策

（1）董事会决策权的基本内容。在股东大会闭会期间，董事会是公司的最高决策机关，是公司的法定代表。除了股东大会拥有或授予其他机构拥有的权力以外，公司的一切权力由董事会行使或授权行使。董事会的重大决策权，不同国家的立法有一些区别，但主要的或者类似的决策权包括：制订公司的经营目标、重大方针和管理原则；挑选、聘任和监督经理层人员，并决定高级经理人员的报酬与奖惩；提出盈利分配方案供股东大会审议；通过、修改和撤销公司内部规章制度；决定公司财务原则和资金的周转；决定公司的产品和服务价格、工资、劳资关系；代表公司签订各种合同；决定公司的整个福利待遇；召集股东大会。

（2）董事会的决策程序。董事会的决策权是以召开董事会并形成会议决议的方式来行使的。如果董事会决议与股东大会的决议发生冲突，应以股东大会决议为准，股东大会有权否决董事会决议，甚至改造董事会。董事会会议又分为普通会议和特殊会议。参加董事会会议的人数必须符合法定人数要求，只要由出席会议的董事法定人数中的多数通过的决议，就应当视为整个董事会的决议，但是公司章程中有特别规定的除外。

（3）董事会的决策方式。董事会会议决议是以投票表决的方式做出的，表决采取每人一票的方式，在投票时万一出现僵局，董事长往往有权行使裁决权，即投决定性的一票。

对于公司治理的决策机制，从另一方面说，公司决策是一个从分歧、磋商、妥协到形成统一认识的过程。除了上述决策权的分配外，按照程序来决策是所有层面决策有序进行的前提和先决条件，决策程序一般可以分为决策准备、决策方案的产生、决策方案的讨论和最终决定（形成决议）4 个相互衔接的阶段。

四、信息披露机制

（一）信息披露制度的起源

信息披露制度也称公示制度、公开披露制度、信息公开制度，是上市公司为保障投资者利益、接受社会公众的监督而依照法律规定必须将其自身的财务变化、经营状况等信息和资料向证券管理部门和证券交易所报告，并向社会公开或公告，以便使投资者充分了解情况的制度。它既包括发行前的披露，也包括上市后的持续信息公开，它主要由招股说明书制度、定期报告制度和临时报告制度组成。

上市公司信息披露制度是证券市场发展到一定阶段，相互联系、相互作用的证券市场特性与上市公司特性在证券法律制度上的反映。世界各国证券立法无不将上市公司的各种信息披露作为法律法规的重要内容，信息披露制度源于英国和美国。

英国的“南海泡沫事件”（South Sea Bubble）导致了1720年“诈欺防止法案”（Bubble Act of 1720）的出台，而后1844年英国合股公司法（The Joint Stock Companies Act 1844）中关于“招股说明书”（prospectus）的规定，首次确立了强制性信息披露原则（The Principle of Compulsory Disclosure）。但是，当今世界信息披露制度最完善、最成熟的立法在美国。它关于信息披露的要求最初源于1911年堪萨斯州的《蓝天法》（Blue Sky Law）。1929年华尔街证券市场的大阵痛，以及阵痛前的非法投机、欺诈与操纵行为，促使了美国联邦政府1933年的《证券法》和1934年的《证券交易法》的颁布。在1933年的《证券法》中美国首次规定实行财务公开制度，这被认为是世界上最早的信息披露制度。

（二）信息披露在公司治理中的作用

自愿的信息披露被定为规定的最低限度之上的任何信息披露。改进信息披露会带来透明度的改善，而透明度则是全球公司治理改革的最重要目的之一。

1. 信息披露在公司治理中的基本作用

信息披露在公司治理中的基本作用为：提高和改进信息披露，可以使公司向股东提供更有价值的信息，减少信息不对称，从而有效节约代理成本。没有结构化的信息披露体系，尤其是财务报告，股东很难得到所投资的公司可靠的信息。这种信息不对称导致了道德风险和逆向选择问题。只要能够保证公司相关信息被充分披露，股东就可以很好地监督公司的管理。会计和审计部门是运作良好的公司治理体系的基本要素。在公司治理中，会计信息披露是监管公司与管理层契约的核心，成为约束管理层行为的必要手段。

2. 信息披露对公司治理作用机制

财务会计信息帮助股东监督和控制公司管理层的作用机制，是通过公司绩效和管理层薪酬的直接联系实现的。代理理论指出，减少代理问题的一种方法是要求股东以及其他资金提供者与公司管理层签订明确（或隐含）的契约，管理层按要求披露契约履行情况的相关信息，从而使股东能够评估管理层利用公司资源为股东及其他资金提供者利益服务的程度，进而实现监管作用。

（三）信息披露制度的特征

从信息披露制度的主体上看，它是以发行人为主线、由多方主体共同参加的制度。从各主体在信息披露制度中所起的作用和其的地位看，大体分为四类：第一类是证券市场监管机构和政府有关部门，他们是信息披露的重要主体，所发布的信息往往是有关证券市场的大政方针；第二类是证券发行人，他们是信息披露的一般主体，依法承担披露义务，是证券市场信息的主要披露人；第三类是证券市场的投资者，他们是信息披露的特定主体，一般没有信息披露的义务，只有在特定情况下，它们才履行披露义务；第四类是其他机构，如股票交易场所等自律组织、各类证券中介机构，它们是制定一些市场交易规则，有时也发布极为重要的信息，如交易制度的改革等，因此也应按照有关规定履行相应的职责。

（四）信息披露制度的基本原则

信息披露的基本原则主要包括以下几个方面。

1. 真实、准确、完整原则

真实、准确和完整主要指的是信息披露的内容。真实性是信息披露的首要原则，真实性要求发行人披露的信息必须是客观真实的，而且披露的信息必须与客观发生的事实相一致，发行人要确保所披露的重要事件和财务会计资料有充分的依据。完整性原则又称充分性原则，要求所披露的信息在数量上和性质上能够保证投资者形成足够的投资判断意识。准确性原则要求发行人披露信息必须准确表达其含义，所引用的财务报告、盈利预测报告应由具有证券期货相关业务资格的会计师事务所审计或审核，引用的数据应当提供资料来源，事实应充分、客观、公正，信息披露文件不得刊载任何有祝贺性、广告性和恭维性的词句。

2. *及时原则*

及时原则又称时效性原则，包括两个方面：一是定期报告的法定期间不能超越；二是重要事实的及时报告制度，当原有信息发生实质性变化时，信息披露责任主体应及时更改和补充，使投资者获得最新真实有效的信息。任何信息都存在时效性问题，不同的信息披露遵循不同的时间规则。

3. *风险揭示原则*

发行人在公开招股说明书、债券募集办法、上市公告书、持续信息披露过程中，应在有关部分简要披露发行人及其所属行业、市场竞争和盈利等方面的现状及前景，并向投资者简述相关的风险。

4. *保护商业秘密原则*

商业秘密是指不为公众所知悉、能为权利人带来经济利益、具有实用性并经权利人采取保密措施的技术信息和经验信息。由于商业秘密等特殊原因致使某些信息确实不便披露的，发行人可向中国证监会申请豁免。内幕信息在公开披露前属于商业秘密，应到受到保护。发行人信息公开前，任何当事人不得违反规定泄露有关的信息，或利用这些信息谋取不正当利益。商业秘密不受信息披露真实性、准确性、完整性和及时性原则的约束。

（五）信息披露的内容

根据中国证券监督管理委员会2006年颁布的《上市公司信息披露管理办法》的规定，信息披露文件主要包括招股说明书、募集说明书、上市公告书、定期报告和临时报告等。其中，定期报告包括年度报告、中期报告和季度报告。临时报告主要为发生可能对上市公司证券及其衍生品种交易价格产生较大影响的重大事件，投资者尚未得知时，上市公司应当立即披露，说明事件的起因、目前的状态和可能产生的影响。重大事件包括：（1）公司的经营方针和经营范围的重大变化；（2）公司的重大投资行为和重大的购置财产的决定；（3）公司订立重要合同，可能对公司的资产、负债、权益和经营成果产生重要影响；（4）公司发生重大债务和未能清偿到期重大债务的违约情况，或者发生大额赔偿责任；（5）公司发生重大亏损或者重大损失；（6）公司生产经营的外部条件发生的重大变化；（7）公司的董事、三分之一以上监事或者经理发生变动；董事长或者经理无法履行职责；（8）持有公司5%以上股份的股东或者实际控制人，其持有股份或者控制公司的情况发生较大变化；（9）公司减资、合并、分立、解散及申请破产的决定；或者依法进入破产程序、被责令关闭；（10）涉及公司的重大诉讼、仲裁，股东大会、董事会决议被依法撤销或者宣告无效；（11）公司涉嫌违法违规被有权机关调查，或者受到刑事处罚、重大行政处罚；公司董事、监事、高级管理人员涉嫌违法违纪被有权机关调查或者采取强制措施；（12）新公布的法律、法规、规章、行业政策可能对公司产生重大影响；（13）董事会就发行新股或者其他再融资方案、股权激励方案形成相关决议；（14）法院裁决禁止控股股东转让其所持股份；任一股东所持公司5%以上股份被质押、冻结、司法拍卖、托管、设定信托或者被依法限制表决权；（15）主要资产被查封、扣押、冻结或者被抵押、质押；（16）主要或者全部业务陷入停顿；（17）对外提供重大担保；（18）获得大额政府补贴等可能对公司资产、负债、权益或者经营成果产生重大影响的额外收益；（19）变更会计政策、会计估计；（20）因前期已披露的信息存在差错、未按规定披露或者虚假记载，被有关机关责令改正或者经董事会决定进行更正；（21）中国证监会规定的其他情形。

第二节 公司外部治理机制

公司外部治理机制包括法律与监管环境，公司控制权市场，债权人、机构投资者、中介机构与自律组织的外部约束，以及资本市场、产品市场和经理人市场的竞争等。

一、证券市场与控制权配置

（一）证券市场在控制权配置中的作用

控制权市场是以市场为依托而进行的产权交易，其本身也是一种资本运动，它的运动必须借助于证券市场。证券市场的作用表现为：证券市场的价值职能为控制权配置主体的价值评定奠定了基础；发达的资本市场造就了控制权配置主体；资本市场上的投资多样化为控制权市场配置提供了重要推动力。

（二）股票价格与公司业绩

股票价格取决于公司的盈利水平和风险状况，但从某一时期来看，股票价格可能会背离其内在价值而大起大落。因此，公司应进行股票价值评估，并与公司股票的市场价值进行比较：当股票市场价值小于估算的价值，管理层需加强与市场沟通；当股票市场价值大于估算的价值，认识上的差距意味着公司是一个潜在被收购目标，需要改进对资产的管理来缩小差距。

缩小认识上的相反差距，可通过内部改进和外部改进来进行。内部改进的关键是找出影响现金流量的价值驱动因素，并按照一定管理程序推行以此因素为基础的管理；外部改进包括资产剥离和寻求并购。

（三）公司并购

1. 公司并购的概念

公司并购是指一个企业购买另一个企业的全部或部分资产或产权，从而影响、控制被收购的企业，以增强企业的竞争优势，实现企业经营目标的行为。

2. 公司并购的目的

（1）企业发展的动机。在激烈的市场竞争中，企业只有不断发展才能生存下去。通常情况下企业既可以通过内部投资获得发展，也可以通过并购获得发展，两者相比，并购方式的效率更高，其主要表现在以下几个方面。

第一，并购可以节省时间。企业的经营与发展是处在一个动态的环境之中的，在企业发展的同时，竞争对手也在谋求发展，因此，在发展过程中必须把握好时机，尽可能抢在竞争对手之前获取有利的地位。如果企业采取内部投资的方式，将会受到项目的建设周期、资源的获取以及配置方面的限制，制约企业的发展速度。而通过并购的方式，企业可以在极短的时间内将企业规模做大，提高竞争能力，将竞争对手击败。尤其是在进入新行业的情况下，谁领先一步，谁就可以占有原材料、渠道、声誉等方面的优势，在行业内迅速建立领先优势。在这种情况下，如果通过内部投资和逐渐发展，显然不可能满足竞争和发展的需要。因此，并购可以使企业把握时机，赢得先机，获取竞争优势。

第二，并购可以降低行业进入壁垒和企业发展的风险。企业进入一个新的行业会遇到各种各样的壁垒，包括资金、技术、渠道、顾客、经验等，这些壁垒不仅增加了企业进入这一行业的难度，而且提高了进入的成本和风险。如果企业采用并购的方式，先控制该行业原有的一个企业，则可以绕开这一系列的壁垒，实现在这一行业中的发展，这样可以使企业以较低的成本和风险迅速进入这一行业。

尤其是有的行业受到规模的限制，而企业进入这一行业必须达到一定的规模，这必将导致生产能力的过剩，引起其他企业的剧烈反抗，产品价格可能会迅速降低，如果需求不能相应地得到提高，该企业的进入将会破坏这一行业的盈利能力。而通过并购的方式进入这一行业，不会导致生产能力的大幅度扩张，从而保护这一行业，使企业进入后有利可图。

第三，并购可以促进企业的跨国发展。目前，竞争全球化的格局已基本形成，跨国发展已经成为经营的一个新趋势，企业进入国外的新市场，面临着比国内新市场更多的困难。其主要包括：企业的经营管理方式、经营环境的差别，政府法规的限制等。采用并购当地已有的一个企业的方式进入市场，不但可以加快进入速度，而且可以利用原有企业的运作系统、经营条件、管理资源等，使企业在今后的阶段能顺利发展。另外，由于被并购的企业与进入国的经济紧密融为一体，不会对该国经济产生太大的冲击，因此，政府的限制相对较少，这有助于企业跨国的成功发展。

（2）发挥协同效应。并购后两个企业的协同效应主要体现在生产协同，经营协同，财务协同，人才、技术协同。

第一，生产协同。企业并购后的生产协同主要通过工厂规模经济取得。并购后，企业可以对原有企业之间的资产即规模进行调整，使其达到最佳规模，降低生产成本；原有企业间相同的产品可以由专门的生产部门进行生产，从而提高生产和设备的专业化，提高生产效率；原有企业间相互衔接的生产过程或工序，企业并购后可以加强生产的协作，使生产得以顺畅进行，还可以降低中间环节的运输、储存成本。

第二，经营协同。经营协同可以通过企业的规模经济来实现。企业并购后，管理机构和人员可以精简，使管理费用由更多的产品进行分担，从而节省管理费用；原来企业的营销网络、营销活动可以进行合并，从而节约营销费用；研究与开发费用可以由更多的产品进行分担，从而可以迅速采用新技术，推出新产品。并购后，由于企业规模的扩大，还可以增强企业抵御风险的能力。

第三，财务协同。并购后的企业可以对资金统一调度，增强企业资金的利用效果，由于规模和实力的扩大，企业筹资能力大大增强，可以满足企业发展过程中对资金的需求。另外，并购后的企业由于在会计上统一处理，可以在企业中互相弥补产生的亏损，从而达到避税的效果。

第四，人才、技术协同。并购后，原有企业的人才、技术可以共享，达到充分发挥人才、技术的作用，增强企业的竞争力的效果。尤其是一些专有技术，企业通过其他方法很难获得，通过并购，获取了对该企业的控制，从而获得该项专利或技术，从而促进企业的发展。

（3）加强对市场的控制能力。在横向并购中，通过并购可以获取竞争对手的市场份额，迅速扩大市场占有率，增强企业在市场上的竞争能力。另外，由于减少了一个竞争对手，尤其是在市场竞争者不多的情况下，可以提高议价的能力，因此企业可以以更低的价格获取原材料，以更高的价格向市场出售产品，从而扩大企业的盈利水平。

（4）获取价值被低估的公司。在证券市场中，从理论上讲公司的股票市价总额应当等同于公司的实际价值，但是由于环境、信息不对称和未来的不确定性等方面的影响，上市公司的价值经常被低估。如果企业管理者认为自己可以比原来的经营者做得更好，那么该企业可以收购这家公司，通过对其经营获取更多的收益，该企业也可以将目标公司收购后重新出售，从而在短期内获得巨额收益。

3. 公司并购成功的保证

为保证公司并购成功，应注意：并购双方业务要有一定程度的相关性和互补性；同时向两个企业的管理层实行精心设计的激励或奖惩制度，以使并购产生效果，减少合并后调整带来的混乱现象。

成功并购的主要步骤：（1）并购前准备充分；（2）认真筛选被并购企业；（3）充分评估被购企业（主要是风险评价）；（4）双方谈判；（5）并购后加强一体化管理。

【案例 3-3】

诺基亚并购价值缩水

诺基亚手机曾是数字手机浪潮中的霸主，1998 年超过摩托罗拉成为全球最大的手机制造商，2007 年诺基亚达到顶峰阶段，全球市场份额占 40%。但因为在智能手机时代行动迟缓，苹果、三星等手机趁机崛起，诺基亚的市场份额逐渐被侵蚀。市场研究公司 IDC 的数据显示，在 2016 年第一季度销售的 3.34 亿部智能手机中，苹果、三星和华为占据了约半壁江山，也形成了三足鼎立的竞争格局。

2013 年 9 月，微软宣布以约 72 亿美元的价格收购诺基亚旗下大部分手机业务及专利许可证。人们正期待，微软以此为契机，创造手机行业的奇迹，然而，苦等近三年之后，2016 年 5 月 18 日，微软公司宣布，以 3.5 亿美元价格将诺基亚功能手机业务出售给芬兰 HMD 公司和富智康。与三年前收购诺基亚时相比，微软出售诺基亚功能手机业务的价格缩水了约 68 亿美元。

4. 并购失败的主要原因

并购失败的原因主要包括：对市场估计过于乐观；对协同作用估计过高；收购出价过高；并购后一体化不利。

（四）反接管

接管（takeover）是指收购者通过在股票市场上购买目标公司股票的方式，在达到控股后改换原来的管理层，获得对目标企业的控制权。公司内部的各种控制和激励机制都未能有效发挥作用时，在股东抛售股票即“用脚投票”基础上形成的接管机制，将成为股东解决经理人代理问题的最后防线。

“接管”作为一种公司治理机制的概念，公司控制权市场的基本前提是公司管理效率和公司股票价格高度相关。换句话说，接管对管理者行为的约束依赖于资本市场正确反映管理者表现的能力。假设这种相关关系存在，没有公司价值最大化的意识的经理，将会在公司被第三方收购之后遭到淘汰，收购者将会以高于公司市场价格、低于公司经营好时的公司价值购买股票。因此，反接管就是公司为防御其他公司敌意收购而采取的手段或策略。

在 20 世纪 80 年代美英等国出现的敌意接管浪潮中，许多企业甚至某些大型企业也面临着被接管的风险。为了对付这些敌意接管，这一时期发明了很多接管防御策略，主要有以下几种。

1．毒丸计划

毒丸（poison pill）计划是美国著名的并购律师马丁·利普顿（Martin Lipton）1982年发明的，其正式名称为“股权摊簿反收购措施”，最初的形式很简单，就是目标公司向普通股股东发行优先股，一旦公司被收购，股东持有的优先股就可以转换为一定数额的收购方股票。毒丸计划于1985年在美国特拉华法院被判决合法化。在最常见的形式中，一旦未经认可的一方收购了目标公司一大笔股份（一般是10%～20%的股份）时，毒丸计划就会启动，导致新股充斥市场。一旦毒丸计划被触发，其他所有的股东都有机会以低价买进新股。这样就大大地稀释了收购方的股权，继而使收购变得代价高昂，从而达到目标公司抵制收购的目的。美国有超过2000家公司拥有这种工具。

【案例3-4】

搜狐的“毒丸计划”

搜狐——我国最知名的互联网门户网站公司之一，2000年7月12日在美国纳斯达克市场上市。2001年4月23日香港青鸟科技有限公司以每股1.18美元的价格斥资360万美元买下英特尔手中307万股搜狐股票，获得8.6%的股权，到5月7日、8日青鸟科技再度出手以230万美元的价格接手电讯盈科互联网风险投资公司的134万股，以136万美元（每股1.68元）买下高盛等5家机构所持有的230万股搜狐股票。青鸟科技总计持有搜狐671万股，持股比例达18.9%，一跃成为搜狐第三大股东，仅次于第一大股东张朝阳和第二大股东香港晨星科技。

2001年7月28日，为防止被收购，搜狐公司宣布其董事会已采纳了一项股东权益计划。该计划旨在防止强制性的收购，包括防止在公开市场上或者通过私下交易收购搜狐股票，以及防止收购人在没有向搜狐所有股东提出公正条款的情况下获得搜狐的控股权。

这项计划的作用是当敌意收购搜狐股权超过20%时，除敌意收购者之外的其他所有持股人便将有权执行搜狐所赋予的该项计划，获得价值等于其执行价格双倍的优先股。亦即股东实际上有两种选择：以100美元的价格从公司赎回现金200美元，或者以100美元的价格购买一个单位的优先股。至此，“毒丸”计划从法律上确定了任何对搜狐公司可能的兼并收购，都必须得到公司董事会的同意。青鸟科技如果想通过收购股票入主搜狐，已几乎没有可能性。搜狐董事会的6名董事分两批隔年选举产生，其中3名董事的到期时间是2002年，而另外3名董事的到期时间则为2003年。这是美国公司常见的董事会安排，几乎所有采用“毒丸计划”的公司均实行交叉到期的董事会任期制。

【案例3-5】

盛大收购新浪

2005年2月，面对盛大的突然收购，新浪启用“毒丸计划”，以阻挡盛大的恶意收购与控制。

新浪董事会和管理层作为一个整体，总控制股本占新浪总股本已不足10%。意味着新浪实际上是由占其股份比例不到10%的股东进行管理。

在《新浪招股说明书》中第18页有关反接管的相关内容中明确规定：董事会有权发优先股来保障一些相关的权利，从而防止或者延缓控制权的变化。第77页关于优先股的设定如此阐述：董事会有权在没有股东进一步行动的情况下，发行375万股优先股。优先股的发行会限制普通股的股息，可以分散普通股的投票权，影响普通股的流动性，延迟、防止控制权的变化。

2．“焦土战术”

“焦土战术”是指目标公司在遇到收购袭击而无力反击时，所采取的一种两败俱伤的做法。此法可谓“不得已而为之”，因为要消除掉企业中最有价值的部分，即对公司的资产、业务和财务进行调整和再组合，以使公司原有“价值”和吸引力不复存在，进而打消并购者的兴趣。

它的常用做法主要有两种：一是售卖“冠珠”，二是虚胖战术。

（1）售卖“冠珠”。所谓冠珠，是“皇冠上的珠宝”的简称，英文为（Crown Jewels）。在西方的并购行为里，人们习惯性地把一个公司里富有吸引力和具收购价值的部分，称为“冠珠”（Crown Jewels）。它可能是某个子公司、分公司或某个部门，也可能是某项资产，一种营业许可或业务，还可能是一种技术秘密（Know—how）、专利权或关键人才，更可能是这些项目的组合。售卖冠珠就是将冠珠售卖或抵押出去，以达到消除收购诱因、粉碎收购者初衷的目的。

（2）虚胖战术。一个公司，如果财务状况好，资产质量高，业务结构又合理，那么它就具有相当的吸引力，往往会诱发收购行动。在这种情况下，一旦遭到收购袭击，它往往采用虚胖战术，作为反收购的策略。其做法有多种，或者是购置大量资产，该种资产多半与经营无关或盈利能力差，令公司包袱沉重，资产质量下降；或者是大量增加公司负债，以恶化财务状况，加大经营风险；或者做一些长时间才能见效的投资，使公司在短时间内资产收益率大减。所有这些，使公司从精干变得臃肿，如果进行收购，买方将不堪其负累。这如同苗条迷人的姑娘，陡然虚胖起来，原有的魅力消失殆尽，追求者只好望而却步。

【案例 3-6】

尤诺卡公司的“焦土战术”

1985 年 2 月，美沙石油公司（以下简称美沙）已拥有尤诺卡公司的股票 1 700 万股，占总股本的 9.8%，成为该公司的第一大股东。美沙决心对尤诺卡进行全面收购。

美沙找到能提供 30 亿美元的 130 名投资家，又从商业银行贷出 10 亿美元。准备好收购金额后，在《纽约时报》上公布称，以每股 54 美元收购尤诺卡 6 400 万股票。这样美沙就能取得过半数的股份，剩下的股票则以每股 54 美元的保证价格买进。

尤诺卡立即进行反击，提出每股 72 美元买回 5 000 万股的“自我股权收购报价”，但是美沙如果不先买尤诺卡的股票，他们就不买回。如果美沙先买，尤诺卡就得以 72 美元的高价买回美沙所买剩的股票，这样尤诺卡公司就陷入濒临破产的状态，这就是所谓的“焦土战术”。

美沙公司诉诸法律，向证监会（SEC）控告尤诺卡，认为根据股东平等原则，尤诺卡要买回自己公司的股票，美沙手上的股票也必须包含其中，结果经长时期的争执，法院判决美沙胜诉。这次收购战，美沙因尤诺卡的“焦土战术”而使收购不成功，但却在这场收购战中赚了几个亿的利润。

3. “金色降落伞”

“金色降落伞”（Golden parachute）是按照聘用合同中公司控制权变动条款对高层管理人员进行补偿的规定，最早产生在美国。“金色”意指补偿丰厚，“降落伞”意指高管可规避公司控制权变动带来的冲击而实现平稳过渡。这种让收购者“大出血”的策略，属于反收购的“毒丸计划”之一。其原理可扩大适用到经营者各种原因的退职补偿。

“金色降落伞”在西方国家主要应用在收购兼并中对被解雇的高层管理人员的补偿，在我国则主要想让其在解决我国企业的元老历史贡献的遗留问题上发挥作用。“金色降落伞”计划的运用大多则是为了让员工年纪大了以后，不用“铤而走险”，出现“59 岁现象”，而制定这种制度来消除或弥补企业高层管理人员退休前后物质利益和心理角色的巨大落差。“降落伞”通常分金、银、锡3种，对高级管理者为金色降落伞，对于中层管理者为银色降落伞，对于一般员工为锡色降落伞。山东阿胶集团就成功实行了“金色降落伞”计划，把部分参与创业但已不能适应企业发展要求的高层领导人员进行了妥善的安排，达到了企业和个人的双赢。

【小看板】

“新59岁现象”

很多临近退休的国有企业老总们都有一个难舍的情结——渴望改制。这种现象可称为“新59岁现象”。有案例表明，一些国有企业老总希望把改制当成“最后的晚餐”，从而既能以最少成本获取可观的股权，又能保住自己的职位。

“急”是“新59岁现象”的最大特征。经过十多年的探索，国有企业改革已真正触及公司制度问题，人们对改制——产权制度改革的认识及改制的环境、气候、政策等条件已逐渐成熟，而一些为公司奋斗多年甚至奉献终生的国有企业老总们却又临近退休，这个情形有点像一位站在已驶入终点站列车上的人，急于跳上另一列刚刚启动的列车。

造成“59岁现象”的主要原因就是国有企业老总的激励和约束机制不足。于是，年薪制、期权、期股等办法相继出台，国资委从2004年起对中央企业老总实行了年薪制。“新59岁现象”的出现证明，“钱”和“岗”不是一回事，靠激励和约束不能全部解除国有企业老总的心病。

“新59岁现象”的出现有一定积极意义。改制后，出资人到位，公司必将建立起一套完善的治理结构，公司高层管理者选择、投资决策等重大事项都将由治理结构（董事会、股东大会）决定，这样我国的国有企业才能真正脱胎换骨为规范的、市场化的公司。

【案例3-7】

中国宝安：金色降落伞

为了抵御“野蛮人”，截至2016年上半年，A股至少有544家公司修订了公司章程。例如，2015年6月7日，中国宝安发布了关于修改《公司章程》的公告。公司拟对《公司章程》部分条款进行修改，在公司原章程中的第十条内容中，加入以下条款：“当公司被并购接管，在公司董事、监事、总裁和其他高级管理人员任期未届满前如确需终止或解除职务，必须得到本人的认可，且公司须一次性支付相当于其年薪及福利待遇总和十倍以上的经济补偿，上述董事、监事、总裁和其他高级管理人员已与公司签订劳动合同的，在被解除劳动合同时，公司还应按照《中华人民共和国劳动合同法》，另外支付经济补偿金或赔偿金”。

对此，证监会表示，不得利用反收购条款限制股东的合法权利。

在美国，“金色降落伞”计划出现以前，许多高管人员通常会在被收购以后很短时间内被“踢”出公司，辛苦奋斗换来如此结果，让人于心不忍。于是，一种旨在保护目标公司高管人员的规定，即“金色降落伞”应运而生。例如，在科尔伯格（Kohlberg）公司利用债务杠杆接管雷诺兹—纳贝斯克（RJR Nabisco）公司时，后者的前总裁和前副总裁分别收到了5 380万美元和4 750万美元的补偿金。但是随着商业的发展，新增案例不断出现，“金色降落伞”的弊端不断暴露出来。由于高管层得到的经济补偿有时可达到一个天文数字，因此，这种补偿反而可能成为高管层急于出售公司的动机，甚至是以很低的价格出售。如果是这样，很显然，股东的利益就将遭受极大的损害。

4. 白衣骑士

当公司成为其他企业的并购目标后（一般为恶意收购），公司的管理层为阻碍恶意接管的发生，会寻找一家“友好”公司进行合并，而这家“友好”公司被称为“白衣骑士”。一般来说，受到管理层支持的“白衣骑士”的收购行动成功可能性很大，并且公司的管理者在取得机构投资者的支持下，甚至可以自己成为“白衣骑士”，实行管理层收购。

【案例 3-8】

关注万宝之争

2015 年 12 月 17 日晚间，王石公开发声，称不欢迎宝能系成为万科第一大股东。18 日上午，宝能集团则发表声明回应，称集团恪守法律，相信市场的力量。2015 年 12 月 18 日上午，万科 A 涨停。万科称正在筹划股份发行，用于重大资产重组及收购资产。2015 年 12 月 23 日，宝能系在万科的持股比例由 22.45%上升至 23.52%。12 月 23 日深夜，万科与安邦保险分别在官网发表声明，表态支持对方。华润、安邦与万科管理层有可能成为一致行动人，三者总共持有万科股份的 26.43%。

万科欲引入“白衣骑士”深圳地铁。万科提议让深圳地铁成为公司最大股东，在这一过程中稀释宝能、华润及少数股东的股份。毫不奇怪，宝能、华润都表示反对这一提议。2016 年 6 月 26 日，万科之争再起波澜，宝能开始进一步施压，要求召开股东大会投票罢免万科董事会。7 月 4 日复牌。宝能趁势杀入，将所持万科股份从 24%提升至 25%，触及监管门槛。

2017 年 6 月 11 日，深圳地铁宣布受让恒大所持万科股权的资金中 175 亿元，至此深圳地铁将成为万科第一大股东，而“宝能系”将沦为第二大股东。

2017 年 6 月 30 日，万科召开了 2016 股东大会。万科股东大会议案投票结果出炉，王石退役，郁亮当选万科董事会主席，深铁、宝能均投了赞成票。

“宝万之争”给忽视治理机制的公司决策层敲响了警钟，对中国股市来说是明显的利大于弊。

二、债权人治理机制

（一）债权人的概念

当企业发展到一定规模时，就要进入资本经营阶段，企业必须借助融资才能更好地发展壮大。在融资方式上，主要有负债融资和所有者权益融资。在当前我国企业的融资结构中，负债融资发挥着巨大的作用。

债权人是公司借入资本即债权的所有者。理论上讲，由于债权人要承担本息到期无法收回或不能全部收回的风险，因此债权人和股东一样，在公司治理上，有权对公司行使监督权。债权人可以通过给予或拒绝贷款、信贷合同条款安排、信贷资金使用监管、参加债务人公司的董事会等渠道起到实施公司治理的作用，尤其是当公司经营不善时，债权人可以提请法院启动破产程序，此时，企业的控制权即向债权人转移。

由于我国资本市场发展的时间较短，企业资金主要来源于银行体系。因此，我国上市公司的主要债权人为银行部门。

（二）债权人治理机制的类型

债权人对公司治理的作用形成了特殊的债权人治理机制。债权人治理机制主要通过以下方面作用于公司治理。

（1）激励机制。债权人可以通过影响经营管理者的经营管理水平和其他行为选择，通过施加压力促使经营者努力工作。

（2）控制权机制。债权人作为公司资本的投入者，决定着公司收益去向，规定着公司剩余控制权的分配。

（3）信用机制。如果经理班子制定了损害债权人利益的政策和发生此类行为时，债权人可以对公司的管理层进行控告和起诉，这将降低公司的债券评级，引起中介机构（如外部审计）的介入以及机构投资者的关注。

（4）监督机制。债权人可以通过债务的期限安排，对企业进行频度适当的审查。

（三）债权人参与公司治理的途径

债权人可以通过多种途径参与公司治理。根据权利来源不同，可以分为约定参与和法定介入。约定参与包括信贷契约、人事整合、重大决策时的债权人会议等。法定介入是指具体制度由法律加以规定，如重整制度和破产制度。具体而言有如下途径。

1. 信贷契约

建立企业与主要往来银行的信贷联系。通过建立信贷联系，加强企业与主要往来银行的存贷款关系，加强银行对企业的了解和监控。银行以债权人的身份，密切掌握公司经营和财务动态，以保持对公司事实上的监控。然而，信贷契约并不足以保护贷款人利益，主要因为信贷契约的不完全性、信息不对称、资产的专用性。

2. 资本参与

信贷联系虽然是银行控制企业的有力手段，但在本质上还不是资本的结合关系，一旦银行向企业持股则为银行参与企业治理提供了实质性的前提条件；银行持有企业的股份，并有权派员参与企业的财务管理。

3. 人事结合

银行与工商企业的人事结合，即向对方派遣董事使得通过信贷和持股所建立起来的银行对企业之间的渗透得以进一步强化。银行以股东的身份进入公司董事会，参与公司重大经营决策的制定。

4. 债权人会议和重整制度

债权人在监督过程中发现公司业绩下滑，首先是采取非正式磋商。如果这不能解决问题，债权人可能提起破产程序。

破产重整制度是指对存在重整原因、具有挽救希望的企业法人，经债务人、债权人或其他利害关系人的申请，在法院的主持下及利害关系人的参与下，依法同时进行生产经营上的整顿和债权债务关系或资本结构上的调整，以使债务人摆脱破产困境，重获经营能力的破产清算预防程序。依法申报债权的债权人为债权人会议的成员，享有会议表决权，债权尚未确定的债权人不得行使表决权，对债务人的特定财产享有担保权的债权人，未放弃优先受偿权利的，对于通过和解协议和破产财产分配方案两种事项不享有表决权。重整制度是债务人具备破产条件在进入破产程序前有债务人或者债权人申请法院对债务人进行重整。

5. 债转股

债转股作为一种资本结构调整的手段为建立和改进公司治理创造了条件和机遇，从而能够促使企业通过重组来摆脱困境，也使金融资产转劣为优。从资本结构调整和强化治理机能的角度，债转股问题的实质是针对经营不善的内部人控制企业，银行通过债权转股权，对企业治理机制进行彻底调整，在股份多元化的基础上最终建立股东主导型的经济型治理体系。目前我国实施转股的对象主要有两类企业，一类是经营不善但还有发展前景的企业；另一类是资本金不足，资产负债率过高的企业。债转股的真正意义在于调整资本结构、强化治理机制，以促使企业实现经济型治理。

三、机构投资者治理机制

（一）机构投资者及其特征

1. 机构投资者的含义

机构投资者是指用自有资金或者从分散的公众手中筹集的资金专门进行有价证券投资活动的法人机构，包括证券投资基金、社会保障基金、商业保险公司和各种投资公司等。

2. 机构投资者的种类

目前我国资本市场上的机构投资者主要有基金公司、证券公司、信托投资公司、财务公司、社保基金、保险公司、合格的外国机构投资者（QFII）等。美国资本市场上的机构投资者主要有商业银行、保险公司、共同基金、投资公司及养老基金。

3. 机构投资者的特征

机构投资者的特征主要包括机构投资者在进行投资时追求的是具有中长期投资价值的投资项目；机构投资者拥有行业及公司分析专家、财务顾问等，具有人才优势；机构投资者可以利用股东身份，加强对上市公司的影响，参与上市公司的治理。

（二）机构投资者治理机制的形式

机构投资者并不是一开始就积极地参与到公司治理活动中的。事实上，早期的机构投资者作为公司所有者的色彩非常淡薄，它们只是消极股东，并不直接干预公司的行为，并且非常倾向于短期炒买炒卖从中牟利，因此，早期的机构投资者在公司治理结构中的作用是微弱的。但是，到了 20 世纪 90 年代，大部分机构投资者都放弃了华尔街准则——“用脚投票”，在对公司业绩不满或对公司治理问题有不同意见时，他们不再是简单地把股票卖掉，“逃离劣质公司”，而是开始积极参与和改进公司治理。

机构投资者参与公司治理的原因主要在于：严格限制机构投资者参与公司治理的法律环境渐趋宽松；机构投资者成长很快、规模不断扩大；以“股东至上主义”为核心的股权文化的盛行。机构投资者参与公司治理的必要性和可行性主要表现为：首先，解决国内上市公司治理中的“内部人控制”问题需要机构投资者的介入；其次，包括基金在内的机构投资者正面临着转变投资理念、开辟新的投资途径的任务；最后，以证券公司、基金公司为代表的机构投资者拥有人才、资金和政策优势，这也为机构投资者参与公司治理提供了可能性。

【案例 3-9】

美国机构投资者炮打“司令部”

“一只 500 磅重的大猩猩会坐在哪儿？”这并不是一个“脑筋急转弯”的问题，而是美国的一句谚语，答案是：“它想坐在哪儿就会坐在哪儿！”近来，在很多美国大型上市企业如可口可乐、花旗集团、苹果电脑等公司管理层的眼里，重量级的机构投资者——掌管约 1 670 亿美元资产的“加州公务员退休基金”（California Public Employees' Retirement System，CalPERS），就是一只很难缠的 500 磅重的“大猩猩”，它的屁股往股东席上一坐，往往就是公司麻烦的开始。

作为全美最大的养老基金，CalPERS 近年来频频扮演“改革先锋”的角色。在购买了大量公司股份并成为大股东后，CalPERS 就开始旗帜鲜明地向所投资公司的企业治理“开炮”，被列入 CalPERS“炮击黑名单”的企业多达十余家。CalPERS 表示，要带头维护投资者的权益，并要用自己的举动，使得改善企业治理成为美国各行各业上市公司的浪潮。

在可口可乐公司召开的 2011 年年度股东大会上，CalPERS 与全美最大的共同基金经理人代理投票顾问机构——机构股东服务公司（Institutional Shareholder Services，ISS）联手，提出不应由同一人同时担任可口可乐的董事长与 CEO 职务的提案。同时，他们将不支持可口可乐公司现任的 6 名审计委员会董事连任，这其中包括著名的“世界第二富豪”沃伦·巴菲特。CalPERS 表示，反对他们连任的原因是该 6 人委员会批准可口可乐公司的会计师事务所从事与审计无关的业务，如税务建议、规划和并购咨询等。

在花旗集团 2012 年 4 月 20 日即将召开股东年会前，CalPERS 公开表示：将反对花旗现任董事长威尔（Sanford Weill）、CEO 查尔斯·普林斯（Charles Prince）以及其他 6 位董事留任。该基金认为，威尔应该为花旗集团在财务方面的一些不当行为遭调查招致巨额的费用损失、投资研究部门和投资银行部门之间存在利益冲突等问题承担全部责任，威尔不但应该“下课”，而且最好找一位真正的独立董事来担任花旗董事长。

在 CalPERS 的支持下，一项要求在苹果公司年度财报中把股票期权作为开支处理的提案正式出台。苹果公司争辩说，由于给雇员的报酬很大一部分是股票期权，把股票期权作为开支会降低公司的利润，并认为准确地评估股票期权的价值是很困难的，而且为了保留工程师和其他中级雇员不被竞争对手挖走，股票期权是必须要给的。

目前，我国股票市场中机构投资者无论在规模上还是在数量上都在增加，机构投资者在股票市场中的作用越来越大，机构投资者对股票市场的影响也越来越大。但是我们的机构投资者还没有发挥其应有的作用，特别是其机构投资者的股东地位没有充分发挥出来，人才优势也没有充分发挥。可以说，我国的机构投资者的投资理念和小散户一样：还在靠天吃饭，所持股票涨，就赚钱；所持股票跌，就等着赔钱。

（三）机构投资者参与公司治理的主要途径

1. 行为干预

机构投资者作为投资人有参与到被投资公司进行管理的权利。机构投资者发现价值被低估的公司就增持该公司的股票，然后对董事会加以改组、发放红利，从而使机构投资者持有人获利。

2. 外界干预

机构投资者还可以直接对公司董事会或经理层施加影响，使其意见受到重视。例如，机构投资者可以通过其代表的代言人对公司重大决策（如业务扩张多元化、购并、合资、开设分支机构、雇用会计师事务所表明审计意见等）施加影响。

【案例 3-10】

德国大众遭机构投资者釜底抽薪

2015 年 9 月，美国环保署发现大众汽车公司涉嫌在车载电脑中安装一种可在尾气测试中作弊的软件，以便隐瞒其真实排放情况；美国环保署指控大众汽车公司在美出售的多款车型违反美国《清洁空气法》。此事导致时任大众汽车公司 CEO 文德恩辞职，并令大众汽车公司在美国面临最高约 180 亿美元的罚金。

据德国媒体 2016 年 3 月 14 日报道，278 名大众汽车公司机构股东“复仇者联盟”已通过律师向德国布伦瑞克地方法院起诉大众汽车公司。“复仇者联盟”要求大众汽车公司赔偿他们由于上一年度的丑闻造成股价下跌所遭受的损失，共计 32 亿欧元。由来自全球各国的机构投资者组成，当中既包括保险巨头安联、德国储蓄银行等企业的子公司；也包括一支美国养老基金和来自欧洲、北美、亚洲和澳大利亚的财力雄厚的企业。这些企业能够承受对大众汽车公司发起长期和昂贵的诉讼所需的资金。

四、经理人市场

（一）相关概念

企业经理人是指直接对企业的经营效果负责的高级经营管理人员。经理人的素质、经营能力和个人追求将会直接影响到企业的经营绩效，全面地影响到整个企业的生存和发展前景。

经理人市场是指在公开、公平、公正的竞争条件下，企业自主地通过招标、招聘等方式选择职业经理的人才市场，职业经理也可以在这个市场上凭自身条件和素质去投标和应聘选择企业。经理人市场是一种从外部监督公司管理层的重要机制。对于上市公司的管理层来说，经理人市场上职业经理人的供需情况、经理人市场的完善与否，直接关系到其被替代或后继者选择的可能性。

现代公司起源于产权结构的变革，经理人市场的形成是现代公司制度下企业所有权与控制权分离的必然结果。在现代市场经济体制下，许多现代公司既不是由银行家也不是由家族所控制的，企业所有权变得极为分散；在现代公司制度下，一般投资者既没有精力和兴趣，也没有可能来关心企业的经营管理；绝大多数的股东所关心的是股票行情，而并非对公司管理感兴趣，董事会的选举实际上也是由经理人操纵的。因此，董事会对经理人的监督作用显得十分有限。一般应该从两个方面来解决这个代理问题：一是建立有效的激励机制。经理报酬的设计对经理的行为有直接影响，最优报酬的设计必须把经理的个人利益与企业利益紧紧联系在一起。二是发挥市场（如劳动力市场、产品市场和资本市场）对经理人行为的制约作用。其中，经理人市场的竞争对经理行为的影响最为明显。

经理人市场对经营者产生两方面的约束作用。一是经理人市场本身是企业选择经营者的重要来源，在经营不善时，现任经营者就存在被替换的可能性。这种来自外部乃至企业内部潜在经营者的竞争将会迫使现任经营者努力工作。二是市场的信号显示和传递机制会把企业的业绩与经营者的人力资本价值对应起来，促使经营者为提升自己的人力资本价值而全力以赴地改善公司业绩。因此，成熟经理市场的存在，能有效促使经理人勤勉工作，激励经理人不断创新，注重为公司创造价值。

（二）经理人市场的类型

从监督机制这个角度看，大体上可把经理人市场分为三类。

1. 美国型经理人市场

美国型经理人市场的突出特点是公司的经理主要来自外部市场。在美国，不负责和无能力的经理找工作就比较困难，他们得到的报酬也比较低。如果某些经理从破产企业出来，那么他们将很难再找到如意的工作。经理人市场这只“无形的手”促使经理们必须好好工作，否则就会失业或其个人资本就会大大贬值。

2. 日本型经理人市场

与美国不同，日本经理大部分是公司内部晋升的，外部的经理人市场非常有限。当某个经理因经营管理不善而被撤职或降级后，他就很难再被公司重用。又由于非常有限的外部经理人市场，他也很难在其他公司找到如意的工作。尽管本地经理人市场“内部化”了，但是其对经理的竞争压力和约束并不比美国型经理市场弱。

3. 香港型经理人市场

香港型经理人市场的特点是由家族型的公司结构所决定的。由于公司股票的分散性，一般拥有35%的股份就可以使家族有稳固的控制权，从而就可以在家族内部选择自己的经理。经理人市场对这些公司的监督作用不大。如果说美国型经理人市场重契约的话，那么，香港型经理人市场则重人际关系。《财富》杂志 500 家大企业龙虎榜，其中约有 37%为家族企业，这些家族企业的经营权与所有权已经分开，全部由专业管理层管理，但华人企业（包括香港企业）迄今经营权与所有权尚未完全分开，家族成员仍然掌握着决策权，华人企业经理人市场“家族化”现象已经引起国际管理学界的关注。

（三）经理人市场的特征

经理人市场是为适应市场经济发展、公司内部管理的客观需求而产生的一种新的人力资源配置方式。经理人市场应具有的特征也就是建立完善经理人市场应有的要求。

1. 自主性

自主性是参与市场竞争的人们自身利益的体现，市场经济要求经济活动主体必须有充分的自主权，并且经济主体间的活动和经济关系已经货币化、信息化和契约化。因此，经理人市场的运行必须打破“部门所有和企业所有”的格局，使经理人的流动成为可能。企业有选用经理人的自主权，同时经理人也应有选择企业的自主权，从而为经理人双向流动提供基本的动力机制。

2. 公平性

公平性是市场经济的基本原则。经理人市场的公平性体现在，经理人或企业在市场上的权利和机遇是平等的，竞争地位是平等的，均能找到合适的用武之地或人才。经理人或企业的供需双方交换是平等的，经理人在付出智力的同时，企业需付出相应的报酬。

3. 竞争性

竞争性也是市场经济的基本特征。通过竞争，可以挖掘出一批优秀的、满足社会需求的经理人。同时，筛选出经济效益和社会效益俱佳的企业，从而按照优胜劣汰和供求匹配的原则，使经理人资源得到最佳配置。

4. 开放性

经理人市场作为市场经济的组成部分，要求打破过去封闭式“自循环”的格局，实现无界化的开放或流动，适应市场经济的客观要求，打破城乡、工农的身份界限，打破国有、集体、私企、行业地区界限，实现全方位开放的经理人市场体系，并面向国际，供需实行双向交流。

5. 求利性

任何一个企业都存在供求活动，都以追求自身利益最大化为目的。盈利和效率是市场经济的较高选择。正是这只“看不见的手”，调节着各种市场经济活动和行为，使各种社会资源按价值规律和竞争机制供需匹配，促进社会经济的发展。

6. 法治性

市场经济是法治经济，它要求用法律规范市场行为，从而对市场要素的各方面起到有保护和约束作用，经理人市场也必须在一定秩序下运行。经理人的流动除受市场机制调节外，还必须根据市场的客观要求，建立完善的法律法规体系，使经理人市场的运行有序化、规范化。

【知识链接】

职业经理人

1841 年 10 月 15 日，美国马萨诸塞州的铁路上发生了一起两列客车迎头相撞的事故。社会公众普遍认为，铁路企业的业主没有能力管理好该企业。在州议会的推动下，铁路企业对企业管理制度进行了改革，选择有管理才能的人来担任企业的管理者，由此诞生了世界上第一个职业经理人。发达国家职业经理人的产生与发展大体经历了三个阶段。

第一阶段，从 1841 年世界上第一位职业经理人诞生到 1925 年美国管理协会成立。这个阶段标志着西方企业基本完成了从业主式（或世袭式）经营企业到以聘用经理人来经营企业的转换，西方的企业制度也基本形成了近代公司制占主导地位的格局。

第二阶段，从 1925 年到 20 世纪 60 年代末。在这一阶段随着美国哈佛大学企业管理研究院的成立，到 60 年代末 80%以上的西方企业都聘请职业经理人负责管理，完成了近代公司制向现代企业制度的过渡。

第三阶段，从 20 世纪 70 年代至今。西方的现代企业制度不断走向完善，职业经理人阶层成为西方社会中发挥越来越重要作用的一个阶层。

目前，国际经理人联合会（International Managers Union）所推行的职业经理人资质认证体系已被纳入我国国家人才管理系统，上海、北京、深圳等地方政府已经或将出台类似的经理人资格认证制度。

思考题

1. 公司治理机制的理论依据是什么？简述公司治理机制的本质特征。
2. 激励机制的主要内容是什么？它的实现途径有哪些？
3. 监督机制的主要内容是什么？其实现途径有哪些？
4. 决策机制的主要内容是什么？其实现途径有哪些？
5. 企业并购的目的是什么？并说明并购企业的治理问题。
6. 反接管的方式有哪些？各方式之间的区别是什么？
7. 我国企业管理层的选聘机制的主要内容是什么？

第四章 公司治理模式

【教学目标】

通过本章的学习，读者能了解公司治理的基本模式的划分以及公司治理的未来发展趋势，熟悉市场主导型的英美公司治理模式、机构主导型的德日公司治理模式、家族治理模式的主要内容和特点。

【引例】

对于一个企业而言，是否具有完善的公司治理模式，决定了企业的生死存亡。股份制已慢慢成为现代企业制度最基本的形式，投资者只有在确信自己的利益能够受到保护之后才会向一个企业投资，而良好的公司治理模式正是保护投资者利益的重要制度。企业之间的竞争在一定程度上就是公司治理的较量。因此，公司治理模式的建立和完善对现代企业来说显得特别重要，甚至，人们对公司治理模式的关心胜过对公司治理结构与机制的关心。

第二次世界大战后，以福特公司为代表的家族企业面临着内忧外患的问题：一方面竞争对手越来越强大，市场争夺也日益白热化；另一方面公司规模膨胀，内部管理复杂，权力的分配与传承成为前所未有的新课题。不可否认，老福特既是伟大的创业家，也是杰出的管理者，但公司规模毕竟超越了他一人当家的能力极限，况且当他老去时，谁将再执权杖政？

老福特面对的也是所有大型家族企业共同的难题。原有的“个人掌握一切”的公司管理模式开始逐步被瓦解，所有权与经营权日渐分离，企业管理重心逐渐从“所有者”向“经理人”转移，职业经理人出现了。公司治理由此上演了一场“经理人革命”，公司发展也由此进入了全新的历史时期。

福特公司最大的竞争对手是通用汽车公司。当通用被卖给杜邦后，新董事会聘请职业经理人斯隆为公司首席执行官。斯隆在董事会的支持下，将公司所有者与公司管理层的权力进行了重新划分。斯隆是一个拿高工资的高级打工者，但他却拥有对公司其他管理人员的支配权和控制权。斯隆的理念和做法彻底颠覆了几百年来创业者“一人当家”的公司管理模式。在此基础上，斯隆还创造了事业部制，将大公司的管理单元化、扁平化，有效地化解了大公司集中管理、集中决策带来的低效和风险。1955年，斯隆退休前夕，通用远超福特，创造了年产值 10 亿美元的商业神话。通用的成功对职业经理人制度的普遍推行产生了极大的示范效应。从此，“公司治理”成为一门既时髦又实用的新学科。

福特公司和通用公司治理模式的根本不同点在于：前者的管理建立在个人经验基础之上，后者的管理建立在组织体制基础之上。这不是谁优谁劣的问题，这是历史演变的客观进程。由个人驱动的公司，只能是公司发展的初级阶段，而只有依靠组织和体制才能将其发展成为更加精密、更加成熟、更加庞大的公司。良好的公司治理模式在于保护股东和利益相关者的利益，确保董事会对公司的战略性指导和有效监督以及高标准的信息披露。

第一节 公司治理主要模式的划分

公司治理内涵及环境的综合性、复杂性、动态性等特点，使公司治理模式在演进过程中充满了多样性和不确定性。在公司治理理论中，关于公司治理模式的分类，目前存在不同的划分方法，主要从以下几个方面进行划分。

一、公司治理的主体

公司治理的主体是指治理的控制权在谁手中，在公司治理涉及的各利益相关者（包括股东、债权人、供应商、雇员、政府等）中，究竟哪一方在整个流程中起主导地位。根据对这个问题的回答，可以将公司治理模式分为股东治理模式和利益相关者治理模式。

（一）股东治理模式

该治理模式的理论基础是：股东向企业投入了专用性资产，是企业风险的最终承担者，理应享受因经营发展带来的全部收益，因此公司治理的目标应是股东财富最大化，股东应独享企业所有权。在这种股东至上的一元治理模式下，股份持有相对集中，大股东持有比例一般在50%以上；股票流动性差，持股的主要目的是控制公司；大股东掌握公司的控制权，公司所有权与公司控制权相统一。传统的公司法所体现的也是这种“股东大会中心主义”的模式，即股东大会享有公司的各种权力，董事会只享有法规和公司章程规定的有限权力，仅是股东大会决议的执行者和股东大会的附庸。

（二）利益相关者治理模式

随着现代企业制度的发展，公司中的利益相关者的地位和作用发生了明显的变化，此种治理模式开始出现。财务资本、知识资本等各种资本所有者在不断的博弈后，最终将通过参与企业的控制权和剩余分配权加入公司治理模式中。当非股东方提供了对企业生存发展至关重要的关键性资源或提供了与股东提供的资源相当时，股东独大的局面就会发现变化，公司控制权将被分割，多方主体共同经营，继而产生了利益相关者共同治理的公司治理模式。这种治理模式又先后经历了股东、管理者共同治理，股东、管理者、员工共同治理，以及利益相关者共同治理三种模式。此种模式在德日两国较为常见。

利益相关者治理模式与股东治理模式的根本区别在于谁拥有剩余企业控制权和剩余索取权。在英美，70%以上的企业经理人认为股东的利益是第一位的；而在法国、德国和日本，绝大多数企业经理人认为企业存在的最终目的是实现所有利益最大化。

二、利益导向

公司成立的目的在于追求利益，但到底追求谁的利益或以谁的利益为主，理论界有着不同的看法，从过去的股东利益最大化到利益相关者利益统一，再到利益相关者有主次之分，公司治理的模式也分成股东治理模式、利益相关者治理模式和利益相关者主次治理模式。

（一）股东治理模式

该模式认为股东是公司的所有者，公司存续的目的是实现股东利益的最大化，继而公司治理的中心就是确保股东的利益，确保资本供给者得到理所当然的投资回报。公司的权力机构都要以股东的意志和利益为出发点，股东大会是代表股东意志的最高决策机构，董事会由股东大会选举产生并接受股东委托在公司决策中发挥主导作用。

金融模式公司应按股东的利益来管理，试图促使经理人员对股东利益更负有责任。主张通过政策激励和采取最大化短期股票价格的行为是为股东利益服务的最佳形式。其理论基础是“有效市场理论”，并主张扩大股东的权力。

市场短视派认为金融市场的压力使公司经理只关注短期利益，这样会对公司的长期管理产生一种经营决策上的偏误，从而降低公司长期资产的价值。

金融模式希望增加股东对公司的监督和影响，市场短视派则希望公司治理可以在股东压力下，特别是短期股票价格业绩中保护经理人，或替代性地通过阻止交易和鼓励长期持有股票来实现股东的利益。但两者都认为股东利益的最大化可以导致整个社会的利益最大化。

（二）利益相关者治理模式

利益相关者治理模式认为企业是一个责任主体，公司治理不能单纯以实现股东利益为目标，因为企业是所有相关利益者（出资者、债权人、董事会、经理、员工、政府及社区居民、供应商等）的企业，各利益相关者都对企业进行了专用资产的投资，并承担了企业的风险，企业应为利益相关者服务。

（三）利益相关者主次治理模式

利益相关者主次治理模式认为公司治理必须以股东利益为主导，同时在此基础上恰当地界定包括股东在内的利益相关者的关系，解决好由此而产生的利益相关者的利益问题。克拉克逊（1998）根据与企业联系的紧密程度将利益相关者分为主要的利益相关者和次要的利益相关者。前者是指若没有这些群体（包括股东、雇员、顾客、供应商等）的参与，企业就无法生存，后者是指间接影响运作或受到企业的间接影响的群体，虽然他们对企业的生存起不到根本性的作用，但也不能忽视。这种观点实质上是对上述两种观点的调和，但从强调利益相关者的利益来看，这种观点与“利益相关者治理模式”并没有实质性的区别。

【案例 4-1】

谁对公司最终负责？

世界上从来没有一劳永逸的制度安排，公司治理结构也不能解决所有问题。就在“经理人革命”70 多年之后，20 世纪 90 年代却出现了世界性的解雇经理人的高潮。2001 年 11 月，庞大的美国安然公司轰然倒下。一系列欺诈活动将公众对大公司职业经理人的信任彻底击碎。紧接着，美国的世界通信、施乐、戴尔、雷曼兄弟，欧洲的帕玛拉特，日本的西武铁道，这些曾经如日中天的大公司一个接一个出现了诚信危机。人们开始发出疑问：职业经理人能不能为公众最终负责？

“谁对公司最终负责”的质疑，本质上是对公司相关利益主体之间关系的质疑。迄今为止，任何一种治理结构都没有完全解决所有者和经营者因为利益不一致而产生的“委托代理”问题。经理人的道德风险由此而生，“内部人控制”成为公司新的隐患。

公司治理的根本命题在于权力的制约与平衡，“内部人控制”需要更多外部力量的牵制。公司治理的未来在于协调股东、管理者、监督者、员工、客户、社会以及自然环境等相关利益方的关系。而这似乎又是一个更为深刻的命题：公司的价值观到底有着怎样的排序？公司的最高利益究竟何在？看来，制度并不能解决所有问题，比制度更重要的是价值观。

实践之树常青，公司治理没有一成不变的答案，新问题需要新理论。所有的制度变迁背后都有着成本与收益的衡量，每一个进步都伴随着痛苦的选择。在制度变迁的过程中，没有最好，只有更好。

三、公司治理的力量源泉

公司治理的实质在于治理主体对治理客体的监督与制衡，以解决因信息不对称而产生的逆向选择和道德风险问题。从公司治理的力量源泉来看，公司治理模式可以分为：外部控制主导型公司治理模式、内部控制主导型公司治理模式和家族控制主导型公司治理模式。

（一）外部控制主导型公司治理模式

外部控制主导型公司治理模式又称市场导向型公司治理，是指外部市场在公司治理中起着主要作用。虽然该种模式中董事会作为公司治理的核心同样兼有决策和监督双重职能，非执行董事也承担一定的监督职能，但这种治理主要是以大型流通性资本市场为基本特征，公司大都在股票交易所上市。其存在的具体外部环境是：非常发达的金融市场、股份所有权广泛分散的开放型公司、活跃的公司控制权市场。在这些外部条件确立的情况下，公司控制权的竞争在股票市场上是相当普遍的现象。公司经营者的业绩大幅下降，公司股票价格就会随之下跌，当实力集团认为有利可图时，就会出现股票市场上的收购现象，持股比例的变化带来公司控制主体的变化，公司股东和高层管理人员的地位也会随之改变，这种约束和激励的形式被称为接管机制。这种机制是来自外部的对企业经营者约束和激励的核心。

（二）内部控制主导型公司治理模式

内部控制主导型公司治理模式又称为网络导向型公司治理模式，是指股东（法人股东）、银行（一般也是股东）和内部经理人员在公司治理中起着主要作用，资本流通性相对较弱，外部证券市场不十分活跃。金融机构及个人通过给公司巨额贷款或持有公司巨额股份而对公司及代理人进行实际控制，依其对公司的长期贷款与直接持股而实现对公司重大决策的参与，使公司及代理人决策受到其支配。

（三）家族控制主导型公司治理模式

家族控制主导型公司治理模式是指家庭占有公司股权的相对多数，企业所有权与经营权不分离，家族在公司中起着主导作用的一种治理模式。该种公司治理机制以血缘为纽带，以对家庭成员内的权力分配和制衡为核心。由于血缘关系的存在，这种家族关系能在一定程度上减少以代理成本为代表的治理成本。家族中的信任和忠诚在一定程度上克服了由利己主义引起的代理成本，从而减少了股权成本。正如加里·贝克尔所说，“家庭内部的配置大部分是通过利他主义和有关的义务确定的，而厂商内部的配置大部分通过隐含的或明显的契约确定”。这样，家族企业在一定程度上消除了代理成本的根源，这应该有助于公司治理作用的发挥。也是因为家庭的原因，董事会、监事会和股东会同时设立，但公司的重要决策仍是以企业家的家人为决策方式为主，私营企业主独揽大权，有关机构的设立并未发挥应有的作用。

四、董事会模式

（一）组织结构模式

西方的法律制度（包括公司法在内）主要分为两大体系，即以欧洲大陆主要资本主义国家为代表的大陆法系和以英、美两国为代表的英美体系，因而作为公司治理机构的核心董事会也就出现了单层、双层和混合三大类型。

1. 单层董事会模式

单层董事会模式也称一元模式，即董事会集执行职能和监管职能于一身，不设监事会，治理中的监督职能是通过独立董事制度来实现的。董事会和股东大会的关系是，股东大会选举董事会，选举董事，股东大会也可以解散董事会。董事会下设的专门委员会是为了更好地履行其决策与监督职能，而董事会下设的全部由外部独立董事组成的提名委员会、薪酬委员会、审计委员会等就是公司的监督机构，行使监督职能，如图 4-1 所示。同时，该治理机制通常包括内部（或执行）董事和外部非执行董事以及一些次级委员会，其特点在于业务执行机构和监督机构并不分离，以英国、美国为代表的普通法系国家在公司治理结构上普遍采用单层董事会制度的模式。在这些国家中股权高度分散、市场机制比较发达，战略决策的制定在公司治理中显得尤为重要，董事会的执行职能得到极大的彰显。从全世界来看，单层董事会正成为一种主导模式，大陆法系的一些国家和地区也按照这种模式来完善本国本地区的公司治理结构。

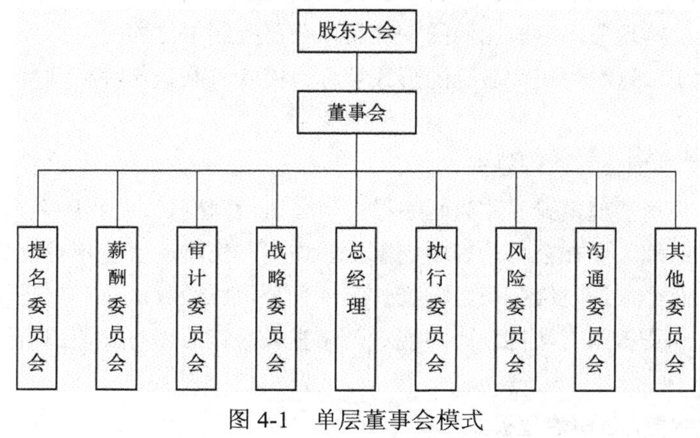

图 4-1　单层董事会模式

【小看板】

英美单层董事会模式

在英美国家，股东大会是公司的最高权力机构，由股东大会选举产生最高决策机构——董事会。董事长一般兼任首席执行官，董事会主要由独立董事组成，董事会下设审计委员会、薪酬委员会、提名委员会和投资委员会等具体决策执行机构，委员会中均由独立董事担任主席。一般不设立监事会，监督职能由董事会及其下设的审计委员会行使。

由于英美国家中股权高度分散，市场机制比较发达，在公司的内部治理中更加重视战略决策的制定，董事会的执行职能得到极大的彰显，而其监督职能则主要通过董事会中的独立董事在专门委员会中发挥作用来实现。

董事会既是决策机构，又是监督机构。为了防止大股东独家操纵董事会，法律还规定大股东不进入董事会，或尽可能少地进入董事会。

2. 双层董事会模式

双层董事会制度也叫二元模式，所谓“双层”是指公司设置董事会和监事会共同治理结构，而执行职能和监督职能是分开的，即董事会履行执行职能，监事会履行监督职能。董事会是公司股东和职工利益的代表机构和公司经营的决策机构，监事会地位高于董事会，有权任免董事会成员，而董事会一般只是落实监事会决议，负责公司日常的经营管理。目前，以德国和日本为代表的大陆法系国家普遍采用双层制模式，但两者又有不同，又可以将双层制模式细分为垂直式和水平式。

（1）垂直式双层制模式（如德国模式）。德国是典型地实行垂直式双层制模式的国家，其公司中一般设有监事会和董事会，监事会在上，董事会在下，如图 4-2 所示。监事会行使监督和控制的职能，负责选任、解聘董事会的成员，考核和监督董事会的行为是否符合公司章程；对公司的经营战略及其他重大事项进行决策；在必要时召集股东大会等。董事会由监事会选任，负责公司的经营管理，并受监事会监督，需向监事会报告和负责。

（2）水平式双层制模式（如日本模式）。在日本通常实行的是水平式双层制模式，即监察人会和董事会是平行的，都对出资人和股东大会负责，如图 4-3 所示。日本的监察人会的主要职责是监督公司董事会及高级管理层的执行情况及对公司财务状况进行审计监督。监察人会则可以以决议的方式决定监督检查的方针、公司的业务以及调查财产状况的方法等与监察人执行职务有关的事项。在日本的双层制设计中，虽然监察人在监察人会有要求时，无论何时均必须向监察人会报告其执行职务的状况，但监察人会并不能妨碍监察人行使职权，各监察人具有相对独立的权力。

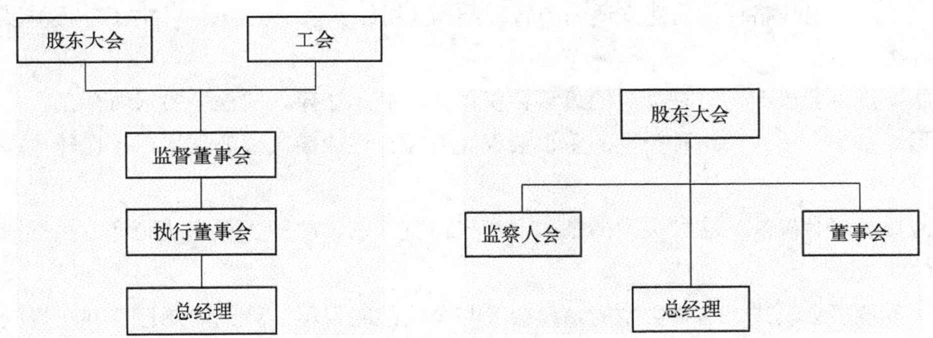

图 4-2　德国垂直式双层制模式　　图 4-3　日本水平式双层制模式

在这种双层制的模式中，经理人是董事会的主要成员，对公司董事人选有重要的影响作用，实际上由主要经理人员组成的常务委员会控制了董事会的运行与决策。在公司运行中，为了规避此种模式带来的风险，也设立了独立董事制度，他们具有独立监察业务、检查财务状况且不受监事会决议限制的权力。

3. 混合董事会模式

公司既设董事会又设监事会，但是董事会和监事会都是由股东大会选出的。这种治理模式最早源于日本，后来亚洲的一些国家和地区也采取了这种模式。根据我国《公司法》的有关条款，我国的公司董事会应该属于混合董事会模式，既采用类似于董事会和监事会并行的水平式双层制模式，又突出强调普通法系独立董事制度下单层制模式。股东大会、董事会和管理层形成三权制衡的格局，经理层决策受股东大会、董事会和监事会的监督和约束。但这种模式下监事会的作用很难发挥，从立法关系上来讲，监事会应该对股东大会负责，但是在实际的执行过程中，监事会等于是对董事会负责，不是对股东大会负责。

综上所述，单层制和双层制都有一定的优缺点，有一定的适用性。双层制的优点是在控制和监督功能上，系统比较有效率。缺点是董事会和监事会与经理层会面的机会和频率较少，使董事和监事往往失去与企业接触的机会，远离公司实际业务，缺乏足够的信息履行自己的职能，而且执行监督的程序多，官僚气氛浓，客观上会阻碍证券市场的发展，降低市场自由度。而单层制系统中，采取了大量的措施来改进董事会，如增加大量的外部人，特别是独立董事，专门委员会主要由外部人组成；分离董事会和 CEO 的功能，或者任命外部（或独立）董事为董事长。与双层制相比，其效率相应地降低。但随着全球化的进程和跨国公司的发展，这两种类型正在日益趋同。在一定程度上，单层董事会中的“双层水平”在明显增长，即专有的外部董事会会议定期召开，许多委员会由外部人组成或居主导地位；在一个双层委员会中，监事会增加了与经理层会面的频率；此外，一些在两种类型之外的委员会制度也发生了重要的变化。

（二）功能机制模式

董事会是由股东会选举产生的，由全体董事所组成的，行使公司经营管理权的，集体决定公司业务执行意志的机关。作为公司权力代表的董事会应该通过决策和监督职能最大限度地维护包括股东在内的公司所有利益相关者的利益。因此如何发挥董事会的作用，强化董事会的职责和提高董事会的效率已成为公司治理机制的核心问题。

NACD（全美董事联合会咨询委员会）认为公司治理的功能包括：确保公司的长期战略目标和计划被确立，为实现战略目标而建立适当的管理结构（组织、系统、人员），NACD 根据功能将董事会分成 4 种类型。

（1）底限董事会模式。这种类型的董事会仅仅为了满足法律上的程序要求而存在。

（2）形式董事会模式。这种类型的董事会仅具有象征性或名义上的作用，是比较典型的橡皮图章机构。

（3）监督董事会模式。这种类型的董事会有权检查计划、政策、战略的制订、执行情况，评价经理人员的业绩。

（4）决策董事会模式。这种类型的董事会参与公司战略目标、计划的制订，并在授权经理人员实施公司战略的时候按照自身的偏好进行干预。

第二节 英美公司治理模式

公司治理机制在长期的发展中，由于各国经济制度、历史传统、市场环境、法律观念及其他条件的不同，形成了不同类型的治理模式，其中比较典型的模式有 4 种：一是以英美为代表的市场主导型治理模式；二是以德日为代表的机构主导型模式；三是以拉美、东亚为代表的家族治理模式；四是以中国、东欧为代表的转轨经济国家的治理模式。需要说明的是，现代市场经济条件下，公司治理模式已不是某一特定国家或地区特有的方式或结构特点，而是具体公司基于外部环境和内部条件考虑选择的无国别化标准，而且具有明显的趋同化取向。

一、英美模式的产生

在英美国家由于较早受产业革命影响，科学技术发展导致经济规模的迅速扩大，将充足的劳动力和资本集中在一起形成一个富有成效的实体显得尤为重要。在这种背景下，股份公司成为最适当的形式。在股份公司发展的初期，所有权与经营权的分离是不可避免的。尤其随着经济的发展，公司经营规模、范围的扩大，专业化经理人的出现，更加快了所有者和经营者的分离速度。公司所有者追求公司利益的最大化，而经营者可能为了满足自身利益的最大化，滥用权力损害公司的利益，进而损害公司所有者的利益。所有者与经营者的这种利益冲突可以说是公司治理形成的内在因素，也是各种公司治理模式共同的产生原因。产业革命又促进了专业化管理与风险分散相结合的现代化股份制的推行，股份高度分散的公众上市公司成为这些国家经济领域中最主要的组织形式。在美国，最大的 400 家公司 99%都在股票交易所上市交易；在英国，100 家最大的公司大部分也都是上市公司。而在欧洲大陆国家，股票上市公司比例平均只有 54%。

在主要依靠股份融资快速扩大规模的企业扩张方式根深蒂固的影响下，这些国家逐渐形成了股份高度分散化、股票高度流动性、金融市场十分发达的公司制度，在此基础上形成了被称为市场导向型公司治理模式的以经理人控制为特征的控制权结构。由于普通法系国家奉行股东主权至上，公司以股东利益最大化为目标，而且其融资方式以股份融资为主，借贷融资比重较低，因而其公司治理一般不考虑利益相关人的作用，因此又属于利益相关人排斥型公司治理。

二、英美模式的主要内容

（一）形式上的股东大会

从公司治理理论上讲，股东大会是公司的最高权力机构，但是，英美模式公司股份高度分散、高度流动，而且相当一部分股东只拥有少量股份，其实施治理成本较高，且由于外部股东信息不对称，难以直接对公司管理层进行有效的监督，因此，不可能将股东大会作为公司的常设机构，或经常就公司发展的重大事宜召开股东代表大会，做出有关决策。公司的股东大会早已丧失其作为公司最高权力机构应有的权威性而仅流于形式。在这种情况下，除了听信于市场信息，股东还将其决策权委托给一部分大股东或有权威的人，并由其组成董事会。由董事组成的董事会负责公司日常决策，而董事会则向股东承诺使公司健康经营并获得满意的利润。

（二）独特的董事会设计

在股份高度分散、股东丧失控股地位的情况下，公司内部治理更注重发挥董事会的作用，形成了以董事会为中心、以外部董事制度为核心的内部治理机制，其主要特点如下。

第一，在董事会内设不同的委员会。一般而言，英美公司的董事会大多附设执行委员会、任免委员会、报酬委员会、审计委员会等一些委员会。这些委员会一般都是由董事长直接领导，有的实际上行使了董事会的大部分决策职能。因为有的公司董事太多，如果按正常程序进行决策，则很难应付千变万化的市场环境，也有可能因为决策者既是董事长同时也是最大的股东，对于公司事务有着巨大的影响力，而执行委员会又成为董事会的常设机构。除这样一些具有明显管理决策职能的委员会外，还设有一些辅助性委员会，如审计委员会，主要是帮助董事会加强其对有关法律和公司内部审计的了解，使董事会中的非执行董事把注意力转向财务控制和存在的问题，从而使财务管理真正起到一种机制的作用，增进董事会对财务报告和选择性会计原则的了解；报酬委员会，主要是决定公司高级人才的报酬问题；董事长的直属委员会，由董事长随时召集讨论特殊问题并向董事会提交会议记录和建议的委员会，尽管它是直属于董事长的，但它始终是对整个董事会负责，而并不只是按董事长的意图行事。近年来，美国的有些公司又成立了公司治理委员会，用以解决专门的公司治理问题。

第二，董事分为内部董事和外部董事。为了平衡经理人员与所有者权力，防止公司经理在经营决策中独断专行，维护广大股东的利益，美国创立了外部董事制度。根据法律规定大公司的董事会都必须由两部分董事组成，一部分是内部董事，主要由公司现在或过去的职员及与公司保持着重要商业联系的人员组成，他们负责公司各主要职能部门的经营和管理。还有一部分是外部董事，他们的主要构成：一是与本公司有着紧密业务和私人联系的外部人员；二是本公司聘请的拥有各种专业知识和技能的外部人员；三是其他公司的经理人员。20 世纪 70 年代以后，两类董事的比例不断变化，总的趋势是外部董事的比例不断提高。但目前英美大公司存在的一个普遍现象是公司首席执行官兼任董事会主席，这种双重身份实际上使董事会丧失了独立性，其结果是董事会难以发挥监督职能。

【小看板】

美国公司董事会构成

从美国的实践来看，美国现有的上市公司中就有接近 60%的公司的董事会里没有大股东的代表。美国占有主导地位的上市公司，它的董事主要是由外部董事和独立董事组成。例如，美国 GE 公司有 15 名董事，其中 13 名是独立董事，2 名为执行董事。这 15 名董事里面没有大股东的代表，也没有大股东的董事；再比如美国可口可乐公司，它有 12 名董事，其中独立董事 11 名，1 名是 CEO；再比如朗讯公司，现在是 9 名董事，其中 8 名是独立董事，1 名是 CEO。美国 IBM 公司也有 12 名董事，其中 11 名是独立董事，1 名是 CEO。

因此，从 20 世纪 90 年代以来美国公司的董事会里面，外部董事、独立董事占了主导地位，占绝大多数。大股东游离了董事会，大股东主要是在股东大会上用手投票，他不进入董事会。从某种意义上讲，在美国公司里可以说真正实现了所有权和经营权的分离。

（三）高度分散且流动的股权结构

依靠发达的资本市场，机构投资者和个人是公司的基本持股者，且随着公司规模的不断扩大，公司股权越来越分散。在英美国家中，据不完全统计，1952 年美国人口中约有 650 万人口直接持有股票，而到 20 世纪 80 年代初，直接持有股票的人口上升至 3 200 万人，到 90 年代末，美国人口中有过半数以上的人直接或者间接持有股票。在英国，个人持股比重也相当高，达到总人口的 30%以上。在最近几十年间，为了适应企业外部融资的需求，英美国家的非银行性金融机构迅速发展起来，股份持有者的性质则发生了很大的变化，机构投资者开始取代之前的个人投资者成为主要的股份持有者。从 20 世纪末开始，为了追求远远高于债券收益的股票收益，养老基金及其他投资机构也开始大量转向股票市场投资，英国的机构投资者所持股权已经超过了 60%；而在美国的大公司中，机构投资者的持股比例也已超过了 50%。虽然投资主体发生了变化，但机构投资者持股仍是一种较分散的证券投资行为。尽管机构投资者的数量很多，包括各种养老基金、互助基金、人寿保险、大学基金、慈善团体等，投资的资产规模很大，持股总量也很大，但出于分散投资风险的需要和有关法律的限制，一般都以分散持有多家公司股份的方式来进行股票投资：在一个特定公司中持有的股份约占某一公司股份总额的 0.5%～3%。美国的《投资公司法》规定，人寿保险公司和互助基金所持的股票必须分散化，而且不得派代表进入公司董事会。法律还规定，保险公司在任何一家公司所持股票不能超过公司股票总值的 5%，养老基金会和互助基金会不能超过 10%，否则将处以重税。

另外，不论是个人投资还是机构投资，投资都不稳定且一般不以介入公司经营为目标。由于无论是个人直接投资还是机构投资，它们的终极受益人均是关注短期投资收益的分散的个人投资者，机构投资者只不过是作为这些分散的个人投资者的代表进行股票投资，因而他们的行为动机与个人投资者并没有本质区别，持有股份的目的主要在于追求短期股票投资利益最大化，股票被更多地用于短期买卖，而非作为长期投资。可见，由机构股东的纯粹投资动机所决定，机构投资者取代个人投资者也未能改变美国公司股份持有的高度流动性特征。无论股份持有者的性质是以个人投资者为主，还是以机构投资者为主，股份持有的高度分散和高度流动，始终是英美国家公司所有制结构的基本特征。

（四）以直接融资为主

与其他治理模式相比，英美公司模式的融资方式主要是直接融资，也就是说公司主要通过发行股票和债券的方式从证券市场上直接筹措长期资本，而不是依赖银行贷款。英美国家的证券市场有悠久的历史，以股权为主导的外部市场治理机制如职业经理人市场、控制权市场和证券市场以及专业服务中介组织等高度发达。银行不能直接持有公司股票，只能作为纯粹的存款机构和短期的资金提供者，为客户提供短期的融资需要。比如，美国 1863 年的《国家银行法》和 1977 年的《麦克逊登法案》规定，银行不得跨州设立分行，由此产生的分散化的银行体系就不可能形成大的银行集团。同时，美国的投资组合法规、反网络化法规以及 1933 年的《格拉斯—斯蒂格尔法》都禁止银行持有公司的股票或禁止银行在全国范围内经营。且在保证竞争有序存在，保持经济活力的同时，国家法律也越来越多地限制企业界和金融界的结合。法律规定，银行对某一客户的贷款不得超过该银行资本的 15%，而德日模式下的日本和德国有关银行贷款的限额分别是 30%和 50%。进而在美国绝大多数企业中，由股东持股的股份公司占公司总数的 95%以上，其资产负债率大大低于德国与日本，一般在 35%～40%。

三、英美市场主导型治理模式评价

（一）英美治理模式的优势

1. 实现了资本市场的优化配置

公司股东通过市场机制来监督公司的经营和实现利益最大化，资本流动性强。这样不仅可以优化资源配置，促使资源向优势企业流动，实现资本市场的优胜劣汰；还可以为投资者提供准确可靠的信息，减少投资风险，保护投资者的利益。

2. 促进创新精神，提高创新能力

股东通过在证券市场上的操作，既可以监督、约束经理层，又能减少对经营者的干预，这有利于鼓励经营者大胆创新，充分发挥其聪明才智以及创造力。美国高新技术企业的迅速发展和产业结构的升级，在很大程度上归因于这种创新精神。

3. 提升了企业的竞争力

英美模式下的公司股权结构和治理机构的设置，有利于企业依靠兼并机制迅速地扩大规模，并依靠规模经济的优势来增强企业的竞争力。

（二）英美治理模式的弊端

1. 股权结构上高度分散的特点极有可能造成经营者的短期投机行为

股东持股短期化，而公司管理层迫于股票市场的压力，为了满足短期投资者的套现、分红，公司经营者会采取短期行为来获取利润，以满足股东较短时间内获得回报和收益最大化的需求，从而导致在制定公司经营目标及进行诸如投资、融资、营销、研究与开发等重大问题的决策时，着重考虑短期效益，从而忽视保持企业长期绩效所必需的基础投资。

2. 公司内部监督机制不力，对公司经理层的制约太小，易出现“内部人控制”的问题

英美模式治理下的公司股权高度分散，使了解公司内部信息及监督经理层缺少充足的动力，“搭便车”的观念导致企业被少数经营管理者所控制，从而损害到公司和股东的利益。公司管理层在缺乏制度的有力约束与监督的情况下，很容易出现企业管理层滥用手中的权力，甚至蒙骗投资者的行为，给公司和股东带来巨大的利益损害，直接把公司引入破产的绝境。

3. 公司股权的高度流动性使英美公司资本结构的稳定性差

由于股东以追求投资收益率最大化为目标，企业经营一旦出现波动，股份就被不断转手，这不仅使公司的长期发展没有稳定的资本结构的保障，而且很容易造成企业兼并接管的动荡。公司的正常运作需要以稳定的资本结构为基础，恶意接管给公司带来的动荡，不利于所有者和经营者长期的信任和合作关系的形成。

4. 公司并购不利于经理人员积极性的发挥

公司收购在20世纪60年代曾被认为是监控经营者的有力方式，有些公司在被收购接管后确实提高了绩效，但也逐渐出现了相反的情况。特别是到80年代中后期，公司收购逐渐有作为掠夺财产的一种方式的趋向，收购者通过分拆、重组继而包装再出售获取暴利，不稳定的公司经营特点“迫使”公司经营管理者决策从事短期破坏性行为。

【案例4-2】

从安然事件看美国公司治理

2001年10月16日，安然公司（Enron Corp）公布第3季度业绩，该公司第3季度亏损6.38亿美元，其净资产因受到外部合伙关系影响而减少12亿美元。6天后，美国证券交易委员会开始对安然展开调查。11月8日，安然公司宣布，在1997年到2000年由关联交易共虚报了5.52亿美元的利润。从安然事件看美国公司治理存在以下问题。

（1）股权结构的不合理性。安然公司同绝大部分美国的上市公司一样股权结构高度分散，导致经理层内部人控制。

（2）董事会缺乏独立性，不勤勉尽责。安然公司与其董事之间存在大量的除董事服务费（每人7.9万美元）之外的利益关系，如与其个人拥有的其他公司之间的关联交易，另有咨询服务合同以及向其任职的科研机构捐赠等。

（3）高级管理人员缺乏诚信，为谋求个人私利忽视公司利益，董事会监督不力。1999年，董事会不顾职业道德，听从当时的董事会主席肯尼思·莱和首席执行官杰夫·斯基林的建议，允许当时的首席财务官安德鲁·法斯托暗地里建立私人合作机构，非法转移公司财产。董事会和公司高层完全忽视了对安德鲁·法斯托行为的监控。

（4）利用关联交易制造利润。安然公司的关联交易方式风险性极高，大量账外经营业务形成了高负债，大量债务集中暴露产生了公司信用危机，安然公司自己的资产负债表上只列了130亿美元，而据分析，其负债总额可能高达400亿美元。

第三节 德日公司治理模式

一、德日公司治理模式的产生

与英美等国家的公司治理模式不同，德国和日本形成了以内部控制为主的治理模式，其中德国公司主要以银行和职工持股，较强依赖外部资本性为特征；日本公司主要以“债权人相机治理”和“法人交叉持股”为特征。德、日两国均属于后起的资本主义国家，生存与发展存在着巨大的压力。尤其是在第二次世界大战后，德国和日本作为战败国能够迅速恢复经济发展水平，其政治和经济的高度集中和共同主义的意识发挥了巨大的积极作用。

德国、日本和其他老牌资本主义国家相比，是发展较晚的发达资本主义国家。工业革命及第二次世界大战之后，为了恢复本国经济、德国、日本两国实施经济强国战略。俾斯麦时期，德国积极发展以法兰西等大型银行为代表的银行体系，它们充当了风险投资公司的角色，为政府建立现代工业的目标服务，为企业提供融资。第二次世界大战以后，在没有超级富豪和发达资本市场而又需要大量资本进行经济重建的情况下，银行充当了为政府建立现代工业目标服务、为企业提供融资服务的工具。在企业需要资金还贷时，德国的银行通过债权转股权的方式实现了对各类企业的换血易主。日本在战后对金融机构的管制政策中最突出的一点便是大力扶持银行间接金融。第二次世界大战后，由于美国占领军最高统帅强行解散财阀，并出售财阀的股票和实行《格拉斯－斯蒂格尔法》，股票迅速从个人手中流向与企业关系密切的银行等金融机构手中。再加之为防止加入经合组织且保护本国企业被兼并，日本政府大力鼓励企业之间地相互持股，企业集团的出现有效地阻止了外国企业对日本企业的侵入。两国政府在法律政策上也向金融机构倾斜，如德国全能银行可以无限制地持有非金融机构的股权，日本规定商业银行最高可以持有企业股份的5%，保险公司最高可以持有企业股份的10%，而投资基金在这方面没有限制。德国的法律规定，只要银行持有公司股票金额不超过银行资本的25%就不受法律约束，而且银行可以提供商业银行和投资银行的广泛业务，可以无限制地持有任何一家非金融企业股份。日本规定银行可以持有任何一家企业的股份。与之相对应，德日对直接融资采取歧视性法律监管：证券市场除了只对少数国有企业和电子行业开放外，还严格控制企业在国内发行股票和长期债券程序。直到20世纪80年代末，商业票据和国内债券、外汇债券和欧洲债券才获允许发行。

德日模式的形成还与两国的政治结构、文化特点、历史背景存在极大的关系，日本和德国在长期历史的发展中都是存在着集权传统的国家，并在历史发展过程中逐渐形成了崇尚“共同主义”和“群体意识”的独特文化价值观。德日两国历史上都存在着较长时期的集权政权，人们较为容易认同统治权力的集中。在文化教育和价值观上都强化共同主义，具有较为强烈的群体意识，重视追求长期利益和集体利益。一些民众对权力的集中并不反感，相反，他们认为集中的股权结构更有利于企业的发展壮大。

二、德日公司治理模式的主要内容

（一）相对集中的法人股东股权结构

与英美模式下企业主要依靠向众多个人投资者发行股份筹集公司资本的传统不同，在德国、日本等大陆法系国家，公司资本在很大程度上是通过银行和保险公司等金融机构筹集的，形成了以相对集中的法人股东持股为主的所有制结构。相互持股的现象往往发生在一个企业集团内部的各个企业之间，这种持股模式能够加强关联企业之间的联系，并且有利于防止企业被吞并。且由于德日公司有交易关系的公司之间交叉持股极为普遍，股东持股也较为稳定。与英美模式的博取股息红利和资本利得等投资收益不同，德日公司中法人股东持有股份的主要目的是为了和该企业长期维持多方面的交易关系，以企业长期成长为核心。

（二）股权控制弱化，经营管理者拥有极大的经营决策权

在股权结构的分布上，由于个人股东的持股比率很低，因此个人股东对公司的影响很小。企业的大股东一般都是企业法人，正是由于企业法人之间相互持股从而形成了相互控制的局面，所以在企业正常运行的情况下，大股东是很少直接干预企业的经营活动的。由于法人股东之间的互不干涉，经营者因此也获得了相当大的控制权。《日本商法》中关于制衡公司股东会、董事会、监事会并以此来保障股权控制的制度并没有发挥应有的作用。“在日本，股东大会仅是个简单的仪式，并没有发挥作为公司最高权力机关的作用。据相关统计，75%的股东大会开会时间不会超过三十分钟。股东从不对大会的讨论内容进行提问，经营者也只是对公司的相关经营问题进行简单的陈述，并未涉及实质内容。而在行使投票权的过程中，有近半数的股东的选票是空白的，这就说明他们在投票之前，就以默示的方式同意了股东大会所讨论的问题了”。按照公司治理的要求，董事会是广大股东所选择的作为代表股东对企业进行经营决策的机关，它理应对企业的高级管理人员进行监督，从而维护股东的权益。但现实情况是，在日本公司之中，公司中的董事会成员几乎都是由“内聘董事”组成，尴尬的是，这些董事又都是总经理的部下，他们在业务上服从于总经理，并且在人事方面亦受到总经理的控制。在受“长幼有序”的文化观念深刻影响下的日本，总经理作为董事的上级但要受到作为下级的董事的监督，这简直是天方夜谭。而独立监察机构虽然是与董事会平级的机构，但它的组织成员绝大多数在公司地位比总经理低得多，他们同样也是公司总经理的部下，因此监事会的功能是不可能真正发挥作用的。由此可见，股东会、董事会、监事会分权制衡的治理机制并未真正在日本公司之中发挥出实质作用。

（三）严密的监督机制

在此模式下对企业经营者的内部监督主要来自3个方面。

1. 主银行的监督

主银行，即某企业接受贷款中居第一位的银行，是公司的主要贷款方，同时也是公司的大股东。当企业的经营状况良好时，主银行只是“贷款者”角色，不会轻易地干预企业的经营管理：当企业经营状况恶化时，主银行便会行使其股东权力介入公司的管理中。它会根据具体情况对公司内部事务进行干预，实施包括债务展期、减免利息、注入资金等金融援助在内的一系列措施。在状况进一步恶化的情形下，甚至会对公司进行接管。

2. 企业集团内部监督

由于企业法人因集团公司持股而存在，企业集团彼此之间持股比例很高，一般会通过其特有的方式

来加强对企业的监督，如向持股公司派遣人员来加强管理、通过关联交易以及设置经理会等方式发挥对公司的监督作用。且在德日公司治理结构中，公司的业务执行职能和监督职能相分离，形成了执行董事会（董事会）和监督董事会（监事会）两种管理机构，亦称双层董事会。在德国监事会独立发挥对公司决策执行情况的监督，在日本，作为第二董事会的经理会是企业集团内部的核心，是企业在相互持股和融资基础上所形成的一种非正式监督组织，主要是用于情报交流、信息沟通和意见的协调。虽然经理会并未设置相应的投票表决机制，各个参与者之间也不存在上下级的领导关系，但各企业的管理者都会感受到来自委员会内部的压力，并在这种“多数对一的支配结构”下同意多数人提出的意见。

3. 公司成员的监督

由于受到日本传统文化中家庭观念、强调决策一致的集体主义思想以及独有的终身雇佣制度和年幼序列制的人事制度的影响，成员对企业有着强烈的认同和归属感，把自己的利益和企业联系在一起，从而形成了从业人员对集团的主导控制。日本公司的从业人员可以对公司在发展过程中基本问题享有发表建议的权利，并且能够很好地被采纳。在工人运动极为活跃的德国，职工参与决定制度也是其独特的监督机制。由于在德国历史上，早期社会主义者就提出职工民主管理的有关内容。第二次世界大战以后，随着资本所有权和经营权的分离，德国职工参与意识进一步兴起，公司法规定监事会成员中必须有职工成员。

三、德日公司治理模式的评价

（一）德日治理模式的优势

1. 产权结构能有效监控公司的生产经营活动

德国、日本公司的产权结构是以银行等金融机构持股的形式为主，因此，商业银行对公司不仅具有行使监控力的动力，同时也具有行使监控力的能力。它们具有丰富的专业知识和管理经验，能够及时、有效地对公司经营活动进行监督，从而保证企业正常高效地运行。银行作为公司的主要债权人，为了保证自身债权的安全性，必然会及时全面获取和掌握公司有关经营活动的信息，并且进行全方位的有效监督。

2. 公司发展的长期稳定性

作为公司大股东的银行，其投资主要目的不是股息，而是长期稳定投资所带来的收益，因此银行会与公司保持长期稳定的关系，这有利于公司股价的稳定及公司战略计划与长远目标的制订与实行。企业法人交叉持股，有利于稳定业务合作关系，降低交易费用，提高交易效率。

（二）德日治理模式的弊端

1. 缺乏外部资本市场的压力，公司的监督制度形同虚设

由于德日治理模式下股权结构多是以法人持股为特征，而法人持股的目的不在于资本市场的有效竞争而是在于加强企业间的业务联系。这使得原本极具竞争动力的资本市场，难以真正发挥其监督制约的作用，由此极易形成绝对的“内部人控制”而不利于企业的发展。

2. 经营者创新意识不强，企业缺乏发展动力

由于公司之间相互持股，形成了相当稳定的股东组织结构，经理人市场的竞争压力并不明显。所以，企业创新和发展动力不足，从而不利于企业的长远发展。

3. 股东的特殊性易生成泡沫经济

银行与企业结成利益共同体，高度依存，一旦银行对企业约束太少，易导致企业投资盲目扩张，加之直接融资方式的便利使公司负债率过高，容易导致泡沫经济的出现，对国家经济发展不利。

【案例 4-3】

奥林巴斯财务丑闻

奥林巴斯株式会社（以下简称“奥林巴斯”）创立于1919年，总部位于日本东京。迄今为止，奥林巴斯已成为日本乃至世界精密、光学技术的代表企业之一，在内视镜方面掌握了全球70%左右的市场，事业领域包括医疗、生命科学、影像和产业机械。截至2011年3月，奥林巴斯的账面总资产为132.95亿美元，负债为112.09亿美元，雇员数量为34 391个。与安然案的起源一样，人们对奥林巴斯的怀疑来自于公司的财务报表：它的现金流很大，掌握着全球大部分市场的医用内窥镜业务为其带来了丰厚利润——2011财年其医疗业务盈利9.1亿美元，但是它的自有资本在5年间却不断减少，财务报表无法明确解释资金的流向。日本的《FACTA》杂志于2011年7月将此事率先报道出来，并质疑了奥林巴斯的多起并购交易引起的巨额损失。

2011年2月10日，曾在奥林巴斯欧洲分公司工作多年的迈克尔·伍德福德（Michael Woodford）被董事会推选为总裁兼COO，通过他的削减销售及一般管理费用计划奥林巴斯的影像业务随后扭亏为盈，在6月29日的董事会上伍德福德又被提拔为CEO。《FACTA》的报道引起了伍德福德的警觉，他向董事长菊川刚、负责财务的副总裁森久志等人询问此事，却屡被搪塞。随后，伍德福德委托普华永道暗中调查，并将调查结果中显示的种种疑点发给其他董事会成员并要求菊川刚引咎辞职，然而在10月14日召开的临时董事会中，出席的董事除伍德福德本人外全票通过了解雇CEO的决议。伍德福德的离开引发了外界的反响，奥林巴斯的股价经历了一周的大幅跳水，媒体、机构的调查也不断深入。终于在11月8日的发布会上，新任CEO高山修一首次承认奥林巴斯在财务方面存在“非常不恰当”的行为，一场进行了20年、造假金额可能高达18亿美元的骗局被正式公开。

第四节 家族治理模式

一、家族治理模式的产生

理论界对于家族企业还没有准确定义。钱德勒定义为：企业创始者及其最亲密的合伙人和家族掌管大部分股权，他们与经理人员维持紧密的私人关系，且保留高层管理者主要的决策权，特别是在有关财务政策、资源分配和高层人员选择方面。哈佛大学教授唐纳利认为，家族企业是指同一家族至少有两代参与这家公司的经营管理，并且两代衔接的结果使公司政策和家族利益与目标有相互影响的关系。席酉民和赵增耀认为，家族企业是以血缘关系为基本纽带，以追求家族利益为首要目标，以实际控制权为基本手段，以亲情第一为首要原则，以企业为组织形式的经济组织形式。家族企业作为世界上最具普遍意义的企业组织形态，在世界经济中有着举足轻重的地位，在全世界企业中占65%～80%，主要存在于东亚的韩国、新加坡、马来西亚、印度尼西亚、菲律宾、泰国等地区，此模式也称为东亚家族治理模式。

第二次世界大战结束后，随着西方殖民体系的崩溃，东亚国家相继摆脱了殖民统治，从 20 世纪 50 年代起纷纷走上了利用本国企业发展工业化的道路。由于缺乏成熟的资本市场，东亚各国没有经历资本原始积累过程，用于创建和发展企业的资金多是家庭成员内部积累而来。且部分企业发展历史也是由家族企业向公众企业发展的历史，而东亚地区公司主要是在第二次世界大战以后创立的，其发展只有几十年历史，因此以家族控制模式为主是企业发展到一定历史阶段的必然选择。这些国家也深受儒学思想影响，儒学在体制上强调中央集权和等级有序；在教化上强调以德治为主；在人际关系上强调“忠孝一致”，强调家族血亲的力量，以宗为本。这些思想在企业治理中也得到了体现：在企业中注重家庭的凝聚力、家长制和集权统一，重视企业权力在血缘关系中的传播，注重员工的家庭化、亲善化管理，重视员工对企业的忠诚以及对长辈的孝顺，强调秩序重于自由。在东亚地区华人占了居民总数的相当部分，例如，在马来西亚约占 30%，在泰国约占 12%，在越南约占 2%。面对西方殖民主义者及土著人的不公正对待，为了保守企业秘密维持企业发展，家族模式是最好的选择。因此东亚地区的家族治理模式的产生有其经济、历史、文化的必然性。

第二次世界大战后，在美国的援助下，韩国实施了以轻工业替代战略为核心的经济重建工作，私营家族企业进入了创业期。原日本统治时期的公营企业和日本人的私人企业，几乎全部以较低的价格出售给了企业家、军政人员和其他人员，许多家族企业因此而起家。随着西方殖民体系的崩溃，外国资本逐步从东南亚国家退出，家族企业有了相对宽松的生存空间，通过购并、控股、参股形式，控制了过去被西方资本控制和垄断的行业，企业有了迅猛发展。20 世纪 80 年代以来，东亚家族企业经营的产业层次不断提高，在越来越多的高新技术产业领域崭露头角，多元化经营范围进一步扩大。许多大型家族企业开始采用跨国公司战略，经营业务的国际化程度不断提高。这一时期，随着国内外合资、合作范围的扩大，上市公司数量的不断增多，华人家族企业公开化和社会化程度的不断提高，在家族成员仍然控制企业所有权的情况下，家族企业所有权出现了多元化格局：许多企业的领导权开始向第二代或第三代传递，来自家族外的高级经营管理专门人才开始大量进入企业，并占据了部分高层管理职位。

【案例 4-4】

三星的家族治理模式

三星集团是家族企业，李氏家族世袭旗下各个三星产业均为家族产业，并由家族中的其他成员管理，目前的集团领导人已传李氏第三代，与东亚家族治理模式相近。

三星集团创办人李秉喆共有 8 名子女，长子李孟熙曾任三星电子副会长，一度被认为是三星集团接班人。但李秉喆在世时，李孟熙在继承权竞争中已经败给了弟弟李健熙。李秉喆去世后，最终核心财产主要留给了幼子李健熙，包括三星电子、三星物产、第一毛纺织，其他子女只获得非核心财产。2012 年 2 月，80 岁的哥哥李孟熙和 76 岁的姐姐李淑熙向首尔中央地区法院提交诉状，他们希望要回李健熙持有的三星人寿保险公司股票。这两位原告在三星集团内均没有任何职务。而李健熙表示，他不会给哥哥一分钱，因为父亲已经解决了财产继承问题。

三星集团虽然已快传承到第三代，但管理模式仍是中央集权的帝王式管理。据说李健熙开口时，无人敢说一个“不”字。这种模式的优点是决策果断高效、进取心强，特别适合竞争激烈、发展迅速的电子行业。当竞争者还在反复商讨应该开发哪种技术时，李健熙已经在听取多名工程师意见后果断拍板，三星电子迅速崛起并超越索尼正得益于此。

二、家族治理模式的主要内容

（一）以血缘关系为纽带的高度集中的股权结构

在韩国和东南亚的家族企业中，家族成员控制企业的所有权或股权表现为五种情况。第一种情况，企业的初始所有权由单一创业者拥有，当创业者退休后，企业的所有权传递给子女，由其子女共同拥有；第二种情况，企业的初始所有权由参与创业的兄弟姐妹或堂兄弟姐妹共同拥有，待企业由创业者的第二代经营时，企业的所有权则由创业者的兄弟姐妹的子女或堂兄弟姐妹的子女共同拥有；第三种情况，企业的所有权由合资创业的具有血缘、姻缘和亲缘的家族成员共同控制，然后顺延传递给创业者第二代或第三代的家庭成员，并由他们共同控制；第四种情况，家族创业者或家族企业与家族外其他创业者或企业共同合资创办企业时，由家族创业者或家族企业控股，当企业股权传递给家族第二代或第三代后，形成由家族成员联合共同控股的局面；第五种情况，一些原来处于封闭状态的家族企业，迫于企业公开化或社会化的压力，把企业的部分股权转让给家族外的其他人或企业，或是把企业进行改造，公开上市，从而形成家族企业产权多元化的格局，但这些股权已经多元化的家族企业的所有权仍由家族成员控制着。上述五种情况中的每一种情况，在韩国和东南亚的家族企业中都大量存在着，而且包括了韩国和东南亚家族企业所有权或股权由家族成员控制的基本概况。在印度尼西亚、马来西亚、泰国、新加坡 4 个国家以及中国香港地区，一半以上的上市公司为家族所控制，比例分别为 71.5%、67.2%、61.6%、55.4%、66.7%，韩国、菲律宾两个国家以及中国台湾地区的上市公司中由家族控制的比例略低些，但也分别达到了 48.4%、44.6%、48.4%。

（二）所有权、控制权与经营权的高度统一

东亚公司的控股家族普遍参与公司的经营管理与投资决策，家族控制的董事会在公司中掌握实权，控股股东往往通过控制董事和经营者人选来控制公司，1994 年评选出的 1 000 家最大华人企业中，董事长和经理之间有亲属关系的占 82%，只有 18%的企业雇佣没有亲属关系的职业经理。从表 4-1 中可以看出，东亚公司的所有权与控制权之比除了印度尼西亚和新加坡略低于 0.8 外，我国台湾为 0.832，其他国家和地区均为 0.85 以上，最高的泰国为 0.941，说明东亚国家公司的所有权与控制权保持了高度统一。东亚国家和地区平均 66.8%的公司由控股股东控制董事和经营者人选，在印度尼西亚和韩国，80%以上控股股东支配所持股公司的董事和经营者人选，最高经营者往往来自控股股东家族，由此形成了东亚国家公司所有权、控制权与经营权高度统一的独特模式。

表 4-1　东亚公司所有权与控制权之比

国家（地区）	公司个数（个）	平均数	中位数
印度尼西亚	178	0.784	0.858
韩国	211	0.858	1
马来西亚	238	0.853	1
菲律宾	99	0.908	1
新加坡	211	0.794	0.8
泰国	135	0.941	1
中国香港地区	330	0.882	1
中国台湾地区	92	0.832	0.975
合计/平均	2 611	0.746	1

（三）家庭化的公司管理

公司决策方面，由于公司股权结构的特点和儒家伦理道德的影响，在韩国和东南亚家族企业中，企业的决策被纳入了家族内部序列，企业的重大决策如创办新企业、开拓新业务、人事任免、决定企业的接班人等都由家族中的同时是企业创办人的家长一人做出，家族中其他成员做出的决策也需得到家长的首肯，即使这些家长已经退出企业经营的第一线，但由家族第二代成员做出的重大决策，也必须征询家长的意见或征得家长的同意。当家族企业的领导权传递给第二代或第三代后，前一代家长的决策权威也同时赋予第二代或第三代接班人，由他们做出的决策，前一辈的或同一辈的其他家族成员一般也必须服从或遵从。但与前一辈的家族家长相比，第二代或第三代家族家长的绝对决策权威已有所降低，这也是家族企业在第二代或第三代出现矛盾或冲突的根源所在。

企业员工管理方面，韩国和东南亚的家族企业不仅把儒家关于“和谐”和“泛爱众”的思想用于家族成员的团结上，而且还推广应用于员工管理上，经营者对员工的管理不完全是雇佣关系，就像对待自己的儿女一样，形成了一种和谐共处的环境。通过提高员工公共福利增强员工的归属感、凝聚力，培养企业内部的家庭化氛围，使员工产生一种归属感和成就感。例如，马来西亚的金狮集团，在经济不景气时不辞退员工，如果员工表现不佳，公司不会马上开除，而是采取与员工谈心等方式来分析问题和解决问题，这种家庭式的管理氛围在公司中产生了巨大的力量。印度尼西亚林绍良主持的中亚财团，对工龄在25年以上的超龄员工实行全薪退休制，使员工增加了对公司的忠诚感；再如，韩国的家族企业都为员工提供各种设施或条件，如宿舍、食堂、通勤班车、职工医院、浴池、托儿所、员工进修条件等。韩国和东南亚家族企业对员工的家庭式管理，不仅增强了员工对企业的忠诚感，提高了企业经营管理者与员工之间的亲和力与凝聚力，而且还减少并削弱了员工和企业间的摩擦与矛盾，保证了企业的顺利发展。

（四）经营者激励、约束双重化

在韩国和东南亚的家族企业中，经营者受到了来自家族利益和亲情的双重激励和约束。一方面企业经营者为家族成员的利益奋力拼搏，将对家庭成员的责任感与使命感加诸在日常管理中，视企业为自己的生命，能产生非家庭企业经理层难以比拟的动力；另一方面为了家族事业的发扬光大，为了维护家庭成员之间的亲情，为了一个有荣耀、和谐、富有的大家庭，必须努力工作。这种来自家族经济利益和家族亲情的双向激励与约束是家族企业的重要特征。因此，与非家族企业经营者相比，家族企业的经营者的道德风险、利己主义倾向发生的可能性较低，对经营者的监督和约束降低了代理成本。

三、家族治理模式的评价

（一）家族治理模式的优势

家族治理模式下大股东一般较为积极地参与公司的管理和决策，有利于管理者和所有者沟通协调。高度统一的所有权、控制权与经营权的家族治理结构，不仅使公司利益和个人利益趋于同步，实现双重激励和约束机制，而且还大大降低了内部的交易成本，可以最大限度地提高内部管理的效率，实现资源的优化配置。

（二）家族治理模式的弊端

1. 所有权控制过于集中，容易产生家族股东“剥削”小股东利益现象

在所有权与控制权分离的现代公司中，控制者获得的控制权达到一定临界点，就获得全面控制权，由于责任不对称和激励不兼容，控制者具有利用控制权获取私人利益的激励，从而损害小股东利益。此外，家族模式下的公司治理缺乏透明度，为家族控股股东谋取私人利益创造了有利条件，损害小股东的利益。

2. 企业监督机制不能有效发挥

首先，银行无法发挥监督作用，只是作为企业内部的一个企业或者政府控制下的贷款人。其次，东亚国家及有关地区资本市场处于发展初期，具有流动性低、交易不活跃、缺乏透明度、信息披露不充分的特点，因此，家庭企业外部股东无法获得准确的信息来做出相应的投资决定，保护自己的权益。

3. 家庭权力交接容易引起企业动荡

一些家族企业的创业者在把企业领导权传递给第二代或第三代时，由于承接领导权的第二代人缺乏相应的专业知识和管理才能而引发企业分裂、解散和破产的风险。如韩国国际财团——拥有20个系列公司的世界性大企业突然倒闭，究其原因，其中比较重要的是，按其涉及的产业和经营活动的要求，国际财团应该由一批具有管理才能的高级经营专家组成，但该财团的领导核心却是由缺乏管理才能的家族成员所组成。

【案例4-5】

李嘉诚——中西合璧的家产分割

2012年5月，李嘉诚分家的消息在商界投下一枚炸弹。李嘉诚旗下市值逾8 000亿港元的上市王国控制权，将交给长子李泽钜，二子李泽楷则将获得李嘉诚对其生意上的资金支持。7月16日，李嘉诚作为家族信托基金的执行人，将三分之一权益从李泽楷处转移至李泽钜名下。依照此前李嘉诚的说法，持有家族信托三分之二权益的李泽钜将全面接管“长和系”，而李泽楷则将获得数倍于其资产的现金支持，以发展新事业。

面对这场精心布局的分家结构，市场纷纷猜测，李嘉诚是否希望李泽钜的“长和系”和李泽楷的新业务能双剑合璧，共撑李家企业王国？香港恒基地产主席李兆基曾有名言：“全香港有钱人中，只要儿子超过三个，肯定都搞不定家产分配。”而李嘉诚仅有两个儿子，一个谨慎守成，一个张扬创新，正好互补。

第五节 公司治理模式未来趋向

关于公司治理模式的未来趋势的讨论，主要有两种不同的观点，即公司治理模式趋同论和公司治理模式差异论。

一、公司治理模式趋同论

一国的公司治理机制对于公司的获利性和增长性、获取资本的能力以及资本成本具有重要影响，

治理程度越好的公司就越有竞争力，就能以较低的资本成本更方便地从资本市场筹集资金。因此，在全球化背景下，迫于竞争压力，公司会采用有效的公司治理方式，这就促使全球公司治理最后趋向于单一的最有效的模式。从当前世界经济发展和各国公司治理实践来看，几种公司治理模式内在的体制缺陷日益暴露，影响了相关国家的经济竞争力，从而各国纷纷开始进行不同程度的改革，并相互借鉴，取长补短。最终以美英等普通法系国家和德日等大陆法系国家两种主要治理模式相互吸收、相互融合，东亚国家和转轨经济国家不断向此两种模式靠拢为标志，出现一个公司治理国际趋同的迹象。

（一）美英公司治理模式开始重视"用手投票"的内部治理机制

美英公司治理模式的这种变化主要表现在放松对银行持股的限制、机构法人股东持股比例日益上升且日趋稳定、利益相关者的利益逐渐被重视以及强化非执行董事的监控权等方面。

1. 放松对银行持股的限制

由于银行双重身份所赋予的"相机治理"功能能够在公司治理中发挥证券市场所难以达到的直接监督作用，因此，自 20 世纪 80 年代以来，美英开始重视银行的作用，并逐渐放松对银行的限制。以美国为例，1933 年对《银行法》的改革突破了银行分业经营的严格限制，而 1987 年《银行公平竞争法案》的实施，则使商业银行可以直接涉足证券投资等非传统银行业务，1997 年进一步取消了银行、证券、保险业的经营限制，使银行的能量得到进一步的释放，从而放松了对银行持股的严格限制。

2. 机构法人股东持股比例日益上升且其持股日趋稳定

由于机构投资者手中持有股份过多，难以在短期内找到足以买进这些股份的买主，因而要想全部卖出是十分困难的。如果将手中持有的巨额股票抛售会引起股市大跌，并因此累及其他股票，又会使机构投资者自身蒙受更大损失。这就在客观上迫使机构投资者长期持有股票，逐渐向长期投资者转化，并借助投票表决机制直接参与公司决策以保证权益不受损害。这说明英美的投资机构比过去更多地关注其持有股权公司的长远发展，开始较多地介入公司经营活动，监督公司经理的经营行为，促使经理从长远角度进行决策和管理，谋求长期利润最大化目标。

3. 利益相关者的利益逐渐被重视

近年来，传统的英、美公司治理强调股东至上的原则有所改变，开始关注其他利益相关者的利益。1989 年，宾夕法尼亚州议会提出了新的公司法议案，该法案一反传统公司法中"股东至上"的准则，对股东的权力和利益做了限制，对工人利益予以保护，并授予公司经理对"利益相关者"负责的权力。它包括四条新条款：任何股东，不论拥有多少股票，最多只能享有 20%的投票权；作为被收购对象的公司有权在敌意接管计划宣告后 18 个月之内占有股东出售股票给敌意接管者所获的利润；成功了的敌意接管者必须保证 26 周的工人转业费用，在收购计划处于谈判期间，劳动合同不得终止；最引人注目的是赋予公司经理对利益相关者负责的权力，而不像传统公司法那样只对股东一方负责。此后美国其他州也竞相修改了公司法，允许（甚至要求）经理对比股东更广的利益相关者（包括雇员、客户、供应商、社区等）负责。

4. 强化对非执行董事的监控权

为了加强对经营者的约束，美英公司进一步强化了对非执行董事的监控权。自从 20 世纪 90 年代以来，美英公司为了增强对经营者的监控，开始借鉴德国模式，试图引进董事会内执行董事与非执行董事的角色分工，以期非执行董事能将更多精力放在替股东监督经理上。

（二）德日公司治理模式开始重视“用脚投票”的外部市场机制

德日公司治理模式的变化主要体现在强调个人股东的利益、银企关系发生变化和法人交叉持股的比例降低等方面。

1. 强调个人股东的利益，加快证券市场的发展

随着金融全球化的发展，德国和日本公司的直接融资在企业的资金来源中占有日趋重要的地位，间接融资的地位则相对下降。在1975～1985年，德国和日本两国企业直接融资总额占对外融资总额的比重分别为12.5%和14.6%，在1986～1990年，其比重分别上升为18.2%和30.4%。与此同时，为了保证个人股东的利益，促进证券市场的健康发展，德日两国对有关股份公司法律做了多次重大修改，进一步放宽或取消了对证券市场的限制。

2. 银企关系发生变化，银行作用弱化

长期以来，高负债经营是德日企业的一个重要特征，但从20世纪80年代以后，这种情况逐渐发生了变化。随着证券市场发展的明显加快，直接融资在企业资金来源中的比重不断上升，加上工商企业自我积累能力的增强，使德日企业对银行贷款的依赖性减弱，公司负债率呈下降趋势。以日本为例，80年代初，日本主要大公司的平均债务股本比为2.75∶1，其中64%的外部融资来自银行贷款，但到1990年，总的债务股本比大致为1∶1。与此同时，银行与企业在信贷上的合作，由银行的单向选择变为银行与企业之间的双向选择，银行不得不放松对企业贷款的审查和监督，从而开始弱化了银行对企业的控制。与此同时，日本银行对工商企业的持股比例也逐渐降低。在2004年3月份以前，日本银行必须将其对上市公司的股权投资额降到与其资本金额相当的水平上，之后日本银行持有上市公司价值在25万亿日元左右，而其资本金约为17万亿日元。但是，到2012年下半年，日本金融厅计划将银行机构对非金融企业的持股比例上限提高至10%～20%，此举将鼓励银行机构（特别是地区性银行）帮助陷入困境的企业恢复正常。

3. 法人交叉持股的比例降低

法人交叉持股在第二次世界大战后数十年对德日企业的发展与壮大起了积极的促进作用，但是随着近年来市场竞争的加剧和两国经济的衰退，公司之间的交叉持股正在减少，银行和工商业公司彼此抛售了对方的部分股票，对持股结构进行重组。仍以日本为例，1993年东京股票交易所上市股票（包括人寿保险公司所持股票）交叉持股占的比例已从1988年的43%下降到40%。

美英模式与德日模式近年来发生的上述变化表明，德日两国长期以来一直较为稳固的法人相互持股关系正在发生松动和进行新的银企关系调整，股票流动性增大；与此同时，美英两国的机构投资者则比过去更多地关注其持有股权的工商业公司的长远发展，较多地对公司运转进行干预，使股票的流动性趋于稳定化。两种公司治理模式正在相互靠近、相互补充，大有趋同之势，即美英公司收敛股票的过度流动性，力求股票的稳定性，以利于公司的长远发展；而德日公司收敛股票的过度安定性，借助股票市场的流动性，来激活公司的活力。

（三）东亚国家与转轨经济国家向美英模式与德日模式的靠拢

东亚国家向美英模式与德日模式的靠拢体现在不断吸取“外部监控”和“内部监控”的合理因素，逐渐弱化高度集中的家族控制。一方面，东亚国家开始重视中小股东及外部股东的作用，其股份结构中开始放松对家族外股东的限制，出现了明显的股权分散化趋势；另一方面，政府也减少了

对企业的直接干预，转而更强调银行和其他机构投资者的监督作用，以期加强对家族股东内部控制的制约。中国及东欧转轨经济国家在转轨初期就注重吸收工业化国家两种公司治理模式的一些做法。东欧一些国家又更多地转向以银行持股为特征的德日模式发展。在东欧，商业银行已成为许多企业的重要所有者，尤其是在捷克共和国和匈牙利。捷克的银行在认股权证私有化中扮演了重要角色，大部分的投资公司都是由银行组建的，四家最大的投资基金中三家由银行控制着。银行直接控制着第一轮私有化中40%以上的投资份额。在波兰，银行持有企业股权虽然直到最近才有所发展，但银行即将积极参与大规模的私有化计划，以及在建立管理基金和债务重组（债权转股权）等方面的努力，无疑将大幅增加波兰银行所持有的企业股权。

二、公司治理模式差异论

根据新古典综合学派的效率理论可知，不同的公司其治理机制的效率也是不同的。不同的经济任务、不同的经济环境必然也将产生不同的公司治理结构，迄今为止，没有任何一种公司治理模式被证明放之四海而皆准，那么，这种公司治理模式之间的差异就必将存在着。几种公司治理模式的产生都是与其具体的市场条件和政治、历史因素密切联系的。治理模式差异论认为，由于经济、政治、文化等方面的差异以及历史传统和发展水平的不同，致使世界上很难存在唯一最佳的公司治理模式。

（一）历史传统

哈佛大学教授卢西恩·伯查克和马克·罗伊共同发现路径依赖理论，即一国的公司治理模式不可避免地受到先前存在的公司制治理结构的影响，也不可避免地沿着先前的公司治理结构的基本轨迹与方向发展，由此导致了各国在先前由于其不同的环境甚至是历史条件而形成不同的公司治理模式。因为：第一，怎样建立有效的公司治理模式通常是有章可循的；第二，现有的公司治理模式缺陷会随着公司运营逐渐显现，但公司内部既得利益者为了维护其自身利益，会阻止对公司治理模式进行变革，维护其既得利益。由此可知，即使竞争效率的压力和全球趋同化仍然存在，但公司治理结构的不同不可能消失。

（二）经济条件

经济条件上，“外部控制型”的英美公司治理模式，主要依赖于完善的外部资本市场来对经理层进行有效的监控，而“内部控制型”的德日公司治理体制，则依赖于公司内部监控机制作用的发挥。如果德国模式迎接敌意收购和股东导向型董事会，那么，德国就会出现既没有劳工影响的董事会，也没有契约和劳动力市场的保护监控机制，这样的治理模式将会是不可想象的。在制度的选择过程之中，国家利益以及政治选择等因素都影响公司治理模式的选择。例如，美国政府对财产权实施了较为充分的保护，所以在美国就形成了外部治理的机制和市场导向型模式；而韩国政府对公司的监管和对贷款的分配，则形成了家族导向型和政治管制型模式。经济条件上的巨大差异，导致各国在对公司治理体制上所做选择的巨大差异。一国经济体制在某一时点所拥有的规则依赖于并且反映该经济体制最初拥有的所有权结构和治理结构。总之，各种治理模式的存在和发展在一定程度上体现了各国的特色和适应了本国经济的发展，虽然近年来，以英国、美国为代表的外部控制模式和以德国、日本为代表的内部控制模式这两种典型的模式都发生了显著变化，呈现出一定程度上的趋同。

但是，这种趋同仅仅是相对的，各种模式在变革的过程中都没有完全偏离各自原先的轨道。公司治理模式不会因为经济全球化而完全趋同。

（三）政治影响

哈佛大学教授马克·罗伊认为政治因素的主导作用是造成各国公司治理模式差异性的主要成因。在《强管理者，弱所有者：美国公司财务的政治根源》中，他指出，政治影响产生了美国大中型公司的不紧密的股权模式。究其根本原因是美国政府本着政治利益，力主弱化金融资本的影响力，据此来束缚金融机构的规模和经营范围。接下来罗伊教授又在《公司治理中的政治决定因素》这本书中接着提到，欧洲本土的治理结构与美国公司不同，主要决定于是否存在“社会民主”的政治传统，个人本位和平民思想比较重。因此，分散的股权结构会凸显其高效。在欧洲本土根深蒂固的民主传统下，注重整体利益，看重的是分配，如果出现雇员利益和股东权益相冲突时，高层一般会向前者倾斜。所以，在政治社会民主前提下，大众公司相较私人公司产生股东和管理层的代理成本的风险更大。这种风险的防范措施即是集中持股——通过相对比较保密的会计制度直接对管理层进行监督，大股东能够防范将公司资源应用于其他利益相关者的压力——这也是欧洲本土缺少公共公司的原因所在。

如若试图对制度进行改革，则必须至少考虑到两个因素：一是新制度必须更加有效率；二是新制度的效率必须足以使制度转型的收益大于成本。只有在保证新制度效率和新制度能够取得更大收益的前提下，才能考虑制度的转型，否则现有利益控制者就会拒绝这种转型。因此，转型必须在能够产生相当大的利益的情况下才会发生。

三、公司治理与公司管理的关系

公司治理关心的是“公司应走向何方”，而公司管理关心的是“公司怎样到达那里”。公司治理的核心是确定公司的目标并保证决策的科学性，公司管理的核心是确定实现目标的途径。管理是运营公司，治理是确保这种运营处于正确的轨道。两者都是针对同样的终极目标，即实现财富的有效创造，只是扮演的角色不同，公司治理通过建立权力制衡的机制而实现其机能，公司管理是对组织资源进行有效整合以达成既定目标。Kenneth Dayton 认为，治理与管理是“一个硬币的两个面”，谁也不能脱离谁而存在。治理规定了整个企业运作的基本网络框架，管理则是在这个既定的框架下驾驭企业奔向目标。缺乏良好治理模式的公司，就像一座地基不牢固的大厦——没有公司管理体系的畅通，单纯的治理模式也只能是一个美好的蓝图，缺乏实际的内容。纵观管理理论的发展，从泰勒的科学管理思想、梅奥的人际关系理论、波特的竞争战略研究到哈默的企业再造理论，企业管理理论与相应的管理实践范围由小到大，由刚性的管理措施逐步发展到注重组织、个体行为的柔性管理理念，由企业的作业管理层次发展到从战略到作业的全方位管理。早期的公司管理注重作业层，与公司治理几乎是分割的。进入 20 世纪 80 年代后，由于竞争的激烈，制订战略成为企业发展首要考虑的问题，公司管理的重心转向战略管理，这一转变使公司管理与公司治理开始有了共同的领域，并日益融合。战略管理一般包括两个部分，即战略规划和战略实施，其过程又可分为提议、批准、贯彻和监督四个阶段。战略管理一般由总经理提出战略动议，经过董事会（股东大会）批准认可，然后再由总经理组织分解、贯彻和实施，同时此过程又受到董事会等的监督和控制。因此，战略管理的参与者即是公司治理、公司管理中各个层次的集合体，治理层负责批准和监督，管理层负责提议和实施。由此，公司治理与公司管理之间的连接点在于公司的战略管理层次，特里克对两者的关系做了形象的图示分析，如图 4-4 所示。

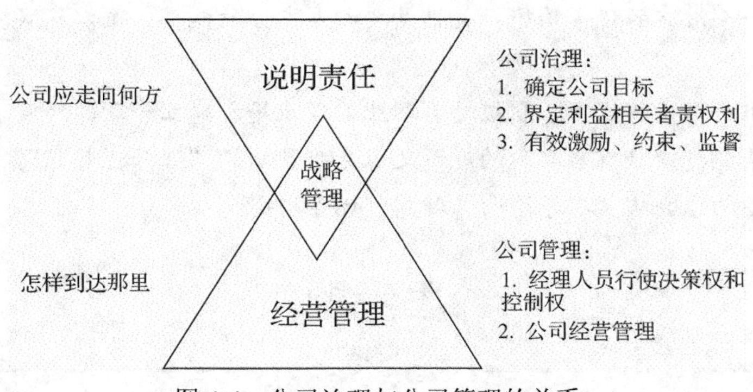

图 4-4　公司治理与公司管理的关系

【知识链接】

自增强理论与内部人控制

美国斯坦福大学经济学教授 W. Brain Arthur 于 1988 年在《经济学中的自增强机制》中提出自增强理论。该理论指出，在边际报酬递增的假设下，经济系统中能够产生一种局部正反馈的自增强机制。自增强机制的来源通常有高昂的建立成本或固定成本、学习效应、合作效应、适应性预期四个方面。自增强机制使经济系统产生以下 4 个特征。

（1）多态均衡。系统可能存在两个以上截然不同的市场份额的渐近“解”，系统最终选择哪一个是不确定的、不唯一的和不可预测的。

（2）可能无效率。如果一项技术先天“好于”另一项（按某种经济福利指标衡量），但由于“坏运气”而未被采用，那么，最后的结果也许就不是最大可能收益。

（3）锁定。系统一旦到达某个“解”，便难以退出。

（4）路径依赖。市场份额的前期历史——部分是微小事件和随机事件的结果——能够决定哪个解优先。

按照这一理论，经济系统有可能由于自身前期历史的影响而选择一个不一定是最有效率的均衡，这个均衡一旦被选择，以后就会被不断地重复选择，从而形成一种“选择优势”，把系统锁定于这个劣等均衡。而且，系统能否从这个劣等均衡退出，转移到另一个潜在的优等均衡，要看它是否能够得到充分的能量，足以克服劣等均衡自身所积累的“选择优势”。至于经济系统究竟会选择哪一个均衡，答案是未知的，我们只能预言可能存在哪几个均衡，而经济系统的选择，则依赖于由部分受到微小历史事件和随机事件影响的系统前期历史而形成的路径。

在我国目前的股权结构下，如果企业的控制权必然掌握在内部人手中，企业的内部人因此获得了大量的控制权收益，进而形成一种“选择优势”并被不断重复。同时，由于控制权丧失的不可补偿性，内部人不愿主动改变这种格局，从而使得这种选择处于“锁定”状态。

一旦某一个企业的内部人获得了大量的控制权收益（从相反的角度看就是发生了严重的内部人控制问题），其他企业的内部人在利益驱使下便会学习其做法（学习效应），而且企业其他内控主体在经营者的领导下一般会配合领导的要求（合作效应），适应权力增大和职位升迁的轨迹（适应性预期），导致内部控制失灵，公司治理机制失衡。如果外界不给它输入能量的话，公司治理将长期处在一种相对低效的均衡状态，因为该系统是自增强的，它本身有能量来源。要使系统从这个劣等均衡中退出，转移到另一个潜在的优等均衡，关键是要积累充分的能量，足以克服劣等均衡自身所积累的“选择优势”。

进一步完善上市公司产权改革、积极培育职业经理市场、建立合理的经营者激励制度等一系列措施正是在不断积累能量。只有当累积的能量足以克服最初的“选择优势”时，上市公司（特别是国有企业）的治理结构才会从“劣等均衡”转到“优等均衡”。

思考题

1．公司治理主要有哪几种分类？
2．简要概述各种治理模式的特点并分别对其进行评价。
3．如何理解“用手投票”和“用脚投票”？
4．如何理解“外部控制型”和“内部控制型”模式？
5．分析公司治理的发展方向。

下篇

内部控制

第五章 内部控制的产生和发展

【教学目标】

通过本章的学习，读者能了解国内外内部控制产生与发展的背景，熟悉国外内部控制演进阶段以及各阶段的内容与特点，理解我国企业内部控制发展和创新过程，掌握内部控制与公司治理之间的区别和联系。

【引例】

1938 年，麦克森·罗宾斯药材公司（以下简称“罗宾斯公司”）突然宣告倒闭，债权人米利安·汤普森公司（以下简称“汤普森公司”）遭受了重大损失。长期担任该公司审计的是美国著名的普赖斯·沃特豪斯会计师事务所（简称沃特豪斯会计师事务所），且其每年都发表了无保留的审计意见。

汤普森公司在审核罗宾斯公司财务报表时发现两个疑问：一是罗宾斯公司中的制药原料部门，原是个盈利率较高的部门，但该部门却一反常态地没有现金积累，而且，流动资金亦未见增加，为维持生产，该部门不得不通过公司管理者重新调集资金来进行再投资。二是公司董事会曾开会决议，要求公司减少存货金额，但到 1938 年年底，公司存货反而增加了 100 万美元。汤普森公司立即表示，在没有查明这两个疑问之前，不再予以贷款，并请求官方协调控制证券市场的权威机构——纽约证券交易委员会调查此事。

纽约证券交易委员会在收到请求之后，立即组织有关人员进行调查。为了核实审计结论的正确性，调查人员对罗宾斯公司 1937 年的财务状况与经营成果进行了重新审核。结果发现，1937 年 12 月 31 日的合并资产负债表计有总资产 8 700 万美元，但其中的 1 907.5 万美元的资产是虚构的，包括存货虚构 1 000 万美元，销售收入虚构 900 万美元，银行存款虚构 7.5 万美元；在 1937 年年度合并损益表中，虚假的销售收入和毛利分别达到 1 820 万美元和 180 万美元。

在此基础上，调查人员还对罗宾斯公司经理的背景做了进一步调查，结果发现该公司经理菲利普·科斯特及其同伙穆西卡等人，都是有前科的诈骗犯。他们都是用了假名，混入公司并爬上公司管理岗位。他们将亲信安插在掌管公司钱财的重要岗位上，并相互勾结、沆瀣一气，使他们的诈骗活动得以持续很久却没能被发现。证券交易委员会将案情调查结果在听证会上一宣布，立即引起轩然大波。

为此，汤普森公司采用“深口袋”理论，指控沃特豪斯会计师事务所。汤普森公司认为其所以给罗宾斯公司贷款，是因为信赖了会计师事务所出具的审计报告。因此，他们要求沃特豪斯会计师事务所赔偿他们的全部损失。沃特豪斯会计师事务所拒绝了汤普森公司的赔偿要求。该会计师事务所认为，他们执行的审计遵循了美国注册会计师协会在 1936 年颁布的《注册会计师对财务报表的审查》（Examination of Financial Statement）中所规定的各项规则，罗宾斯公司的欺骗是由于经理部门共同串通合谋所致，审计人员对此不负任何责任。最后，在证券交易委员会的调解下，沃特豪斯会计师事务所以退回历年来收取的审计费用共 50 万美元，作为对汤普森公司债权损失的赔偿。

罗宾斯公司案件暴露了当时审计程序的不足，即只重视账册凭证而轻视实物的审核；只重视企业内部的证据而忽视了外部审计证据的取得。人们普遍认为，科学、严格的公认审计程序能使审计工作规范化，有效地保护尽责审计人员免受不必要的法律指责。因此，美国证券交易委员会要求，今后审计人员在审核应收账款时，如应收账款在流动资产中占有较大比例，除了在企业内部要核对有关证据外，还需进一步发函询证，以从外部取得可靠合理的证据；在评价存货时，除了验看有关账单外，还要进行实物盘查。除此之外，还要求审计人员对企业的内部控制制度进行评价，并强调了审计人员对公共利益人员负责。罗宾斯公司审计案件是审计史上影响最大的案件，它加速了美国公认审计准则的发展，为现代美国审计的基本模式——在评价内部控制基础上的抽样审计（制度基础审计）奠定了基础。

从罗宾斯公司审计案件可以看出内部控制的重要性。那么，什么是内部控制？内部控制在企业的生存和发展中具有什么样的作用？在阐述内部控制的基本理论与方法之前，我们首先来了解国内外内部控制的起源与发展。

第一节 国内外内部控制的起源与发展

内部控制的理论基础是控制论。控制论是研究如何利用控制器，通过信息的变换和反馈作用，使系统能自动按照人们预定的程序运行，最终达到最优目标的学问。它是多种科学技术相互渗透而形成的一门横断性学科。控制论源于希腊语（Cybernetics），原意为掌舵术，包含了调节、操纵、管理、指挥、监督等多种涵义。控制论强调系统的行为能力和系统的目的性，是由因果关系链连接在一起的因素的集合。

一、内部控制的起源

在人类社会经济发展的长河中，早已融入了内部控制的基本思想。根据史料记载，远在公元前 3 600 年前的美索不达米亚文化时代，就存在着极简单的内部控制实践。例如，古埃及在法老统治时期，就设有监督官负责对全国各级机构和官吏是否忠实履行受托事项、财政收支记录是否准确无误等加以监督。但是，由于社会生产力处于手工劳动阶段，技术水平低下，交通不便，人与人之间社会联系的成本高、有效性低，经济组织和社会活动一般以家庭为基本单位进行，规模小、结构简单。因此，当时的管理是建立在个人观察、判断和直观基础上的传统经验管理，没有形成系统的管理理论，也不可能提出“内部控制”的概念，这一时期的内部控制实践仅仅是人们无意识的行为。

15 世纪末，借贷复式记账法在意大利出现。自此开始对管理钱、财、物的不同岗位进行分离设立，并利用其钩稽关系进行交互核对。这种方法直到 19 世纪末期，都还一直被认为是保证所有钱物和账目正确无误的理想牵制方法。20 世纪初期，西方资本主义经济得到了较大发展，股份有限公司的规模不断扩大，生产资料的所有者和经营者相互分离。一些企业在非常激烈的竞争中，逐步摸索出了一些组织、调节、制约和检查企业生产活动的办法，即按照人们的主观设想，建立内部牵制制度，以防范和揭露错误。这种设想认为，两个或两个以上的人或部门，无意识地犯同样错误的可能性很小；两个或两个以上的人或部门，有意识地合伙舞弊的可能性也大大低于单独一个人或一个部门舞弊的可能性。这个时期的内部控制主要以差错防弊、保证资产安全为目的，以钱、财、物三分管为主要控制理念。按照这种设想建立起来的会计工作制度，就是内部牵制制度。

从内容上看，内部牵制主要包括四项职能：实物牵制，如把保险柜的钥匙交给两个或者两个以上的人保管，这样如果不同时使用两把以上的钥匙，保险柜就无法打开；物理牵制，如仓库的门不按正确的程序操作就打不开，甚至还会自动报警；分权控制，如把每项业务都分别由不同的人或者部门去处理，以预防舞弊或者错误的发生；簿记控制，如定期将明细账和总账进行核对。

作为一种管理制度，内部牵制几乎不涉及信息的真实性和工作效率的提高问题，因此，其范围和管理作用都比较有限。到20世纪40年代末期，生产的社会化程度空前提高，所有权和经营权分离，股份有限公司迅速发展，市场竞争进一步加剧。为了在激烈的竞争中生存发展，企业迫切需要在管理上采用更为完善、有效的控制方法。为了适应股份日益分散的实际和保护社会公众投资者的利益，西方国家纷纷以法律的形式要求企业披露会计信息，这样对会计信息的真实性就提出了更高的要求。因此，传统的内部牵制制度已经无法满足上述企业管理和会计信息披露的需要，现代意义上的内部控制的产生已经成为一种必然。

二、内部控制的演进

内部控制起源于内部牵制，其发展演进过程经历了内部控制制度、制度分野、内部控制结构、内部控制整体框架和企业风险管理框架5个阶段。

（一）内部控制制度

1. 内部会计控制概念的提出

1929～1933年的世界性经济危机后，美国于1934年颁布了《证券交易法》，在《证券交易法》中首先提出了“内部会计控制”（internal accounting control system）的概念。1936年，美国会计师协会（AICPA）在其发布的《注册会计师对财务报表的审查》公告中首次提出审计师在制定审计程序时，应审查企业的内部牵制和控制，并且从财务审计的角度把内部控制定义为“保护公司现金和其他资产，检查账簿记录事务的准确性，而在公司内部采用的手段和方法”。这是第一次对内部控制进行定义，这里明确规定了内部控制只是作为“会计资料准确性”的保障措施。这反映了作为会计职业界对内部控制工作应解决问题的关注层面，与人们对“内部控制”的理解及当时内部控制的实务是有一定的差距的。因此，这一定义未能为人们所广泛接受，也未引起会计职业界对内部控制应有的重视。

2. 夯实在评价内部控制基础上的抽样审计

1939年1月，美国证券交易委员会（SEC）对罗宾斯公司审计案做出了结论，指出当时的审计标准（即《注册会计师对财务报表审查》）是不适当的，审计方法的使用连表面的目的也达不到。这个结论促使美国注册会计师协会（AICPA）建立了审计程序委员会，并于1939年5月提出了名为《审计程序的扩展》的文件，对当时的审计程序做了修订，其中把强化内部控制制度审计作为主要内容。1941年，美国社会各界已普遍意识到企业内部控制的重要性，认为企业经营范围和规模的变化使得管理必须依靠大量的反映经济活动的分析资料和报告；健全的内部控制有助于防止工作人员出现差错，减少发生不合规现象的可能性；审计部门在审计费用的严格限制下，如果不依靠客户的内部控制系统，那么对大部分企业进行审计是不可能的。在理论上明确了内部控制的主要目标是“防错纠弊”，没有内部控制的企业就不具备基本的审计条件，第一次把内部控制作为现代审计的一个必要前提。但是，有关内部控制至此尚未形成一个权威的定义。

3. 历史上第一个被广泛接受的内部控制权威定义

1949 年，美国注册会计师协会所属的审计程序委员会，在其公布的《内部控制：一个协调的系统要素及其对管理层和独立公共会计师的重要性》的研究报告中，对内部控制做了专门的定义。这个定义成为人类社会有史以来第一个被广泛接受的权威定义，内部控制包括组织的计划和企业为了保护资产、检查会计数据的准确性和可靠性、提高经营效率以及促使遵循既定的管理方针等所采用的所有方法和措施。该报告是从企业经营管理的角度来定义内部控制的，内容不局限于与会计和财务部门直接有关的控制，还包括预算控制、成本控制、定期报告、统计分析、培训计划和内部审计以及技术与其他领域的经营活动，从理论上给出了内部控制的宽泛内涵。该定义得到了公司经理们的普遍赞同，也就是说，审计界给出的内部控制定义从当时管理者的角度来说也是适用的。

然而，1949 年美国注册会计师协会把内部控制定义为保证目标实现的方法和措施，这是一个理想化的概念，这个定义把内部控制看成万能的工具，即只要实施了内部控制，目标就一定能实现。另外，在财务报表审计中，注册会计师应对内部控制检查到什么程度，该定义在这些方面提供的指导却很少，使得很多从业者对这个近乎无限的内部控制定义感到无所适从。

【小看板】

美国注册会计师协会

美国注册会计师协会（American Institute of Certified Public Accountants，AICPA），成立于 1887 年，是美国全国性会计职业组织，亦是世界上最大的会计师专业协会。在全球 128 个国家与地区拥有近 37 万名会员，其宗旨是：提高职业水平；联合全国的注册会计师，建立统一的会计职业组织；通过授课方式交流职业知识；建立行业图书馆；确保注册会计师这一称号被各州法律所承认。

1939 年 AICPA 成立审计程序委员会。此举是对麦克森—罗宾斯（McKesson & Robbins）案件的直接反应。1972 年 AICPA 成立审计准则执委会（Auditing Standards Executive Committee），取代审计程序委员会。1977 年审计准则执委会又改组为审计准则委员会（Auditing Standards Board）。

【小看板】

证券交易委员会

证券交易委员会（SEC）是隶属于美国联邦政府一个独立的金融管理机构，直接对国会负责，具有一定的立法和司法权。SEC 1934 年根据证券交易法令而成立，对全国和各州的证券发行、证券交易所、证券商、投资公司等拥有根据法律行使管理和监督的权力。它的主要目的是为投资者提供最大的保护及最小的证券市场干预，设法建立一个投资信息系统，一方面促成投资者做出正确的投资选择，引导投资方向；另一方面利用市场投资选择把发行量低、超过市场资金供给承受能力的证券发行排斥于市场之外。SEC 的职能是，监督一系列法规的执行，以维护证券发行者、投资者和交易者的正当权益，防止证券活动中的过度冒险、投机和欺诈活动，维护稳定的物价水平，配合联邦储备委员会以及其他金融监管机构，形成一个明确、灵活、有效的金融体系。

（二）制度分野

1. 内部控制分为会计控制和管理控制

审计界提出内部控制概念的目的是为了满足财务审计的需要，与管理人员对内部控制的理解不一致，因此，审计人员认为1949年的定义内容过于宽泛，超出了他们评价被审计单位所应承担的责任。迫于这种压力，也为了满足审计人员在审计中对内部控制进行检查的业务需要，美国注册会计师协会所属的审计程序委员会于1953年颁发了《审计程序说明》第19号，对内部控制定义做了正式修正，把内部控制分为会计控制和管理控制，会计控制由组织计划和所有保护资产、保护会计记录可靠性或与此相关的方法和程序构成。会计控制包括授权与批准制度，记账、编制财务报表、保管财务资产等职务分离，财产的实物控制以及内部审计等控制。管理控制由组织计划和所有为提高经营效率、保证管理部门所制定的各项政策得到贯彻或与此直接有关的方法和程序构成。管理控制的方法和程序通常只与财务记录发生间接的关系，包括统计分析、时效研究、经营报告、雇员培训计划和质量控制等。把内部控制分为会计控制和管理控制，目的是为了明确注册会计师审查企业内部控制的范围。

2. 注册会计师应主要关注会计有关控制

1963年，审计程序委员会在《审计程序说明》第33号中进一步指出，“注册会计师应主要检查会计控制。”会计控制一般对财务记录产生直接的、重要的影响，审计人员必须对它做出评价。管理控制通常只对财务记录产生间接影响，因此审计人员可以不对其做评价，只是在足以影响财务记录可靠性时才予以审计。这次修正后的内部控制定义，大大缩小了注册会计师的责任范围，但对于“会计控制”的保护资产和保证财务记录可靠性仍然缺乏统一的认识。为了消除这种认识分歧带来的对审计责任问题的模糊认识，1972年，美国注册会计师协会对会计控制又提出并通过了一个较为严格的定义：“会计控制是组织计划和所有与下面直接相关的方法和程序：保护资产，即在业务处理和固定资产处置过程中，保护资产免遭过失错误、故意致错或舞弊造成的损失；保证对外界报告的财务资料的可靠性。”

3. 对会计控制和管理控制的重新定义

1973年的《审计程序公告第1号》对会计控制和管理控制再一次做了重新定义：“管理控制包括但不限于组织的计划以及与导致管理层批准交易的决策过程相关的程序和记录。交易的批准是一种直接和实现组织目标的责任相联系的管理职能，是对经济业务进行会计控制的起点。会计控制由组织的计划以及与保障资产和财务记录的可靠性相关，为以下各点提供合理保证而制定的程序和记录组成：经济业务的执行符合管理部门的一般授权或特殊授权的要求；经济业务的记录必须有利于按照公认会计原则（GAAP）或其他标准编制财务报表，落实资产责任；只有在得到管理部门批准的情况下，才能接触资产；按照适当的间隔期限，将财产的账面记录与实物资产进行对比，一经发现差异，应采取相应的补救措施。”值得注意的是，内部控制以交易为主要对象，使内部控制具有可操作性。

与1949年的定义相比，这些定义过于消极，仅仅从财务审计的实际出发，范围过于狭隘，把过多的精力和目标放在了查错防弊上，人为地限制了内部控制理论与实践的发展，最终的结果是审计师与管理者对内部控制的认识和理解出现了分歧和差异，分化出了审计视角的内部控制和管理视角的内部控制，这一阶段即为制度分野阶段。

（三）内部控制结构

随着内部控制活动在实践中的运用，人们发现内部控制并非神丹妙药。20 世纪 70 年代初，美国政府在对水门事件的调查中，发现某些公司为了做成贸易和保持贸易关系，竟贿赂某些外国政府官员和政党。而为了掩盖这些不合法支出，他们往往伪造会计记录，或另设账外记录。有鉴于此，1977 年后，美国政府就将“每个公司必须设计和建立有效的内部控制制度”以立法形式在《反国外行贿法》中予以颁布。这是第一次强制性地将建立内部控制制度纳入法律管辖的范围。同时，审计人员在短时间内，要对被审计单位的财务状况和经营情况做出正确评价，也需要依赖被审计单位相关的内部控制制度。否则，审计风险将难以控制。因此，审计与内部控制联系日趋紧密。

1985 年，反虚假财务报告委员会（通常称为 Treadway 委员会）成立，1987 年，Treadway 委员会提交了研究报告，在报告中指出，防止虚假财务报告需从报告产生的环境着手，即从最高管理当局开始；所有上市公司需保持良好内部控制，以发现和防范虚假财务报告行为。该委员会还建议，其赞助机构成立 COSO 委员会，专门研究内部控制问题。

【案例 5-1】

反国外行贿法

《反国外行贿法》（Foreign Corrupt Practices Act，FCPA）是美国制定于 1977 年的一部单行法，于 1988 年进行修订。按照字面意思可以直译为《海外腐败行为法》。该法共由两部分组成：反行贿规定以及保存账目记录规定。该法禁止美国公司向外国政府公职人员行贿，是目前规制美国企业对外行贿最主要的法律。该法案的重要意义在于，明确了建立内部控制制度是企业的法律责任，反之如果企业没有建立内部控制制度那么就违反了《反国外行贿法》。

在 FCPA 制定之前，对于美国公司的对外行贿行为，美国国内也有相关法律规定，最典型的有：1934 年的《美国证券交易法》规定，上市公司要对投资者负责，不能利用贿赂政府官员的行为，提高业绩，误导投资者；《邮政电信反欺诈法》规定，禁止使用邮政、州际、国际长途电讯等手段进行行贿等不法行为。

1977 年，水门事件发生后，使美国高官和大企业主管这些传统上受人尊重的上层阶层的诚信度遭到社会质疑。证券交易委员会在一份报告中披露，400 多家公司在海外存在非法的或有问题的交易。这些公司承认，自己曾经向外国政府官员、政客和政治团体支付了高达 30 亿美元的巨款。款项用途从行贿高官以达到非法目的到支付以保证基本办公的所谓“方便费用”不一。这种严重情况引起美国民众的担心。同年，美国国会以绝对优势通过 FCPA，旨在遏制对外国官僚行贿，重建公众对于美国商业系统的信心。

正是在这样的历史背景下，FCPA 作为第一部完全针对美国本国公司向海外政府机构的贿赂行为的法律得以颁布。

【小看板】

Treadway 委员会

1985 年，由美国注册会计师协会（AICPA）、美国会计学会（AAA）、财务经理人协会（FEI）、美国内部审计师协会（国际内部审计师协会的前身，IIA）、美国管理会计师协会（IMA）联合创建了反虚假财务报告委员会（通常称 Treadway 委员会），旨在探讨财务报告中的舞弊产生的原因，并寻找解决之道，为上市公司及其独立审计师、美国证券交易委员会（SEC）及其他行业监管者，以及教育机构提供建议。

1988 年，AICPA 的审计准则委员会（ASB）发布了第 55 号审计准则公告《会计报表审计中对内部控制结构的关注》，用“内部控制结构”代替“内部控制”概念，不再区分会计控制和管理控制，而是确立了一种控制结构，指出“企业的内部控制结构包括为合理保证企业特定目标而建立的各种政策和程序”，并指出内部控制结构包含控制环境、会计系统和控制程序 3 要素。

1. 控制环境

控制环境是指对建立、加强或削弱特定政策和程序效率发生影响的各种因素，反映董事会、管理者、业主和其他人员对控制的态度和行为，主要包括管理哲学和经营方式、组织结构、董事会及审计委员会的职能、授权和分配责任的方式、管理控制方法、内部审计、人事政策和实务等；管理者监控和检查工作时所用的控制方法，包括经营计划、预算、预测、利润计划、责任会计和内部审计等。

2. 会计系统

会计系统规定各项经济业务的鉴定、分析、归类、登记和编报的方法，明确各项资产和负债的经营管理责任。一个有效的会计制度应包括：鉴定和登记一切合法的经济业务；对各项经济业务按时进行适当分类，作为编制财务报表的依据；将各项经济业务按适当的货币价值计价，使其货币价值能在财务报表中记录；确定经济业务发生的日期，以便按照会计期间进行记录；在财务报表中恰当地表述经济业务以及揭示有关内容。

3. 控制程序

控制程序指管理当局所制订的以保证达到一定目的的方针和程序，包括：各经济业务和经济活动的批准权；恰当的职位分离，防止有关人员对正常业务图谋不轨的隐藏错弊；充分的凭证和记录，保证业务和活动得到正确的记载；对相关财产及其记录的接触和使用要有保护措施；对已登记的业务以及计价要进行复核。控制程序是保证内部控制有效运行的机制。

1988 年的内部控制定义与 1973 年的内部控制定义相比，有两个明显的改动：一是内部控制结构不再区分内部会计控制和内部管理控制；二是正式将内部控制环境纳入内部控制范畴，强调包括管理人员对内控的态度、认识和行为等控制环境的重要作用，认为这些环境因素是实现控制目标的环境保证，要求审计师在评估控制风险时，应对企业面临的内外环境进行评价。对于前者，是对社会各界反复批评把内部控制区分为内部会计控制和内部管理控制的积极回应，至于后者，更是审计界长期争论的结果。总之，这种转变也表明内部控制开始从审计技术导向向企业管理导向转变。

（四）内部控制整体框架

20 世纪 90 年代，随着美国财务破产事件发生概率的增加和财务舞弊调查的不断深入，内部控制研究取得了新的进展。1992 年，COSO 委员会提出《内部控制—整体框架》，并于 1994 年进行了修订。这就是著名的“COSO 报告（简称 COSO92）”，它被称为是最广泛认可的关于内部控制整体框架的国际标准。在 COSO 委员会出具这个报告之前，不同的人对内部控制有不同的见解，由于内部控制内涵的广泛性和多样性使得难以对内部控制有一个公认的了解，这就造成了经商人员、立法者、监管机构和其他有关方的困惑，同时导致企业由于沟通有误和期望不同产生问题。所以 COSO 内部控制框架是建立在考虑管理层和其他方面的需求和期望的基础上，把对内部控制不同的概念整合到一个框架当中，从而达成对内部控制的共识，确定内部控制的构成要素，试图提供一个标准，无论公司规模大小、公众的还是私人的、营利的还是非营利的业务和企业，都可以参考此标准评估他们的控制系统及如何改进，从而帮助公司和企业管理层更好地控制组织的活动。

【小看板】

COSO 委员会

1987 年，基于反虚假财务报告委员会（Treadway 委员会）的建议，其赞助机构成立 COSO（Committee of Sponsoring Organization）委员会，专门研究内部控制问题。1992 年 9 月，COSO 委员会发布《内部控制整体框架》（COSO-IC，简称 COSO 报告），1994 年进行了增补。这些成果马上得到了美国审计署（GAO）的认可，美国注册会计师协会（AICPA）也全面接受其内容并于 1995 年发布了《审计准则公告第 78 号》。COSO 报告提出的内部控制理论和体系是集内部控制理论和实践发展之大成，已成为现代内部控制最具有权威性的框架，因此在业内备受推崇，在美国及全球得到广泛推广和应用。

1. 内部控制定义与目标

COSO 认为“内部控制是由董事会、管理当局和其他职员实施的一个过程，旨在为经营的效率和效果、财务报告的可靠性、相关法令的遵循提供合理保证”。

内部控制服务于很多重要目标，人们要求越来越好的内部控制系统和内部控制的相关报告。内部控制也越来越被视为解决各种潜在问题的有效方法。COSO 报告指出，内部控制是为实现以下三类目标提供合理保证的：经营的效率和效果、财务报告的可靠性、相关法令的遵循性。第一类目标针对企业的基本业务目标，包括业绩和盈利目标及资产的安全性；第二类目标关注于企业公开发布的财务报告，包括中期和简要财务报表；第三类目标涉及企业所适用的法律及法规的遵循。

相互有别、又有交叉的分类满足了不同的需要，表明了不同执行人员的直接责任，此分类也便于区分从每一类内部控制中得到我们所期望的东西。达到这些目标在很大程度上依赖于外部各方标准的设定，取决于企业如何控制其内部行为，但是经营目标的取得，并不完全在公司的控制范围之内，内部控制不能避免错误地判断或决定或者可能导致经营目标无法实现的外部事件。对于这些目标，内部控制系统只有在管理层和董事会在监督职责的范围内及时地指导公司向目标迈进的时候，才能提供合理的保证。

内部控制是对企业的整个经营管理活动进行监督与控制的过程，企业的经营活动是永不停止的，企业的内部控制过程也因此不会停止。企业内部控制不是一项制度或一个机械的规定，而是一个发现问题、解决问题、发现新问题、解决新问题的循环往复的过程。

2. 内部控制因素

内部控制包括 5 个互相关联的构成要素，它们来自管理层经营企业的方式，并贯穿于管理过程之中。这些构成要素包括控制环境、风险评估、控制活动、信息与沟通和监控。

（1）控制环境。所有业务的核心都是人员及他们开展经营所处的环境，包括员工的诚实和职业道德、员工的胜任能力、董事会及监事会的参与、组织机构、权力和责任的规定等。它是由管理层倡导的一种正直、伦理道德风气、管理宗旨、经营方式和人力资源政策，使职员自觉管理其活动和履行他们的责任。管理部门应通过文字描述和范例以及采取相应的监控措施来影响全体职员，以提高他们的伦理道德水准。控制环境是所有事情赖以生存的基础。

（2）风险评估。企业为实现其目的而确认分析相关风险，已构成进行风险管理的基础。通常风险来自经营环境的变化、新员工聘用、采用新的信息系统、新技术的应用、企业改组、新会计方法的采用等。管理当局应对目标完成期间与企业相关的风险进行识别、预见，并采取相应避险的管理控制措施。风险评估应测定风险对货币项目及对会计主题形象或信誉方面的重要性、风险发生的概率、如何减轻风险至可以承受的水平。不过，内部控制只能防范风险，不能转嫁、承担、化解或分散风险。所以必须设定目标，整合销售、生产、营销、财务和其他活动，以便使组织协调一致地运行。

（3）控制活动。控制活动是为实现内部控制目标提供合理保证而制定的各项政策、程序和规定，对所确认的风险采取必要措施，以保证单位目标实现的程序。它包括业绩评价、信息处理控制、实物控制、职务分离等。

（4）信息与沟通。围绕在这些活动周围的信息与沟通系统，能及时反馈各程序执行过程中遇到的问题，使员工能够获得和交换那些执行、管理和控制其经营活动所需要的信息，从而保证控制活动的正常运行。

（5）监控。监控是为保证内部控制的适当性和有效性而进行的日常和定期监督、检查。根据内部控制具体实施的机制，内部控制通常又可以分为两个层面：第一个层面是企业的管理制度，又称为“管理控制系统”，它是建立在公司治理基础上，通过检查和改进有关管理政策和程序，有效控制企业运行，不断提高企业的经营效率和效益，实现投资人投入资本的保值增值；第二个层面是企业的会计制度，又称为“会计控制系统”，通过适当的业务权限设置和授权、准确的会计记录、及时的实物盘点，以及公允的报告等程序和方法，保证企业经营和财务状况信息的可靠性，保障投资人财产安全。这一层内部控制制度可以认为是最具体的控制。因而会计信息的存在与有效传递，影响到控制制度有效性地发挥。

（五）企业风险管理框架

1. 产生背景

自COSO92发布以来，内部控制框架已经被世界上许多企业采用，但理论界和实务界也纷纷对该框架提出改进建议，认为其对风险强调不够，使得内部控制无法与企业风险管理相结合。因此，2001年，COSO开展了一个项目，委托普华永道开发一个对于管理当局评价和改进他们所在组织的风险管理的简便易行的框架。正是在开发这个框架的期间，2001年12月，美国能源巨头安然公司突然申请破产保护，此后上市公司和证券公司丑闻不断，特别是2002年6月的世界通信公司会计丑闻事件，彻底打击了投资者对资本市场的信心。安然、环球电讯、世界通信、施乐等一批企业纷纷承认存在财务舞弊，在国际资本市场上引起轩然大波，这些失败案例在很多方面值得深思。例如，管理层僭越控制、利益冲突、缺乏职责分离、透明度不足或欠缺、风险管理未加统一协调、董事会监督无效，以及会导致职能失调、渎职行为的薪酬结构失衡等，都会对企业产生影响。

【案例5-2】

安然事件

安然公司曾经是一家位于美国得克萨斯州休斯敦市的能源类公司，也是世界上最大的能源、商品和服务公司之一，名列《财富》杂志“美国500强”的第七名。

2001年年初，一家有着良好声誉的投资机构老板吉姆·切欧斯公开对安然的盈利模式表示了怀疑。他指出，虽然安然的业务看起来很辉煌，但实际上赚不到什么钱，也没有人能够说清安然是怎么赚钱的。切欧斯还注意到有些文件涉及了安然背后的合伙公司，这些公司和安然有着说不清的幕后交易，作为安然的首席执行官，斯基林一直在抛出手中的安然股票——而他不断宣称安然的股票会从当时的 70 美元左右升至 126 美元。而且按照美国法律规定，公司董事会成员如果没有离开董事会，就不能抛出手中持有的公司股票。也许正是这一点引发了人们对安然的怀疑，并开始真正追究安然的盈利情况和现金流向。到了 2001 年 8 月中旬，人们对于安然的疑问越来越多，并最终导致了股价下跌。2001 年 11 月 30 日，安然股价已经从年初的 80 美元左右跌到了 0.26 美元。2001 年 12 月 2 日，安然公司突然向纽约破产法院申请破产保护，该案成为美国历史上企业第二大破产案。

首先遭到质疑的是安然公司的管理层，包括董事会、监事会和公司高级管理人员。面临的指控包括疏于职守、虚报账目、误导投资人以及牟取私利等。包括首席执行官斯基林在内的许多董事会成员一方面鼓吹股价还将继续上升，一方面却在秘密抛售公司股票。而公司的 14 名监事会成员中有 7 名与安然关系特殊。安然假账问题也让其审计公司安达信面临着被诉讼的危险，最终导致安达信的解散。

美国国会和政府加速制定和采用新的法律以试图改变这一局面。在这一背景下，2002 年 7 月美国总统布什签署出台了《2002 年公众公司会计改革和投资者保护法案》，又被称作《萨班斯—奥克斯利法案》(Sarbanes—Oxley Act，SOX 法案)。该法案是继美国《1933 年证券法》《1934 年证券交易法》以来的又一部具有里程碑性质的法律。法案强调公司内部控制的重要性，从管理者、内部审计及外部审计等几个层面对公司内部控制做了具体规定，并设置了问责机制和相应的惩罚措施，成为继 20 世纪 30 年代美国经济危机以来，政府制定的涉及范围最广、处罚措施最严厉的公司法律。

作为《萨班斯—奥克斯利法案》最重要的条款之一，404 条款明确规定了管理层应承担设立和维持一个应有的内部控制结构的职责。该条款要求上市公司必须在年报中提供内部控制报告和内部控制评价报告。注册会计师要对企业的“内部控制报告”进行审核和报告。公司的首席执行官与首席财务官须出具书面保证，不仅要确保财务会计报告的真实性，还要确保公司拥有完善的内部控制系统——堪称“两手抓”方针下的实证样本。

2. 基本概念

2003 年，COSO 发布了名为《企业风险管理框架（草稿）》的报告，来征求意见。2004 年 9 月，COSO 委员会在借鉴以往有关内部控制研究报告的基本精神的基础上，结合《萨班斯—奥克斯利法案》在财务报告方面的具体要求，正式公布《企业风险管理-整体框架》(Enterprise Risk Management-Integrated Framework)，简称 ERM 框架或 COSO04。ERM 框架在 COSO92 的基础上进行了适当的补充和拓展，主要包括概要、ERM（Enterprise Risk Management）的意义、框架概览、要素、局限性、相关责任等章节。

该报告指出，企业风险管理是一个过程，由一个企业的董事管理当局和其他人员实施，应用于战略制定并贯穿于企业当中，旨在识别可能影响企业的潜在事项，并将风险控制在企业可接受范围之内，为企业目标的实现提供合理保证。

这个定义反映了几个基本要素，它表明企业风险管理是：

（1）一个过程，它持续地流动于主体之内；

（2）由组织中各个层级的人员实施；

（3）应用于战略制订；

（4）贯穿于企业，在各个层级和单元应用，还包括采取主体层级的风险组合观；

（5）旨在识别一旦发生将会影响主体的潜在事项，并把风险控制在风险容量以内；

（6）能够向一个主体的管理当局和董事会提供合理保证；

（7）力求实现一个或多个不同类型但相互交叉的目标。

这个定义比较宽泛。它抓住了对于公司和其他组织如何管理风险至关重要的概念，为不同组织形式、行业和部门的应用提供了基础。第一，突出“企业”的重要性。内部控制是企业自己的事，是企业内部积极的需求，而非外部强加的压力，它直接关注特定主体既定目标的实现，并为界定企业风险管理的有效性提供了依据，这是对 COSO92 内部控制思想的重大突破；第二，突出“风险”的重要性。强调风险管理理念、风险文化、风险偏好（风险承受度），用于制定战略之中，并贯穿于整个企业；第三，突出“管理”的重要性。实现从控制到管理的转变，引入战略观念，同时提升了董事会在战略决策中的地位和作用。

3. 基本框架

企业风险管理包含四大目标、八个相互关联的构成要素以及贯穿于企业的各个层级和单元应用。在主体既定的使命或愿景（vision）范围内，管理当局制订战略目标、选择战略，并在企业内自上而下设定相应的目标。企业风险管理框架力求实现主体的战略、经营、报告和合规四种类型的目标。企业风险管理的构成要素来源于管理当局经营企业的方式，并与管理过程结合在一起，包括内部环境、目标设定、事项识别、风险评估、风险应对、控制活动、信息与沟通、监控。这 8 个要素并不是简单的并列关系，它们之间存在着一定的逻辑关系，内部控制是企业风险管理的前提；从目标设定到事项识别、风险评估、风险应对、控制活动，是一个风险管理的过程；信息与沟通、监控是企业风险管理的基础。

根据 COSO 的这份研究报告，内部控制的目标、要素与组织层级之间形成了一个相互作用、紧密相连的有机统一体系。同时，对内部控制的要素的进一步细分和充实，使内部控制与风险管理日益融合，拓展了内部控制。

三、内部控制演进过程总结

内部控制的发展过程如表 5-1 所示。

表 5-1 内部控制的发展过程

内部控制阶段	要素	目标	结构
内部牵制	无述及要素	防弊	点状结构
内部控制制度	无述及要素	防弊	点状结构
制度分野	无述及要素	防弊与兴利	直线结构
内部控制结构	控制环境、会计制度、控制程序	企业完成既定目标	平面三角形结构
内部控制整体框架（COSO92）	控制环境、风险评估、控制活动、信息与沟通、监控	经营、报告、合规	立体三角形结构
企业风险管理框架（COSO04）	内部环境、目标设定、事件识别、风险评估、风险应对、控制活动、信息与沟通、监控	战略、经营、报告、合规	立方体结构

从上述内部控制概念及理论演变的过程上分析可以推断出以下几点。

1. 内部控制的目标范围由小到大，目标层次由低到高

早期的内部牵制关注于资产的安全与完整、财务信息的可靠性，以防弊为主要目标。而制度二分法及结构分析法则在此基础上把内部控制目标延伸到了提高业务效率，促进经营方针、组织计划的贯彻，以防弊和兴利为共同目标。内部控制整体框架则明确提出了内部控制为经营效率、财务信息可靠、遵循性三个方面提供合理保证。ERM 框架将目标分为战略目标、经营目标、报告目标及遵循性目标四种类型。在内部控制整体框架基础上增加了战略目标，并将报告目标扩展为企业所有对内和对外报告。ERM 框架明确提出终极目标为增加利益相关者的价值。由此可见，内部控制目标日益扩展，层次由管理的业务层上升到自战略层而下的整个管理过程。

2. 内部控制的架构由一维的扁平结构演变为三维的立体架构制度

二分法将内部控制划分为内部管理控制制度与内部会计控制制度，这是一种简单的“扁平式”的分类。内部控制结构首次提出了“结构”的概念，认为内部控制由三个要素组成了一个三角结构。内部控制整体框架在此基础上丰富了要素，并且明确了要素之间的关系和相互作用。ERM 框架则提出了立方体的三维结构。四个目标代表水平面，八个要素代表垂直面，企业整体层、部门、经营单元及附属公司代表纵深面。

3. 内部控制要素由模糊变为清晰且细化

内部控制结构首次提出了构成要素，包括控制环境、控制程序及会计制度。内部控制整体框架扩大了要素内容，包括控制环境、控制活动、风险评估、监控以及信息与沟通五大要素，提出了许多之前没有包括的要素，如风险评估及监控。ERM 框架对整合框架进行了细化，提出了内部环境、目标设定、事件识别、风险评估、风险应对、控制活动、信息与沟通及监控八个要素。

4. 内部控制与公司管理的边界越来越融合

从内部控制的演变过程可以看到，内部控制从公司管理的职能之一演变为与公司管理逐渐融合。传统的内部控制职能中，内部牵制承担的是控制的一小部分职责，内部会计控制在保护财产安全及财务信息可靠方面发挥控制职能，内部管理控制则注重于与组织计划的相符以及业务效率等方面。演变后的内部控制结构首次提出了控制环境的要素，在控制环境中包括董事会及其专门委员会、管理思想及经营作风，已涉入战略管理的层次，只是被动反映其静态内容。内部控制整体框架除此以外提及的风险评估要素，要求识别对组织目标能产生影响的各种风险进行评估其影响程度及发生的可能性，对以风险为导向的战略管理的相关内容进行初探。ERM 框架则全面反映了公司风险管理的具体内容，从战略目标设定时考虑风险一直到风险识别、风险评估、风险应对以及具体的控制活动，该框架隐含的控制已和公司管理相融合，涉入公司管理的所有层次，控制与管理的职能和界限已经模糊。这一关系如图 5-1 所示。

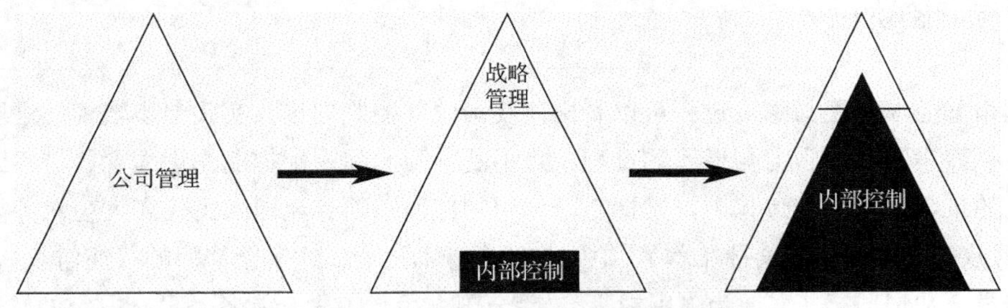

图 5-1　内部控制与公司管理的关系变化

第二节 我国企业内部控制规范化进程

我国的企业内部控制长期以来一直是处于“诸侯割据”的状态，很多部门都积极参加了企业内部控制的建设工作，先后发布了许多法律、法规。我国企业内部控制的发展大体可以分为三个阶段：第一阶段是起步和探索阶段（1949～2000 年）；第二个阶段是学习与借鉴阶段（2001～2005 年）；第三阶段是发展与创新阶段（2006 年至今）。

一、起步和探索阶段

1949～1978 年是中华人民共和国成立后经济发展的第一阶段，在此期间，企业会计规范建设由于种种原因没能取得理想的效果。这一时期的企业会计规范建设具有以下特点：企业会计规范都属于行政制度，未能形成一个完整的体系；企业会计规范经历了由分部门制定到按照国民经济分类统一制定，由所有企业适用一套会计制度到不同规模、不同性质的企业执行不同会计制度的过程；企业会计规范的内容由单独的会计业务核算规范发展到会计业务核算和会计人员职责的规范。除了 1963 年 1 月国务院颁布的《会计人员的职权试行条例》对会计人员的职责、权限以及会计人员的任免和奖惩做出的具体规定和企业内部会计控制有点关系之外，更多的规定是关于会计核算制度的。

1984 年 4 月，财政部出台了《会计人员工作规则》对建立会计人员岗位责任制、使用会计科目、填制会计凭证、登记跨级账簿、编制会计报表、管理会计档案和办理会计交接进行了详细规定；1996 年，财政部颁布了《会计基础工作规范》，主要在会计机构和会计人员、会计核算、会计监督、内部会计管理制度等方面进行了明确的规定。全国人民代表大会常务委员会制定并于 1985 年 1 月 21 日通过了《中华人民共和国会计法》（简称《会计法》），自 1985 年 5 月 1 日起施行，《会计法》对会计核算、会计监督、会计机构和会计人员、法律责任等问题做了明确规定，从法律的高度规定了企业内部控制的基本内容；全国人民大表大会常务委员会 1993 年第一次修改并颁布了《会计法》，修改后的《会计法》明确了违法责任人、执法人以及内部会计控制的相关问题，区分了违法程度；2000 年 7 月，全国人民代表大会常务委员会修正了《会计法》，修正后的《会计法》包括总则、会计核算、公司、企业会计核算制度的特别规定、会计监督、会计机构和会计人员、法律责任等主要内容。1997 年 1 月，中国注册会计师协会制定了《独立审计具体准则第 9 号——企业内部控制与审计风险》，主要规范内部控制与审计风险等内容。

二、学习与借鉴阶段

从我国内部控制发展与形成过程可以看出，我国内部控制理论与实践起步较晚、进展不顺利。我国内部控制建设过程是学习与借鉴的过程，是不断学习国际内部控制先进理念、借鉴国外内部控制成功经验的过程。在这一过程中，发挥主导作用的部门主要有全国人民代表大会常务委员会（立法机构）、财政部（主管全国会计工作）、中国注册会计师协会（注册会计师的行业组织）、中国证券监督管理委员会和银监会（之前为人民银行）。除全国人民代表大会常务委员会制定的《会计法》为国家法律之外，其他部门颁布的内部控制法规都具有非常强的行业特色和部门特色。主要表现在：财政部颁布的内部控制法规主要针对全国会计人员和企业（如内部会计控制规范）；中国注册会计师协会颁布的内部控制法规主要是为注册会计师的审计业务服务；中国证监会发布的内部控制指引、规则主要是针对证券公司的；中国人民银行以及银监会发布的内部控制指导原则、指引主要是针对商业银行的。从2001年财政部颁布《内部会计控制规范——基本规范》开始，截至2005年12月，我国相关部门正式颁布的关于内部控制的法规与指南汇总如表5-2所示。

表5-2　　内部控制的法规与指南（2001—2005）

发布部门	时间	法规名称	与内部控制相关的主要内容
财政部	2001.6	《内部会计控制规范——基本规范》以及后续具体规范	会计控制
中国注册会计师协会	2002.5	《企业内部控制审核指导意见》	对内部控制审核内涵、程序以及报告进行了规定
	2004.10	《独立审计具体准则第29号——了解被审计单位及其环境并评估重大错报风险》	替代独立审计具体准则第9号、第20号和第21号的部分内容，内部控制的五要素
证监会	2001.1	《证券公司内部控制指引》	内部控制的目标和原则、内部控制的基本要素、内部控制的主要内容
	2001.10	《关于做好证券公司内部控制评审工作的通知》	内部控制的主要内部包括但不限于：合规经营、公司治理、环境控制、业务控制、资金控制以及电子信息系统控制等。内部控制评审应当侧重于风险控制的薄弱环节
	2002.1	《上市公司治理准则》	规定审计委员会具有监督公司内部审计制度及其实施、审查公司的内控制度等职责
	2002.12	《证券投资基金管理公司内部控制指导意见》	内部控制的目标和原则、内部控制的基本要素、内部控制的主要内容
中国人民银行	2002.9	《商业银行企业内部控制指引》	商业银行内部控制的内涵、目标、原则和要素等
银监会	2004.8	《商业银行内部控制评价试行办法》	评价目标和原则、评价内容、评价程序和方法、评分标准和评价等级
	2004.12	《商业银行市场风险管理指引》	市场风险管理、市场风险监管

这一阶段的内部控制规范与实践，主要强调内部会计控制，内部控制为会计、审计服务。以《内部会计控制规范》为例，该规范整个制订过程中存在的问题是：控制理念比较落后，只是强制会计控制问题而忽视了管理控制；制订的组织机构不是很完整，主要是财政部和会计界在制订，其他领域参与者很少；控制规范的体系性、完整性比较差。只有11个控制规范，而且也没有相应的实施指南等；时间太长，没有计划性，影响了实施效果；制订程序也比较差，不严密、不科学。

三、发展与创新阶段

2006年至今为我国企业内部控制的发展与创新发展阶段。随着2002年《SOX法案》的颁布，各国相应出台了有关内部控制的相关政策，我国也不例外。2006年6月，国资委发布了《中央企业全面风险管理指引》。2006年7月15日，由财政部发起成立了全国内部控制标准委员会；2006年7月，为加强上市公司内部控制，促进上市公司规范运作和健康发展，保护投资者合法权益，上海证券交易所发布了《上海证券交易所上市公司内部控制指引》；2006年9月，深圳证券交易所发布了

《深圳证券交易所上市公司内部控制指引》；2007 年 3 月，财政部内部控制标准委员会发布了《企业内部控制基本规范》和 17 项《企业内部控制基本规范——具体规范》的征求意见稿。2008 年 6 月，财政部、证监会、审计署、银监会、保监会在北京联合召开企业内部控制基本规范发布会暨首届内部控制高层论坛，会议发布了《企业内部控制基本规范》。同月，还发布了企业内部控制基本规范相关配套指引的征求意见稿。2010 年 4 月，五部委联合发布《企业内部控制基本规范及配套指引》，包括内部控制应用指引、内部控制评价指引、内部控制审计指引。

根据《企业内部控制基本规范》相关规定，内部控制是由企业董事会、监事会、经理层和全体员工实施的，旨在实现控制目标的过程。内部控制的目标是合理保证经营的合法合规，资产安全，财务报告及相关信息的真实完整，提高经营的效率、效果，促进企业实现发展战略。内部控制的构成包括内部环境、风险评估、控制活动、信息与沟通、内部监督五个要素。这些都参照了国际上已颁布的关于内部控制的相关法律法规。同时《企业内部控制基本规范》还规定了建立和实施内部控制的基本原则，即全面性原则、重要性原则、制衡性原则、适应性原则、成本效益原则。配套指引还规定自 2011 年 1 月 1 日起在境内外同时上市的公司施行，自 2012 年 1 月 1 日起扩大到在上海证券交易所、深圳证券交易所主板上市的公司施行；在此基础上，择机在中小板和创业板上市公司施行。同时，鼓励非上市大中型企业提前执行。执行企业内部控制规范体系的企业，必须对本企业内部控制的有效性进行自我评价，披露年度自我评价报告，同时聘请会计师事务所对其财务报告内部控制的有效性进行审计，并出具审计报告。

目前，我国内部控制的内容和结构呈现以下特点：内部控制内容范围广泛，不仅包括会计控制也涉及管理控制和风险管理，行业特色比较明显；内部控制结构不尽相同，主要呈现出三种类型，第一种是实务型，直接针对内部控制的实务操纵进行规范，第二种是框架型结构，采用内部控制要素的形式构建内部控制的整体框架体系，类似于 COSO 的内部控制框架，第三种是框架与实务结合型，既描述内部控制的框架结构，又描述内部控制的实务操作，两者相结合；在构成要素结构上，基本上都与 COSO 内部控制框架的结构和要素相同，但具体内容上又存在一些差别。

第三节 公司治理与内部控制的关系

一、公司治理与内部控制的联系

公司治理和内部控制两者之间存在着很多相同点和大部分的相互交叉与重叠区域，在企业的管理实践中，两者存在着一定的关联性。具体在以下几个方面。

（一）具有同源性

公司治理与内部控制都与现代公司两权分离所引发的代理问题密切相关。由于交易信息的不对称性，以及契约的不完备性直接导致了“委托代理问题”的出现，因而公司治理与内部控制在一定程度上来说具有同源性。两权分离之后，如果所有决策相关信息在委托代理双方之间的分布是均衡的，那么不论经营者与所有者的目标函数一致与否，经营者都不敢做出违背所有者利益的行为。然而现实的情况是，信息双方总是处于不对称地位，委托人对代理人的行为、决策并不十分清楚，代理人的行为选择往往会偏离委托人的目标，甚至会严重损害委托人利益。因此，客观上要求有一整套相应的制度安排来解决这种利益冲突，公司治理便应运而生。而内部控制作为一种系统的制约机制，其产生根源同样是所有者与经营者间、企业内部上下级间的信息不对称，当委托人授权代理人从事某项活动时，为了保证代理人的行为能够符合委托人利益最大化的要求，客观上就要求有相应的措施和手段来加以控制。公司治理的核心是要有效地解决在契约不完备时企业剩余控制权和剩余索取权的分配问题，而内部控制在本质上也是为了在节约交易费用的同时增强企业契约的完备性，进而保证企业剩余控制权和剩余索取权能实现最大化。在契约不完备的情况下，对企业控制权优化配置的共同追求，本身也说明了公司治理与内部控制具有同源性。

（二）具有共同载体

公司治理机制与内部控制制度作为一系列制度安排，要想发挥其作用就必须依附于一定的组织载体。脱离企业这个组织，公司治理与内部控制就好比是“镜中花，水中月”，不论公司治理结构多么完善，也不管内部控制多么健全，都只是凭空而论，不能发挥实际作用，更谈不上实现企业的目标。从另外一个角度看，公司治理的完善与企业内部控制的加强也必须依靠会计信息这个共同载体。真实、完整、及时的会计信息既是实施内部控制的必要前提，也是公司治理发挥作用的基本条件；而只有公司治理机制有效，内部控制健全，才能保证会计信息的真实、完整和及时，两者相辅相成。总之，企业组织和会计信息是公司治理与内部控制的两个共有载体。组织为公司治理与内部控制提供了依附的实体，而会计信息则为依附在组织身上的两种制度安排提供了沟通和交流的平台。两者缺一不可，共同为公司治理与内部控制的互动提供了先决条件。

（三）存在着交叉区域

首先，控制主体存在交叉性。公司治理的主体是“股东→董事会→总经理”委托代理链上的各个节点。如吴敬链教授把公司治理结构定义为由所有者、董事会和高级管理人员组成的一种组织结构。其中董事会是核心，而内部控制的主体是“董事会→总经理→职能经理→执行岗位”委托代理链中的节点，核心在于总经理。因此，董事会和总经理既是公司治理结构的主体，也是内部控制的主体。其次，适用对象的交叉性。在三种基本企业形式中，独资企业和合伙企业只有管理和控制问题，没有治理问题，因为其所有权与控制权通常是合一的。但是对公司制企业来说，公司治理和内部控制问题都存在，需要同时解决治理问题和控制问题，并需要注意两者的有效对接。再次，总目标的一致性。两者的具体目标统一于企业目标之下，即最终实现企业价值最大化。内部控制的目标是公司治理结构目标的进一步延伸和具体化；公司治理结构所追求的公平和效率目标，是建立在内部控制的目标即信息真实、资产安全和效益提高基础上的。否则，在一个虚假信息泛滥、资产被盗严重、管理效率低下的企业中，去实现公司治理的目标无异于痴人说梦。最后，两者在内容上存在关联性。在公司治理结构三种权力的实施过程中，除了监督权主要由股东、监事会行使而独立于企业的业务系统外，决策权和执行权都要落实到具体的部门、岗位和个人，并通过内部控制制度加以规范和管理。

二、公司治理与内部控制的区别

1. 两者的具体目标不同

公司治理的目的是保证经济运行系统中的公平和效率，具体地说，就是在所有者（股东）、管理人和其他利益关系人之间建立起合乎公平和效率的经济机制。在这个机制之下，所有者必须提供企业生产经营所需要的基本资金，并享有对企业的最终控制权和剩余分配权；管理者必须尽责工作，不能利用职务之便侵害投资人的利益；企业在追求自身利益的同时不能损害其他利益关系人的权益。而内部控制的目的则是为了保证企业资产安全、会计信息真实完整和经营效率的提高。

2. 两者的控制主体不同

公司治理的主体是股东、董事会、经理层以及其他利益关系人（债权人、社区、政府），包括企业内、外部各有关方面；而内部控制的主体主要是董事会、经理层以及其他员工等，控制主体仅限于公司内部，而且控制重点主要集中于 CEO 及其之下的业务系统。

3. 两者所涉及的管理内容不同

公司治理的管理内容主要涉及股东、董事会、监事会、总经理之间的委托代理合同关系、控制权的配置（股权结构安排）、剩余分配权的安排等；而内部控制的管理内容主要是环境控制、风险评估、控制活动、信息沟通、内部监督等。

4. 两者所使用的手段不同

公司治理的手段主要有监督和激励两种；而内部控制的手段侧重于职务分离、授权审批、会计系统、财产保护、全面预算、运营分析、绩效考评等控制措施。公司治理在管理思想上重视行为和动机的抑制与激励；而内部控制在管理思想上重视流程控制。

5. 两者所归属的法规体系不同

公司治理的内容主要体现在《公司法》、证监会颁布的《上市公司治理准则》、交易所的《上市公司治理规则》以及企业章程之中；而内部控制则主要体现于《会计法》和五部委颁布的《企业内部控制基本规范》、内部控制配套指引以及企业内部控制制度之中。

三、公司治理与内部控制的融合

公司治理与内部控制既有不同点，也有相同点，既有分离区域，也有交叉领域。离开公司治理结构，内部控制就没有完整性，当然也就不可能取得风险管理方面的成功；同时，公司治理结构同样也离不开内部控制制度，如果没有完善的内部控制做支撑，公司治理结构所追求的公平与效率的目标也必然会落空。可以看到，公司治理与内部控制实质上是一种互动关系，即有效的公司治理对完善内部控制至关重要；反过来，健全有效的内部控制通过产生高质量的会计信息也能优化公司治理机制。

1. 内部控制与公司治理不是主体与环境的关系

迄今为止，公司治理和内部控制的关系在理论上仍未有统一定论。AICPA 的《审计准则第 55 号》和 COSO 的《内部控制——整体框架》这两个研究报告均把董事会及其对待内部控制的态度认定为内部控制的控制环境，由于董事会是现行公司治理结构的核心，所以很多人认为公司治理结构是内部控制的环境要素，内部控制框架与公司治理机制是内部管理监控系统与制度环境的关系。这种认识是否正确，也是值得商榷的。首先，根据哲学环境论的有关知识，环境是与主体相对应并外在于主体的。如果将两者的关系定义为环境论，那么就意味着公司治理与内部控制是两个完全独立的没有重叠和交叉的主体。其次，环境论降低了公司治理对于内部控制所具有的重要意义。按照哲学内外因理论，内因是事物发展变化的根本原因，外因只起一定的促进作用。环境作为非决定性的外部影响因素，其需要通过内部因素的转化才能起作用。这样人们就会有意或者无意地把公司治理结构的影响及其意义缩小。最后，环境论也忽视了内部控制对公司治理的重要性，或者说没有看到内部控制对公司治理具有一定的反向促进作用。公司治理与内部控制并非完全独立，存在着联系与区别。因此，内部控制与公司治理不是主体与环境的关系，而是“你中有我、我中有你”的相互包含、相互融合的关系。

2. 离开公司治理结构，内部控制就没有完整性

公司治理机制有效，才能保证不同层次控制目标的一致性，只有从源头实施内部控制，才能维护各利益相关者的利益；公司治理不能很好地解决所有者和经营者之间的代理问题，则企业管理当局就没有足够的动力去改进内部控制，再好的内部控制也无法提供“合理保证”。内部控制与公司治理不能割裂，需将内部控制纳入公司治理路径之上。两权合一时，股东和股东会直接实施内部控制；两权分离时，利益相关者通过董事会或监事会间接控制，由股东会或董事会设计监控制度，考核、评价经理层绩效。公司治理机制有效，才能保证不同层次控制目标的一致性；只有从源头实施内部控制，才能维护各利益相关者的权益。有效的内部控制应当能够维护所有利益相关者的合法权益，而不是维护某一类或少数利益相关者的权益。

3. 有效的内部控制是完善公司治理的重要保障

从公司治理角度认识内部控制，是正确认识内部控制的本质、发挥内部控制作用的前提，企业内部控制内涵和外延得以升华正是内部治理结构作用的结果。内部控制是在公司治理解决了股东、董事会、监事会、经理之间的权、责、利划分之后，作为经营者的董事会和经理为了保证受托责任的履行，而做出的主要面向次级管理人员的控制。有效的内部控制是完善公司治理的重要保障，如果内部控制失效，其提供的会计信息也就无法真实反映企业的财务状况和经营成果，企业的经营者就无法进行正确的决策。健全有效的内部控制能够确保公司管理行为符合国家法律法规，有利于董事会行使控制权从而提高公司治理效率。健全有效的内部控制可以提供真实可靠的财务信息，有利于所有者和管理者之间的制衡，有利于保障债权人等利益相关者利益，实现共同治理。在我国，事实上企业控制权相当大程度转移到管理者手中，良好的内部控制是公司法人主体正确处理各个利益相关者关系、实现公司治理目标的重要保证。

总之，如果内部控制不能与公司治理兼容，将导致治理成本骤增；如果没有健全的内部控制，公司治理留下的空间将导致机会主义行为，由此可能演变为制约公司发展的顽疾。

【知识链接】

COSO 发布《内部控制——整体框架》（2013 年）

2013 年 5 月 14 日，美国反虚假财务报告委员会下属的发起组织委员会（COSO）发布了《2013 年内部控制——整体框架》及其配套指南。新版《整体框架》在基本概念、内容和结构，以及内控的定义和五要素、评价内控体系的有效性标准等方面均与原版相同，有变化的是依据具体形势所做出的相关内控管理措施。

新框架及相关说明文件旨在帮助企业适应越趋复杂和快速的环境变化，应对阻碍企业目标实现的风险，并提供可靠的信息以助做出明智决策。新框架涵盖内容摘要、具体内容、多份附录、一份应用指南（提供解释性工具），以及一份概要（提供方法和示例说明在财务报告内部控制上的应用）。

COSO 董事会表示，使用者应当按其具体情形，在可行的情况下尽早开始应用 2013 年版本的新

框架来开展相关工作和文件记录。COSO 董事会认为，原始版本框架所涵盖的重要概念和原则，基本上颇为完善且已获市场普遍认可，因此使用者在 2014 年 12 月 15 日之前仍然可继续使用原始的 1992 年框架，在该日期后，该框架将被 COSO 视为已被新框架所取代。COSO 董事会认为在过渡期间，使用者在应用其《内部控制——综合框架》进行外部报告时，应明确披露所使用的是原始版本还是 2013 年版本。

【知识链接】

加拿大 CoCo 指南

加拿大特许会计师协会（CICA）下属的控制规范委员会（Criteria of Control Board，CoCo 委员会）专门对内部控制系统的设计、评估和报告进行研究，并发布了一系列相关指南。与 COSO 报告相比，CoCo 指南提供了更为广泛和更具前瞻性的内部控制概念。CoCo 指南将“内部控制”的概念扩展到“控制”，其定义为“控制是一个企业中的要素集合体，包括资源、系统、过程、文化、结构和任务等，这些要素结合在一起，支持达成该企业的目标”。CoCo 指南明确指出，控制的性质具有 4 个特点：（1）控制需要企业内所有成员的参与，包括董事会、管理层和所有其他员工；（2）控制对达成企业目标只能提供合理的保证，而不是绝对的保证；（3）控制的终极目的是为了创造价值，而不只是单纯地控制成本；（4）有效地控制需求需要保持独立和整体、稳定和适应变化之间的平衡。

根据 COSO 指南在任何一个企业中，控制均由 4 个基本要素构成，即目标、承诺、能力、学习与监督。目标是对企业的发展方向的描述，包括企业的目标、面临的风险和机遇、经营方针、业绩目标和战略计划等。承诺是指企业应营造互相信任的氛围，建立和沟通以诚信为基石的伦理价值观，是对企业特质的描述。企业的人力资源政策、权力和职责的界定应与企业的伦理价值观和目标一致。能力要素强调对员工胜任力方面的要求，员工应拥有设计和执行控制活动所必需的知识、资源、技术和工具，以增强企业的竞争力。学习与监督着眼于企业的发展，要求从工作中持续学习和自我检查，是企业发展力的评价标准。

思考题

1. 从内部控制发展演进过程看，内部控制的形成不是一蹴而就的。如何理解内部控制的动态过程观？

2. 相对于 COSO 旧报告，新报告有哪些不同？

3. 为什么说“内部控制与公司管理的边界越来越融合”了？

4. 试述公司治理与内部控制的关系。

5. 会计的性质是什么？如何保证会计资料的真实性？

6. 内部控制是怎样内在化为企业自身需求的？

7. 请简述内部控制的现实意义。

第六章 内部控制的基本框架

【教学目标】

通过本章的学习，读者能了解内部牵制、企业风险管理框架基本内容，及国内、外内部控制相关领域的比较，熟悉内部控制与企业风险管理的关系以及内部控制的重要性及局限性，掌握内部控制基本规范及配套指引框架结构，并能运用内部控制基本理论分析现实问题。

【引例】

光大证券股份有限公司创建于1996年，是由中国光大（集团）总公司投资控股的全国性综合类股份制证券公司。2007年1月18日，公司2006年年度股东大会审议通过增资扩股方案；2007年5月29日完成此次增资扩股的工商变更登记；增资完成后公司注册资本由244 500万元增加至289 800万元。公司于2009年8月18日在上海证券交易所公开上市，光大证券成为2003年后首家通过IPO上市的证券公司。但是2013年一系列事件的发生使光大证券成为公众关注的焦点。

2013年6月，光大证券因为保荐项目天丰节能被抽中成为第二阶段抽查的IPO项目。在抽查阶段，抽查人员发现，银行对账单有异常情况，但该上市公司隐匿了相关会计凭证。光大证券成为继平安证券、民生证券、国信证券和南京证券之后，第五家被暂停受理IPO申请的券商，也是其中唯一的一家上市券商。

2013年8月16日11时5分左右，上证综指突然上涨5.96%，中石油、中石化、工商银行和中国银行等权重股均触及涨停。中国证监会组织上海证监局、上海证券交易所、中国证券登记结算公司、中国金融期货交易所等单位进行应急处置和核查。经核查，事故原因为光大证券策略投资部使用的套利策略系统出现了问题，发生乌龙事件。光大证券策略投资部曾是公司培育的自营业务创新重点，2012年实现收入1.24亿元，为上年的33倍。光大证券自营的策略交易系统包含订单生成系统和订单执行系统两个部分，8月16日因存在程序调用错误、额度控制失效等设计缺陷，并被连锁触发，导致生成26 082笔预期外的市价委托订单并直接发送至上交所，累计申报买入234亿元，实际成交72.7亿元。同日，光大证券将18.5亿元股票转化为ETF（交易型开放式指数基金（Exchange Traded Funds）是一种在交易所上市交易的、基金份额可变的开放式基金）卖出，并卖空7 130手股指期货合约。

光大证券2013年一季报显示，该公司的货币资金为250亿元。234亿元相当于货币资金的93.6%。光大证券2012年年报显示，公司截至2012年年底的证券投资账面值近165亿元，234亿元瞬间秒杀了这一规模。假设2012年年底的证券投资规模保持不变，光大证券可动用的证券投资资金竟高达400亿元。截至2012年年底，光大证券的净资本为131.16亿元。234亿元是净资本的1.78倍，是净资产217.8亿元的1.07倍。值得注意的是，在光大证券2012年年报的第97页特意提道："公司风险管理部建立了'净资本实时监控系统'，对资产负债率、净资产负债率、净资产率、自营权益投资等风险控制指标进行实时监控，严格控制资金流动性风险。公司对自营业务规模需经董事会下属的投资决策委员会审核批准，严格控制自营业务投资规模。"

对于"816事件"，上海证监局立即采取行政监管措施，暂停相关业务，责成光大证券整改，进行内部责任追究。同时，中国证监会决定对光大证券正式立案调查，根据调查结果依法做出严肃处理，及时向社会公布。此事件被定性为内幕交易、信息误导、违反证券公司内控管理规定等多项违法违规行为，2013 年 8 月 30 日证监会对四位相关决策责任人徐浩明、杨赤忠、沈诗光、杨剑波处以终身证券市场禁入，没收光大证券非法所得 8 721 万元，并处以 5 倍罚款，共计 52 328 万元，停止公司证券自营业务（固定收益证券除外）。

然而，仅隔了一天（8 月 18 日），光大证券的固定收益部交易又出乌龙，导致其以超低价卖出 10 年期国债。光大证券金融市场总部在银行间本币交易系统进行现券买卖点击成交报价时，误将 12 附息国债 15 债券卖价收益率报为 4.20%（高于前一日中债估值约 25 个基点），债券面额为 1 000 万元，后被交易对手点击成交。12 附息国债 15（120015）为 2012 年记账式附息（十五期）国债，期限为 10 年，于 2012 年 8 月 23 日发行，发行额为 300 亿元，发行价为 100 元，票面利率 3.39%。

光大证券在 2013 年内部控制评价报告中进行缺陷分析时表述，公司策略投资部在开展证券自营业务过程中，风控机制未实现有效覆盖，策略交易系统和交易控制缺乏有效管理，策略交易系统存在的技术设计缺陷未被及时发现，导致 2013 年 8 月 16 日异常交易。事件发生后，公司在考虑对冲风险、调剂头寸，降低可能产生的结算风险时，采取了错误的处理方案。

从上述事件可以看出，光大证券相关业务内部控制和风险管理存在明显缺陷，信息系统管理问题较多，即内部控制执行不到位。

第一节 内部控制相关概念的界定

一、内部牵制

内部牵制的概念最早在 1905 年由特克西提出。他认为内部牵制由 3 部分组成：职责分工、会计记录、人员轮换。这 3 部分内容在现代内部控制中都有所体现。《柯勒会计词典》中对内部牵制曾做出最全面的解释，它认为“内部牵制是指以提供有效的组织和经营，并防止错误和其他非法业务发生的业务流程设计。其主要特点是以任何个人或部门不能单独控制任何一项或一部分业务权力的方式进行组织上的责任分工，每项业务通过正常发挥其他个人或部门的功能进行交叉检查或交叉控制。设计有效的内部牵制得以使每项业务能完整、正确地经过规定的处理程序，而在这规定的处理程序中，内部牵制机制永远是一个不可缺少的组成部分”。由此可见，内部牵制是以查错防弊为目的，以职务分离、账目核对为手段，以钱、账、物等为主要控制对象。

内部牵制按照实现机制的不同，可分为分离式牵制和合作式牵制两类。

（一）分离式牵制

内部牵制制度的建立主要是基于两个设想，一是两个人或两个以上的人或部门无意识地犯同样错误的机会是很小的；二是两个或两个以上的人或部门有意识地合伙舞弊的可能性大大低于单独一个人或部门舞弊的可能性。按照这样的设想，通过内部牵制机制，实现上下牵制，左右制约，相互监督，因而具有查错防弊这个主要功能。所谓的上下牵制是指，从纵向看，每项经济业务的处理，至少要经过上下级有关人员之手，使下级受上级监督，上级受下级制约，促使上下级均能忠于职守，不可疏忽大意。所谓左右制约是指，从横向看，每项经济业务的处理，至少要经过彼此不相隶属的两个部门的处理，使每一部门工作或记录受另一部门的牵制，不相隶属的不同部门均有完整的记录，使之互相制约，自动检查，防止或减少错误和弊端；同时，通过交叉核对也能及时发现错误和弊病。

分离式牵制即不相容职务相分离，所谓不相容职务是指那些如果由一个人或一个部门担任既可能发生错误和舞弊行为，又可能掩盖其错误和舞弊行为的职务。不相容职务主要有授权批准、业务经办、会计记录、财产保管和稽核检查等职务，包括岗位的不相容、部门的不相容以及流程的不相容。不相容职务分离主要是指授权审批与业务经办、业务经办与会计记录、会计记录与财产保管、业务经办与稽核检查、授权批准与监督检查等不能由一个人或一个部门进行。

由此可见，内部牵制主要是以不相容职务分离为主要流程设计的，是内部控制的最初形式和基本形态。其目的是为了保证财产物资的安全和完整，防止贪污、舞弊。实践证明，该设想是合理的，内部牵制确实起到了防范错弊的作用。

【案例 6-1】

岗位设置制度暴露内部控制问题

W 集团是一家大型企业，有自己的财务公司并在内部设立了分支机构。其财务公司在上海的分公司由一位名叫张某的人同时兼任资金调拨、制单、记账、印签等多项业务。

某日，张某未经过经理的任何授权批准，按该企业上海某开户银行的“要求”（据事后调查，银行是为了满足存款期末余额的考核指标），通过银行转账支票将分公司在该行活期账户上的 3 000 万元转成在该银行的定期存款，同时该行给分公司开具了大额定期存款单据。8 天后，该银行的定期存款又将该笔 3 000 万元定期存款转回到活期存款账户。经追查，银行给该笔业务的定期单利率为零，并且活期存款也少支付 8 天利息共 1.38 万元。

从上述事件可以看出，张某一人同时兼任资金调拨、制单、记账、印签等多项不相容岗位工作，违背了内部牵制的基本原则，以至于内部缺乏相互制约以防范风险的机制，结果使资金管理出现漏洞，从而带来较大的风险隐患，发生款项挪用在所难免。

（二）合作式牵制

现代内部牵制思想还包括合作式牵制。合作式牵制是指，通过合作达到相互制约、相互监督的作用。例如，会审机制，企业面对重大决策、重大业务事项、重要的人事任免以及大额资金支付时，需要领导层集体决策、集体联签，以防止个人决策的失误；又如合同会签制度，即合同在生效前不仅需要主管部门签字盖章还需要其他协作部门共同参与，会审、会签人员共同参与、共担责任，以及降低决策、合同的风险。另外，企业内部各部门之间在业务上的协助也属于合作式牵制。例如，2012 年财政部颁布要求在 2014 年 1 月 1 日试行的《行政事业单位内部控制规范》中规定，重大事项需集体决策和会签。

二、内部控制

20 世纪初期建立起来的内部牵制制度虽然对企业管理起到很大的作用，但随着经济的不断发展、企业规模的扩大以及对企业管理要求的逐步提高，它的不完善之处也逐渐暴露出来。尤其是 20 世纪 30 年代全球性经济危机暴露出的会计失真、经济秩序混乱等问题，引起各国政府和企业的高度重视和深刻反思。

（一）国外对内控概念的界定

明确的内控概念的提出约有70年的历史，其每次突破性发展都是由欧美引发实施的，具体的定义归纳如下。

1949年定义（AICPA）：基于保护企业资产、检查会计数据的准确性和可靠性、提高运营效率、促进管理政策的贯彻和实施而在企业内部采取的各种方法和措施。

1958年定义（SAP NO 29，AICPA）：内部控制分为内部会计控制和内部管理控制。前者是关于保护企业资产、检查会计数据的准确性和可靠性的控制；后者是关于提高运营效率、促进管理政策的贯彻和实施的控制。

1973年的定义（SAP NO 54，AICPA）：内部管理控制制度包括但不限于组织机构的计划以及与管理部门进行批准决策有关的程序与记录。会计控制制度包括组织机构设计以及与财产保护和财务会计记录可信性直接相关的各种措施。

1988年的定义（SAS NO 55），企业内部控制结构包括为合理保证企业特定目标而建立的各种政策和程序。内部控制结构3要素为：控制环境、会计系统、控制程序。

1992年的定义（COSO内部控制整体框架）：为实现经营效率和效果、财务报告可信性以及相关法令的遵循等目标而提供合理保证的过程。内部控制的实施者为企业董事会、经理层及其他员工。

从各阶段内部控制的定义可以看出内部控制发展、演进和完善的过程，对我国内部控制概念的界定具有很好的借鉴作用。

（二）我国对内部控制概念的界定

对比国外发展，我国的内控规范发展独具特色：内控规范建设是由政府各部门以“准法规”形式发布实施的，权威性强，执行快速有力；我国真正意义上的内控规范是从其核心的内部会计控制即会计监管上入手，而不是由内控框架起步的。

2008年6月28日五部委颁布的《企业内部控制基本规范》，将内部控制定义为：是由企业董事会、监事会、经理层和全体员工实施的、旨在实现控制目标的过程。内部控制的目标是合理保证企业经营管理合法合规、资产安全、财务报告及相关信息真实完整，提高经营效率和效果，促进企业实现发展战略。在理解此概念中，需要特别注意以下几点。

（1）内部控制的概念不再拘泥于传统意义上的概念，而是结合我国的基本实情，形式上借鉴COSO内部控制整体框架的五要素框架，同时在内容上体现企业风险管理框架的先进理念，构建了以内部环境为重要基础、以风险评估为重要环节、以控制活动为重要手段、以信息与沟通为重要条件、以内部监督为重要保证的五要素框架。

（2）内部控制的实施者结构为“董事会、监事会、经理层和全体员工”，体现全员特征。内部控制是一个受“人”影响的过程，它是由组织内部的每一层级人员共同执行，需要全体员工的共同参与。它要求企业内部的每个员工均明确自己的责任和权力，以便更好地履行其职责，提高内部控制的执行力度。

（3）内部控制是一个“过程”而非结果，不是单一制度、机械的规定，而是一个发现问题、解决问题，并且贯彻于企业管理始终的动态过程。该定义没有用“合理保证”这个词，并非说明内部控制是目标的完全保证，“过程”已体现了合理保证的核心思想，控制目标一定能实现，只是需要一个过程。而“合理保证”的内涵在内部控制五大要素之中，特别是在控制活动中得到体现。

三、企业风险管理

（一）企业风险管理（2004）架构

1. 基本框架

2004年，COSO为企业风险管理确立了一个可普遍接受的定义，该定义融入众多观点并达成共识，为各组织识别风险和加强对风险的管理提供了坚实的理论基础，即企业风险管理是一个受企业董事会、管理层和其他人士影响的过程，运用于制订战略之中，并且贯穿整个企业，用以识别可能影响该企业的潜在事项，并且将风险控制在风险偏好的范围之内，为达到实体目标提供合理的保证。

企业风险管理（2004）框架的主要贡献就在于，其重新界定了风险管理，即由目标、要素和组织三个维度组成的有机整体，如图6-1所示。

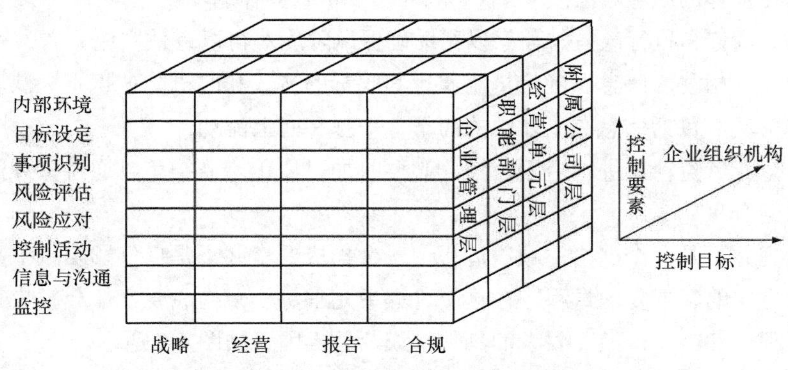

图6-1　ERM框架目标、要素与主体单元三维图

第一维度为企业的目标，即战略目标、经营目标、报告目标和合规目标。在主体既定的使命或愿景（Vision）范围内，管理当局制订战略目标、选择战略，并在企业内自上而下设定相应的目标。企业风险管理框架力求实现主体的战略（strategic）目标、经营（operations）目标、报告（reporting）目标和合规（compliance）目标。战略目标与高层目标相关，和企业使命相一致，企业所有的经营管理活动必须长期有效地支持该使命。经营目标与企业运营的效果和效率相关，包括业绩和利润目标，运营变化以管理当局对结构和业绩的选择为基础，旨在使企业能够高效地使用资源。报告目标与组织报告可靠性相关，包括对内报告和对外报告，涉及财务和非财务信息。合规目标层次较低，也是最基础的目标，与组织遵循相关法律法规有关。

第二维度为构成要素，即内部环境（internal environment）、目标设定（objective setting）、事项识别（event identification）、风险评估（risk assessment）、风险应对（risk response）、控制活动（control activities）、信息与沟通（information and communication）和监控（monitoring）。

第三维度组织是企业的层级，包括主体层次、分部、业务单元及子公司。

三个维度的关系是，全面风险管理的八个要素都是为企业的四个目标服务的；企业各个层级都要坚持同样的四个目标；每个层次都必须从以上八个方面进行风险管理。

2. 构成要素

第二维度企业风险管理包含八个相互关联的要素。它们来源于管理当局经营企业的方式，并与管理过程整合在一起。这些构成要素的含义如下。

内部环境——内部环境包含组织的基调，它为主体内的人员如何认识和对待风险设定了基础，包括风险管理理念和风险容量、诚信和道德价值观，以及他们所处的经营环境。

目标设定——必须先有目标，管理当局才能识别影响目标实现的潜在事项。企业风险管理确保管理当局采取适当的程序去设定目标，确保所选定的目标支持和切合该主体的使命，并且与它的风险容量相符。

事项识别——必须识别影响主体目标实现的内部和外部事项，区分风险和机会。机会被反馈到管理当局的战略或目标制订过程中。

风险评估——通过考虑风险的可能性和影响来对其加以分析，并以此作为决定如何进行管理的依据。风险评估应立足于固有风险和剩余风险。

风险应对——管理当局选择风险应对——回避、承受、降低或者分担风险——采取一系列行动以便把风险控制在主体的风险容忍度（risk tolerance）和风险容量以内。

控制活动——制订和执行政策与程序以帮助确保风险应对得以有效实施。

信息与沟通——相关的信息以确保员工履行其职责的方式和时机能被识别、获取和沟通。有效沟通的含义比较广泛，包括信息在主体中的向下、平行和向上流动。

监控——对企业风险管理进行全面监控，必要时加以修正。监控可以通过持续的管理活动、个别评价或者两者结合来完成。

企业风险管理并不是一个严格的顺次过程，一个构成要素并不是仅仅影响接下来的那个构成要素。它是一个多方向的、反复的过程，在这个过程中几乎每一个构成要素都会影响其他构成要素。

企业风险管理（2004）框架各要素的具体构成及关键因素如图 6-2 所示。

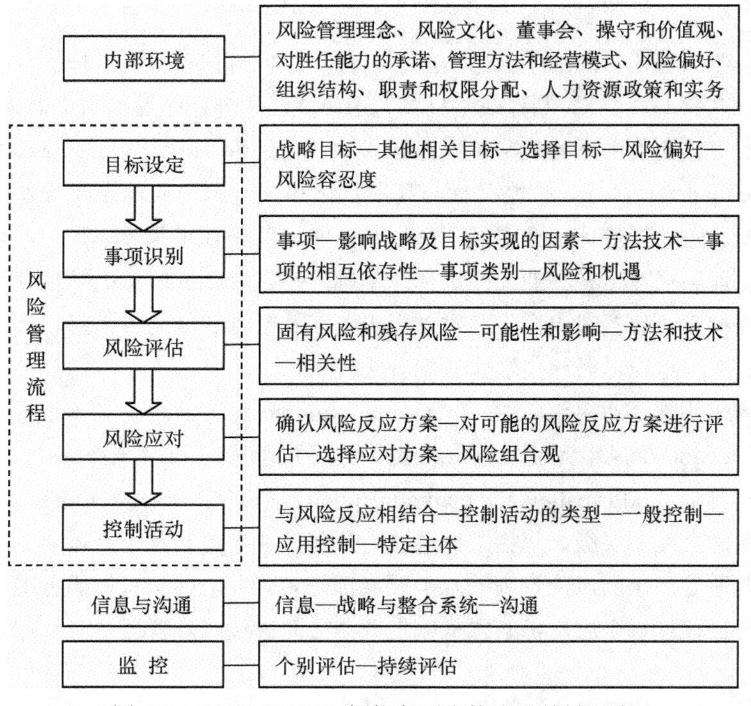

图 6-2　ERM（2004）框架各要素构成及关键因素

3. 企业风险管理（2004）框架面临的问题

企业风险管理（2004）框架在对企业风险管理进行定义时所强调的最重要也是最独具一格的一点是“贯穿整个企业，应用于战略制定中”。而这一点在实践中却被误读，甚至被无视。COSO 最初在编制 ERM 框架时采用了类似于内部控制框架所使用的立方体。虽然 COSO 对立方体右侧（见图 6-1）的内容进行了修改，删除了有关活动和流程，改为侧重于范围更广的实体和运营单位及分支机构，但许多企业依然试图在过于细微的层面实施该框架，例如运用于流程层面而非战略制定。许多组织机构将企业风险管理作为一种保证活动来实施，而不是将其视为一种更佳的企业管理方式，从而失去了治理效果。

2008 年金融危机以及 2011 年的日本海啸所引发的经济大萧条，“黑天鹅”“大变脸”事件频频爆发，ERM 有关问题和价值的主张便开始明朗起来，令许多企业进入危机应对模式，企业风险管理的实施也因此受到企业特别是 C 级高管的真正重视。6 月 24 日，COSO 委员会发布《企业风险管理：风险与战略和绩效的协调》，以向公众征求意见，截止日期为 2016 年 9 月 30 日。

（二）企业风险管理（2016）框架的内容

相对于企业风险管理（2004）框架，新版企业风险管理（风险与战略和绩效的协调）（2016）使用了构成元素加原则的结构，包括 5 个构成元素，细分为 23 条原则，2013 年 COSO 组织更新了企业内部控制框架的部分内容，在文章的整体结构上就是采用的这种结构，新的结构加强了新框架的可读性、可用性和一致性。新版 ERM 框架的五要素和 23 个原则如图 6-3 所示。

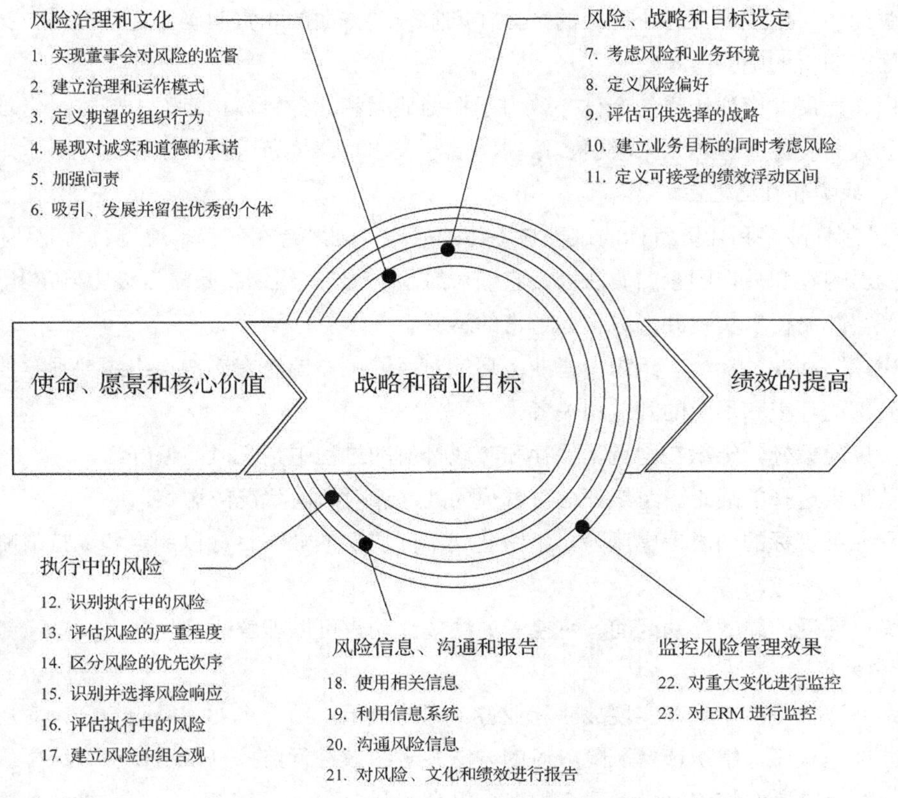

图 6-3 新版 ERM 框架的五要素和 23 个原则

新版框架对 ERM 的定义为：组织在创造、保存、实现价值的过程中赖以进行风险管理的，与战略制订和实施相结合的文化、能力和实践。可以看到，新版框架简化了 ERM 的定义以方便阅读和记忆。新定义方便的是所有读者的理解，而不只是风险管理从业者。新定义包括文化和能力而不只是过程，更加强调风险与价值的相结合，突出价值创造而不只是防止损失，这样也避免了和内部控制定义的界限不清。新版框架中，ERM 被视为战略制定的重要组成和识别机遇、创造和保留价值的必要部分。新版框架中 ERM 不再是主体的一个额外的或是单独的活动，而是融入主体的战略和运营当中的有机部分。

新版框架注意到了自旧版框架发布以来，组织在实践 ERM 过程中遇到的一些问题，包括对风险管理工作的定位，风险管理工作的范围和目标等，新版框架定义了风险管理工作的高度，包括：战略和业务目标与使命、愿景和价值观不匹配的可能性；选定的战略所隐含的意义；执行战略过程中的风险。

1. 风险治理和文化

风险治理和文化构成了 ERM 所有其他部分的基础。风险治理定下主体的基本基调，加强 ERM 的重要性并确立 ERM 的监管责任的分配；文化则是主体的价值观、行为准则和对风险的理解。

（1）实现董事会对风险的监督。董事会对主体的风险监督负有首要责任。

（2）建立治理和运作模式。在明确的责任分配下，组织应该建立完整的运营模式和汇报体系。

（3）定义期望的组织行为。董事会和管理层通过定义其期望的行为将组织核心价值和对风险的态度具体化。

（4）展现对诚实和道德的承诺。组织制定基调，建立员工行为准则并对偏离准则的行为做出回应。

（5）加强问责。组织确保各个层级的个体在风险管理方面的职责明确，并确保其自身在提供准则和指导方面的职责明确。

（6）吸引、发展并留住优秀的个体。致力于根据战略和业务目标构筑人力资本，管理层通过在不同层面建立人力资源管理体系来吸引、培训、指导人才，评价和留住人才。

2. 风险、战略和目标设定

ERM 通过制订战略和业务目标的过程与主体的战略计划融合在一起。通过对商业环境的理解，组织可以得到对内在和外在因素的看法以及它们对风险的影响。组织在战略制订中确定其风险偏好，而业务目标使得战略得以实践并形成主体日常的运营。

（1）考虑风险和业务环境。组织考虑业务环境对风险图谱的潜在影响；组织要理解业务环境，考虑内部和外部的环境和不同的利益相关者。

（2）定义风险偏好。组织在创造、保存和实现价值的过程中定义风险偏好。

（3）评估可供选择的战略。组织评估可替代的战略和对风险状况的影响。

（4）建立业务目标的同时考虑风险。组织建立不同层次的业务目标以制定和支持战略的同时考虑风险。

（5）定义可接受的绩效浮动区间。可接受的绩效浮动也可以理解为风险容忍度。

3. 执行中的风险

组织识别并评估可能影响其实现战略和业务目标的风险，结合企业的风险偏好，对风险按照其严重程度排分优先次序，组织选择风险应对的方法并对绩效进行监控以做出调整。这样，企业对追求战略和业务目标时所面临的风险量建立起一个组合的观念。

（1）识别执行中的风险。组织识别执行过程中影响业务目标实现的风险。

（2）评估风险的严重程度。风险评估的重要工具是风险热力图，热力图从风险发生的可能性和影响程度两方面对风险进行评级。风险评价要从固有风险、目标剩余风险和实际剩余风险三个层级进行。

（3）区分风险的优先次序。组织结合风险偏好，选定对风险排分优先等级的标准，然后对所有识别的风险进行排分。

（4）识别并选择风险响应。这些控制活动在《内部控制——整合框架》中已经介绍。

（5）评估执行中的风险。组织需要对绩效进行监测，如果绩效的浮动区间超出了可以接受的范围，则可能需要重新考虑业务目标或战略；调整目标绩效，重新进行风险评估；重新进行风险优先级的排序；重新制定风险应对措施；重新确立风险偏好。

（6）建立风险的组合观。管理层需要从组织整体角度考虑风险，将组织风险作为一个整体去和实现绩效目标所需要承受的风险进行对比，而不是将其视为一个个单独的、分散的风险。

4. 风险信息、沟通和报告

沟通是在主体中不断迭代地取得并分享信息的过程。管理层利用从内部和外部取得的有效信息来支持企业风险管理工作，组织利用信息系统来捕捉、处理和管理数据和信息。通过利用应用于所有组成部分的信息，组织就风险、文化和绩效做出报告。

（1）使用相关信息。组织利用支持企业风险管理的信息，首先考虑有哪些可用的信息来源，然后衡量取得这些信息的成本，最终确定需要哪些信息来源。

（2）利用信息系统。信息系统可以是正式的或者是非正式的。

（3）沟通风险信息。沟通的对象既包括内部的员工，也包括董事会、股东及其他外部的利益相关者。沟通方法可以是电子信息、外部/第三方材料、非正式/口头、公共活动、培训和研讨会、内部文件。

（4）对风险、文化和绩效进行报告。组织在各个层级对风险、文化和绩效做出报告。

5. 监控风险管理效果

通过监控风险管理（ERM）的效果，组织可以判断 ERM 的各组成部分的长期运作是否良好并获知有哪些实质性的变化。

（1）对重大变化进行监控。组织识别和评估可能对战略和业务目标的达成造成实质性影响的内部和外部变化。造成这些实质性影响的变化可能来自内部的原因，如快速成长、新技术或者管理层及其他人事变动；可能来自外部环境，例如法规和经济环境的变化；还可能来自组织文化方面，例如并购和重组带来的文化冲击。

（2）对 ERM 进行监控。组织应监控 ERM 的效果并随时准备对其进行效率上和实用性上的改善，组织同样要明确未来理想中的 ERM 状态，做到持续改进。

四、内部控制与企业风险管理的关系分析

内部控制和企业风险管理的目的都是为了满足企业在不同环境中对不确定性的应对管理，从而达到组织预期目的以及持续发展。内部控制要对风险的不确定性在应对策略方面进行具体的分解和落实，从而发挥化解风险、控制不确定性的作用，即内部控制是风险管理的业务实施和组织保障。

总体来说，内部控制和风险管理学科的共同发展为企业运营提供了支持，在企业的实际需求下，两个学科的交融和切入更好地为企业解决其实际运营中的各种不确定性提供了完整的解决方案。

（1）内部控制和风险管理各有侧重。内部控制侧重制度层面，通过规章制度规避风险；风险管理侧重交易层面，通过市场化的自由竞争或市场交易规避风险。一般来说，典型的内部控制依然是为了保证资金安全和会计信息的真实可靠，会计控制是其核心，内部控制一般限于财务及相关部门，并没有渗透到企业管理过程和整个经营系统，控制只是管理的一项职能；典型的风险管理关注特定业务中与战略选择或经营决策相关的风险与收益的比较，如银行的授信管理、汇率风险管理、利率风险管理等，它贯穿于管理过程的各个方面。

（2）内部控制与风险管理的根本作用都是维护投资者利益、保全企业资产，并创造新的价值。从理论上说，企业的内部控制是企业制度的组成部分，是在企业经营权与所有权分离的条件下对投资者利益的保护机制。其目的就是保证会计信息的准确可靠，防止经营层操纵报表与欺诈，保护公司的财产安全，遵守法律以维护公司的名誉以及避免招致经济损失等。企业风险管理则是在新的技术与市场条件下对内部控制的自然扩展。COSO 认为，企业风险管理应用于战略制订与组织的各层次活动中。它使管理者在面对不确定性时能够识别、评估和管理风险，发挥创造与保持价值的作用。风险管理能够使风险偏好与战略保持一致，将风险与增值及回报统筹考虑，促进应对风险的决策，减小经营风险与损失，识别与管理企业风险，为多种风险提供整体的对策，捕捉机遇以及使资本的利用合理化。

（3）做好内部控制是做好风险管理的前提。风险管理的目的是要防止风险、及时地发现风险、预测风险可能造成的影响，并设法把不良影响控制在最低的程度。内部控制就是企业内部采取的风险管理，内部控制制度的制定依据主要是风险，在某些极端情况下（内部控制等于风险管理）甚至完全由风险因素来决定。风险越大，越有必要设置适当的内部控制措施，风险相当大时，还要设置多重内部控制措施。而且，做好内部控制是做好风险管理的前提。企业只有从加强内部控制做起，通过风险意识的提高，尤其是提高企业中处于关键地位的中、高层管理人员的风险意识，才能使企业安全运行，否则，处于失控状态的企业最终将被激烈的市场竞争淘汰。

总之，企业风险管理框架建立在内部控制整体框架的基础上，内部控制则是企业风险管理必不可少的一部分。风险管理框架的范围比内部控制框架的范围更为广泛，是对内部控制框架的扩展，是一个主要针对风险的更为明确的概念。企业风险管理框架强调在整个企业范围内识别和管理风险的重要性，强调企业的风险管理应针对企业目标的实现，在企业战略制订阶段就予以考虑，而企业在对其下属部门进行风险管理时，应对风险进行加总，从组织的顶端、以一种全局的风险组合观来看待风险。此外，根据风险管理的需要，对企业目标进行重新分类，明确战略目标在风险管理中的地位。

第二节 我国企业内部控制规范的结构与内容

一、企业内部控制规范体系的结构

2010 年 4 月 26 日，财政部、证监会、审计署、银监会、保监会联合发布了《企业内部控制配套指引》。该配套指引包括 18 项《企业内部控制应用指引》《企业内部控制评价指引》和《企业内部控制审计指引》，连同此前发布的《企业内部控制基本规范》，标志着适应我国企业实际情况、融合国际先进经验的中国企业内部控制规范体系基本建成。我国内部控制规范体系分两个层面，一是基本规范，二是配套指引（见图 6-4）。

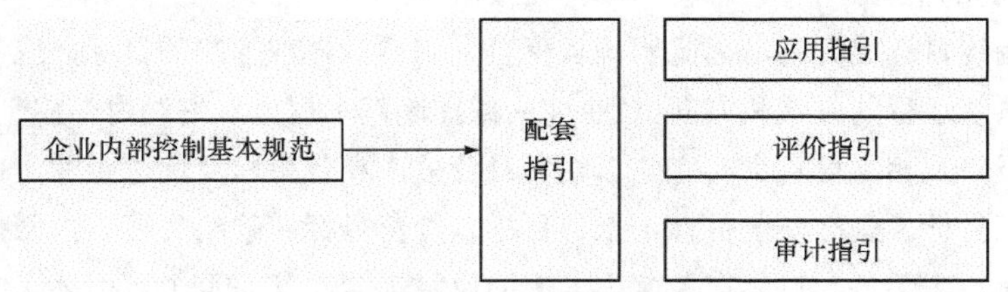

图 6-4　我国企业内部控制体系

（一）基本规范

《企业内部控制基本规范》是内部控制建设与实施应该遵循的基本原则和总体要求，具有强制性，纳入实施范围的企业应当遵照执行。

（二）配套指引

《企业内部控制配套指引》（包括应用指引、评价指引和审计指引）是对《企业内部控制基本规范》相关规定的进一步补充和说明，具有指导性和示范性，企业可以结合所在行业要求和企业自身特点，参照配套指引的规定开展内部控制建设与实施工作。配套指引包括应用指引、评价指引和审计指引，三者之间既相互独立，又相互联系，形成一个有机整体。

1. 企业内部控制应用指引

应用指引是对企业按照内部控制五大原则和内部控制五大要素建立健全本企业内部控制所提供的指引，在配套指引乃至整个内部控制规范体系中占据主体地位，主要包括控制环境类指引、控制活动类指引和控制手段类指引（见图 6-5）。

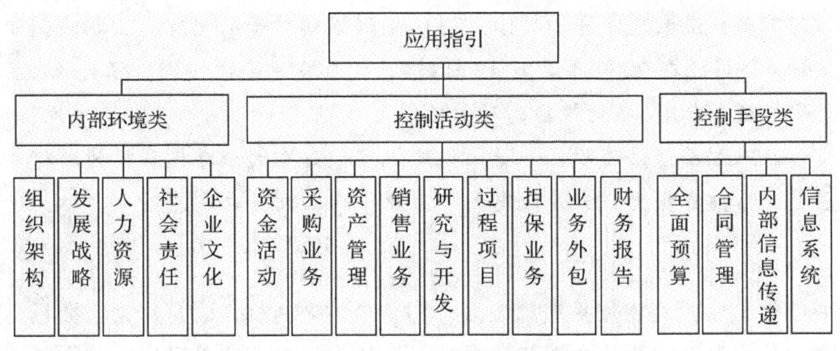

图 6-5　应用指引体系

2. 企业内部控制评价指引

评价指引是为企业管理层对本企业内部控制有效性进行自我评价提供的指引，用于企业董事会或类似决策机构对内部控制有效性进行全面评价、形成评价结论、出具评价报告的过程。

3. 企业内部控制审计指引

审计指引是为注册会计师和会计师事务所执行内部控制审计业务的执业准则。

二、企业内部控制规范的基本内容

我国企业内部控制规范的基本框架，可以概括为五大目标、五大原则和五大要素。

（一）内部控制的目标

内部控制是围绕目标展开的，因此明确目标至关重要。内部控制的目标，应是整个控制系统的出发点，决定了系统运行的方式和方向。《企业内部控制基本规范》中对内部控制提出了合法合规、资产安全、财务报告及相关信息真实完整、提高经营效率和效果以及促进企业实现发展战略的五大目标，简称为合规目标、资产安全目标、报告目标、经营目标和战略目标。内部控制五大目标是一个完整的目标体系，由于各大目标在控制体系中的层级不同，其在整个目标体系中的地位和作用也有所差异。

1. 合规目标

合规目标要求企业或其他组织完全遵循国家的法律法规和监管要求，是企业成功运营的必要保证，与企业活动的合法性相关。企业生存于社会这个大环境下，必须遵守社会的基本规范，包括法律规范和道德规范，必须在社会允许的范围内展开各项活动，即“小制度不能大于大法”。因此，遵守法规、制度是企业一切活动的前提，也是首先要保证完成的目标。国家有关法律、制度的落实必将依靠内部控制的有效执行加以保证。一个违反国家法律法规、丧失道德底线的企业，必然会将自身置于高风险的环境中，从而对自身的生存和发展造成巨大的威胁，后果可想而知。

合规目标方面的关注点主要包括：公司的各项活动符合法律法规确定的要求，通常涉及知识产权、市场、价格、税收、环境、员工福利以及国际贸易等。

【案例 6-2】

五粮液信息披露问题

2009 年 9 月 30 日，五粮液公司公告称，2007 年财报中对子公司宜宾五粮液供销有限公司主营业务收入数据差错，公司已在 2009 年 8 月 18 日披露的 2009 年半年报进行了更正披露。上述数据的更正披露，不会影响公司 2007 年财报披露的其他财务数据。

五粮液公司涉嫌三方面违法违规：一是未按照规定披露重大证券投资行为及较大投资损失；二是未如实披露重大证券投资损失；三是披露的主营业务收入数据存在差错。

2. 资产安全目标

虽然在 COSO 框架中没有将保护资产安全作为一个主要目标，而是作为主要目标中的一个子目标，但是我国的《企业内部控制基本规范》中重新将其作为内部控制目标的一个部分，这是基于我国的国情和现状做出的必然选择，是有一定用意的。我国普遍存在产权多元化现象，而且国有资产流失现象极其严重，保护资产安全和完整对资产所有者来说具有特别重大的意义。资产安全与否实际上是内部控制的一个过程控制结果，是实现其他目标的物质前提。因此，该目标要求内部控制能够保护主体所有资产的安全和完整。

资产安全目标方面的关注点主要包括：关注企业日常经营活动的效率，提高企业的生产力和竞争力，防止资产缩水，关注资产使用及处置的授权情况。

【案例 6-3】

澳柯玛大股东资金占用

2006 年 4 月 14 日，G 澳柯玛（600336.SH）发布重大事项公告：公司接到青岛人民政府国有资产监督管理委员会《关于青岛澳柯玛集团公司占用上市公司资金处置事项的决定》，青岛市人民政府将采取措施化解澳柯玛集团面临的困难。至此，澳柯玛危机事件公开化。

澳柯玛危机的最直接导火索，就是母公司澳柯玛集团公司挪用上市公司 19.47 亿元资金。澳柯玛集团利用大股东优势，占用上市子公司的资金，用于非关联性多元化投资（包括家用电器、锂电池、电动自行车、海洋生物、房地产、金融投资等），投资决策失误造成巨大损失。资金链断裂、巨额债务、高层变动、投资失误、多元化困局等众多因素，使得澳柯玛形势异常危急。

澳柯玛症结并非仅仅是多元化投资下的资金问题，关键问题还有自身的管理模式，即鲁群生近 17 年的家长式管理模式。鲁群生在特定环境中创业成功，然而在扩张中缺乏应有的风险意识，澳柯玛近亲繁殖任用干部现象使企业对市场缺乏应有的敏感度。

3. 报告目标

报告目标指内部控制应合理保证企业提供了真实、可靠的财务报告及其他信息。报告目标有助于组织向投资者、债权人等利益相关者以及内部管理层提供真实、可靠、完整的信息，具体包括内部和外部、财务与非财务信息，它是内部控制目标体系的基础目标。企业报告包括内部报告和外部报告，报告目标的提出更多地满足了企业外部的需求。对于外部使用者来说，真实、可靠和完整的财务报告能够公允地反映企业的财务状况和经营成果，从而有利于信息使用者做出决策。当然，非财务信息的重要性也是不言而喻的。

可靠的报告既为管理层提供了适合其既定目的的准确和完整的信息，也是外部监管的要求。报告目标方面的关注点主要包括以下几个部分。

（1）管理层决策及对公司活动、业绩监控的准确、及时、完整的信息的对内报告；

（2）用于满足投资者、监管部门及其他相关信息需求者的真实、可靠、完整信息的对外报告；

（3）信息的全面性，而不仅仅是财务信息。

【案例 6-4】

“董监高”无法保证年报真实性

*ST 博元（600656）2015 年 4 月 30 日公布了一份“董监高”无法保证真实性的年度报告。

*ST 博元在 2014 年度报告中做出重要提示：“本公司董事会、监事会及董事、监事、高级管理人员无法保证年度报告内容的真实、准确、完整，不存在虚假记载、误导性陈述或重大遗漏，并不承担个别和连带的法律责任。”理由是：“鉴于公司的现状。”

此外，在报告中还有多处关键地方没有填写，如“董事会关于公司报告期内经营情况的讨论与分析”“董事会对会计师事务所‘非标准审计报告’的说明”“董事履行职责情况”“公司治理”“内部控制”等都是空白。会计师事务所对这份年报出具了“无法表示意见”的审计报告。

*ST 博元年报中存在的上述问题也引起了上交所的关注，上交所 4 月 30 日对该公司股票实施停牌；同时将向公司发出监管问询函，要求公司对上述情况及其发生原因做进一步解释说明并公开披露。

4. 经营目标

经营目标旨在有效和高效地使用企业有限的资源，提高经营的效率和效果，实现良好的运营。经营目标是企业实现其战略目标的核心和关键所在，战略目标与企业的使命相关联，战略目标只有通过分解和细化成经营目标才能得以落实。因此，没有经营目标，战略目标再好也无任何意义。

经营目标需要反映特定企业自身及所处特定经济环境的特点，全面考虑产品质量的竞争压力、产品的生产周期和与技术变化相关的其他因素。一般来说，经营目标引导企业的资源流向，经营目标不成熟或不明确，会造成企业资源的浪费。通常情况下，良好的内部控制能够提高企业的经营效率和效果，提高单位时间产量，优化产品质量，从而提高企业的核心竞争力。管理层必须确保经营目标反映现实的市场需求，并且有明确的绩效衡量指标。

经营目标方面的关注点主要包括以下几点。

（1）经营目标与公司战略目标及战略计划一致；

（2）经营目标适应公司所处的特定经营环境、行业和经济环境等；

（3）各个业务活动目标之间保持一致；

（4）所有重要业务流程与业务活动目标相关；

（5）适当的资源及有效配置；

（6）管理层制定的公司经营目标及他们对目标的负责程度。

【案例 6-5】

“国内餐饮第一股”湘鄂情转型之路

北京湘鄂情餐饮管理有限公司于 2009 年 11 月 11 日上市，2013 年亏损 5.64 亿元。

2013 年 7 月进军环保业，2014 年 3 月进军影视行业，2014 年 6 月与中科院计算技术研究所联手，建立“大数据与网络新媒体联合实验室”，将上市公司的目光最终锁定在大数据云服务板块。

2016 年 4 月 29 日，*ST 云网发布了相关重组事宜。公司拟以 5.15 元/股的价格，发行股份购买无锡环卫、宁波金能、上海佑玺等公司持有的四川鼎成 100%股权，预估交易价格约为 18 亿元。该重组事项遭深交所问询，要求上市公司对重组预案中涉及的重组方四川鼎成是否借壳上市、财务问题、上市公司实际控制人、重组方的行业地位等 21 项内容进行逐一说明。

5. 战略目标

战略目标是基于组织整体视角的最高层次目标，其他目标都应与战略目标协调一致并服务于战略目标。战略目标与企业的目标紧密相关，并且是支持企业目标实现的基础。管理者为实现企业价值最大化这一根本目标，针对内外部环境，评估与目标实现相关的风险，根据风险偏好，做出一系列的反应和选择。一个企业为实现其战略目标，首要的任务是在分析内外部环境的基础上制订战略，明确战略目标；其次，对风险进行识别和评估，并在制订相应风险应对措施的基础上形成战略规划；最后，将战略目标逐步分解成若干子目标，再将子目标层层分解至各个业务部门、行政部门和各生产过程。上述过程为企业实现其战略目标提供了合理保证。

战略目标反映了管理层就主体如何努力为其利益相关者创造价值所做出的选择，是最高层次的目标，与其使命相关并支撑其使命。战略是实现企业目标的全面性、方向性的行动计划。企业在考虑实现战略目标的各种方案时，必须考虑与各种战略相伴的风险及其影响，对于同样的战略目标可以选择不同的战略加以实现，而不同的战略则具有不同的风险。因此，企业在战略选择之前，有必要对当前的经营状况进行评估，分析内、外部环境因素，明确公司在行业中所处的位置及面临的机遇和挑战，不断审视当前的目标与使命。

战略目标方面的关注点主要包括以下几点。

（1）管理层对企业绩效现状进行的评估，是前期战略进行监控的基础，也是企业新战略制订的基础；

（2）对内部和外部环境的监测分析；

（3）战略目标体系；

（4）战略选择遵循了必要的流程，并获得了充分地讨论；

（5）企业对目标实现与现有资源状况之间的匹配程度进行的评估；

（6）设定战略目标可接受程度；

（7）就战略目标与企业内部员工和外部相关利益集团之间进行沟通。

【案例 6-6】

激进的投资战略导致三九集团遭遇财务危机

从 1992 年开始，三九企业集团在短短几年时间里，通过收购兼并企业，形成医药、汽车、食品、酒业、饭店、农业，房产等几大产业并举的格局。但是，2004 年 4 月 14 日，三九医药（000999）发出公告：因工商银行要求提前偿还 3.74 亿元的贷款，目前公司大股东三九药业及三九集团（三九药业是三九集团的全资公司）所持有的公司部分股权已被司法机关冻结。至此，整个三九集团的财务危机全面爆发。

截至危机爆发之前，三九企业集团约有 400 多家公司，实行五级公司管理体系，其三级以下的财务管理已严重失控；三九系深圳本地债权银行贷款已从 98 亿元升至 107 亿元，而遍布全国的三九系子公司和控股公司的贷款和贷款担保在 60 亿元至 70 亿元之间，两者合计，整个三九系贷款和贷款担保余额约为 180 亿元。

（二）内部控制的原则

企业建立内部控制应遵循一定的原则，没有正确的原则指导，内部控制的设计就难免存在先天性不足的问题，其执行效率难免大打折扣。内部控制的基本原则是建立和实施各种内部控制应遵循的具有普遍性和指导性的法则和原则，它所要解决的问题是，为了实现内部控制的目标，基于内部控制的基本假设，根据内部控制的理论基础，应当如何科学地设计和执行内部控制的问题。《企业内部控制基本规范》明确指出，企业建立与实施内部控制，应当遵循全面性、重要性、制衡性、适应性、成本效益五大原则。这五个原则形成一个整体，设计企业的内部控制应做到统筹兼顾，不可偏废。

1. 全面性原则

全面性原则是指内部控制应该贯穿决策、执行和监督全过程，覆盖企业及其所属单位的各种业务和事项。全面性原则要求内部控制覆盖全部业务活动和每项业务活动的全过程，在层次上应当涵盖企业董事会、管理层和全体员工；在对象上应当覆盖企业各项业务和管理活动；在流程上应当渗透到决策、执行、监督、反馈等各个环节，避免内部控制出现空白和漏洞。

具体而言，全面性原则，首先要求企业进行全过程控制，即对整个经营管理活动过程进行全面、全方位、全时段的控制，其中包括企业管理部门用以授权与指导、进行购货、生产等经营管理活动的各种方式方法，以及核算、审核、分析各种信息及进行报告的程序与步骤等。其次，内部控制对全体员工都有约束力，企业应当进行全员控制。企业的每一位成员既是内控的主体，又是内控的客体，内部控制制度应保证每一位员工包括高层管理人员到基层执行操作人员都受到相应的控制。

2. 重要性原则

重要性原则是指内部控制应当在全面控制的基础上，关注重要业务事项和高风险领域。对重要业务经济活动进行重点控制时，对一项经济业务活动的关键环节实行重点控制。对关键控制点的选择，应统筹考虑会影响整个企业经营运行过程的重要操作与事项以及其是否能在重大损失出现之前显示差异，以便有利于对问题做出及时、灵敏的反应。例如，在设计与执行同存货相关的内部控制制度时，可以借鉴存货 ABC 管理方法，根据存货数量占比和资金占比，对其中的 A 类存货进行重点控制。

在理解上，应将全面性原则和重要性原则联系起来，不能片面、分立地理解。重要性是在全面性基础上的考虑，即重要业务事项一个都不能少。这是内部控制合理保证目标实现以及确定控制点的前提，也是成本效益原则的体现。

3. 制衡性原则

制衡性原则是指内部控制应当在治理结构、机构设置及权责分配、业务流程等方面形成相互制约、相互监督，同时兼顾运营效率。内部控制的本质之一是制衡，制衡性原则是内部控制的一个灵魂性原则，是内部控制有效性的具体判断标准。企业的机构、岗位设置和权责分配应当科学合理并且符合内部控制的基本要求，确保不同部门、岗位之间的权责分明和有利于相互制约、相互监督。履行内部控制监督检查职责的部门应当具有良好的独立性。任何人不得凌驾于内部控制之上。

制衡性原则要求人们在办理具有固定风险的经济业务事项，对涉及的不相容职务应该严格加以分离，不得由一个人或一个部门包办到底。组织行为理论强调授权和权力制衡的重要性，因此通过科学合理地设置机构、岗位和分配权责，能够实现权力的相互制衡，进而实现组织的各项目标。此外，不串通假设也为该原则地遵循奠定了基础。因此，制衡性原则是建立内部控制应当遵循的又一个重要的基本原则。

4. 适应性原则

适应性原则是指内部控制应当与企业经营规模、业务范围、竞争状况和风险水平等相适应，并随着情况的变化及时加以调整。适应性原则是成本效益原则的保证。组织行为理论强调人们应该重视环境的变化，“因地制宜”地设计、“因材施教”地执行内部控制。

企业在性质、行业、规模、组织形式和内部管理体制及管理要求等方面存在差异，这构成了企业不同的特点以及同一行业在不同的发展阶段表现出不同的特点。因此，企业应当根据各自的实际情况，恰当地设置适用的控制措施、手段及程序等，发挥应有的控制作用，满足管理的需要。

5. 成本效益原则

成本效益原则是指内部控制应当权衡实施成本与预期效益，以适当的成本实现有效控制。企业是以追求经济利益为目标的经济组织，内部控制的设计和实施是需要成本的。企业应当在保证有效性的前提下，合理地权衡成本与效益的关系，争取以合理的成本实现更为有效的控制。

这一原则要求企业根据规模大小及具体经营管理情况设计和执行内部控制制度，既要考虑到设计的经济性，又要考虑到执行的效益性，避免重复控制，浪费人力、物力和财力；应尽量精简机构和人员，减少过繁的程序和手续，提高工作效率；尽可能控制设计成本与执行成本，以达到最佳的控制效果。

【案例 6-7】

一个成本效益分析的例子

方案 1：雇用 6 名保安巡视超市。该项控制程序预计将会使公司每年增加费用 300 000 元；失窃的损失降为 0。

方案 2：雇用 1 名保安巡视超市，并在角落装设镜子及监视器。该项控制程序预计将会使公司每年增加 80 000 元费用；失窃的损失降为 100 000 元。

哪个方案更好？当然是方案 2。虽然方案 1 能将风险即失窃损失降为 0，但由此增加了费用 300 000 元；但方案 2 从成本效益的角度考虑，虽然发生了失窃损失 100 000 元，但控制所发生的费用大大降低了。

（三）内部控制的要素

按照《企业内部控制基本规范》的规定，我国企业内部控制包括内部环境、风险评估、控制活动、信息与沟通、内部监督 5 要素。

1. 内部环境

内部环境是企业实施内部控制的基础，一般包括治理结构、机构设置及权责分配、内部审计、人力资源政策、企业文化等。内部环境是影响、制约内部控制建立与执行的各种因素的总称，是实施内部控制的基础。

2. 风险评估

风险评估是指企业及时识别、系统分析经营活动中与实现内部控制目标相关的风险，合理确定风险应对策略。因此，风险评估主要包括目标制定、风险识别、风险分析和风险应对四个环节。风险评估是实施内部控制的重要依据。

3. 控制活动

控制活动是企业根据风险评估结果，采用相应的控制措施，将风险控制在可承受的范围之内。它是实施内部控制的具体手段。

4. 信息与沟通

信息与沟通是指企业及时、准确地收集、传递与内部控制相关的信息，确保信息在企业内部、企业与外部之间的有效沟通和正确应用的过程。它是实施内部控制的重要组成部分。

5. 内部监督

内部监督是指企业对内部控制建立与实施情况进行监督检查，评价内部控制的有效性，一旦发现内部控制缺陷，应当及时加以改进。它是实施内部控制的重要保证。

总之，内部控制的目标是一个体系，按照 COSO 的观点，每一个目标都要有相应的控制程序，从横向的角度来看，所有的控制程序一定存在某些共性，抽出所有控制程序的共性并归类就形成了内部控制的各个构成要素，即内部控制的要素结构。

图 6-6 所示为实现内部控制目标途径的示意图，这构成了内部控制要素的内部结构。

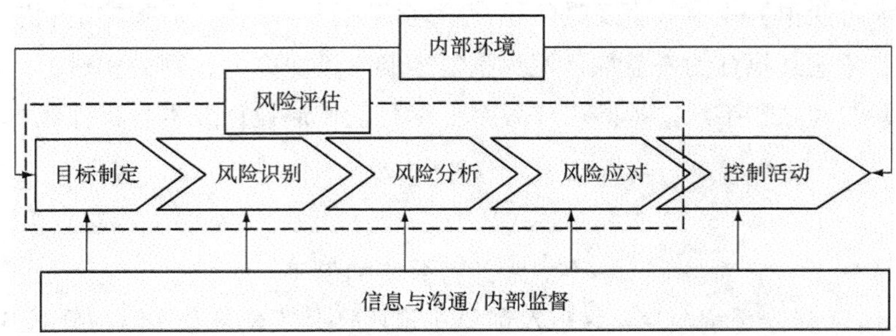

图 6-6 内部控制要素及其相互关系

三、相关比较

（一）目标的比较

内部控制是一个管理系统而非技术系统，是一个防守系统而不是进攻系统，因此，内部控制要实现企业的价值最大化目标，无法依靠利益的增加而只能通过减少支出。内部控制的目标，通常指内部控制所要达到的预期效果和所要完成的控制任务。从理论上说，内部控制的目标主要取决于内部控制本身所具有的功能和人们在设计、执行内部控制时的主观需要。内部控制的目标限于内部控制功能和人们的主观需求之间，不可能高于其本身的客观功能，当然，也不能低于主观需求。

1. 国内外相关报告的内部控制目标比较

内部控制的目标并非单一的，是由几个目标组成的目标结构或体系，并且，各目标之间存在着相互联系。目前内部控制学关于目标的阐述有“三目标论”“四目标论”“五目标论”，这些目标深入具有不同的层次，但有一个共同的目标指向，即降低各种风险带来的损失。对内部控制整体框架（COSO92）、企业风险管理框架（COSO04）与我国《企业内部控制基本规范》中所规定的内部控制目标进行的比较，如表 6-1 所示。

表 6-1 相关标准及规范的目标比较

标准或规范	目标	定义
COSO92	经营目标	实现经营效率和效果
	报告目标	财务报告可信性
	合规目标	相关法令遵循
COSO04	战略目标	与企业使命相关，并且支持完成该使命
	经营目标	有效和高效地使用资源
	报告目标	报告的可依赖性
	合规目标	遵守相关法律和规则
基本规范	合规目标	合法合规
	资产安全目标	资产安全
	报告目标	财务报告及相关信息真实完整
	经营目标	提高经营效率和效果
	战略目标	促进企业实现发展战略

以上标准或规范对内部控制目标的规定有所差异，主要是因为，第一，确定控制目标的设定基础。有的以内部会计控制为基础设定（如 1949 年的定义），有的以内部控制为基础来设定，有的以风险管理为基础设定；第二，颁布这些标准或规范的机构不同。有的从企业层面颁布，有的从行业层面颁布，有的从监管层面颁布。

反观我国基本规范，相较于企业风险管理框架，多了一个资产安全目标，资产安全是企业展开各种经济活动的物质前提，但是从目标的排列次序上可以看出，我国的基本规范中规定的次序恰恰与企业风险管理报告要求的相反，这是结合我国基本实情的具体规定。一般认为，首先，企业应当在合规合法的前提下开展活动，违背了这项原则，其他目标再好也是纸上谈兵。其次，保证合规合法目标实现的基础之上，资产作为企业经济活动的物质前提，应当保证实现资产安全的目标。再次，企业应当保证财务报告及相关信息的真实完整，以便于利益相关者做出决策。与此同时，企业应当回归到日常经营管理活动当中来，提高企业的经营效率和效果，提高经营业绩是企业的大势所趋。最后，在上述四个目标实现的基础上，提出了企业的发展战略。我国内部控制五大目标的关系如图 6-7 所示。

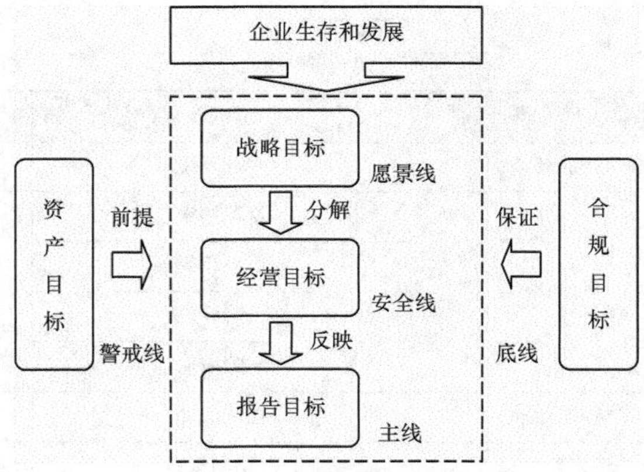

图 6-7　内部控制五大目标的关系

2. 我国内部控制目标演进过程

我国的相关法规制度对内部控制目标的界定也是一个不断演进的过程，从表 6-2 可以看出，我国相关法规、制度对内部控制目标的界定，可以分为三个发展演进阶段。

第一阶段，外部化阶段。强调内部会计控制，突出财务报告的真实完整，主要表现在《独立审计具体准则第 9 号——内部控制和审计风险》（体现内部控制为审计服务）、财政部《内部会计控制规范——基本规范》等。

表 6-2　我国相关法规制度对内部控制目标的界定

相关规范	合规目标	资产目标	报告目标	经营目标	战略目标
《独立审计具体准则第 9 号——内部控制和审计风险》	●	●	●	—	—
财政部《内部会计控制规范——基本规范》	●	●	●	—	—
《中国注册会计师审计准则第 1211 号》	●	—	●	●	—
上交所《上市公司内部控制指引》	●	—	●	●	—
深交所《上市公司内部控制指引》	●	●	●	●	—
五部委《企业内部控制基本规范》	●	●	●	●	●

第二阶段，内部化阶段。强调内部控制，在保证财务报告真实完整的前提下提高经营的效率和效果，主要表现在《中国注册会计师审计准则第 1211 号》(体现风险导向的审计内涵)、上交所《上市公司内部控制指引》、深交所《上市公司内部控制指引》等。

第三阶段，风险管理阶段。强调企业风险管理，主要表现在五部委《企业内部控制基本规范》。

以上三个阶段说明我国内部控制目标的发展是在借鉴国外最佳实践的基础上，关于内部控制理念与实践的提升。

（二）内部控制要素的比较

表 6-3 是内部控制相关标准与规范的要素比较，纵观内部控制的历史演进可以发现，从最早的内部控制“一要素”阶段——内部牵制阶段，“二要素”阶段——内部控制制度阶段，“三要素”阶段——内部控制结构阶段，到“五要素”阶段——内部控制整合框架阶段，再到“八要素”阶段——风险管理整合框架阶段，内部控制的发展历史实际上也是内部控制要素不断充实和丰富的过程。内部控制基本要素反映了内部控制的内容，这些要素及其构成方式与整个控制过程整合在一起，决定着控制的内容与形式。

表 6-3　　相关标准与规范的要素比较

标准或规范	COSO92	COSO04	基本规范
要素	控制环境	内部环境	内部环境
	风险评估	目标制定	风险评估
		事项识别	
		风险评估	
		风险应对	
	控制活动	控制活动	控制活动
	信息与沟通	信息与沟通	信息与沟通
	监控	监控	内部监督

由表 6-3 可见，企业风险管理框架（COSO04）在内部控制整体框架（COSO92）的基础上，将风险评估分解为目标制定、事项识别、风险评估和风险应对四个要素，纳入风险管理流程，突出了风险管理的重要性。而基本规范是五要素的体系结构，一方面继承内部控制整体框架（COSO92）的理论成果，另一方面适当体现企业风险管理框架（COSO04）的先进理念，结合我国国情的基础上将两者有效结合。

第三节　内部控制的重要性和局限性

一、内部控制的重要性

内部控制作为现代组织管理框架的重要组成部分，是一个组织持续发展的机制和重要保证。现代组织理论和管理实践表明，组织的一切管理工作，都要从建立与健全内部控制制度开始；组织的一切活动，都无法游离于内部控制之外。“得控则强，失控则弱，无控则乱”，内部控制的重要性主要体现在以下4个方面。

（一）内部控制是实现企业发展战略的基础

企业的发展不能是为现在而发展，而应该是为未来而发展，必须要有一个长期的目标。企业的发展战略是企业对全局的一种总体设想，是从宏观的角度对企业的未来的一种较为理想的设定。它所提出的是企业整体发展的总任务和总要求，它所规定的是整体发展的根本方向。因此，人们所提出的企业发展战略总是高度概括的，而且着眼于未来和长远。一般认为，要实现企业长远的发展战略就要有健全有效的内部控制作为支撑。实践证明，在我国经济快速发展的背景下，只有建立和实施科学的内控体系，才能提升风险防范能力，实现企业可持续发展战略。在西方，内部控制提出得较早，相关的法律法规也对此有了明确的要求。而在我国，具有强制性要求的内部控制基本规范形成较晚，许多企业并没有自发地认识到建设与执行内部控制的重要性，因此，在与国外企业交往的过程中，常常由于这方面的欠缺而遭到不公正的待遇。企业应该意识到，内部控制及其评价制度不只是为了满足外部强制要求，而应该最终成为一种自发的行动。建设和完善内部控制体系是我国企业融入国际社会和健康、可持续发展的必由之路。

（二）内部控制是提高企业经营管理效率的保证

内部控制产生于组织管理的需要，存在于组织经营管理活动之中，是组织内部管理的重要组成部分，这就决定了内部控制的主体是组织的管理部门和具体执行各项控制措施的人员，企业内部控制划分为内部管理控制与内部会计控制两大类。内部管理控制制度是指那些对会计业务、记录和报表的可靠性没有直接影响的内部控制。内部会计控制是指那些对会计业务、记录和报表的可靠性有直接影响的内部控制，通过这种控制的建立，能维护财产物资的安全、完整，保证会计信息的真实、可靠，保证经营管理活动的经济性、效率性和效果性，保证各项法律和规范的遵守。内部控制贯穿于企业经营管理活动的各个方面，只要企业存在经济活动和经营管理，就需要建立、健全企业的内部控制并加强内部控制。

（三）内部控制是提高企业信息质量的保证

众所周知，在信息化时代，信息足以决定一个企业的兴衰存亡。首先，高质量的报告信息将为管理当局提供准确而完整的信息，用以支持管理当局的决策和对主体活动及业绩的监控。同时，高质量的对外报告和披露有助于企业的外部投资者、债权人等利益相关者以及监管当局做出正确的决策。有效的内部控制系统通过职务分离、岗位轮换、内部审计等控制方法及手段对企业信息的记录和报告过程进行全面持续的监控，及时发现和纠正各种错误与舞弊，保证企业信息能够真实完整地反映企业经营活动的实际情况。反思我国近年来的一系列财务舞弊案件，如红光实业、银广夏、蓝田股份等，其组织的内部控制失效负有不可推卸的责任。国内外证券市场的财务丑闻，使得广大投资者蒙上厚重的心理阴影，要求规范上市公司财务报告的呼声越来越高。有效的内部控制，对于重塑投资者的信心，维护资本市场的公平和透明，进而保护投资者利益与国家经济安全意义重大。

（四）内部控制是加强企业制度管理的根本

现代企业制度是指以市场经济为基础，以完善的企业法人制度为主体，以有限责任制度为核心，以公司企业为主要形式，以产权明晰、权责明确、政企分开、管理科学为条件的新型企业制度。企业是一系列“契约的联结”，由于委托人不能直接观测到代理人选择了什么行动，委托人和代理人之间存在信息不对称，具有机会主义倾向的管理当局会利用自己的信息优势，发生偷懒、不当消费等行为，以牺牲委托人的利益为代价，使自己的利益最大化。因此，企业所有者需要监督代理人，防止代理关系下的信息不对称，降低代理成本，实现公司治理目标，从而有助于最大限度地满足企业所有者的权益。同时，通过不相容职务分离控制、授权审批控制、会计系统控制、资产安全控制、绩效考评控制等手段形成各司其职、各负其责、相互制约的工作机制，逐渐推动企业管理水平与会计信息质量的提升，提升经营的效率和效果。

【小看板】

制度比技术更重要

模仿经济学认为，次发达国家总是不断模仿发达国家的经济，但赶不上发达国家，形成“后发劣势”。究其原因，是次发达国家只模仿发达国家的技术而不模仿产生技术的环境，特别是制度。

发达国家的科技水平之所以较高，这绝对不是一个纯粹的科学技术问题，科技水平是由整个社会系统中各要素相互作用所决定的，是综合运动的结果。科学技术是生产力，制度、管理、政策也是生产力；我国不正是推行了市场经济制度，借鉴了现代企业管理制度，实行了改革开放政策，才激发出了惊天动地的生产力吗？我国实施科技优先战略，以发达国家丰富而众多的、贴近市场需求的科技研发方式及其成果为主要目标，进行科技模仿创新之时，也要对发达国家的制度、管理、政策等诸多发展因素进行模仿、创新。

二、内部控制的局限性

依据唯物辩证法的观点，任何事物都不可能尽善尽美，内部控制也有其两面性：一方面它对企业预期目标具有控制作用；另一方面也有他的不足和缺陷，存在固有的局限性。一般而言，内部控制的局限性表现在以下几个方面。

1. 成本限制

内部控制受到成本与效益原则的限制，内部控制系统所需求的保证水平有必要根据其成本而定。一般来说，控制程序的成本不能超过风险或错误可能造成的损失和浪费。否则，再好的控制措施和方法也将失去意义。

由于存在资源稀缺问题，企业必须考虑建立控制的相应成本。一般而言，用于衡量控制成本与收益的标准不同。控制成本量化较为容易，控制效益量化则相当复杂，难免包括主观的评估。在评估潜在收益时可以考虑以下特定因素：不理想情形发生的可能性、各项活动的特性、时间价值有可能对实体造成的潜在财务或经营影响。

此外，成本效益决策的复杂性还在于当控制与管理或运营过程相结合，或“纳入”管理或营运过程时，很难区分哪些是控制的成本与效益，哪些是管理或营运的成本与效益。同样，若干项控制措施组合在一起，在很多时候，可用以防范或减轻某一特定的风险，但对具体单项的控制成本与效益则很难估计。另外，控制成本与效益的估计，也会因单位或业务性质的不同而有所侧重。高风险活动明确要求进行成本收益分析，而低风险活动则可以省略。

2. 人为失误

内部控制的设计会受到设计人员经验和知识水平的限制，因而可能存在缺陷。同时，执行人员的粗心大意、精力分散、判断失误以及对指令的误解等，也可能使内部控制系统失控或陷于瘫痪。例如，经营决策必须在规定的时间内，根据所掌握的信息，在经营行为的压力之下通过人为判断来做出。根据事后的剖析，有些基于人为判断的决策，并不能产生预期的效果，而且可能需要做出改变。

3. 串通舞弊

两人或多人的合谋活动可能导致内部控制的失效。从事犯罪或者试图隐瞒某项行为的个人，通常会设法改变财务数据或其他管理信息，使其不能为内部控制系统所识别。例如，执行一项重要控制职能的员工可能会与客户、供应商或其他员工串通。不同级别的销售人员或部门经理有可能合谋绕过控制，以使所报告的成果达到预算或激励目标。因此，在实际工作中，如果处于不相容职务上的相关人员相互串通、相互勾结，失去了不相容职务之间相互制约的基本前提，内部控制也就很难发挥作用。

【小看板】

对人性的基本估计

现代学者分析，人群可以分为“自觉正直”（绅士）、“非正直”（老虎）、“非自觉正直”（非驴非马）这三类人。而大多数人是属于“非自觉正直”的，即需要外力予以行为调控。据统计，欺诈行为未被察觉的约75%以上；被察觉的事件中未予披露的80%左右；10年间，由路透社商业版报道过的欺诈事件大约有385 000篇。

【案例6-8】

会计与出纳串通舞弊

某企业的会计邵某与出纳马某，在不到5年的时间里，利用职务之便，采取对单位的账外资金不计入财务账目的方法，合伙贪污单位存在银行的捐款、房款、保险费等公款产生的利息等共计11万余元。近日，她们被法院分别判处有期徒刑10年，没收财产1万元。

4. 滥用职权

各种控制程序是管理工具，但任何控制程序都不能发现和防止那些负责执行监督控制的管理人员滥用职权或不当用权。管理权的干预一直是导致许多重大舞弊发生和财务报告失真的一个重要原因。在某些情况下，对于担任控制职能的人员越权管理、滥用职权，即使具有良好设计的内部控制，也不能发挥其应有的作用。内部控制作为企业管理的组成部分，理所当然地要按照管理人员的意图运行，尤其是对企业负责人的决策更具有决定性的作用。决策出了问题，贯彻决策人意图的内部控制也就失去了其应有的控制作用。

【案例6-9】

B公司投资决策控制缺陷

B公司董事长谭某经朋友介绍认识了自称是境外甲金融投资公司（以下简称甲公司）总经理的廖某，双方约定，B公司向甲公司投入1 000万元作为投资，期限1年，收益率20%。考虑到这项投资能给本公司带来巨额回报，为避免错失良机，谭某指令财会部先将1 000万元资金汇往甲公司，之后再向董事会补办报批手续、补签投资协议。财会部汇出资金后向对方核实是否收到汇款时却始终找不到廖某。后经查实，甲公司纯系子虚乌有。

【案例 6-10】

抢劫一家银行，不如拥有一家银行

“抢劫一家银行，不如拥有一家银行”这是银行家之间的一句流行语，出自 20 世纪 90 年代初美国存贷社崩溃事件。存贷社的集体贪污犯罪行为造就了 1 098 个被告，其中 580 人被定罪判刑，451 人被判监禁。

1999 年，广东省中行本外币不良资产达 1 062 亿元，不良贷款比率为 60.5%。境内外由银行以各种名义开办的公司，最高峰时达 345 家，投入银行资金 140 亿元，不良贷款率为 90%。近 5 年共处理了 1 932 人。

5. 制度失效

内部控制制度是针对制度制定时的经济业务设计的，内部控制可能会因经营环境、业务性质的改变而削弱或失效，可能会对不正常的或未预料到的业务类型失去控制能力。企业处于经常变化的环境之中，为保持竞争力，势必要经常调整经营策略，这就会导致原有的控制制度对新增的业务内容失去控制作用的情况发生。

【案例 6-11】

制度缺陷，单位损失巨大

某单位由于在财务管理上过于宽松，允许出纳与会计相互代理工作，让会计钻了个大空子，3 年间“蚂蚁搬家”般地采用虚列支出、银行提现不入账、伪造银行对账单等手段涉嫌贪污公款 300 余万元。这名会计在准备卷款潜逃时被抓获，近期被判处有期徒刑 15 年。

6. 例外事件

内部控制主要是围绕着企业正常的生产经营活动，针对经常性的业务和事项进行的控制。但在现实企业中，由于复杂多变的外部环境使得企业常常会面对一些意外和偶发事件，而这些业务或事项由于其特殊性和非经常性，没有现成的规章制度可循，造成了内部控制的盲点。也就是说，内部控制的一个重大缺陷在于它不能应对例外事件。企业在处理这些事项时，往往更多地凭借管理层的知识和经验以及对环境变化的感知度，这就是所谓的“例外管理原则”。

【知识链接】

（COSO）2013 年新版内部控制框架

COSO 更新其原始框架的目的之一，旨在反映目前商业和运营环境的变化。COSO 在考虑各种环境变化的同时，在新框架中保留了内部控制的核心定义以及内部控制的五个要素，这五个要素组成了为众人所熟知的三维“立方体”。此外，用以评估内部控制系统有效性的准则亦大致维持不变。内部控制有效性是依据内部控制的五个要素进行评估，即仍然依循原始版本框架和支持该五个要素的相关原则。2013 版框架另一维持不变的内容是，其继续强调管理层判断在内部控制系统有效性评估中的重要性。

2013 版框架更着重原则（principles）导向。COSO 将 1992 年版本框架中已有的原则加以规范化，使其更加清晰明确，以利于建立有效的内部控制及评估其有效性。1992 年版本框架隐晦地提出了内部控制的核心原则，而 2013 版框架则明确地列出了 17 项原则，且每一项原则均与其中一个要素相连，代表这些基本概念都与内部控制的五个要素相关联。这些原则都较为宽泛，以适用于营利组织、非营利组织、政府机构以及其他类型组织。每一原则都有多个关注点所支持，这些关注点代表着这些原则的相关特点。各个要素和各项原则组合起来就构成了内部控制的准则，而各个关注点则为管理层提供指引，协助其评估内部控制的各个要素是否存在并发挥效用，以及在企业内的共同运作。

2013 版框架能够更容易地被应用于设定企业目标。1992 年版框架指出，目标设定是一个管理流程，而且是内部控制的先决条件。2013 版框架虽然保留了这个观点，但它将相关讨论内容从风险评估章节移到较前的章节，以强调目标设定并不是内部控制的一部分。此外，2013 版框架扩大了报告目标类别，将财务报告以外的其他外部报告类型，以及包括财务和非财务报告在内的内部报告，都纳入考虑范围。1992 年版框架的报告焦点仅局限于对外财务报告。

思考题

1．如何理解我国《企业内部控制基本规范》对于内部控制的定义？

2．简述全面性原则和重要性原则的关系。它们之间存在冲突吗？

3．为什么说“内部控制不是一个人、一个部门的事，是全员参与的过程”？

4．请阐述内部控制五个目标之间的关系。

5．试解释“没有最好的制度，只有适应环境的制度”。

6．“内部控制就是纠错防弊”的说法对吗？

7．为什么说内部控制是相当脆弱的？

8．如何处理好继承与创新、固化与优化、原则性与灵活性的关系？

9．怎样的内部控制是持续有效的控制？

10．我国的《企业内部控制基本规范》与 2001 年财政部颁布的《内部会计控制基本规范》相比有什么创新？它吸收了新旧 COSO 报告的哪些内容？

第七章 内部环境

【教学目标】

通过本章的学习，读者可以了解内部环境是内部控制的基础，熟悉内部环境的构成因素、因素之间的动态关系以及国内外的差异，掌握组织架构、发展战略、人力资源、社会责任和企业文化等企业层面控制的风险及应对。

【引例】

纵览国内外上市公司失败的案例，失败的根本原因在于内部环境。虽然，这些公司也具有形式上健全的组织架构、人力资源政策，完整、规范的财务管理制度、授权审批程序和操作流程。但是加强内部控制建设，优化内部环境要素，是提高企业管理水平的一项重要的基础性工作。越是基础的越重要，内部环境是内部控制的基础。让我们看一下沃尔玛的内部环境。

沃尔玛百货有限公司由美国零售业的传奇人物山姆·沃尔顿先生于1962年在阿肯色州成立。沃尔玛是世界上最大的零售商，连续四年排名《财富》杂志世界500强企业榜首。主要业态为：沃尔玛购物广场（面积在1万～2万平方米，经营品种2万种左右）、山姆会员店（面积2万平方米以上，经营品种5 000种左右）、沃尔玛社区店。目前，沃尔玛在全球开设了超过6 000家商场，员工总数160多万人。每周光临沃尔玛的顾客近1.4亿人次，商店分布在美国等16个国家。

组织架构又是内部环境的基础。沃尔玛每家分店由一位经理和至少2位助理经营管理，经理负责整个商店的运营，2位助理则分别负责耐用商品和非耐用商品的管理，他们又领导着36个商品部门经理。商店经理向地区经理汇报工作，每位地区经理负责约12家分店。地区经理又向区域副总裁汇报工作，每位副总裁又下设3～4位地区经理。区域副总裁向公司执行副总裁汇报工作。有2位高级副总裁分别负责新店发展和公司财务等。组织结构体系中，各区域副总裁是核心，他们负责整个公司的沟通和运营管理。虽然沃尔玛扩展迅速，但是这一管理结构仍然与初建时同样简单、精练和有效。

企业文化是内部控制的保障。企业文化的精髓在于企业理念，企业的理念就表现在企业的价值观上。沃尔玛的创始人山姆·沃尔顿所倡导并奉为核心价值观的“顾客就是上帝”“尊重每一位员工”“每天追求卓越”“不要把今天的事拖到明天”“永远为顾客提供超值服务”等的服务原则和文化理念，都被世人称为宝典，山姆·沃尔顿的非凡创造能力和他所倡导并一手建设的企业文化，就是一个现代版商业神话诞生的源泉。

因此，内部控制应从环境建设开始。随着内部控制理论的不断发展与深化，人们越来越意识到内部环境要素是企业内部控制的关键，是内部控制框架中其他要素的基础，是所有的控制方式和方法赖以运行的基石。没有一个良好的内部环境，其他内部控制要素不论质量如何，都不可能形成有效的控制。

第一节 内部环境概述

企业作为一个系统，总是在一定的环境下运行的。与企业相关的环境分为内部环境和外部环境，不论是对风险的评估还是控制活动的开展，企业都需要对内、外部的环境进行深入的了解。然而，内部控制只是企业的一种内部行为，通常而言，外部环境对企业内部控制的影响更多地体现在约束和规范上，它超出了企业自身的控制能力和范围，不是内部控制系统的组成部分；内部环境是直接造成各企业内部控制形成和差异的根本原因，是内部控制理论研究首先应该关注的环境要素。企业内部环境建设的目标就是为了实现发展战略、提高竞争力、营造一个有利的内部条件与内部氛围。企业内部环境对内部控制系统的实施及其职能的发挥产生重大、持久的影响，是推动企业内部控制工作的发动机，它奠定了组织的风格和结构，并将最终成就企业内部控制的结果。不同时期、不同国家内部环境制度及其影响因素是可以不同的，但其适应性与创新性却是永恒不变的主题。

内部环境是组织内部的一种共享价值体系，是影响、制约企业内部控制建立与实施的各项内部条件与氛围的总和，包括企业的资源、能力和文化等因素。从内部环境发展演进阶段可以看出，内部环境诸因素之间均有着千丝万缕的联系，它们一脉相承，分别代表着社会经济、企业管理等发展各时期内部环境的主要影响成分（见表 7-1）。

表 7-1 内部控制相关标准（规范）内部环境构成因素

标准	内部环境构成因素								
SAS NO.55	经营管理理念	组织结构	董事会	授权与分配责任的方法	管理控制方法	内部审计	人力资源政策与实务		
COSO 92	诚信与道德	素质要求	董事会与审计委员会	管理哲学与经营风格	组织结构	责任分配与授权	人力资源政策与执行		
COSO 04	风险管理理念	风险文化	董事会	操守和价值观	对胜任能力的承诺	管理方法和经营模式	风险偏好组织结构	职责和权限分配	人力资源政策和实务
基本规范	治理结构	机构设置	权责分配	内部审计	人力资源政策	企业文化			

一、SASNO.55：内部环境的形成

1988 年，美国注册会计师协会（AICPA）发布《审计准则公告第 55 号》（简称 SASNO.55），第一次正式将控制环境纳入内部控制范畴，控制环境从此成为内部控制理论研究的重要方面。该公告首次提出“内部控制结构”的概念，指出控制环境是对建立、加强或削弱特定政策、程序及其效率产生影响的各种因素，这些因素包括经营管理理念、组织结构、董事会、授权与分配责任的方法、管理控制方法、内部审计、人力资源政策与实务等。SASNO.55 强调了内部环境中最关键的因素是与有效控制政策和程序制定、实施密切相关的管理层和董事会对控制的态度；并将“内部审计”作为环境因素，以强化监控。在要素的排列上，“组织结构”是受“经营管理理念”影响的，管理层决定了组织结构的安排；将“人力资源政策与实务”排在最后，作为保障性、支持性影响因素，这一思路一直影响到现在。

二、内部控制整体框架：内部环境的发展

1992 年，COSO 发布《内部控制——整体框架》（简称 COSO92），提出控制环境是组织的基调，

主导或左右着组织成员的控制理念；控制环境是其他内部控制要素的基础，决定着控制的边界和结果，包括诚信与道德、素质要求、董事会与审计委员会、管理哲学与经营风格、组织结构、责任分配与授权、人力资源政策与执行 7 大因素。COSO92 突出了企业文化中的核心内容——“员工的诚信与道德”以及“素质要求”，并将它们作为控制环境要素的两个首要因素，突出了软控制的影响力；同时，提升了董事会与审计委员会在控制环境中的重要作用和地位，强调董事会的参与而非干预。从员工的“诚信与道德”到“人力资源政策与执行”，形成了完整的控制环境构成因素体系，7 大因素的有序组合以及良性循环有力地推动了企业管理“车轮”滚滚向前。但是，COSO92 的视角还是立足于外人（特别是外部审计师）如何看待一个企业的控制环境，企业进行内部环境建设仍处于被动应对状态。

三、企业风险管理框架：内部环境的成熟

COSO 的《企业风险管理——整体框架》（简称 COSO04）用“内部环境”代替了“控制环境”，提出内部环境包含组织的基调、营销组织中人员的风险意识，是企业风险管理所有其他构成要素的基础，为其他要素提供约束和结构；它影响着战略和目标如何制定、经营活动如何组织以及如何识别、评估风险并采取行动；它还影响着控制活动、信息与沟通体系和监控措施的设计与运行。由风险管理理念、风险文化、董事会、操守和价值观、对胜任能力的承诺、管理方法和经营模式、风险偏好组织结构、职责和权限分配、人力资源政策和实务 9 大因素构成。与 COSO92 内部环境构成因素相比，COSO04 虽然仅增加了两个因素、微调了因素排列顺序、修正了部分因素的措辞，但内部环境内涵却发生了深刻变化。第一，突出“企业”的重要性。内部环境建设是企业自己的事，是企业内部积极的需求，而非外部强加的压力，强调企业首先应有“风险管理理念”，并将这种理念传导、灌输给全体员工，形成“风险文化”，这是对 COSO92 内部环境思想的重大突破；第二，突出“风险”的重要性。强调风险管理理念、风险文化、风险偏好（风险承受度），将上述内容用于制定战略之中，并贯穿于整个企业；第三，突出“管理”的重要性。实现从控制到管理的转变，引入战略观念，同时提升了董事会在战略决策中的地位和作用。在措辞方面，相对于 COSO92，将“诚信与道德”改为“操守和价值观”，将“素质要求”改为“对胜任能力的承诺”，更为恰当、准确地把握了企业文化是内部环境构成因素的精髓；将“管理哲学与经营风格”改为“管理方法和经营模式”，更为具体且切合企业管理实际，即对管理层的要求不仅是空洞的哲学与风格，更要拥有具体的方法与模式；“组织结构”改为“风险偏好组织结构”，合理解释了每个企业组织结构的不同是受风险偏好影响的缘由。

四、我国的借鉴与创新

2008 年，财政部、证监会、审计署、银监会、保监会联合发布了《企业内部控制基本规范》。基本规范参照国际良好实践，结合我国企业具体情况对内部环境做了规定。内部环境是企业实施内部控制的基础，一般包括治理结构、机构设置及权责分配、内部审计、人力资源政策、企业文化等。总体来说，基本规范借鉴了 SASNO.55 的表述方式，同时融入 COSO92 的先进理念。我国企业市场化发展起步较晚，内部控制成熟度较低，内部环境整体还处于低层次。在内部环境构成因素中，需要健全治理结构、完善机构设置。治理结构作为我国企业内部环境的首要因素是长期、正确的战略

考虑，完善治理结构是上市公司的迫切任务，也是现阶段相关部门监管的重点。为强化内部监督，针对我国企业内部审计弱化、形同虚设的特点，参照美国早期（SASNO.55）的做法，基本规范将内部审计作为内部环境构成因素，要求企业保持内部审计在机构设置、人员和工作上的独立性。

在企业成长、发展过程中，企业文化是必不可少的重要环境因素。从中西方内部环境影响因素排列顺序来看，COSO 两个报告都将文化因素排在前列，我国却将其排在最后。权衡制度管理与人本管理的关系，在没有良好制度的前提下，文化作为环境因素是相当脆弱的。我们认为，西方的人本管理是其制度管理的回归，在我国，制度管理是根本，人本管理是补充，我国企业需要补制度管理的课。

但是，基本规范中相关因素的表述尚未达到西方良好实践的高度，如在管理哲学（方法）和经营风格（模式）方面未做基本概念的约定；权责分配因素采用权在前、责在后的中国式表述方式，不符合国际先进理念，按照 COSO 报告“目标→责任→权力”的思路，首先明确部门、人员目标，目标如果不能实现应承担责任，为避免风险的发生（责任的承担）才赋予一定的权力，保持责权对等；在人力资源方面只强调“政策”制定，不强调政策的“执行（或实务）”。事实上，人力资源建设关键在于执行。

第二节 内部环境的职责

一、控制的层级制度

内部控制不是在真空中存在的，它涉及人员、政策和程序，是对组织自身的一种控制环境。内部控制是主观的，因为它依赖于管理层认为控制有多重要，是否选择有效的战略，如何监督和实施控制。内部控制的每一个有意义的检查都必须考虑环境。

由管理层建立的内部环境会对一个组织的控制程序与技术的有效性产生重要的影响。控制环境的形成会受到很多因素的制约。有些因素清晰可见，如正式的公司政策声明或内部审计职能。有些因素是无形的，如职业胜任能力和人员的诚实性。

《国际注册内部控制师通用知识与技能指南》把内部控制视为一个三级分类的控制层级制度。如图 7-1 和图 7-2 所示，在层级制度的顶端是内部环境，即“公司治理”另外两个层级控制措施的执行与效果。在内部环境控制之下是系统控制，最底层的是交易处理控制。

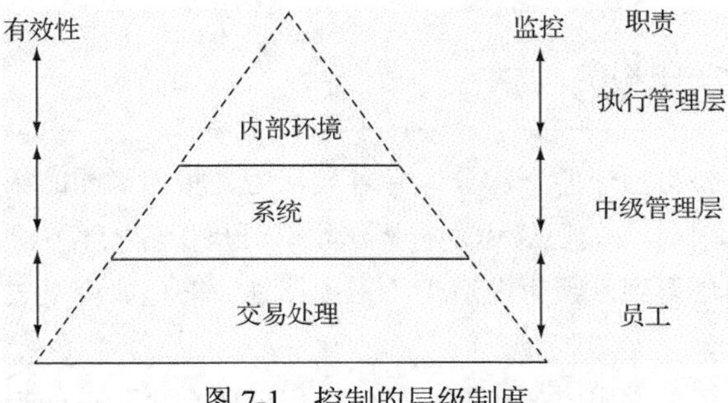

图 7-1 控制的层级制度

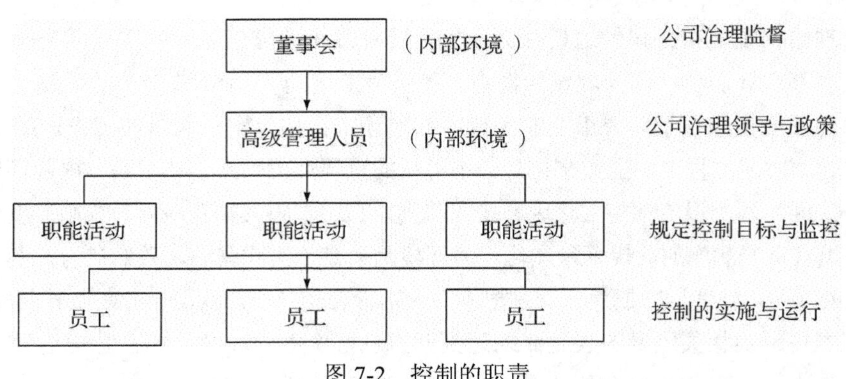

图 7-2　控制的职责

控制措施的有效性是从内部环境开始向下移动的。换句话说，如果环境控制是薄弱的，其他层级的控制将不会有效。例如，如果管理层不创建一个希望员工能保护数据安全性的环境，员工或许不关心保存密码的重要性。在一个松散的内部环境控制中，个人可能把密码标签贴在计算机终端上。如果对系统的控制措施是薄弱的，交易处理的控制措施将同样是薄弱的。

有效地控制是董事会和组织中每个员工的责任。管理层创建一个内部环境是很重要的，在这一环境中每个员工都认为控制是很重要的，并且成为控制的积极参与者，以确保那些需要控制的事项真正得到控制。

执行管理层有责任创建有益于控制措施实施、监督控制和处罚违反控制行为的环境。在创建控制措施并确保控制措施得到贯彻执行方面，管理层必须提出有效的内部环境控制的属性和管理层的职责。

董事会富有监督内部环境的责任，并强调解决违反控制的行为。董事会应当要求首席执行官提供内部环境的适当保证。所有重大的违反控制的行为和对这些行为采取的纠正行动都应当通知董事会。为了有助于实现这些控制职责，董事会任命独立审计师和内部审计师帮助他们评价控制措施是否适当，并保证他们遵守控制措施。

中级管理层有责任对他们的职能领域建立控制目标。例如，信息技术部门可能设立一个控制目标，要求所有软件在安装进入系统之前，应接受单独的测试；应收账款管理部门可能设立一个目标，要求所有已开发票的物品，不管是款项已收讫还是需要催收，都应该在应收款项中予以适当地记录。

员工有责任执行和操作控制措施。在大多数的组织内，信息技术部门职员的工作涉及职能领域中的全体员工，这有助于信息技术部门确定所需要控制的程度。

二、内部环境如何发挥作用

内部环境经常被称为公司治理的一部分，并且被视为是将那不同的相关活动维系在一起的“胶水”。也许你正在某种环境中工作，已经识别出无法很好开展工作的有关活动。例如，一个部门可能急需某种产品，但无法立刻得到，因为在适当的采购计划文书完成审批之前，采购部门不能订购相关产品。

我们举一个简单的例子来说明内部环境是如何为保证所有团队在一起工作并为完成组织使命提

供基础的（见图 7-3）。案例中是一个零售组织典型的商业循环。该组织采购商品用于销售；采购的商品销售给客户；开发票给客户；然后回收资金。收回的资金再次被用于重复这样的循环周期。

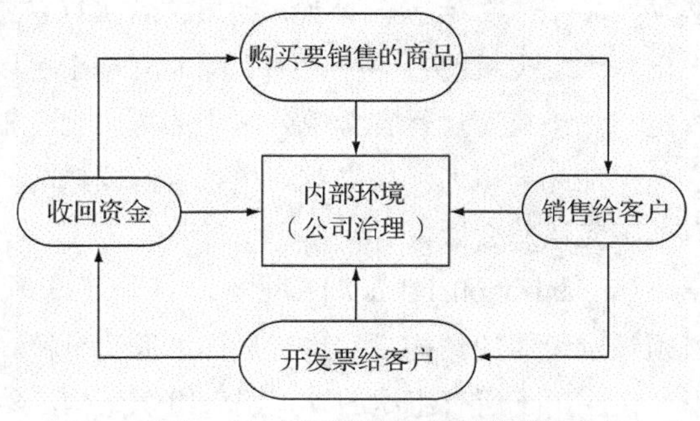

图 7-3 内部环境如何起作用

内部环境有助于保证为相关的但又各自不同的活动建立重叠的控制目标。例如，某一重叠的控制目标包括为销售给客户的所有物品开出发票，并且不再采购那些客户不需要的物品。

三、有效内部环境的属性

组织的董事会和执行管理层构建控制环境。不过需要说明的是，没有一个绝对正确的内部环境，但存在有效的内部环境属性。这些属性可以采用许多不同的方法得到执行。有些属性是共同的，但是大部分属性将根据组织情况而选择不同的实施方法。

一个有效的内部环境的属性主要包括以下内容。

1. 行为守则政策（code of conduct policy）

几乎所有组织都承认制定行为守则政策的必要性。行为守则政策是指管理层对行为的定义，所有员工，包括执行管理层应当证实履行了他们的日常职责。

2. 企业的价值观（corporate values）

公司确定的愿景是组织目标的理想化表述。例如 Alibaba 的愿景为“旨在构建未来的商务生态系统。我们的愿景是让客户相会、工作和生活在阿里巴巴，并持续发展最少 102 年”。在实现愿景方面，公司需要建立其希望融合到操作程序中的价值观。例如，阿里巴巴集团的 6 个价值观对于我们如何经营业务、招揽人才、考核员工以及决定员工报酬等方面具有指导性作用，具体包括如下内容。

（1）客户第一：客户是衣食父母。

（2）团队合作：共享共担，平凡人做非凡事。

（3）拥抱变化：迎接变化，勇于创新。

（4）诚信：诚实正直，言行坦荡。

（5）激情：乐观向上，永不言弃。

（6）敬业：专业执着，精益求精。

这些价值观需要被融合到执行工作和制定决策中去。例如阿里巴巴以客户第一为目标，马云在 2014 年赴美上市前向员工发布邮件，上市后仍坚持客户第一，员工第二，股东第三的原则。

3. 首席执行官成为楷模（CEO as the role model）

组织的高级职员应当以言传身教的方式教导所有员工遵守行为法则。对“首席执行官成为楷模”最好的描述是首席执行官必须“言行一致”。换句话说，如果首席执行官希望员工在公务旅行中遵守财务的限制性规定，例如，出差乘坐飞机的二等舱，那么除非有一个可以不这样做的商务理由，否则，首席执行官应当遵守规定。如果首席执行官希望公司中的每个员工根据内部控制的原则接受培训，那么，首席执行官也应当参加此类培训。如果首席执行官想要成为一个楷模，他必须以自身的表现和态度告诉组织内所有员工应该怎么做。

4. 组织结构（职责分离）（organizational structure）

董事会和高级管理层必须设定组织的结构，并进行适当的职责分离，以便能以高效和便捷的方式完成组织的使命。尽管不存在应用于所有组织的“正确”组织结构，然而，在COSO内部控制整合框架中所包含的指南提供了被认为是好的组织结构的指引。

该指南的描述如下：组织结构应当既不能太简单，以至于无法适当地监督企业的活动，也不能太复杂，以至于禁止必要的信息流。主管人员应当完全了解他们的控制责任，并且具有与他们职务相匹配的经验和知识。有效组织的五个特征包括以下几方面。

（1）整个组织结构应当是有能力提供管理其活动所必需的信息流；

（2）应当界定主要经理们的职责和他们对这些职责的理解；

（3）报告关系是适当的；

（4）应当根据变化的情况对组织结构做出修正；

（5）在管理和监督能力方面，有足够的熟练技工执行组织的各项活动。

5. 人员的胜任能力（competency of personnel）

所有的内部控制都是针对“人”这一特殊要素而设立和实施的，再好的制度也必须有人去执行，可以说，人员的品行和素质是内部控制效果的一个决定性因素。因此，人的品行和能力是决定性的内部环境因素。另外，员工的品德与能力既是决定性的内部环境因素，直接影响着内部控制其他要素的建设和运行；也是根本性的内部环境因素，影响着其他控制环境因素的优劣。企业没有德才兼备的决策人员，就不可能制定出科学合理的发展战略；没有德才兼备的治理人员特别是独立董事，治理层就不可能有效地履行对内部控制的治理、指导和监督职责；没有德才兼备的管理人员特别是高级管理人员，管理层就不可能有合理的管理理念和经营风格。在企业的各类人员中，董事和高级管理人员的品德和能力格外重要，它不仅直接影响治理层对内部控制监督与指导职责的履行，管理层对企业经营管理“基调”的设定，而且影响到他们对其他员工的招聘、任用、考核，从而影响其他员工的品德与能力。员工的品德是企业的重要资源。COSO（1992）框架认为“经营良好的企业的管理人员已越来越接受‘道德是值得的’（ethics pays）的观点——道德行为是一项很好的业务”。员工品德影响着内部控制其他构成要素的设计、执行和监控。“内部控制的有效性不可能脱离建立、执行和监控它们的人员的诚信和道德价值观。”

6. 其他方面

很多因素都会影响内部环境有效性，除了行为守则政策、企业的价值观、首席执行官成为楷模等属性之外，还包括职责与权力的特别委派和沟通、一般授权与责任制、内部审计、资产保护和规定的流程等。

第三节 内部环境的内容

一、组织架构

在我国内部控制框架中，组织架构、发展战略、人力资源、社会责任和企业文化均属于企业层面的控制（环境控制或基础控制），其风险及应对有别于业务层面的控制（应用控制）。

（一）组织架构的内涵及风险应对

1. 组织架构影响因素分析

2010 年，五部委联合发布了《企业内部控制配套指引》。18 个《企业内部控制应用指引》（简称应用指引）中有 5 个属于企业层面的内部环境类指引，包括组织架构、发展战略、人力资源、社会责任和企业文化。应用指引中内部环境类指引与基本规范中内部环境构成因素一一对应，同时，丰富了基本规范的内涵并提升了我国内部环境构成因素体系的层次。

组织架构指引认为组织架构是一项制度安排，明确了股东（大）会、董事会、监事会、经理层和企业内部各层级机构设置、职责权限、人员编制、工作程序和相关要求，主要包括治理结构和内部机构设置。机构设置与权责分配互为因果，内部审计本身就属于组织的内部机构，因此，组织架构应包括治理结构、机构设置、权责分配和内部审计四个因素（见表 7-2）。在治理结构上，将股东大会纳入内部环境范畴（如发展战略方案需经股东会批准实施）。内部环境类指引紧扣发展战略做文章，企业要实施发展战略，必须要有科学的组织架构，履行一定的社会责任，配置合理的人力资源，形成积极向上的企业文化。从发展战略角度看，企业的根本目的不是利润最大，也不仅仅是企业价值最大，而是更广义的社会责任最大。企业应履行社会责任，实现战略目标。

表 7-2 基本规范内部环境构成因素与应用指引内部环境类指引比较

内部环境类指引	组织架构				发展战略	人力资源	社会责任	企业文化
基本规范内部环境因素	治理结构	机构设置	权责分配	内部审计	——	人力资源政策	——	企业文化

2. 组织架构的主要风险

组织架构的风险主要来自两方面。

（1）治理结构形同虚设，缺乏科学决策、良性运行机制和执行力，可能发生经营失败；

（2）内部机构设计不科学，权责分配不合理，可能导致机构重叠、职能交叉或缺失，运行效率低下。

3. 组织架构风险的主要应对措施

针对以上风险采取的主要应对措施有以下几个。

（1）企业应当根据国家有关法律法规的规定，明确董事会、监事会和经理层的职责权限、任职条件、议事规则和工作程序，确保决策、执行和监督相互分离，形成制衡机制。同时企业在重大决策、重大事项、重要人事任免及大额资金支付业务等（即通常所说的“三重一大”）方面，应当按照规定的权限和程序实行集体决策审批或者联签制度，任何个人不得单独进行决策或者擅自改变集体决策意见。

（2）企业应当按照科学、精简、高效、透明、制衡的原则，综合考虑企业性质、发展战略、文化理念和管理要求等因素，合理设置内部职能机构，明确各机构的职责权限，避免职能交叉、缺失或权责过于集中，形成各司其职、各负其责、相互制约、相互协调的工作机制。

（3）企业应当根据组织架构的设计规范，对现有治理结构和内部机构设置进行全面梳理，确保本企业治理结构、内部机构设置和运行机制等符合现代企业制度要求。

（4）拥有子公司的企业，应当建立科学的投资管控制度，通过合法有效的形式履行出资人职责、维护出资人权益，重点关注子公司特别是异地、境外子公司的发展战略、年度财务预决算、重大投融资、重大担保、大额资金使用、主要资产处置、重要人事任免、内部控制体系建设等重要事项。对子公司控制一直是企业集团层面关注的一个重要问题，组织架构应用指引在综合调研的基础上提出此项要求，对实务操作具有重要指导作用。

（二）治理结构

公司制企业中股东大会（权力机构）、董事会（决策机构）、监事会（监督机构）、总经理层（日常管理机构）这四个法定刚性机构为内部控制机构的建立、职责分工与制约提供了基本的组织框架，但并不能满足内部控制对企业组织结构的要求，内部控制机制的运作还必须在这一组织框架下设立满足企业生产经营所需要的职能机构。

《企业内部控制基本规范》第十四条规定：企业应当根据国家有关法律法规和企业章程，建立规范的公司治理结构和议事规则，明确决策、执行、监督等方面的职责权限，形成科学有效的职责分工和制衡机制。因此，企业应当根据国家有关法律法规，结合企业自身股权关系和股权结构，明确董事会、监事会和经理层的职责权限、任职条件、议事规则和工作程序；确保决策、执行和监督相互分离、有机协调；确保董事会、监事会和经理层能够按照法律、法规和企业章程的规定行使职权。企业应当在企业章程中规定股东大会对董事会的授权原则，授权内容应当明确具体。

【案例7-1】

某公司董事会关键控制点与控制措施

1. 关键控制点

职责不清、监督不力、决策失误、控股股东及关联方资金占用、公司运营过程可能出现重大错误。

2. 控制措施

（1）成立本公司内部控制领导小组，由董事长兼任组长，全权负责本公司内部控制的建立、健全和有效实施。

（2）公司董事会下设战略委员会、审计委员会、提名委员会和薪酬与考核委员会四个专业委员会。

战略委员会主要负责对公司中、长期发展战略和重大投资决策进行研究并向公司董事会提出建议及方案。

审计委员会主要负责公司内、外部审计的沟通，对公司的各项业务活动、财务收支、经营管理活动的真实性、合法性、安全性和效益性进行检查评价；负责审查公司内部控制，监督内部控制的有效实施和内部控制自我评价情况，协调内部控制审计及其他相关事宜等。审计委员会负责人由独立董事担任。

提名委员会主要负责对公司董事、高级管理人员的人选、选择标准和程序进行研究、审查并提出建议。

薪酬与考核委员会主要负责制订公司董事及高级管理人员的考核标准，进行考核并提出建议，同时负责制订、审查公司董事及高级管理人员的薪酬政策与方案。

（3）董事会下设董事会秘书，负责处理董事会日常事务。

（4）成立以董事长为组长，总经理、财务总监、董事会秘书及相关部门负责人参加的自查工作小组，定期开展公司治理专项活动，制订公司治理专项活动的方案。

（5）对控股子公司的管理控制。根据有关法律法规的规定，公司制订子公司《内部控制指引》，推动其参照执行公司统一的内部控制制度，督促、指导子公司逐步完善“三会”的规范运作。在确保子公司自主经营、自负盈亏的前提下，保障和推进子公司董事会和监事会的规范化有效运作，向子公司推举合格的董事和监事候选人，同时还规定对子公司实施定期报告制度、实体考核制度、监督审计制度。公司现有制度能够对控股子公司实行有效管理和控制，失控风险能够得到严格控制。

（6）关联交易的内部控制。根据《中华人民共和国公司法》《中华人民共和国证券法》《上海证券交易所股票上市规则》《企业会计准则——关联方关系及其交易的披露》等有关法律法规、规范性文件及公司章程的有关规定，对关联方、关联关系、关联交易价格的含义、关联交易的批准权限、关联交易的回避与决策程序以及关联交易的信息披露做出明确的规定。保证公司关联交易的公允性，有效地维护股东和公司的利益。

（7）对外担保的内部控制。根据有关法律行政法规、部门规章以及《上市规则》等有关规定，明确董事会关于对外担保事项的审批权限，以及违反审批权限和审议程序的责任追究机制。公司对外担保的内部控制遵循合法、审慎、互利、安全的原则，严格控制担保风险。

（8）募集资金使用的内部控制。根据有关法律法规及上海证券交易所相关规定，按照发行申请文件中承诺的募集资金投资计划使用募集资金，并按规定存放募集资金。

（9）重大投资的内部控制。对重大投资的内部控制遵循合法、审慎、安全、有效的原则，控制投资风险、注重投资效益。公司指定内部相关部门负责对重大投资项目的可行性、投资风险、投资回报等事宜进行专门研究和评估，监督重大投资项目的执行进展，如发现投资项目出现异常情况，及时向公司董事会报告。

（10）信息披露的内部控制。根据有关法律法规的规定，公司的信息披露工作由董事会统一领导和管理，董事长为公司信息披露的第一责任人，董事会秘书负责具体的协调和组织信息披露事宜。公司董事会办公室为信息披露事务管理部门，董事会秘书是投资者关系活动的负责人，在全面深入了解公司运作和管理、经营状况、发展战略等情况下，负责和组织各类投资者关系工作。

（三）机构设置及责权分配

任何企业要达成其整体目标，必须构建一定的组织机构。企业的组织机构提供了计划、执行、控制和监督活动的框架，确立了适当的沟通和协调渠道，保证了组织中成员具有与其所履行职责相适应的知识、经验和能力。对于企业而言，要根据公司的具体发展战略确定组织结构。《企业内部控制基本规范》第十四条要求企业应当结合业务特点和内部控制要求设置内部机构，明确职责权限，将权力与责任落实到各责任单位。

组织机构是通过提供完整的架构作用于组织实现其目标的能力；是规定组织内部责任与授权的线型结构；是确认责任分配和授权的关键领域；功能是确认报告路径；机构设置必须覆盖计划、执行、控制、监督等组织活动的全部（见图 7-4），其中，控制与监督的区别是，控制是保证正确执行计划的组织安排，而监督是控制有效的组织安排；组织结构设计的哲学意义是“是什么”“做什么”“如何做”；机构设置要保证合理的流水线模式，部门设置少一个不够用、多一个又冗余，部门功能必须是线型的、支持的，而非拦截的。关键回答三个问题：所有的事是否都有人做？行为者是否充分授权行事？所有行为是否有人承担责任？

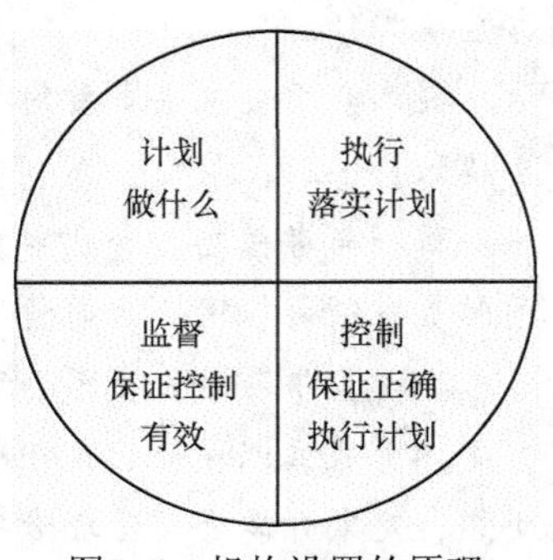

图 7-4　机构设置的原理

组织结构设计不确定：对权力定义不清或定义错误，导致权力的涣散。权力与责任不对称，权力结构不稳定，权力成为公开招标物，导致权力者互相冲突和耍政治手腕。

企业应当结合业务特点和内部控制要求设置内部机构，明确职责权限，将权力与责任落实到各责任单位。企业应当通过编制内部管理手册，使全体员工了解内部机构设置、岗位职责、业务流程等情况，明确权责分配，正确行使职权。按照基本规范的要求，机构设置及内控职责分工如图 7-5 所示。

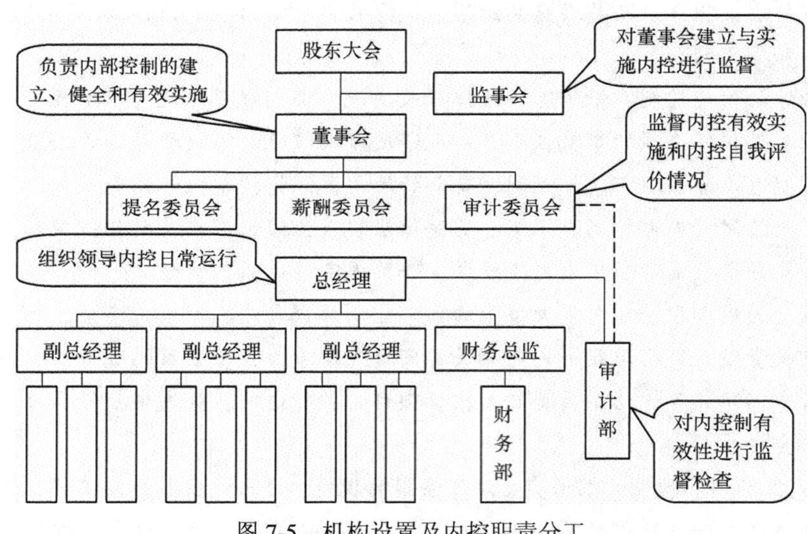

图 7-5　机构设置及内控职责分工

（1）董事会负责内部控制的建立健全和有效实施。

（2）监事会对董事会建立与实施内部控制进行监督。

（3）经理层负责组织领导企业内部控制的日常运行。企业应当成立专门机构或者指定适当的机构具体负责组织协调内部控制的建立实施及日常工作。

（4）审计委员会负责审查企业内部控制，监督内部控制的有效实施和内部控制自我评价情况，协调内部控制审计及其他相关事宜等。审计委员会负责人应当具备相应的独立性、良好的职业操守和专业胜任能力。

【案例 7-2】

不容忽视的集团公司财务机构设置

熊猫电子集团有限公司成立于 1936 年，被称为我国电子工业的摇篮，是我国最大的综合性电子骨干企业，我国 120 家试点企业集团、520 家重点企业、电子行业六大集团之一。注册商标“熊猫 PANDA”是我国电子行业第一个“中国驰名商标”，也是我国电子商品第一个进入国际市场的注册商标。1992 年 4 月，原熊猫电子集团公司改组后成立了南京熊猫电子股份有限公司。

熊猫集团在大集团、各产业集团和下属经营公司每个层次上都分别设置了财务机构，在管理制度上采用了一般企业中少见的会计委派制，形成了贯穿在整个企业经营实体内的立体财务管理结构。熊猫集团的会计委派制是这样运作的：下一级单位的财务人员由上一级单位的资财处直接任命、考核、奖惩、调动，上一级单位的资财处对于委派的财务人员进行定期考核，并将考核结果作为受派人员工资、奖金、职务升降、解聘、续聘的依据，委派财务人员的薪水由上一级单位资财处发放。而各单位的主管会计的日常工作，同时受单位经营领导的安排，形成了对财务人员的双重领导格局。

此外，熊猫集团还在财务部门的管理职能上有所创新，强化了它的财务管理和辅助决策的职能，这在许多国有大型企业中是比较罕见的。最基层的各个经营公司进行财务数据的详细分析，产业集团的资财处对下属经营公司财务数据和财务分析情况进行汇总和再分析并上报给大集团，大集团的资财部进行最后的财务信息汇总，并分析整个集团的财务情况。

【案例 7-3】

某公司机构设置关键控制点及措施

1. 关键控制点

内部机构关键控制点包括权责分工、岗位职责、职责分解、权责匹配、知识和经验、内部机构变化、员工人数、汇报机制等。

2. 控制措施

（1）实行总经理负责制。经理层负责组织领导企业内部控制的日常运行。

（2）加强内部稽核监察工作，保证内部稽核监察机构设置、人员配备和工作的独立性。内部稽核监察部门具体负责组织协调内部控制的建立实施及日常工作。

（3）对经营管理人员实行择优竞争的选拔任用机制，确保经营管理人员的技能素质满足要求，具备执行其业务必备的知识和经验。

（4）实行任前公示制度，通过网络、局域网发布公告或召开会议等方式，对经营管理人员实行任前公示，增加选拔任用的透明度。

（5）注重对经营管理人员的培养，通过针对性培训、轮岗交流、挂职锻炼等形式提高经营管理人员素质。

（6）办公室为公司机构编制的归口管理部门，明确公司机构编制管理的范围。

（7）办公室根据本公司经营或发展战略的需要及外部环境的变化，评价现有内部机构的合理性，提出改进建议并报上级审批。机构编制调整，需要进行充分调研论证，按照规定程序经审批后实施。

（8）为确保人力资源合理配置，公司应根据相关规定针对工种（岗位）颁布相应的劳动定员定额标准。

（9）人员编制应按照公司的相关规定执行。

（10）明确组织机构和相关岗位的设置标准，确保管理岗位人员配备的适当性。

（11）相关职能部门向上级请示、报告工作，要先按照公司领导的工作分工向分管领导请示、报告，再根据请示报告类别向对口的上级请示、报告。一般情况下不得越级请示、报告工作。

（12）注重高层管理人员之间的沟通，建立相应的沟通和交流渠道并确保其畅通，如定期召开公司工作会议、经营分析会；各职能部门负责人参加总经理办公会等高层会议；定期举行工作例会；领导层定期或不定期走访调研基层单位等，使负责经营活动的管理人员能够与相关的高级管理人员进行沟通和交流。

（13）建立员工代表大会制度，为员工提供向领导层反映问题及建议的渠道。

（四）内部审计

内部审计是公司内部的一种独立客观的监督、评价和咨询活动，通过对经营活动及内部控制的适当性、合法性和有效性进行审查、评价和提出建议，促进改善公司运行的效率效果、实现公司发展目标。

企业应当加强内部审计工作，保证内部审计机构设置、人员配备和工作的独立性。内部审计机构应当结合内部审计监督，对内部控制的有效性进行监督检查。内部审计机构对监督检查中发现的内部控制缺陷，应当按照企业内部审计工作程序进行报告；对监督检查中发现的内部控制重大缺陷，有权直接向董事会及其审计委员会、监事会报告。

【案例 7-4】

某公司内部审计关键控制点与控制措施

1. 关键控制点

内部审计的关键控制点包括审计机构和人员、审计的内容与程序、舞弊的预防检查与汇报、内部审计质量控制。

2. 控制措施

（1）职责分工、权限范围和审批程序明确规范，机构设置和人员配备科学合理，公司设立内部审计部。内部控制审计部在董事会领导下，由董事会授权开展内部审计工作；在董事会审计委员会指导和协调下进行内部审计的日常工作。内部审计部定期向董事会及审计委员会、监事会和高级管理层递交工作报告，汇报内部审计活动的目标、职权、责任、审计计划开展的情况，以及审计中的重要问题，包括重大风险披露、重大控制缺陷与改进事项、发现的舞弊情况，以及董事会及审计委员会、监事会和高级管理层需要或要求的其他事项。

（2）内部审计机构按照有关法律法规的要求以及内部审计规范的要求，制订内部审计工作手册，规范内部审计程序，以指导内部审计人员的工作，并保证严格执行。

（3）内部审计机构建立健全有效的质量控制制度，并积极了解、参与公司的内部控制建设。

（4）内部审计人员具备必要的学识及业务能力，熟悉本公司的经营活动和内部控制，并不断通过继续教育来保持和提高专业胜任能力，且具有较强的人际交往沟通能力。

（5）内部审计机构和人员遵守职业道德规范，保持应有的客观性、独立性和职业谨慎。内部审计人员应避免对自己提供咨询的事项实施监督和评价。

二、发展战略

企业发展战略是指企业在对现实状况和未来趋势进行综合分析和科学预测的基础上，制订并实施的长远发展目标与战略规划。制订明确、稳定、符合实际的发展战略可以防止公司盲目发展、过度扩张或发展滞后。企业作为市场经济的主体，要想求得长期生存和持续发展，关键在于制订并有效实施适应外部环境变化和自身实际情况的发展战略。发展战略主要是由企业的最高层制订，经过战略议题分析，集团战略制订，事业部战略制订，战略质询、审批、公布再到战略实施和最后的反馈控制，每一个环节都由战略制订者根据企业自身的情况客观地分析制订。企业还应针对战略实施过程进行动态监控与报告，并建立、健全战略评估制度。

一个现代企业，如果没有明确的发展战略，就不可能在当今激烈的市场竞争和国际化浪潮冲击下求得长远发展。

（一）发展战略阶段

为了加强对企业发展战略规划的内部控制，明确发展战略的整个流程，企业可以将发展战略规划的程序大致划分为战略制订、战略实施两个大的阶段，其中战略实施中包含了实施后的战略评估与调整。发展战略是公司围绕主经营业务，在对现实状况和未来形势进行综合分析和科学预测的基础上，制订并实施的具有长期性和根本性的发展目标与战略规划。

1. 战略制定阶段

一个正确的战略形成需要企业先提出一个合理的战略目标。企业应当在充分调查研究、科学分析预测和广泛征求意见的基础上制订发展目标。企业在制订发展目标的过程中，应该综合考虑宏观经济政策、国内外市场需求变化、技术发展趋势、行业及竞争对手状况、可利用资源水平和自身优势与劣势等影响因素。根据上述因素以及企业管理层人员的经验和专业知识拟定出一个合理的战略目标。

企业应当根据发展目标制订战略规划。战略规划应当明确发展的阶段性和发展程度，确定每个发展阶段具体目标、工作任务和实施路径。也就是说，战略对于企业的指导是一个过程，而不是企业一下子就能达到战略所要求的目标。所以这个过程需要一个完整、明确的规划。

企业应当在董事会下设立战略委员会，或指定专门机构负责发展战略管理工作，履行相应职责。战略委员会成员应当具有较强的综合素质和实践经验，其任职资格应当符合有关法律法规的规定。

董事会应当严格审议战略委员会提交的发展战略方案，如发现重大问题，应责成战略委员会对方案进行调整。调整后的方案重新审议，直至通过，并上报股东大会。最后经由股东大会批准实施。

2. 战略实施阶段

企业应当根据发展战略，制订年度工作计划，编制全面预算，将年度目标分解、落实；同时，完善发展战略管理制度，确保发展战略有效实施。

企业应当重视发展战略的宣传工作，通过内部各层级会议和教育培训等有效方式，将发展战略及其分解落实情况传递到内部各管理层级和全体员工。让全体员工接受、认可，甚至形成一种企业文化。

由于经济形势、产业政策、技术进步、行业状况以及不可抗力等因素发生重大变化，需要对发展战略做出调整的，应当按照规定权限和程序调整发展战略。

（二）发展战略的主要风险

企业应当明确发展战略面临的主要风险，以及这些风险可能导致的后果。

（1）缺乏明确的发展战略或发展战略实施不到位，导致企业盲目发展，难以形成竞争优势，丧失发展机遇和动力。

（2）发展战略过于激进，脱离企业实际能力或偏离主业，导致企业过度扩张、经营失控甚至失败。

（3）发展战略频繁变动，导致企业资源严重浪费，最后危及企业的生存和持续发展。

（三）发展战略风险的应对措施

针对上述风险及影响，企业采取的应对措施包括以下几方面的内容。

（1）企业健全组织机构，在董事会下设立战略委员会，或指定专门机构负责发展战略管理工作。同时，对战略委员会的成员素质、工作规范也提出相应要求。

（2）应在充分调查研究、科学分析预测和广泛征求意见的基础上制定发展目标，而不是靠拍脑袋，盲目制定发展战略。在制定目标过程中，应综合考虑宏观经济政策、国内外市场需求变化、技术发展趋势、行业及竞争对手状况、可利用资源水平和自身优势与劣势等影响因素。

（3）强调战略规划应当根据发展目标制定，明确发展的阶段性和发展程度，确定每个发展阶段的具体目标、工作任务和实施路径。

（4）董事会从全局性、长期性和可行性等维度，严格审议战略委员会提交的发展战略方案，之后再报经股东（大）会批准实施。

（5）从抓实施的角度，要求企业根据发展战略，制订年度工作计划，编制全面预算，将年度目标分解、落实，以确保发展战略的有效实施。

（6）设立发展战略后实施评估制度，要求战略委员会加强对发展战略实施情况的监控，定期收集和分析相关信息。对发现明显偏离发展战略的情况，要求及时报告；确需对发展战略做出调整，企业要遵循规定的权限和程序调整发展战略。

【案例 7-5】

某公司发展战略关键控制点与控制措施

1. 关键控制点

发展战略关键控制点包括发展战略的制定、发展战略的实施、发展战略的评估与调整、发展战略的信息披露。

2. 控制措施

（1）公司在董事会下设立战略委员会，或者由董事会授权的类似机构（以下统称为战略委员会）履行发展战略相应职责。

（2）公司制定战略委员会的议事规则和决策程序，对战略委员会会议的召开程序、表决方式、提案审议、保密要求和会议记录等做出规定，确保议事过程规范透明、决策程序科学民主。

（3）公司在充分调查研究、征求意见和分析预测的基础上制定发展目标。

（4）公司根据发展目标制定战略规划，战略规划体现战略期内技术创新、市场占有、盈利能力、资本实力、行业排名和履行社会责任等应达到的程度，确保公司具有长期竞争优势。

（5）公司战略委员会对发展目标和战略规划进行审议，提出审议意见，报董事会批准后实施。

（6）公司董事、监事和高级管理人员树立战略意识和战略思维，并采取教育培训等有效措施将发展目标和战略规划传递到公司内部各个管理层级和全体员工。

（7）公司积极培育有利于发展战略实施的企业文化，建立支持发展战略实施的内部机构、人力资源管理制度和信息系统。

（8）公司根据发展目标和战略规划，结合战略期间时间进度安排，制定阶段性经营目标、年度工作计划和全面预算体系，确保发展战略分解、落实到产销能力、资产规模、利润增长幅度、投资回报要求、技术创新、品牌建设、人才建设、制度建设、企业文化、社会责任等各个方面。

（9）公司建立战略实施进程和效果的动态监控与报告制度，健全战略实施相关信息的收集、筛选、分析、处理机制和预警机制，增强公司对内外部环境变化的敏感度和判断力。

（10）公司建立发展战略评估制度，加强对战略制定与实施的事前、事中和事后评估。

（11）公司发展战略保持相对稳定。公司在开展战略评估过程中，可以按规定程序进行战略调整，促进公司内部资源能力和外部环境条件的动态平衡。

（12）公司根据国家有关法律法规，以适当的形式披露发展目标和战略规划，增强投资者特别是战略投资者对公司发展的信心和关注度。

（13）公司披露影响发展战略实现的重大风险因素及其应对措施。

三、人力资源

企业的人力资源是指企业为组织生产经营活动而录（任）用的各种人员，包括董事、监事、高级管理人员和全体员工。而内部控制的实施主体包括董事会、监事会、经理层和全体员工，涵盖了企业几乎所有的内部人员。因此，人力资源控制水平的高低将直接影响到企业内部环境的质量。

《企业内部控制基本规范》第十六条要求企业应当制定和实施有利于企业可持续发展的人力资源政策。人力资源政策应当包括员工的聘用、培训、辞退和辞职，员工的薪酬、考核、晋升与奖惩，关键岗位员工的强制休假制度和定期岗位轮换制度，掌握国家秘密或重要商业秘密的员工离岗的限制性规定，以及有关人力资源管理的其他政策。

企业应当重视人力资源建设，根据发展战略，结合人力资源现状和未来需求，建立人力资源发展目标，制订人力资源总体规划和能力框架体系，优化人力资源整体布局，明确人力资源的引进、开发、使用、培养、考核、激励、退出等管理要求，实现人力资源的合理配置，全面提升企业核心竞争力。

（一）人力资源管理操作流程

为了加强人力资源的内部控制，充分调动整体团队的积极性、主动性和创造性，全面提升企业的核心竞争力，企业一般可以根据人力资源管理操作流程分为人力资源引进与开发、人力资源的使用与退出和人力资源的评估与信息披露 3 个方面。

1. 人力资源的引进与开发

首先，企业应当根据人力资源总体规划，结合生产经营实际需求，制订年度人力资源需求计划，完善人力资源引进制度，规范工作流程，按照计划、制度和程序组织人力资源引进工作；其次，根据人力资源能力框架要求，明确各岗位的职责权限、任职条件和工作要求，通过公开招聘等多种方式选聘优秀人才；再次，企业应该建立严格的录用审批制度，对应聘人员进行严格的筛选并录用，在选聘人员之后，与其依法签订劳动合同；最后，对员工进行定期的培训与教育，提高员工的素质和技能。

2. 人力资源的使用与退出

企业应建立完善的激励约束机制，设置科学的业绩考核指标体系，对各级管理人员和全体员工进行严格考核与评价，以此作为确定员工薪酬、职级调整和解除劳动合同等的重要依据，确保整个团队处于持续优化状态。

3. 人力资源的评估与信息披露

企业应当定期对年度人力资源计划执行情况进行评估，总结人力资源管理经验，分析存在的主要缺陷和不足，完善人力资源政策，促进企业整体团队充满活力和生机。企业应该依法披露报告期末在职员工数量、专业构成、教育程度等信息，以适当的形式披露人力资源政策可能存在的重大风险因素及其应对措施。

（二）人力资源的主要风险

企业应当明确人力资源面临的主要风险，以及这些风险可能导致的后果。

（1）人力资源缺乏或过剩、结构不合理、开发机制不健全，导致企业发展战略可能难以实现。

（2）人力资源激励约束制度不合理、关键岗位人员管理不完善，导致人才流失、经营效率低下。

（3）人力资源退出机制不当，导致法律诉讼或企业声誉受损。

（三）人力资源风险的应对措施

针对上述风险及影响，企业采取的应对措施包括以下几个方面。

（1）企业应当根据人力资源总体规划，结合生产经营实际需要，制订年度人力资源需求计划。也就是说，人力资源要符合发展战略需要，符合生产经营对人力资源的需求，尽可能做到“不缺人手，也不养闲人”。

（2）企业应当根据人力资源能力框架要求，明确各岗位的职责权限、任职条件和工作要求，通过公开招聘、竞争上岗等多种方式选聘优秀人才。这项要求实际上意在强调企业要选合适的人，要按公开、严格的程序去选人，防止人情招聘、暗箱操作。

（3）企业确定选聘人员后，应当依法签订劳动合同，建立劳动用工关系；已选聘人员要进行试用和岗前培训，试用期满考核合格后，方可正式上岗。

（4）企业应当建立和完善人力资源的激励约束机制，设置科学的业绩考核指标体系，对各级管理人员和全体员工进行严格考核与评价，并制定与业绩考核挂钩的薪酬制度。如何留住引进来的优秀人才，对企业至关重要。

（5）企业应当建立、健全员工退出（辞职、解除劳动合同、退休等）机制，明确退出的条件和程序，确保员工退出机制得到有效实施。只有退出机制健全，退出条件和程序清楚，才能够防范和化解当前企业人力资源退出方面存在的诸多问题，使企业人力资源管理步入良性循环的轨道。

【案例 7-6】

控制有余，沟通不足

2010 年富士康让万人瞩目的，不是因为它骄人的业绩，而是因为富士康员工接二连三的跳楼事件。究竟是什么原因导致一系列悲剧的发生呢？在富士康，底层的员工工作单一，每天长时间重复一项劳动，实行军事化管理，没有与人交流的机会。而富士康的保安基本上均是退伍军人，保安负责保护公司的财产和技术机密，这赋予了保安相当大的权力，同时也导致了保安打人事件的屡次发生。在薪酬方面，员工的工作压力与得到的报酬不成正比；富士康还被曝出逃避缴纳员工公积金。

在本案例中，富士康失败的人力资源政策导致了一系列悲剧的发生，这给公司带来了巨大的损失，特别是公司声誉方面。富士康给我们的启示有以下几个方面。

（1）企业应制定与公司发展战略相适应的人力资源发展规划。富士康的管理模式是典型的重视伙伴、不重视伙计。一个良好的企业应该制定良好的人力资源发展规划，将全体员工视为一个整体，否则任何一部分出现问题都会给企业带来巨大的损失。

（2）企业应当重视人力资源的开发工作。一个有着良好声誉和发展前景的公司，在建立员工培训长效机制、尊重人才和关心员工职业发展方面往往有突出的表现。富士康对底层员工“不重视”，认为其替代性强，从而造成员工没有归属感以及员工的高流动性，增加了公司每年的招聘成本。

（3）应重视领导与员工、员工与员工之间的沟通。富士康实行的是军事化的管理，底层员工的不满不能及时传达给上级，而且宿舍内的人员往往是好几个部门的人，他们之间往往缺乏共同语言，缺少一个联系的纽带，这就会使员工压力无法排解。公司应该完善上下级与员工之间的沟通，及时发现问题并予以处理。

【案例 7-7】

某公司人力资源关键控制点与控制措施

1. 关键控制点

人力资源关键控制点包括员工聘用、定岗（轮岗）、培训、考评、晋升、薪酬、补偿、激励、问责、解聘（淘汰）等。

2. 控制措施

（1）公司根据人力资源总体规划，结合生产经营实际需要，制订年度人力资源需求计划，完善人力资源引进制度，规范工作流程，按照计划、制度和程序组织人力资源引进工作。

（2）公司根据人力资源能力框架要求，明确各岗位的职责权限、任职条件和工作要求，遵循德才兼备、以德为先和公开、公平、公正的原则，通过公开招聘、竞争上岗等多种方式选聘优秀人才，重点关注选聘对象的价值取向和责任意识。公司选拔高级管理人员和聘用中层及以下员工，切实做到因事设岗、以岗选人，避免因人设事或设岗，确保选聘人员能够胜任岗位职责要求。公司选聘人员实行岗位回避制度。

（3）公司确定选聘人员后，依法签订劳动合同，建立劳动用工关系。公司对于在产品技术、市场、管理等方面掌握或涉及关键技术、知识产权、商业秘密或国家机密的工作岗位，与该岗位员工签订有关岗位保密协议，明确保密义务。

（4）公司建立选聘人员试用期和岗前培训制度，对试用人员进行严格考察，促进选聘员工全面了解岗位职责，掌握岗位基本技能，适应工作要求。试用期满考核合格后，方可正式上岗；试用期满考核不合格者，及时解除劳动关系。

（5）公司重视人力资源开发工作，建立员工培训长效机制，营造尊重知识、尊重人才和关心员工职业发展的文化氛围，加强后备人才队伍建设，促进全体员工的知识、技能持续更新，不断提升员工的服务效能。

（6）公司建立和完善人力资源的激励约束机制，设置科学的业绩考核指标体系，对全体员工进行严格考核与评价，以此作为确定员工薪酬、职级调整和解除劳动合同等的重要依据，确保员工队伍处于持续优化状态。

（7）公司制定与业绩考核挂钩的薪酬制度，切实做到薪酬安排与员工贡献相协调，体现效率优先，兼顾公平。

（8）公司制定各级管理人员和关键岗位员工定期轮岗制度，明确轮岗范围、轮岗周期、轮岗方式等，形成相关岗位员工的有序持续流动，全面提升员工素质。

（9）公司按照有关法律法规规定，结合公司实际，建立健全员工退出（辞职、解除劳动合同、退休等）机制，明确退出的条件和程序，确保员工退出机制得到有效实施。公司对考核不能胜任岗位要求的员工，及时暂停其工作，安排再培训，或调整工作岗位，安排转岗培训；仍不能满足岗位职责要求的，按照规定的权限和程序解除劳动合同。公司与退出员工依法约定保守关键技术、商业秘密、国家机密和竞业限制的期限，确保知识产权、商业秘密和国家机密的安全。公司关键岗位人员离职前，根据有关法律法规的规定进行工作交接或离任审计。

（10）公司定期对年度人力资源计划执行情况进行评估，总结人力资源管理经验，分析存在的主要缺陷和不足，完善人力资源政策，促进公司整体团队充满生机和活力。

四、社会责任

企业创造利润或实现股东财富最大化固然很重要，但在经济社会高速发展的当今时代，尤其是我国作为发展中国家，在大力发展社会主义市场经济的过程中，企业作为最重要的市场主体，如果不顾一切地追逐利润，是不符合科学发展观，不利于建设和谐社会的。因此，履行社会责任是企业义不容辞的义务，是企业的光荣使命。

社会责任是指企业在经营发展过程中应当履行的社会职责和义务，主要包括安全生产、产品质量（含服务）、环境保护、资源节约、促进就业、员工权益保护等。企业履行社会责任可以增加企业的安全生产意识，防止企业发生重特大安全事故，可以增强企业的环境保护意识，避免造成环境污染，导致企业巨额赔偿或停产整顿。

企业创造利润和履行社会责任两方面是统一的有机整体，相辅相成，并不矛盾。企业承担了社会责任将有助于改善企业的形象，提高品牌美誉度，进而吸引更多的客户，增强企业的经济效益。企业履行社会责任是提升发展质量的重要标志，是实现企业可持续长远发展的根本所在。众所周知，如果企业做不到安全生产，事故频繁，造成人员伤亡，必然是欲速则不达甚至导致关闭。由此可见，企业在制定和实现发展战略过程中，应当充分考虑履行社会责任的要求，从根本上转变发展方式，实现长远发展的目标。

那么企业应该如何履行社会责任呢？第一，企业负责人要高度重视这项工作，树立社会责任意识，形成履行社会责任的企业价值观和企业文化。第二，要把履行社会责任融入企业发展战略，落实到生产经营的各个环节，逐步建立和完善企业社会责任指标和考核体系，为企业履行社会责任提供坚实的基础与保障。第三，建立社会责任报告制度，发布社会责任报告，让股东、债权人、员工、客户、社会等各方面知晓自己在社会责任领域所做的工作，这样可以增强企业的战略管理能力，全面提高企业服务能力和水平，提高企业的品牌形象和价值。

（一）社会责任的主要风险

企业应当明确社会责任面临的主要风险，以及这些风险可能导致的后果。

（1）安全生产措施不到位，责任不落实，导致企业发生安全事故。

（2）产品质量低劣，侵害消费者利益，导致企业巨额赔偿、形象受损，甚至破产。

（3）环境保护投入不足，资源耗费大，造成环境污染或资源枯竭，导致企业巨额赔偿、缺乏发展后劲，甚至停业。

（4）不重视就业和员工权益保护，导致员工积极性受挫，影响企业发展和社会稳定。

【案例 7-8】

农夫山泉“标准门”事件

2013 年 4 月，以“农夫山泉有点甜”作为广告用语的农夫山泉公司被曝有质量问题。消费者多次在水中发现有不明悬浮物，农夫山泉自称为弱碱性水，但 pH 值实则为 6.8，为弱酸性水，并且多项指标低于我国国标。公司提供的检验报告显示，其检验依据为 DB33/383-2005（瓶装饮用天然水浙江地方标），此标准包括色度、浊度、肉眼可见物等，样品全部合格。京华时报称，农夫山泉标准不及自来水。

产品质量问题是个社会问题，其中，政府应在这个问题上起积极作用，严格产品质量控制，企业对照标准执行。标准不能模糊，更不能随意放宽产品质量标准。

【案例 7-9】

丰田“召回门”事件

1995 年，随着第一位非丰田家族成员奥田硕社长的上任，丰田的经营策略开始转变，为追求“世界第一”与“15%的全球份额”不断扩展业务，占领世界市场，使丰田在 21 世纪初成功超越福特，成为世界第二大汽车生产企业。丰田曾经以“精益生产”的高品质和低成本成为全球企业的学习榜样，但在 2009 年夺得全球销量冠军之后，丰田也悄然陷入“召回大王”的旋涡。

（1）2009 年 8 月 24 日，丰田在华两家合资企业——广汽丰田、一汽丰田宣布，由于零部件出现缺陷，自 8 月 25 日开始，召回部分凯美瑞、雅力士、威驰及卡罗拉轿车，涉及车辆近 70 万辆；

（2）自 2010 年 1 月起，丰田汽车的油门踏板因设计问题在踩下去之后可能无法恢复到正常位置，存在极大安全隐患，开始召回 RAV4、Matrix、Avalon 等 8 款车型，全球召回总量接近 1 000 万辆；

（3）2010 年 2 月，继“踏板门”后，丰田公司因为混合动力车普锐斯刹车系统出现问题，在日美两大市场召回的混合动力汽车预计总量为 27 万辆。

大规模召回行动损害了丰田“安全、可靠”的形象，给丰田汽车可能带来长期的信用和品牌声誉损失。“品质和安全”这一曾经的“看家法宝”，正在为频繁出现的“召回门”事件所侵蚀。据统计，2010 年 1 月，丰田汽车在美国市场销量同比下降 15.8%，市场份额环比下降 4.1 个百分点至 14.1%。据摩根大通分析师估计，召回事件给丰田带来的直接损失将高达 18 亿美元。此外，8 种问题车型因修复油门踏板而被停售导致的损失也将高达 7 亿美元。

丰田“召回门”事件告诉我们，过分追求持续增长和利润目标并非意味着成功，往往也是遭遇危机的陷阱。

（二）社会责任风险的应对措施

针对社会责任面临的风险及影响，企业采取的应对措施包括以下几个方面。

（1）设立安全管理部门和安全监督机构，建立严格的安全生产管理体系、操作规范和应急预案，强化安全生产责任追究制度，切实做到安全生产。

（2）规范生产流程，建立严格的产品质量控制和检验制度，严把质量关，严禁将缺乏质量保障、危害人民生命健康的产品流向社会。

（3）提高员工的环境保护和资源节约意识，建立环境保护与资源节约制度，认真落实节能减排责任，积极开发和使用节能产品，发展循环经济，降低污染物排放，提高资源综合利用效率。

（4）依法保护员工的合法权益，保障员工依法享有劳动权利和履行劳动义务，保持工作岗位相对稳定，积极促进充分就业。

（5）针对目前少数企业对公益事业（如接纳大学生实习等）、慈善事业等漠不关心的情况，社会责任应用指引指出，企业应当按照“产学研用”相结合的社会需求，积极创建实习基地，大力支持社会有关方面培养、锻炼社会需要的应用型人才；同时，应积极履行社会公益方面的责任和义务，关心帮助社会弱势群体，支持慈善事业。

【案例 7-10】

三鹿集团破产揭示食品安全问题

2008 年 12 月 25 日，石家庄市委、市政府发布三鹿破产消息，破产裁定书已送达石家庄三鹿集团有限公司，一个曾经作为奶业龙头的企业一夜之间消失。2009 年 2 月 12 日，法院正式宣布三鹿集团破产。

毒奶粉、染色馒头、瘦肉精、地沟油等事件不断发生，食品安全问题已经成为国人挥之不去的梦魇。食品安全其实是一个食品行业以及关系到全社会国计民生的重大议题，因此，不管是大型企业或者是中小型企业，还是整个食品产业链上的各个环节，往往都需要相关的内控措施来达到食品安全，用最有效的内部控制方式来达到对风险的管控和管理。

【案例 7-11】

某公司社会责任关键控制点与控制措施

1. 关键控制点

社会责任的关键控制点包括安全生产、环境保护与资源节约。

2. 控制措施

（1）公司根据国家有关安全生产的规定，结合生产经营实际情况，建立安全生产管理体系和操作规范，严格落实安全生产责任制。

（2）公司重视安全生产工作，加大安全生产投入，严禁以控制成本费用等各种理由降低对安全生产的必要保障标准。

（3）公司发生安全生产事故特别是重特大安全生产事故，必须根据国家有关规定在第一时间上报，同时启动应急预案，采取有效措施做好救援、疏散和有关善后工作。

（4）公司按照国家有关环境保护的规定，建立本单位的环境保护管理体系，落实环境保护责任制。

（5）公司不断加大环保投入，改进工艺流程，降低能耗和污染物排放水平，实现清洁生产。

（6）公司建立环境评估和环保监察制度，定期或不定期开展环保检查，发现问题，及时采取措施。

（7）公司重视资源节约，发展循环经济，防止和避免资源过度开发，提高资源综合利用效率。

（8）公司定期对社会责任履行情况进行评价，并根据评价结果，结合生产经营特点，编制社会责任报告。

（9）公司根据国家有关规定定期发布社会责任报告，如实披露公司履行社会责任情况。

五、企业文化

企业文化是指企业在生产经营实践中逐步形成的、被整个团队所认同并遵守的价值观、经营理念和企业精神，以及在此基础上形成的行为规范的总称。良好的企业文化对企业有直接的促进作用。根据经验得知，各项制度都有失效的时候，而当制度失效的时候，企业经营靠的就是企业文化。它作为一个企业的中枢神经，支配着人们的思维方式、行为方式。建设企业文化，培育积极向上的价值观、诚实守信的经营理念、为社会创造财富并积极履行社会责任的企业精神，可以增强员工对企业的认同感，增强企业的竞争力。

《企业内部控制基本规范》第十八条规定，企业应当加强文化建设，培育积极向上的价值观和社会责任感，倡导诚实守信、爱岗敬业、开拓创新和团队协作精神，树立现代管理理念，强化风险意识。

在我国，关于企业文化的表现形式最流行的观点是将其划分为 4 个方面：物质文化、行为文化、制度文化和精神文化。

企业物质文化是指以客观物体及其相应组合为表现形式的文化。它由企业的物质环境、生产设备、最终产品与包装设计等构成。由于物质文化的表现形式相对直观、容易“触摸”，所以，物质文化也被称为“表层文化”。如日本丰田汽车表现出的是“省油“小型”“质量可靠”的文化；IBM 计算机表现出的则是“经典”“可靠”“性能优异”的文化。企业行为文化是指企业员工在生产经营、学习娱乐中产生的活动文化。它包括企业经营、教育宣传、人际关系活动、文娱体育活动中产生的文化现象。它是企业经营作风、精神面貌、人际关系的动态体现，也是企业精神、企业价值观的折射。行为文化比物质文化“隐藏”得相对深一些。但也比较容易观察与感知，所以它仍然属于“浅层文化”。如海尔的售后服务人员及时、快速、优质的售后服务行为，所表现出的“真诚到永远”的文化。企业制度文化是由企业制度形态、组织形态和管理形态构成的外显文化，一般包括企业的经营制度和企业的管理制度。一方面，它是精神文化这一抽象东西的具体体现；另一方面，它也是指导和约束员工行为文化和物质文化建设的纲领性东西。制度文化是精神文化与物质文化的“中介”，属于“中层文化”。企业精神文化是指在内外部环境的影响下，企业在长期的生产经营过程中形成的精神成果和文化观念。它主要由经营哲学、道德观念以及企业价值观等因素构成。它是企业各种活动的指导思想，属于“核心文化”。

企业文化是企业的灵魂，渗透于企业的一切经营管理活动之中，是推动企业持续发展的不竭动力。

（一）企业文化的主要风险

企业应当明确企业文化面临的主要风险，以及这些风险可能导致的后果。

（1）企业缺乏积极向上的企业文化，导致员工丧失对企业的信心和认同感，缺乏凝聚力和竞争力。

（2）缺乏开拓创新、团队协作和风险意识，导致企业发展目标难以实现，影响可持续发展。

（3）企业缺乏诚实守信的经营理念，导致舞弊事件的发生，造成企业损失，影响企业信誉。

（二）企业文化风险的应对措施

针对上述风险及影响，企业采取的应对措施包括以下几个方面。

（1）积极培育具有自身特色的企业文化，充分体现企业特色的发展愿景、积极向上的价值观、诚实守信的经营理念、履行社会责任和开拓创新的企业精神，以及团队协作和风险防范意识，以此引导和规范员工行为，打造以主业为核心的企业品牌，形成整体团队的向心力，促进企业长远发展。这项应对措施同时也表明，打造企业主业品牌应当作为企业文化建设中的重要内容。

（2）重视并购重组后的企业文化建设，平等对待被并购方的员工，促进并购双方的文化融合。这是基于当前企业并购实务中企业文化融合问题特别提供的指引，应引起相关企业的高度重视。

（3）要求董事、监事、经理和其他高级管理人员在企业文化建设中发挥主导和垂范作用，以自身的优秀品格和脚踏实地的工作作风，带动影响整个团队，共同营造积极向上的企业文化环境。这充分说明，企业文化建设既要注重“上下结合”，更应注重企业治理层和经理层的示范作用。

（4）要求企业加强企业文化的宣传贯彻，促进文化建设在内部各层级的有效沟通，并确保全体员工共同遵守；同时，要求企业文化建设融入生产经营全过程，切实做到文化建设与发展战略的有机结合，增强员工的责任感和使命感，规范员工行为方式，使员工自身价值在企业发展中得到充分体现。也就是说，企业文化建设不能停留在企业最高层，不能停留在文本上，不能停留在泛泛的宣贯上，不能脱离生产经营过程，不能背离发展战略，而应融入企业的肌体、汇入企业的血脉。

【案例 7-12】

美国西南航空：和谐的企业文化

只有快乐的员工才有满意的顾客。一项哈佛大学的调查结果显示，员工满意度每提高 3 个百分点，顾客满意度就提高 5 个百分点，而企业利润可增加 25%～85%。

美国西南航空公司（Southwest Airlines）创建于 1971 年，从仅有 56 万美元、3 架波音 737 客机、经营短程航运业务的地方性小公司，发展至今。西南航空创下了自 1973 年以来连续 30 多年赢利的业界奇迹，也是世界唯一一家连续盈利时间最长的航空公司，连续 4 年（1997～2000 年）被著名的《财富》杂志评为全球最受赞赏的公司之一。它以“廉价航空公司”“打折航线”而闻名。总裁赫伯·凯勒尔说过：“我们的商业模式可能被抄袭，但我们的企业文化难以复制。”企业文化应“发端于心，并非来源于脑”。

（1）简单化——快速反应。西南航空认为，简单可以创造速度、降低成本，促进人与人之间的相互了解。西南航空的机票结构是简单，机型单一，市场定位简单明确，主业单一。他们始终倾向于按小公司管理，努力将公司结构简单化，规章制度简化，从而避免公司的僵硬。在日常运营上，西南航空不注重纸上作业和繁复的公文往来，尽量将纸上作业减到最少。

（2）高层主管倾听员工意见——一项惯例。公司内部结构呈倒置的金字塔形，管理层在底层为前线35 000名工作人员提供各种支持，员工随时可以掌握公司任何和旅客以及竞争形势有关的资讯，参与公司决策和控制。这样不仅各级管理的效率提高，而且企业能根据市场变动及时进行调整。美国西南航空规定，如果有员工提出一项建议，有关部门主管必须尽快确定是否可行，并及时做出回应。如果公司没有采纳这一建议，必须向员工解释清楚，给出拒绝的充分理由。

（3）激励机制——独特的庆功方式。合理的认可是激发员工成就感的重要途径，而恰当的庆功方式又是表达认可的重要手段。举办盛大晚会是西南航空一贯的庆功方式——“努力工作，尽情娱乐”，在晚会上，人们可以尽情地表达诚意与热情。即使是西南航空面对困境或者不利情形时，也会举办晚会来庆祝成功，以此认可员工做出的贡献，从而满足他们内心深处对成功的渴望。

（4）独特的招聘模式。美国西南航空公司把员工放在首位，在选人时西南航空最为看重的是态度而非技能。具体而言，它的用人之道首先是“爱心”和“幽默感”，然后才是学识和经验。在CEO赫伯·凯勒尔的倡导下，公司历年的广告口号一直是“以爱构筑的航空公司”。

（5）管理透明与授权最大化。企业不断发展，科层结构就越庞大。西南航空内部，任何管理决策信息在对外公布之前都会通过内部刊物传达到每一名员工，例如，经营业绩、财务状况等。西南航空赋予了员工最大的权限，允许他们灵活应对，自己做主，鼓励他们在面对个性化的顾客需求时，可以自行决定采取策略来应对，而不必进行层层请示汇报。

西南航空重视员工、鼓励员工为旅客着想和鼓励创新的公司文化，既为员工创造了宽松的、自主性强的工作环境，更为旅客提供了方便、舒适、周到的服务，而良好的旅客服务与真正的低成本运营相得益彰，创造了西南航空在航空业传奇式的发展历程。

【案例7-13】

某公司企业文化关键控制点与控制措施

1. 关键控制点

企业文化的关键控制点包括企业文化的培育和企业文化的评估。

2. 控制措施

（1）公司重视文化建设在实现发展战略中不可或缺的作用，加大投入力度，健全保障机制，避免形式主义。

（2）公司根据发展战略和自身特点，总结优良传统，挖掘文化底蕴，提炼核心价值，确定文化建设的目标和内容。

（3）公司主要负责人在文化建设中发挥主导作用，以自身的优秀品格和脚踏实地的工作作风带动整体团队，共同营造积极向上的文化氛围。

（4）企业文化建设融入生产经营过程，切实做到文化建设与发展战略的有机结合，增强员工的责任感和使命感，促使员工自身价值在企业发展中得到充分体现。

（5）公司建立文化评估制度，分析总结文化在公司发展中的积极作用，研究发现不利于公司发展的文化因素，及时采取措施消除。

（6）企业文化评估，重点关注公司核心价值的员工认同感、公司品牌的社会认可度、参与企业并购重组各方文化的融合，以及员工对公司未来发展的信心，促进文化建设效果在内部各层级的有效沟通，为改进企业文化提供依据。

【知识链接】

社会责任标准“SA8000”

社会责任标准（Social Accountability 8000 International Standard，SA8000），是全球首个道德规范国际标准。其宗旨是确保供应商所供应的产品，皆符合社会责任标准的要求。SA8000 标准适用于世界各地、任何行业、不同规模的公司。其依据与 ISO9000 质量管理体系及 ISO14000 环境管理体系一样，皆为一套可被第三方认证机构审核的国际标准。

思考题

1．为什么说越是基础的越重要？怎样理解“内部环境是内部控制的基础”这句话？
2．简述董事会在内部控制中的地位和作用。
3．机构设置的基本原则是什么？
4．为什么要保持权责对等？否则会导致怎样的后果？
5．如何发挥内部审计的监督作用？
6．为什么说“战略的失败是彻底的失败”？
7．社会责任如何与发展战略一致？
8．企业文化建设的根本是什么？

风险评估　第八章

【教学目标】

通过本章的学习，读者能了解目标设定的定义及其方法，熟悉风险的定义和分类，理解风险识别的概念、内容、主要风险因素及方向识别的方法，理解风险评估的定义和方法，掌握风险的构成要素、风险应对的定义和策略。

【引例】

中国航油（新加坡）股份有限公司于 1993 年在新加坡成立，是中国航空油料集团有限公司的海外控股公司，石油类跨国公司。公司于 2001 年 12 月 6 日在新加坡股票交易所主板挂牌上市。该公司自 1997 年以来，凭借对国内进口航油市场的实质性垄断，净资产由 16.8 万美元增至 2003 年的 1.28 亿美元，6 年增长 762 倍，成为股票市场上的明星企业。2002 年，公司被新交所授予“最具透明度的上市公司”奖，并且是唯一入选的中资公司。公司总裁陈久霖被《世界经济论坛》评选为“亚洲经济新领袖”。

然而，正是这样一家明星公司，在 2004 年 12 月 1 日，宣布向法庭申请破产保护令，原因是公司在之前的石油衍生品交易中出现 5.54 亿美元的巨额亏损。

原来，经国家有关部门批准，新加坡公司在中国航空油料集团有限公司授权后，自 2003 年开始做油品套期保值业务。之后，新加坡公司总裁陈久霖擅自扩大业务范围，从 2003 年开始从事石油衍生品期权交易，同日本三井银行、法国兴业银行、英国巴克莱银行、新加坡发展银行和新加坡麦戈利银行等在期货交易场外，签订了合同。陈久霖买了“看跌”期权赌注每桶 38 美元，没想到国际油价一路攀升——2004 年 10 月以后，新加坡公司所持石油衍生品盘位已远远超过预期价格。根据合同，中航油需向交易方（银行和金融机构）支付保证金，每桶油价每上涨 1 美元，中航油新加坡公司要向这些银行支付 5 000 万美元的保证金，其结果导致中航油新加坡公司现金流量的枯竭，实际损失和潜在损失总计 5.54 亿美元。

中航油的失败除了内部环境原因之外，公司目标设定的随意性导致经营风险加大。内部控制体系要求管理人员要设立适当的目标，并且使选择的目标能支持、连接企业的使命，并与其风险偏好相一致。企业整体目标的设立形成了一个组织风险偏好，即从高处展望董事会和管理层将接受多大的风险。然而，中航油总裁陈久霖在董事会不知情的情况下，擅自将企业战略目标移位于不合规的风险极大的投机性期货交易，这种目标设定的随意性，最终导致了中航油的毁灭性打击。

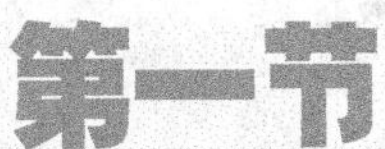

风险评估的概念

一、风险的概念及其分类

古人说：“宜未雨而绸缪，毋临渴而掘井。”企业在生产经营的过程中，面临着诸多的风险，如果我们没有妥善地处理，风险事故一旦发生，轻则影响生产经营稳定和企业经济效益，重则危及企业的生存。因此风险评估的目的是为了给企业造就一个安全稳定的生产经营环境，这有助于增加领导层经营管理决策的正确性，进而提高企业的经济效益。

（一）风险的概念

企业在经营活动中，会遇到各种不确定性事件，这些事件发生的概率及其影响程度是无法事先预知的，进而影响企业目标的实现。所谓风险，就是在一定环境下和一定限期内客观存在的、影响企业目标实现的各种不确定性事件。或者说，风险就是指在一个特定的时间内和一定的环境条件下，人们所期望的目标与实际结果之间的差异程度。因此，风险是一个事项将会发生并给目标实现带来负面影响的可能性（引自COSO04）。风险具有客观性、普遍性、潜在性、必然性、可识别性、可控性、损失性和不确定性等特点，风险与机会同在。

COSO企业风险管理新框架（2016）指出风险是指事项发生并影响战略和业务目标之实现的可能性。该定义兼顾了正面和负面的影响，这和国际风险管理标准ISO31000及中国风险管理标准GB-T 24353是一致的。为了与我国内部控制规范一致，本书采用COSO04的定义。

【小看板】

提出问题比解决问题更重要

内部控制能够帮助我们绕过途中的陷阱，到达目的地。——MOTOROLA总裁加利·吐克

提出一个问题往往比解决一个问题更重要。因为解决问题也许仅是一个数学上或实验上的技能而已，而提出新的问题，却需要有创造性的想象力，而且标志着科学的真正进步。——爱因斯坦

（二）风险的构成要素

风险一般包括以下三项构成要素。

1. 风险因素

风险因素是指促使某一特定风险事故发生或增加其发生的可能性或扩大其损失程度的原因或条件。它是风险事故发生的潜在原因，是造成损失的内在或间接原因。例如，对于建筑物而言，风险因素是指其所使用的建筑材料的质量、建筑结构的稳定性等；对于人而言，则是指健康状况和年龄等；对于企业而言，风险因素则包括企业人员因素、结构因素、外部环境因素等。

2. 风险事故

风险事故也称风险事件，是指造成伤害或财产损失的偶发事件，是造成损失的直接的或外在的原因，是损失的媒介物，即风险只有通过风险事故的发生才能导致损失。就某一事件来说，如果它是造成损失的直接原因，那么它就是风险事故；而在其他条件下，如果它是造成损失的间接原因，它便成为风险因素。例如，对于企业而言，发生仓库货物被盗是一风险事故，而安保系统不健全是风险因素。

3. 损失

在风险管理中，损失是指非故意的、非预期的、非计划的经济价值的减少。通常可以将损失分为两种形态，即直接损失和间接损失。直接损失是指风险事故导致的财产本身损失和人身伤害，这类损失又称为实质损失；间接损失则是指由直接损失引起的其他损失，包括额外费用损失、收入损失和责任损失。

【案例 8-1】

中关村教训

中关村每年大约都有五百个新入驻的企业，但是每年差不多有相同数量的企业因为种种原因离开中关村，绝大多数是因为支持不下去，这其中提示的就是一种风险。传统文化中的八卦讲求阴阳平衡，其实做企业也是一样的，创新和发展固然非常重要，但这只是一只手，企业的另外一只手需要同时注重控制经营风险。

二、风险的分类

企业所面临的风险从来源上分，有企业内部和外部两个方面。外部风险包括：科技发展带来的企业技术、管理、信息等方面的风险；顾客需求或预期改变；竞争的存在；自然灾害；政治事件；经济环境的改变等。内部风险主要有：员工的素质和能力；经理人的责任改变；董事会或监督委员会的责任履行情况等。

从企业能否对风险进行控制来分，风险分为可控风险和不可控风险两种。

三、风险评估

风险评估是一个比较宽泛的概念，在有的内部控制或风险管理标准中，风险评估就是风险管理，包括了风险管理的全过程，可以说是风险管理的代名词。而在有的内部控制或风险管理标准中，风险评估是全面风险管理的一个步骤，包括内容有多有少，如目标确定、风险识别、风险分析、风险评价以及风险应对等。

1. COSO92 关于风险评估概念

COSO 内部控制整体框架把风险评估列为内部控制的五要素之一，《内部控制整体框架》认为，风险评估是指单位为实现其目标而确认的相关风险，以构成进行风险管理的基础。单位风险可能来自于：

（1）经营环境的变化；

（2）聘用新的员工；

（3）采用新的或改良的信息系统；

（4）迅猛的发展速度；

（5）新技术的运用；

（6）新的行业、产业或经营活动的开发；

（7）企业改组；

（8）海外经营；

（9）新的会计方法的采用。

2. COSO04 关于风险评估概念

《企业风险管理整体框架》指出风险评估要对识别的风险进行分析，以便确定对他们进行管理的依据。强调风险评估是风险管理的一个步骤，相当于我国《企业内部控制基本规范》的风险分析。

3. 我国《企业内部控制基本规范》关于风险评估概念

我国《企业内部控制基本规范》借鉴《企业风险管理整体框架》，认为风险评估是企业及时识别、系统分析经营活动中与实现内部控制目标相关的风险，从而合理确定风险应对策略。即为识别、分析、管理与企业活动相关的市场风险、政策风险、法律风险、汇率风险、经营风险等各种风险而建立的机制。该概念沿用 COSO92 的要素理念，是相对宽泛的概念，包括 COSO04 目标设定、事项识别、风险评估和风险应对四大要素的组合。

第二节 目标设定

一、目标设定的含义

我国《内部控制基本规范》第二十条规定，企业应当根据设定的控制目标，全面、系统、持续地收集相关信息，结合实际情况，及时进行风险评估。

【小看板】

目标管理的好处

目标管理的最大好处是，它使管理者能够控制他们自己的成绩。这种自我控制可以成为更强烈的动力，推动他尽最大的力量把工作做好。——［美］巴纳德

目标设定是风险识别、风险分析和风险应对的前提。在管理当局识别和分析风险并采取行动来管理风险之前，首先必须有目标，确定与目标相关的风险，目标设定是风险评估的前提。目标设定分为三个层次，首先在企业既定的使命或愿景指导下，管理层制定企业的战略目标；其次根据战略目标制定业务层面的目标，并在企业内层层分解和落实；最后根据设定的目标合理确定企业整体风险承受能力和具体业务层次上可接受的风险水平。

企业应当按照战略目标，设定相关的经营目标、财务报告目标、合规性目标与资产安全目标，并根据设定的目标合理确定企业整体风险承受能力和具体业务层次上的可接受的风险水平。

1. 战略目标

战略目标反映了管理层就主体如何努力为其利益相关者创造价值所做出的选择，是高层次的目标，与其使命相关联并支撑其使命。企业在考虑实现战略目标的各种方案时，必须考虑与各种战略相伴的风险及其影响。

战略目标方面的关注点主要包括：

（1）对企业绩效现状进行的评估；

（2）对内部和外部环境的监测分析；

（3）战略目标体系；

（4）战略选择遵循必要的流程，以及获得了充分的讨论；

（5）对目标实现与现有资源状况之间的匹配程度进行的评估；

（6）设定战略目标可接受程度；

（7）就战略目标与企业内部员工和外部相关利益集团之间的沟通。

2. 经营目标

经营目标与企业经营的效率与效果有关，包括业绩和盈利目标的实现，需要反映企业运营所处的特定经营、行业和经济环境。经营目标来自公司的战略目标和战略计划，并与之紧密联系，是随着具体对象和不同时段制订的，这些目标应针对每个重要业务活动并与其他业务活动保持一致。

经营目标方面的关注点主要包括以下几点：

（1）经营目标与公司战略目标及战略计划一致；

（2）经营目标适应公司所处的特定经营环境、行业和经济环境等；

（3）各个业务活动目标之间保持一致；

（4）所有重要业务流程与业务活动目标相关；

（5）适当的资源及有效配置；

（6）管理层制定的公司经营目标及其对目标的负责程度。

3. 报告目标

报告目标与财务报告及其相关信息的真实完整有关。可靠的报告能够为管理层提供适合其既定目标的准确而完整的信息，支持管理层的决策，并对主体活动和业绩实施有效监控。

报告目标方面的关注点主要包括以下几点：

（1）管理层决策及对公司活动、业绩监控的准确、及时、完整的信息的对内报告；

（2）满足投资者、监管部门及其他相关信息需求者真实、可靠、完整的信息的对外报告；

（3）反映信息的全面性，包括财务信息与非财务信息。

4. 资产安全目标

资产安全目标是内部控制的基本目标，包括：防止企业无效率经营，损失资产；防止员工舞弊；防止公司资产被盗等。

资产的安全与完整对于我国企业尤其是国有企业具有非常重要的现实意义，近年来国有资产流失的案件屡有发生，内部控制应该把资产安全作为一个重要的目标来加以实现。

资产安全目标方面的关注点主要包括以下几点：

（1）关注企业日常经营活动的效率；

（2）提高企业的生产力和竞争力；

（3）防止资产缩水；

（4）关注资产使用及处置的授权情况。

5. 合规目标

合规目标与企业各项活动的合法性有关。企业进行内部控制建设必须符合相关的法律和法规。企业需要根据相关的法律法规制定最低的行为标准并作为企业的遵循目标，企业的合规记录可能对它在社会上的声誉产生极大的正面或负面影响。

合规目标方面的关注点主要包括：公司的各项活动符合法律法规的要求，通常涉及知识产权、市场、价格、税收、环境、员工福利以及国际贸易等。

二、风险绩效曲线

单个的风险和绩效并不总是一一相关的，但是整体的风险与绩效是相关的。为了完成对风险轮廓的描述，组织需要理解战略和业务目标、绩效目标和可接受的浮动范围、风险承受能力和风险偏好、风险对达成战略和业务目标的影响程度。

图 8-1 所示为风险绩效曲线，横坐标代表绩效，纵坐标代表组织所承受的风险。图中的曲线为风险绩效曲线，即风险总体上随着绩效的升高而升高。粗水平线条表示组织确定的风险容忍度，而虚垂直线条表示组织的绩效目标。c 点表示目标绩效下组织所承受的风险，c 点到 a 点的距离则代表实际风险与风险容忍度的差距，距离越短，表示企业的风险偏好越激进。而 b 点代表达到 100%风险容忍度时，组织所能达成的最大绩效，但这也意味着组织承担的风险总量已经处于饱和状态。

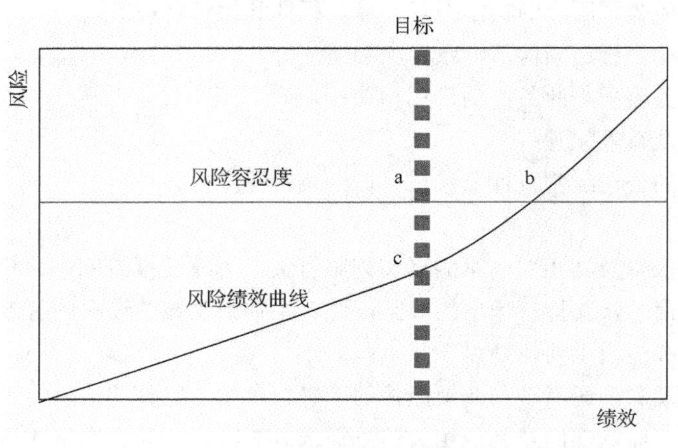

图 8-1　风险绩效曲线

可见，风险绩效曲线将风险、风险偏好、绩效、目标绩效、绩效偏差等概念的关系用图形的方式展现出来，简单形象，方便理解。

三、内部控制目标的设定

（一）制订战略目标

企业的战略目标一般是稳定的，但与其相关的业务层面的目标具有动态性，会随着内部和外部的条件而调整。在企业风险管理目标的设计过程中，首先要确定企业层面的目标，即战略目标。

战略目标需要通过董事会及员工的相互沟通后确定，同时还要有支持其实现的资金预算及战略计划。战略目标的制订需要经过如下 5 个阶段。

（1）明确企业发展目标。企业在长期规划中应明确自身的发展目标和发展方向，通过培训、发放宣传手册、领导讲话等方式将企业层面的目标清晰地传达给员工。

（2）制订实现目标的战略规划。企业通过 SWOT 分析，在了解自身的优势、劣势、机会和威胁的基础上制订帮助企业实现目标的战略规划。

（3）制订年度计划及资金预算。企业根据制订的中长期战略规划，编制年度经营计划。该年度经营计划应符合企业中长期战略规划的效益目标、投资方向和投资结构。

（4）企业编制年度预算。企业应按照上下结合、分级编制、逐级汇总的原则编制全面预算，将战略目标进一步分解、细化与落实。

（5）企业编制《企业预算管理办法》，明确编制预算的基本原则、内容、编制依据等。

（二）确定业务层面目标

业务层面目标包括合规目标、资产目标、报告目标和经营目标，它来自企业战略目标及战略规划，并制约或促进企业战略目标的实现。业务层面的目标应具体并具有可衡量性，并且与重要业务流程密切相关。业务层面目标的制订需要经过如下四个阶段。

（1）设定业务层面目标。企业的总目标及战略目标规划为业务层面目标的设定指明了方向，业务层面根据自身的实际情况及总体目标的要求提出本单位的目标，通过上下不断沟通最终确定。

（2）根据企业的发展变化，定期更新业务活动的目标。

（3）配置资源以保证业务层面目标的顺利实现。企业在确定各业务单位的目标之后，将人、财、物等资源合理分配下去，以保证各业务单位有实现其目标的资源。

（4）分解业务目标并下达。企业确定业务层面的目标后，再将其分解至各具体的业务活动中，明确相应岗位的目标。

（三）合理确定风险承受能力

为了合理地确定风险承受能力，在目标设定阶段，企业必须解决以下 3 个基本问题。

（1）风险偏好。风险偏好是指企业在实现其目标的过程中愿意接受的风险程度。可以采用定性和定量两种方法对风险偏好加以度量。风险偏好与企业的战略直接相关，在战略制定阶段，企业应进行风险管理，考虑将该战略的既定收益与企业的风险偏好结合起来，目的是帮助企业的管理者在不同的战略之间选择与企业的风险偏好相一致的战略。

（2）风险容忍度。风险容忍度是指在企业目标实现的过程中对差异的可接受程度，是企业在风险偏好的基础上设定的对相关目标实现过程中所出现的差异的可容忍限度。企业风险管理（2016）将风险容忍度确定为可接受的绩效变动区间，该定义更加明确和可度量，有助于组织在给定绩效目标下量化可以承受的风险边界。

（3）风险组合观。风险管理要求企业管理者以风险组合的观点看待风险，对相关的风险进行识别并采取措施，以使企业所承受的风险在风险偏好的范围内。对企业内每个单位而言，其风险可能落在该单位的风险容忍度范围内，但从企业总体来看，总风险可以超过企业总体的风险偏好范围。因此，应以企业总体的风险组合的观点看待风险。

第三节 风险识别

一、风险识别的概念和内容

（一）风险识别的概念

风险识别是指对资产当前或未来所面临的和潜在的风险加以判断、归类以及对风险性质进行鉴定的过程。其目的是确认风险的来源、风险的种类及风险的可能影响，以利于风险的有效管理和合理控制。

对于风险识别的概念，可以从以下几个方面来理解。

1. 风险识别是一项动态的、连续不断的、系统性的重复过程

风险事项识别需要针对环境的变化而持续进行，不可能一蹴而就，风险主体的风险仅凭一两次有限的识别是不可能解决问题的，许多复杂的和潜在的风险要经过多次调查和反复论证方能得到准确答案；随着主体的活动，新的风险也会不断产生，风险事项识别是一个连续不断的过程。

2. 风险识别是一个复杂的系统工程

风险事项识别的系统性是指风险识别过程不可能局限在某一个专门部门或者专门的环节，事项识别要把企业作为系统看待，不仅要识别企业可能面临的各种风险，而且企业的各个部门都要参与并密切配合。同时风险主体应综合考虑自身的内外部环境，结合自己的特点，设计和选择适当的事项识别方法，这无疑使得事项识别工作更具有挑战性。

3. 风险识别是整个风险评估过程中重要的程序之一

《企业内部控制基本规范》第三章第二十一条规定，企业开展风险评估，应当准确识别与实现控制目标相关的内部风险和外部风险，确定相应的风险承受度。风险识别是否全面、深刻直接影响风险评估的质量，风险识别的目的就是确认所有风险的来源、种类以及发生损失的可能性，为风险分析和风险应对提供依据。风险识别过程应充分体现全面性原则。

（二）风险识别的内容

1. 感知风险事项

感知风险，即通过调查和了解识别风险的存在。例如，通过调查，了解到一家运输公司面临的财产风险、人身风险和责任风险。财产风险又包括车辆财产损失、存货仓库损失、库存物损失和其他设备损失。在存货仓库损失中，可能有火灾、爆炸、洪水、暴风等多种原因形成的损失。

2. 分析风险事项

通过归类分析，掌握风险产生的原因和条件以及风险所具有的性质。例如，存货仓库的风险因素包括洪水、暴雨、水管或其他设备破裂等；人的风险包括死亡、疾病、身体伤害、财产损失等；导致死亡的风险因素主要有自然灾害、意外事故、自杀、疾病。

感知风险是识别风险的基础，分析风险是识别风险的关键。只有感知风险，才能进一步有意识、有目的地分析风险，掌握风险存在及导致风险事故发生的原因和条件。

二、企业识别风险关注的因素

（一）内部风险

我国《企业内部控制基本规范》第二十二条规定，企业识别内部风险，应当关注下列因素。

（1）董事、监事、经理及其他高级管理人员的职业操守，员工专业胜任能力等人力资源因素；

（2）组织机构、经营方式、资产管理、业务流程等管理因素；

（3）研究开发、技术投入、信息技术运用等自主创新因素；

（4）财务状况、经营成果、现金流量等财务因素；

（5）营运安全、员工健康、环境保护等安全环保因素；

（6）其他有关内部风险因素。

（二）外部风险

我国《企业内部控制基本规范》第二十三条规定，企业识别外部风险，应当关注下列因素。

（1）经济形势、产业政策、融资环境、市场竞争等经济因素；

（2）法律法规、监管要求等法律因素；

（3）安全稳定、文化传统、社会信用、教育水平、消费者行为等社会因素；

（4）技术进步、工艺改进等科学技术因素；

（5）自然灾害、环境状况等自然环境因素；

（6）其他有关外部风险因素。

【案例 8-2】

电厂的风险因素识别

发电厂主要的发电设备有三大系统，即燃料与燃烧系统，主要设备有锅炉及辅助设备；汽水系统，主要设备有汽轮机及辅助设备；发电系统，主要设备有发电机及辅助设备。

分析发电厂的风险也从这三个系统着手。发电厂的主要风险有水灾、雷击、火灾及设备本身的风险。发电厂集中了大量的煤、石油及石油制品、天然气、氢气、润滑油、绝缘油、绝缘材料等，还有各种各样易燃、易爆的物品，容易引起火灾；发电厂的电气设备、输配电线路、变电所和高大的建筑物容易遭遇雷击。锅炉房、发电机房不该进水（或受潮）的地方绝不允许进水。即便是设备本身也同样潜伏着风险，锅炉的高温高压、汽轮机的飞速旋转、发电机超过 10kV 的电压，都是风险因素。

三、风险识别的方法

风险识别是指对企业面临的各种风险进行确认的一个动态、连续的过程。从风险产生的原因入手，通过各种识别方法发现客观存在的不确定性，即辨识风险，下面简要介绍几种常用的风险识别方法。

（一）风险清单法

风险清单是指由专业人员设计好风险标准的表格或者问卷，全面地罗列一个企业可能面临的风险。表格多由风险管理方面的专家提供，包含人们已经识别出的最基本的各类风险。

该方法的优点是经济方便，适合新公司或初次构建风险管理制度的公司适用，帮助他们识别最基本的风险，降低忽略重要风险源的可能性；缺点是表格的初次制作比较费时，问卷回收率可能较低，质量难以有效控制。

（二）流程图分析法

流程图分析法是指首先按企业经营过程的内在逻辑制作出作业流程图，然后对其中的重要环节和薄弱之处进行调查和分析的方法。基本步骤如下。

（1）梳理单位各类经济活动的业务流程，明确业务环节；

（2）设计流程图，把流程图中的风险揭示出来，确定风险点；

（3）解释流程图；

（4）选择风险应对策略。

流程图有助于识别企业经营过程中所面临的风险。其优点是可以将复杂的生产过程或业务流程简单化，从而发现风险；其缺点是流程图的绘制较耗费时间，而且不可能进行定量分析从而无法判断风险发生的可能性。

图 8-2 为某企业费用报销流程图。

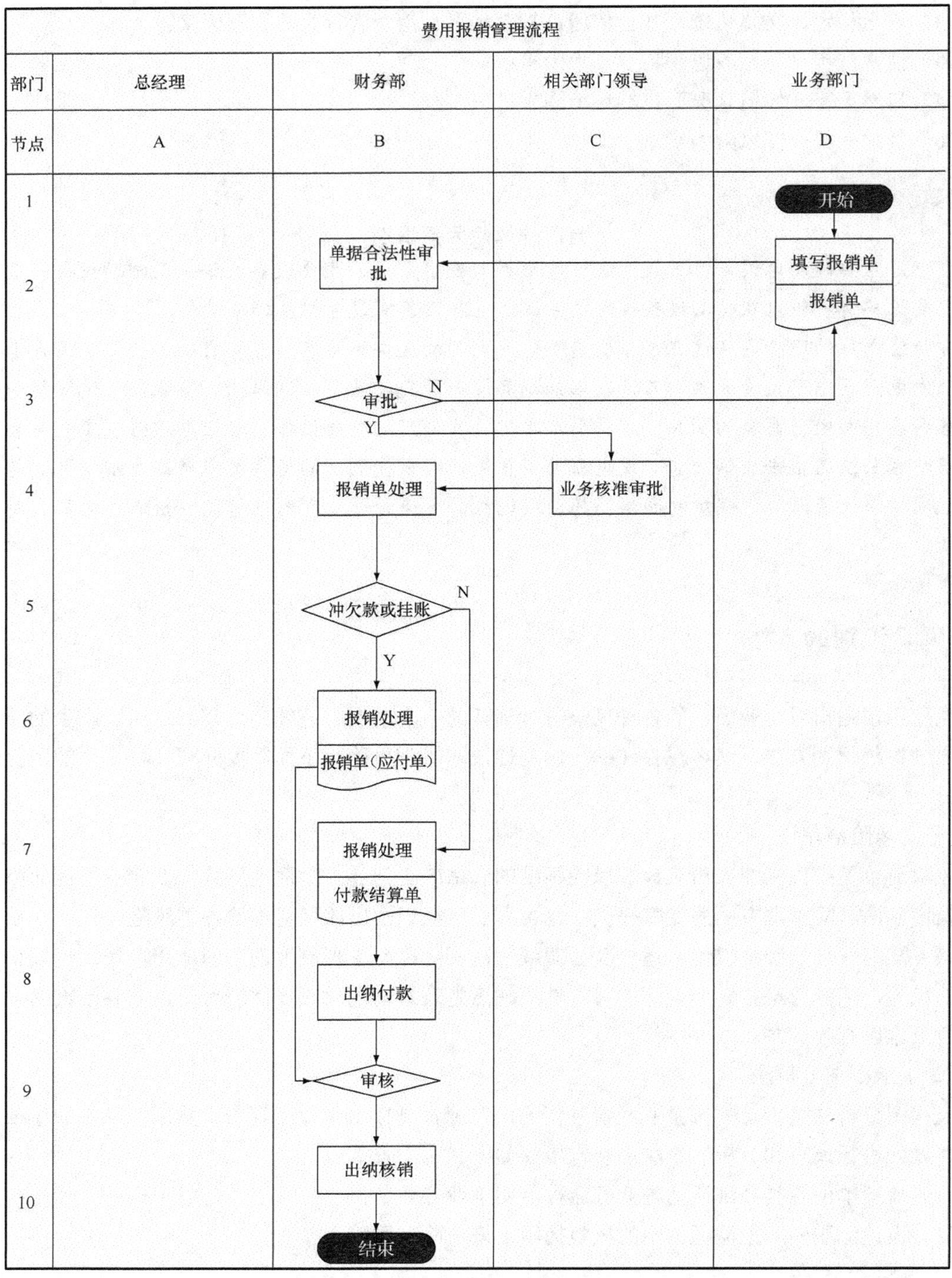

图 8-2　某企业费用报销流程图

（三）现场调查法

现场调查法相当于对风险进行一次全面的检查，其主要步骤如下。

（1）调查前的准备工作。包括确定调查的时间，其中需要明确开始时间、结束时间和持续时间等，还要明确调查的对象，包括调查人数等。实际工作中一般应事先设计好调查表格。

（2）进行现场调查和访问，由被调查人认真填写表格，表格填写应符合规范，避免出现不符合要求的问卷而影响调查结果。

（3）将调查结果及时进行反馈，以便发现潜在的问题。

现场调查法的优点是可以获得一手的资料而不依赖他人的数据，同时在调查过程中可以与基层人员建立良好的关系。缺点是耗时过多，成本过大，在调查的过程中，可能会引起一些员工的反感。

（四）财务报表分析法

财务报表是反映企业一定时点的财务状况、一定期间经营成果和现金流量的文件，因此分析财务报表有利于认识经营风险可能的来源。财务报表分析法主要是通过分析企业的资产负债表、利润表、现金流量表和所有者权益变动表以及补充记录来识别企业潜在的风险。

财务报表分析法具体又分为以下几种主要方法。

1. 趋势分析法

趋势分析法是通过对一个企业连续数期的利润表和资产负债表的各个项目进行比较，求出金额和百分比增减变动的方向和幅度，以揭示当期财务状况和经营状况增减变化的性质及其趋势。

趋势分析法通常包括横向分析法和纵向分析法。横向分析法又称水平分析法，是在会计报表中用金额、百分比的形式，将各个项目的本期或多期的金额与基期的金额进行比较分析，以观察企业经营成果与财务状况的变化趋势；纵向分析法又称垂直分析法，是对会计报表中某一期的各个项目，分别与其中一个作为基期金额的特定项目进行百分比分析，借以观察经营成果与财务状况的变化趋势。

2. 比率分析法

比率分析法就是把财务报表的某些项目同其他项目进行比较，这些金额或者数据可以选自一张财务报表，亦可以选自两张财务报表。比率分析法可以分析财务报表所列示项目与项目之间的相互关系，因此运用得比较广泛。主要有经营成果的比率分析、权益状况的比率分析、流动资产状况的比率分析。

3. 因素分析法

因素分析法也是财务报表分析中常用的一种技术方法，它是指把整体分解为若干个局部的分析方法，包括比率因素分析法和差异因素分解法。比率因素分解法，是指把一个财务比率分解为若干个影响因素的方法。例如，资产收益率可以分解为资产周转率和销售利润率两个比率的乘积，财务比率是财务报表分析的特有概念。在实际的分析中，分解法和比较法是结合使用的，比较之后需要分解，以深入了解差异的原因。分解之后还需要比较，以进一步认识其特征。不断的比较和分解，构成了财务报表分析的主要过程。为了解释比较分析中形成差异的原因，需要使用差异分解法。例如，将产品材料成本差异分解为价格差异和数量差异。差异分解法又分为定基替代法和连环替代法两种。定基替代法是测定比较差异成因的一种定量方法。按照这种方法，需要分别用标准值（历史的、同业企业的或预算的标准）替代实际值，以测定各个因素对财务指标的影响。连环替代法是另外一种测定比较差异成因的定量分析方法。按照这种方法，需要依次用标准值替代实际值，以测定各个因素对财务指标的影响。

（五）事件树分析法

事件树分析法又称故障树法，其实质是利用逻辑思维的规律和形式，从宏观的角度去分析事故形成的过程。它的理论基础是，任何一起事故的发生，必定是一系列事件按时间顺序相继出现的结果，前一事件的出现是随后事件发生的条件，在时间的发展过程中，每一事件有两种可能的状态，即成功和失败。

事件树法从某一风险结果出发，运用逻辑推理的方法推导出引起风险的原因，遵循风险事件—中间事件—基本事件的逻辑结构（见图 8-3）。事件树分析法的一般步骤如下：

（1）定义目标，此时需要考虑影响目标的各种风险因素；

（2）做出风险因果图；

（3）全面考虑各风险因素之间的相互关系，从而研究对风险所采取的对策或行动方案。

事故树法的优点是把影响企业整体目标实现的诸多因素及其因果关系一步步清楚地列示出来，有利于下一步进行深入的风险分析。该方法通常用于直接经验较少的风险识别，效果非常直观，缺点是容易产生遗漏和错误。

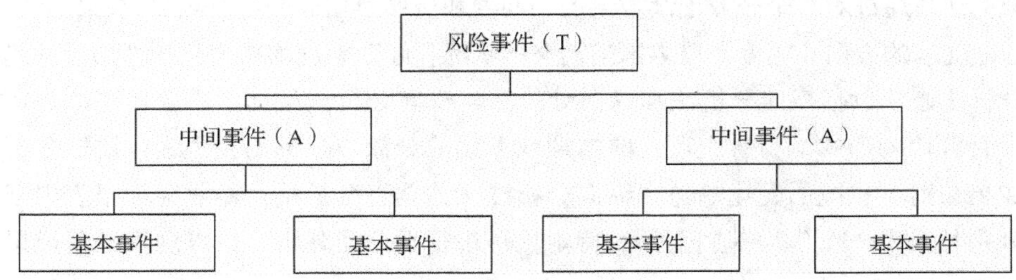

图 8-3　事件树分析法的逻辑结构

（六）可行性研究

可行性研究是在项目计划阶段即对风险进行定性识别的方法。它的工作步骤如下：

（1）检查各部分原始意图；

（2）发现有无偏离原始意图的情况；

（3）寻找偏离原因；

（4）预测偏离后果。

该方法的优点是可在项目实施前就发现风险并加以处理；缺点是比较费时，需要详细的设计系统图的支持。

（七）其他方法

风险管理人员必须始终对新的、变化中的风险保持警惕，经常检查关键文档就是一个好方法。关键文档包括董事会会议的详细记录、资金申请表、公司指南、年度报告等，这些文件提供的信息并非详尽，却是风险管理中使用最为频繁的信息资源。

面谈也是另外一个有利于风险事项识别的重要信息资源。许多信息没有记录在文档文件里面，而只存在于经营管理人员和员工的头脑里。与不同层次不同领域的员工进行面谈以便增加识别潜在风险事项的信息资源。一般情况下，可以考虑和以下人员进行面谈：经营部门经理、首席财务官、法律顾问、人力资源部经理、基层护理人员、工人和领班、外部人员等。与一般基层工人的谈话可以发现一些不安全的设备和操作方法，这些问题在正规的报告里面是不会反映出来的，而通过与高层管理者的面谈，风险防范人员能够了解最高管理层可以容忍的纯粹风险程度，以及希望转移的风险。

风险识别是风险管理中最基础的工作，从定性的经验判断到各种定量方法，不仅要发现风险，还要进行风险因素分析，它是一个复杂的系统工程。任何一种方法都不能揭示出企业面临的全部风险，更不可能揭示导致风险事故的所有因素，故应将多种方法结合使用。

第四节 风险分析

一、风险分析的定义和目的

我国《企业内部控制基本规范》第二十四条规定：企业应当采用定性定量相结合的方法，按照风险发生的可能性及影响程度等，对识别的风险进行分析和排序，确定关注重点和优先控制的风险。

企业进行风险分析应当充分吸收专业人员，组成风险分析团队，按照严格规范的程序开展工作，确保风险分析结果的准确性。

风险分析是在风险识别的基础上对风险发生的可能性、影响程度等进行描述、分析、判断，并确定风险重要性水平的过程。管理层根据被识别的风险的重要性来计划如何应对风险。风险分析应达到以下目的：

（1）对各个风险进行比较，根据分析风险的不确定性和后果，确定风险的先后顺序；

（2）确定风险事件之间的关系，表面上看起来不相干的多个风险事件可能是由一个共同的风险源所造成的，因此应当理顺风险事件之间的关系；

（3）进一步量化已识别风险的发生概率和后果，减少风险发生概率和后果估计的不确定性，必要时根据形势的变化重新评估风险发生的概率和可能的后果。

二、风险图谱

风险图谱是风险分析的重要工具，通过分析公司的风险图谱，可以直观地看到公司的风险分布情况，从而确定风险管理的重要控制点和风险管理解决方案。风险图谱从风险发生的可能性和影响程度两方面对风险进行评级，风险评级要从固有风险、目标剩余风险和实际剩余风险三个层级进行。

风险图谱（见图 8-4）被两条“等风险线”分隔为“红灯区”“黄灯区”和“绿灯区”：

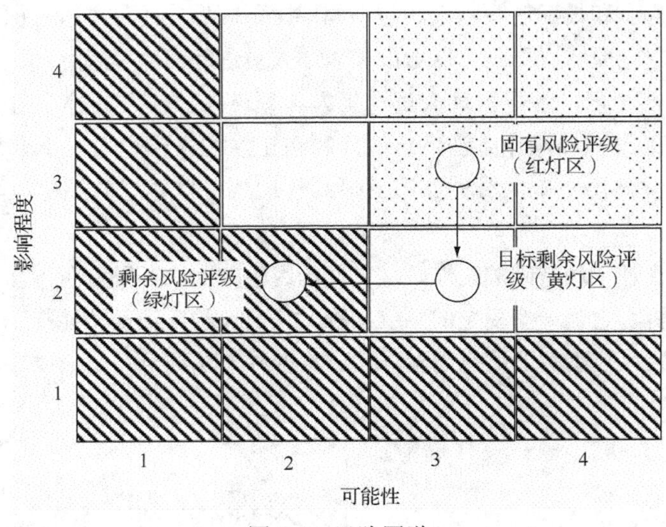

图 8-4　风险图谱

（1）“红灯区”的风险大多集中在第一象限，其发生的概率和影响程度均较高。公司应该根据风险的属性和风险偏好来选择风险管理方案；

（2）“黄灯区”的风险，有两种情况：

① 处于第二象限的风险更多的是一些非常事件，但影响程度较大。对于这类风险，公司应该在采取防范措施的同时，制订应急计划；

② 处于第四象限的风险，其影响程度不是很高而发生概率偏高，这往往与日常经营和遵守法律方面的问题有关，这些风险的累计影响不可低估。对于这类风险要注意日常的管理和监控。

（3）“绿灯区”的风险大多集中在第三象限，是指那些发生概率和影响程度均不太高的风险，通常在目前可以接受。公司可以取消与此风险相关的、多余的风险控制措施，从而减少成本和资源消耗以便管理更重要的风险。

风险图谱不是一成不变的，公司应该定期评估风险，动态地对风险图谱进行调整和更新。

三、风险分析的方法

风险分析的方法一般包括定量分析方法和定性分析方法。但当前最常用的分析方法一般都是定量和定性的混合方法，对一些可以明确赋予数值的要素直接赋予数值，对难于赋值的要素使用定性方法，这样不仅可以清晰地分析企业资产的风险情况，而且也极大地简化了分析的过程，加快了风险分析的进度。根据德勤统计数据，各行业的前 10 种最主要的风险因素如表 8-1 所示。

表 8-1　各行业的前 10 种最主要的风险因素

次序	银行/保险业/证券	制造业	其他
1	内部控制的质量	内部控制的质量	内部控制的质量
2	管理人员的能力	管理人员的能力	管理人员的能力
3	管理人员的正直程度	管理人员的正直程度	管理人员的正直程度
4	会计系统的近期变动	单位的规模	会计系统的近期变动

续表

次序	银行/保险业/证券	制造业	其他
5	单位的规模	经济环境恶化	业务的复杂性
6	资产的流动性	业务的复杂性	资产的流动性
7	重要人员的变动	重要人员的变动	单位的规模
8	业务的复杂性	会计系统的近期变动	经济环境恶化
9	快速的增长	快速的增长	重要人员的变动
10	政府法规	管理人员对完成目标的压力	快速的增长

（一）定量分析法

定量分析法就是对风险的程度用直观的数据表示出来，其主要思路是对构成风险的各个要素和潜在损失的程度赋予数值或货币金额，这样风险分析的整个过程和结果都可以被量化了。在度量风险的所有要素（资产价值、脆弱性级别等）中，风险分析人员计算资产暴露程度，计算控制成本以及确定所有其他值时，应尽量具有相同的客观性。风险大小的判断可以根据风险暴露的大小乘以风险发生的概率加以确定。

目前比较常用的定量分析方法有：MPY（年度可能最大损失）值估计法、情景分析法、VAR（风险价值）法、敏感性分析等。

1. MPY 值估计法

MPY 值估计法（maximum probable yearly aggregate dollar loss）是评估一般危害性风险的方法，是指在某一特定年度中，单一风险单位或多个风险单位遭受一种或多种事故所致的最大总损失。年度最大可信总损失与年度预期总损失不同，年度预期损失是平均损失，而年度可信总损失与风险管理人员的主观判断有关。

2. 情景分析法

情景分析法（scenarios analysis）是通过假设、预测、模拟等手段生成未来情景，并分析其对目标产生影响的一种分析方法。该方法根据发展趋势的多样性，通过对系统内外相关问题的系统分析，设计出多种可能的未来前景，然后用类似于撰写电影剧本的手法，对系统发展态势做出详细的情景和画面的描述。当一个项目持续的时间较长时，往往要考虑各种技术、经济和社会因素的影响，可用情景分析法来预测和识别其关键风险因素及其影响程度。情景分析法对以下情况特别有用：提醒决策者注意某种措施或政策可能引起的风险或危机性的后果；建议需要进行监视的风险范围；研究某些关键性因素对未来过程的影响；提醒人们注意某种技术的发展会给人们带来哪些风险。

3. VAR 法

VAR 法（value at risk）即风险价值法，是指在正常的市场条件和给定的置信度内，某种投资组合在既定时期内所面临的市场风险大小和可能遭受的潜在最大价值损失。VAR 把对预期的未来损失的大小和该损失发生的可能性结合起来，不仅让投资者知道发生损失的规模，而且知道其发生的可能性，是一种数量化市场风险的重要度量工具。

VAR 法利用统计技术来度量投资风险，对某个有价证券，在市场条件下，对给定的时间区间的置信水平 α，VAR 给出了该有价证券最大可能的预期损失，即可以保证损失不会超过 VAR 的概率为 $1-\alpha$。

计算 VAR 常用的方法主要有 3 种。

（1）历史模拟法。该方法是借助于计算过去一段时间内的资产组合风险收益的频度分布，通过找到历史上一段时间内的平均收益，以及在既定置信水平 α 下的最低收益率，计算资产组合的 VAR 值。

（2）方差—协方差法。该方法的基本思路为：首先，利用历史数据计算资产组合的收益的方差、标准差、协方差；其次，假定资产组合收益是正态分布，可求出在一定置信水平下，反映了分布偏离均值程度的临界值；最后，建立与风险损失的联系，推导 VAR 值。

（3）蒙特卡罗模拟法。它是基于历史数据和既定分布假定的参数特征，借助随机产生的方法模拟出大量的资产组合收益的数值，再计算 VAR 值。

4. *敏感分析法*

敏感分析法是指通过对项目各种不确定因素在未来发生变化时对经济效果指标影响程度的比较，找出敏感因素，提出相应对策。它是在项目评价的不确定分析中被广泛运用的主要方法之一。在项目计算期内可能发生变化的因素主要有建设投资、产品产量、产品售价、主要原材料供应及价格、劳动力价格、建设工期及外汇汇率等。敏感性分析就是要分析预测这些因素单独变化或多因素变化时对项目内部收益率、静态投资回收期和借款偿还期等的影响。这些影响应是用数字、图表或曲线的形式进行描述，使决策者了解不确定因素对项目评价的影响程度，确定不确定性因素变化的临界值，以便采取防范措施，从而提高决策的准确性和可靠性。

各因素的变化都会引起效益指标的一定变化，但其影响程度却各不相同。有些因素小幅度变化，就能引起经济评价指标发生较大幅度的波动；而另一类因素即使发生了较大幅度的变化，对经济效益指标的影响也不是很大。一般把前一类因素称为敏感性因素，后一类称为非敏感性因素。敏感性分析的目的就是要筛选敏感性因素和非敏感性因素。

敏感性分析的步骤如下。

（1）确定敏感性分析指标。投资项目经济评价有一整套指标体系，在进行敏感性分析时，应选择最能反映项目经济效益的一个或几个主要指标进行分析。最基本的分析指标是内部收益率，根据项目的实际情况也可选择净现值或投资回收期等指标，必要时可同时针对两个或两个以上的指标进行敏感性分析。

（2）选择敏感性分析的不确定因素。影响项目经济效益指标的因素很多，如产品产量、价格、经营成本、投资额、建设期和生产期等。在实际的敏感性分析中，没有必要也不可能对所有因素进行分析。根据项目特点，结合经验判断选择对项目影响效益较大且重要的不确定因素进行分析。经验表明，应主要对销售收入、产品价格、产量、经营成本、建设投资等不确定因素进行敏感性分析。

（3）确定不确定因素的变化范围。在选择不确定因素分析基础上，还要进一步分析不确定因素的可能变动范围。一般选择不确定因素变化的百分率为±5%、±10%、±15%、±20%等，对于不便用百分数表示的因素，可采用延长一段时间表示，如延长一年。

（4）计算敏感性分析指标。为较准确反映项目评价指标对不确定因素的敏感程度，分析不确定因素的变化使项目由可行变为不可行的临界数值，应计算敏感度系数和临界点指标。

① 敏感度系数。敏感度系数指项目评价指标变化的百分率与不确定因素变化的百分率之比。敏感度系数高，表示项目效益对该不确定因素敏感程度高。计算公式为：

$$S_{AF}=\frac{\Delta A/A}{\Delta F/F}$$

式中，S_{AF}为评价指标 A 对于不确定因素 F 的敏感系数；$\Delta F/F$ 为不确定因素 F 的变化率；$\Delta A/A$ 为不确定因素 F 发生 ΔF 变化时，评价指标 A 的相应变化率。

$S_{AF}>0$，表示评价指标与不确定因素同方向变化；$S_{AF}<0$，表示评价指标与不确定因素反方向变化。$|S_{AF}|$较大者敏感度系数高，反之，敏感度系数低。

② 临界点。临界点是指不确定性因素的变化使项目由可行变为不可行的临界数值，可采用不确定性因素相对基本方案的变化率或相对应的具体数值表示。当该不确定性因素为费用科目时，即为其增加的百分率，当其为效益科目时为降低的百分率。临界点也可用该百分率对应的具体数值表示。当不确定因素的变化超过了临界点所表示的不确定因素的极限变化时，项目将由可行变为不可行。

临界点的高低与计算临界点指标的初始值有关。若选取基准收益率为计算临界点的指标，对于同一个项目，随着设定基准收益率的提高，临界点就会变低；而在一定的基准收益率下，临界点越低，说明该因素对项目评价指标影响越大，项目对该因素就越敏感。

从根本上说，临界点计算是使用插值法，也可以借助于计算机的相关软件，由于项目评价指标的变化与不确定因素变化之间不是直线关系，当通过直线图求解时也会存在一定的误差。

（二）定性分析法

定性分析法与定量分析法的区别在于不需要对资产及各相关要素的分配确定数值，而是赋予一个相对值。在风险管理过程中，风险分析是最困难的。风险经理往往陷入两难的境地，即为了追求准确，就必须应用复杂的概率计算方法和采用精度较高的模型，但是限于资料的稀缺和时间的紧迫，这种方法或模型就被迫放弃。大多数的风险经理宁愿放弃准确度的较高要求而采用定性的预测方法，即将风险的概率估计予以主观量化。据统计，75%的项目经理采用的风险分析方法是专家调查打分法。例如，通过问卷、面谈及研讨会的形式进行数据收集和风险分析，这个方法涉及各业务部门的人员，这个过程带有一定的主观性，往往需要凭借专业咨询人员的经验和直觉，或者业界的标准和惯例，因此，为风险各相关要素（资产价值、威胁、脆弱性等）的大小或高低程度定等级时，可以运用定性分析方法将风险分为高、中、低三个等级。通过这样的方法，对风险的各个分析要素赋值后，可以定性地区分这些风险的严重等级，避免了复杂的赋值过程，简单且又易于操作。定性分析法的步骤一般如下。

第一步，确定风险因素（或称威胁）发生的可能性。假定把威胁的可能性定为五级，如表 8-2 所示。

表 8-2 风险因素分级表

等级	发生的可能性	描述
A	几乎确定的	预计在大部分情况下会发生
B	很可能的	在多数情况下会发生
C	可能的	在某些情况下会发生
D	不太可能的	只在某些特定情况下发生
E	罕见的	一般不会发生，只有在例外情况下发生

第二步，通过风险分析对风险确定等级。风险等级一般可以分为高、中、低三个等级，也可以

分为四级或者五级，如表 8-3 所示。

表 8-3 风险等级程度表

等级	影响程度	描述
H	高风险	最高等级的风险需要立即采取应对措施
M	中等风险	必须规定管理责任，有的还要引起高级管理层的注意
L	低风险	可以通过例行程序来处理

第三步，根据上面两张表编制风险矩阵表，如表 8-4 所示。

表 8-4 风险矩阵表

可能性	影响程度				
	可忽略	比较小	中等	较大	灾难性
	1	2	3	4	5
A 几乎可能	M	H	H	H	H
B 很可能	M	M	M	H	H
C 有可能	L	M	M	H	H
D 不太可能	L	L	M	M	H
E 罕见的	0	L	M	M	H

企业管理层肯定不能接受H，对M要根据具体情况考虑是否应采取相应的对策来减少这种风险，对 L 应当能接受，但需要加强对风险的控制，不使其损失面扩大。

定性分析的操作方法可以多种多样，包括小组讨论（例如 Delphi 方法）、检查列表（checklist）、问卷（questionnaire）、人员访谈（interview）、调查（survey）等。定性分析操作起来相对容易，但也可能因为操作者经验和直觉的偏差而使分析结果失准。

（三）定量与定性风险分析方法的比较

定量与定性风险分析方法的优缺点如表 8-5 所示。

表 8-5 定量与定性风险分析优缺点比较

	定性风险分析	定量风险分析
优点	计算方式简单，易于理解和执行	评估结果是建立在独立客观的程序或量化指标之上的
	不必精确算出资产价值和威胁频率	可以为成本效益审核提供精确依据，有利于预算决策
	流程和报告形式比较有弹性	可利用自动化工具帮助分析
	不必精确计算推荐的安全措施的成本	量化的资产价值和预期损失易理解
缺点	本质上是非常主观的，其结果高度依赖于评估者的经验和能力，很难客观地跟踪风险管理的效果	信息量大，计算量大，方法复杂
	对关键资产财务价值评估参考性较低	投人大，费时费力
	并不能为安全措施的成本效益分析提供客观依据	没有一种标准化的知识库，依赖于提供工具或实施调查的厂商

四、风险分析方法的选择

选择风险分析的方法和判断标准，应考虑行业自身特点，区别它们各自的关注点，灵活确定风险分析过程和分析方法。例如，对于金融行业来说，丢失数据风险的损失比短时间业务停顿的风险所带来的损失更为严重；而对于通信行业来说，业务停顿风险带来的损失比少量数据丢失的风险更难以接受。与定量分析相比较，定性分析的准确性稍好但精确性不够，定量分析则相反；定性分析没有定量分析那样繁多的计算负担，但却要求分析者具备一定的经验和能力；定量分析依赖大量的统计数据，而定性分析没有这方面的要求；定性分析较为主观，定量分析基于客观；此外，定量分析的结果很直观，容易理解，而定性分析的结果则很难有统一的解释。

企业可以根据自身的具体情况来选择定性或定量的分析方法。当前最常用的分析方法一般都是定量和定性的混合方法，对一些可以明确赋予数值的要素直接赋予数值，对难于赋值的要素使用定性方法，这样不仅更清晰地分析了资产的风险情况，也极大简化了分析的过程，加快了分析进度。

第五节 风险应对

一、风险应对概述

我国《企业内部控制基本规范》第二十五条规定：企业应当根据风险分析的结果，结合风险承受度，权衡风险与收益，确定风险应对策略。企业应当合理分析、准确掌握董事、经理及其他高级管理人员、关键岗位员工的风险偏好，采取适当的控制措施，避免因个人风险偏好给企业经营带来重大损失。

风险应对就是在风险评估的基础上，针对企业所存在的风险因素，根据风险评估的原则和标准，运用现代科学技术知识和风险管理方面的理论与方法，提出各种风险解决方案，经过分析论证与评价从中选择最优方案并予以实施，来达到降低风险目的的过程。

风险应对可以从改变风险后果的性质、风险发生的概率和风险后果 3 个方面提出多种策略，对不同的风险可用不同的处置方法和策略。企业所面临的各种风险都可以综合运用各种策略进行处理。

《企业内部控制基本规范》第二十六条规定：企业应当综合运用风险规避、风险降低、风险分担和风险承受等风险应对策略，实现对风险的有效控制。

【案例 8-3】

“双 11”余额宝的风险应对策略

余额宝使用便捷，功能稳定，规模快速增长，2014 年 2 月底，余额宝突破了 5 000 亿元规模并一直保持到现在。根据晨星数据，对应的增利宝货币基金已成为全球第七大基金和第三大货币基金，用户数也超过 1 亿。作为首只并且规模庞大的互联网货币基金，余额宝涉及资金安全和流动性问题，被来自监管层和同行的无数双眼睛盯着。“任何一点微小的失误都有可能造成灾难性的后果。”管理层人员王登峰说。因此，他与他的团队必须时刻做好应对风险的准备。2013 年 11 月 11 日，淘宝大促狂欢的“双 11”消费高峰可能带来大量赎回，余额宝首次面临大考。王登峰回忆，越是临近“双 11”，对于数据的要求越为精确。为了计算赎回规模，一方面，他们 24 小时监控客户保有量；另一方面，他们随时与淘宝沟通，根据其促销力度调整对赎回规模的估计。他们采取了最保守的大数据，并翻倍作为安全垫，以保证流动性。具体做法是：先估计有效用户数量，再采取最高的用户转化率，估算出购物用户的数量，然后采取拔高的人均消费量，提升安全垫。“我们对零售行业进行了大量研究，发现每个商场的客单价都是基本稳定的。”

随着数据的不断调整，王登峰也要不断调整到期资产的布局，并随时与证监会和央行沟通各种应对方案。在技术层面，王登峰也不允许有任何故障。“即使所有的银行支付渠道瘫痪，余额宝也必须100%响应。”天弘基金云直销系统可以应对的交易超过5 000笔/秒，能够支撑亿级用户进行交易，随时响应的还有客服层面，“整个公关团队枕戈待旦，有任何可能发生的问题都随时处理。”最终，余额宝安全度过“双 11”，给用户带来了良好的消费体验。可以说，如果没有此次完备的风险应对策略，就不会有如今家喻户晓的余额宝。

二、风险应对策略

风险应对的策略有风险规避、风险降低、风险分担和风险承受4类。

（一）风险规避

风险规避是指企业对超出风险承受度的风险，通过放弃或者停止与该风险相关的业务活动以避免和减轻损失的策略。风险规避是各种风险管理技术中最简单、最为消极的一种。例如，一个经销家庭日用品的企业在其经销的产品有导致小儿麻痹症的情况出现时，决定终止这种经销活动，以免引致产品责任索赔案。

企业通过中断风险源，将避免可能产生的潜在损失或不确定性，但企业同时失去了从风险源中获得收益的可能性。企业在采用规避方法来处理风险时必须考虑以下几个方面的因素。第一，风险要想真正避免也许不可能。对企业而言，有些基本风险如世界性的经济危机、能源危机等难以避免。第二，风险得以避免在经济上也许不适当。对某些风险即使可以避免，但就经济效益而言也许不合适。在成本和效益的比较分析下，如果企业避免风险所花费的成本高于避免风险所产生的经济效益时，仍然采取避免风险的方法，经济上可谓不适当。第三，风险规避使企业失去了从中获益的可能性。第四，避免了某一风险可能产生另外新的风险，新风险产生的可能性和危害程度可能更甚于先前的风险。

1. 风险规避的适用范围

当企业面临下列两种情况时最适合采用风险规避策略：某种特定风险导致的发生概率和产生损失程度相当大；应用其他风险处理技术的成本超过其产生的收益，采取风险规避法可以使企业所受损失为零。

2. 风险规避的方式

（1）完全放弃，是指企业拒绝承担这种风险，根本不从事可能产生某些特定风险的活动。

（2）中途放弃，是指企业在项目进行的过程中终止承担某种风险。例如，公司研发一种新产品，在市场上试销后发现市场前景惨淡，于是中途停止这种产品的生产与上市，防止产生更大的新产品的开发风险。这种风险规避通常与环境的较大变化和风险因素的变动有关。由于发生了新的不利情况，经权衡后，认为得不偿失，故而放弃。

（3）改变条件，是指改变生产活动的性质，改变生产流程或是工作方法等。其中，生产性质的改变属于根本的变化。

简单的风险规避是一种最消极的风险处理办法，因为投资主体在放弃风险行为的同时，往往也放弃了潜在的目标收益。所以一般只有在以下情况才会采用这种方法：投资主体对风险极端厌恶；存在可实现同样目标的其他方案，其风险更低；投资主体无能力消除或转移风险；投资主体无能力承担该风险或承担风险得不到足够的补偿。

【案例 8-4】

多元化经营的改进：三九集团的经验

三九集团作为我国百强企业中的著名企业集团，拥有涉及药业、食品加工业、酒业、现代农业、旅游服务业、包装印刷业、房地产开发业和汽车工业等产业的 200 多家全资、控股、参股企业。1989 年的时候，中药产品的科技含量和投资办厂的成本并不高，中药行业的进入壁垒很低。为了规避风险，当时的南方制药厂——三九集团的前身，决定要发展多种经营，既要以一业为主，也要有“东方不亮西方亮”的准备。公司的业务先后进入包装印刷业、西药业、房地产业、汽车贸易业和酒店业等各个产业，多元化经营可以说是做得如火如荼。

三九集团对经营过程中的风险进行了认真的分析，考虑了各种风险应对策略，比较了不同方案的潜在影响，及时调整了战略思路，从资产扩张为重点向效益扩张为重点转变，重新调整了多元化方向，多元化经营的目标集中在相关多元化。三九集团的工作重点调整为大力发展主营业务，原则上停止了非药业企业的兼并。三九集团先后撤销了三九旅游公司、三九农业公司和三九汽车公司。其产业发展战略也调整为以医药为核心，包括保健品、大食品、医疗器械、文化等产业在内的生命健康产业。从此，三九集团走上了良性发展道路。

【案例 8-5】

三星推出微软系统手机——规避诉讼风险

韩国三星电子于 2012 年 8 月 30 日宣布将于年内推出搭载美国微软公司（MS）最新操作系统（OS）的智能手机。三星和苹果的专利侵权案，苹果在美国大获全胜。为降低经营风险，三星开始提高业务中不易成为诉讼对象的操作系统比率。为重新构建抗衡苹果的战略，三星在德国柏林举办的家电展销会“IFA”上发布了支持微软操作系统“Windows Phone8”的智能手机“ATIVS”。这款手机配备了 4.8 英寸有机 EL（电致发光）面板等高性能部件。从中可以看出三星欲将其打造为媲美搭载美国谷歌操作系统“Android”的旗舰机型“GalaxyS Ⅲ”主力产品的意图。

已故苹果 CEO 史蒂夫·乔布斯曾强烈批评 Android 抄袭了苹果的技术，并相继起诉了谷歌阵营的台湾宏达国际电子公司和美国摩托罗拉公司。苹果在美国与三星争讼的焦点虽然是设计和操作性，但实际上操作系统也密不可分。因此，三星将通过增加搭载 Windows Phone8 的机型，降低与苹果间可能会发生的新一轮诉讼风险。因为微软和苹果在包括共同专利在内的知识产权领域有合作关系。此外，三星还在柏林发布了支持 Windows Phone8 的平板终端。借此，三星加快了构建从产品开发和操作系统两方面规避专利纠纷的体制。

（二）风险降低

风险降低是企业在权衡成本效益后，准备采取适当的控制措施降低风险或者减轻损失，将风险控制在风险承受度之内的策略。风险降低的目的是要降低风险发生的概率，或者减少风险造成的损失，或者两者兼而有之。风险降低可以积极改善风险的特性，使其能为企业所接受，而又使企业不丧失获利的机会。风险降低的方法一般与控制措施相衔接，包括不相容职务分离控制、授权审批控制、会计系统控制、财产保护控制、预算控制、运营分析控制、绩效考评控制和合同控制等（这部分内容将在第九章阐述）。

降低风险主要通过两种途径实现：风险预防和减少风险。其中，风险预防即采取各种措施防止风险事件的发生，做到事先防范，也就是消除或减少风险因素，以便降低损失发生的概率。企业实行风险降低策略应符合成本效益原则。预防风险涉及一个现时成本与潜在损失比较的问题：若潜在损失远大于采取预防措施所支出的成本，就应采用预防风险手段。以兴修堤坝为例，虽然施工成本很高，但与洪水泛滥造成的巨大灾害相比，就显得微不足道。此外，还应考虑到一旦预防措施不成功，风险发生后应采取补救措施以减少损失，从而使风险损失最小化。

人们从事的许多活动都面临着风险，对于那些厌恶风险者来说，如何应付所面临的风险呢？有两种常用的办法可以降低可能发生的风险，这两种方法是多样化和获取更多的信息。

1. 多样化（diversification）

多样化是指在从事的活动将要面临风险的情况下，人们可以采取多样化的活动，以便降低风险。例如，投资者可以以多种形式持有资产，以免持有单一化的资产发生风险；商品推销人员为了保证销售收入，可以同时推销多种商品，以免在只推销一种商品的情况下，一旦产品推销不出，发生一点收入也得不到的风险。

2. 获取更多的信息（obtaining more information）

在不确定的情况下，消费者的决策是建立在有限信息基础之上的。如果消费者可以获得更多的信息，将会降低决策的风险。然而，获得的信息不是没有代价的。例如，要想通过销售活动获得尽可能多的利润，商品销售人员必须进行市场调查与研究，以便获得较多的商品需求信息，减少决策的风险；要进行市场调查研究，就必须花费一定的费用。如果不亲自进行市场调查，而向他人购买信息，也可以减少决策的风险。这说明信息是有价值的。

（三）风险分担

风险分担是指企业准备借助他人的力量，采取业务分包、购买保险等方式和适当的控制措施，将风险控制在风险承受度之内的策略。风险分担是一种事前的风险管理措施，即在风险发生之前，通过各种交易活动，把可能发生的风险转移给其他人承担，避免承担全部风险损失。其主要措施包括业务分包、保险、出售、开脱责任合同以及合同中的转移责任条款。

风险分担的方式主要可以分为财务型非保险转移、控制型非保险转移和保险转移。

1. 财务型非保险转移

财务型非保险转移是指受补偿的人将风险所导致损失的财务负担转移给补偿的人（其中保险人除外）的一种风险管理技术。财务型非保险转移的实施方式主要有以下四种。

（1）中和。中和是将损失机会与获利机会平衡的一种方法，通常被用于处理投机风险。担心原材料价格变化的制造商所进行的套购，以及受外汇汇率变动影响的出口商进行的期货买卖都属于中和方法。所谓套购，就是通过买卖双方交易的相互约定，使可能的价格涨落损益彼此抵消。通常，商业机构、生产商、加工商和投资者利用期货价格和现货价格波动方向上的趋同性，通过在期货市场上买进或卖出与现货市场上方向相反但数量相同的商品，而把自身承受的价格风险转移给投机者，以达到现货与期货盈亏互补的目的。

例如，有一经销商于某年 9 月 1 日购买铜锭一批，价格 200 万元，铜锭制成铜管后，预期于次年 1 月 10 日出售，届时可得 380 万元，因而可以赚取合理的利润。然而，由于铜锭价格波动会影响铜管的价格，所以利润是不确定的。也就是说，该经销商可能因铜锭价格下跌而蒙受损失，也可能因铜锭价格上涨而获得超额利润。为了避免铜锭跌价所致损失，经销商可在 9 月 1 日购买铜锭的同时，订立于次年 1 月 10 日亦以同样价格出售铜锭的合同。这样做，可以中和未来价格波动的风险，经销商虽然失去可能因铜锭价格上扬而获超额利润的机会，但却免除了因铜锭价格下跌而蒙受损失的可能。

（2）免责约定。免责约定是指合同的一方通过合同条款，对合同中发生的对他人人身伤害和财产损失的责任转移给另一方承担，即通过主要针对其他事项的合同中的条款来实现风险转移。

例如，机械加工企业，在与客户签订机械加工合同时，可在协议条款中写明：若遇原材料价格上涨时，合同价格应当上调，从而将其价格风险转移给客户。同样，客户也可以通过免责条款协议，将其潜在损失转移给加工企业。如合同协议条款规定若由于加工企业延长工期而引起的原材料价格上涨，由加工企业负责，并赔偿由于延误工期而给客户带来的损失。当然双方在签订合同时，都要紧紧围绕“合同条件”这个中心，而且，寻求利用某条款转移风险的一方，必须获得对方对该条款的认可。另外，有时候可专门为转移风险而订立合同。

需要指出的是，免责约定不同于责任保险。免责约定所转移的风险其受让人而不是保险人，而且所提到的财产损失责任是以合同责任下的损失为限的。

（3）保证合同。保证合同是指由保证人对被保证人因其行为不忠实或不履行某种明确的义务而导致权利人损失予以赔偿的一种书面合同。这里有保证人、被保证人和权利人三方当事人，借助保证书，权利人可将被保证人违约的风险转移给保证人。保证的目的在于担保被保证人对权利人的忠实和有关义务的履行，否则由保证人赔偿损失。保证书通常用于以下“明确的义务”：清偿债务，在规定的期限内提供一定数量的产品，按要求的日期完成一项工程等。如果被保证人没有履行义务，保证人必须自己履行这项义务，或者按保证书的规定支付一定的罚金。然后，保证人可以向被保证人追偿其损失。有时，保证人在签发保证书时，要求被保证人用现金或政府债券等作为担保物，以备自己索赔。即使被保证人得不到任何保障，他们也要签署这种保证书。

需要指出，保证书不同于保险合同（尤指财产保险合同），其差别如下。

① 保证书的当事人有三方，即保证人、被保证人和权利人，而保险合同一般只有两方，即保险人和投保人（被保险人）。

② 保证书中，被保证人通常得到担保并付出担保费，而权利人得到保障（不过，有时被保证人可通过成本包括在所提供的服务的价格里，而将这种成本转移给权利人），而被保险人则通常是购买保险来保障自己。

③ 保证书中的损失有可能是由被保证人故意引起的，而保险损失对被保险人而言则必须是意外的。

④ 理想状况下，保证书中的担保不会有损失。因为如果有任何损失的可能性，保证人就不会签署这种保证书，况且保证人自己会在调查中发现潜在的损失。而保险人则清楚地知道在被保险的群体中间会有一些损失——期望损失值。理想状况下，保证书的担保费不应该包括任何期望损失作为

备抵，所以这种担保费只需包括保证人的调查费和其他费用，并提供一定的利润和一定的意外准备金。而保险费则必须补偿期望损失。在实践中，保证人也会发生一些损失，因为他们的调查并不完全准确，但这样的损失在担保费中所占的比例远低于在保险费中所占的比例。

⑤ 如果损失确实发生，保证人可以向被保证人求得补偿，但保险人对于被保险人则没有这种权利。尽管如此，有些保证书与保险合同极为相似，例如诚实保证。实践中，许多保证书的保证人是保险人。

（4）公司化。有的企业通过发行公司股票，将企业经营的风险转移给多数股东承担。这种转移实际上只是分散了原有股东的风险，增强了企业抵抗风险的能力，并不能转移企业遇到的具体风险。

2. 控制型非保险风险转移

控制型非保险风险转移是指借助减低风险单位的损失频率和缩小其损失幅度的手段将损失的法律责任转移给非保险业的另一经济单位的管理技术。

控制型非保险风险转移的具体形式有以下3种。

（1）出售或租赁。通过买、卖契约将风险单位转移给他人或其他单位。这一方式的特点是将财产所有权和与之有关的风险同时转移给受让人。如一批货物，从工厂主转移给买主后，与这批货物有关的风险（可能遭受火灾、盗窃、市场价格暴跌等）也一同转移给买主了。

（2）分包。转让人通过分包合同，将他认为风险较大的工程转移给非保险业的其他人。显然，风险单位通过风险转移，其承担的风险将会减少。例如，对于一般的建筑施工队来说，高空作业风险较大，因此，他们可将风险大的高空作业转移给专业的高空作业工程队。对这种专业工程队来说，他们无论在经验、设备、技术等各方面都较强，故相对来说，风险较小。

【小看板】

职能外包战略——实现风险分散

职能外包战略，即企业为获得战略上的优势，而将原企业内部的职能通过利用外部资源来完成的战略。职能外包源于英文outsourcing，最早使用该战略手法的是世界最大的IT承包公司——EDS的创始人罗斯·佩罗（Ross Pelow）。EDS在20世纪70年代后半期至80年代初因外包其他公司的信息系统，而使公司迅速崛起。同时，其能有效地代替客户完成客户原内部经营职能，也在信息产业内迅速流行起来。此后，随着全球经济一体化、竞争日趋激烈、信息技术的发展优势和传统竞争战略的缺陷逐渐显露，职能外包战略不仅在信息系统领域，同时也在生产、物流、营销等众多领域内被广泛使用。

通过职能外包，企业可以与外部合作伙伴共同分担风险，使企业组织结构更富有变化。另外，从财务角度讲，外包可以把固定设备和专有技术的固定成本完全转换成变化成本，化解因大量固定资产投资引起的高额投资风险，避免设备闲置，有效地减少资金占有率，降低组织的退出屏障和组织的转换成本，实现经营风险的压缩，提高企业的灵活性。

（3）开脱责任合同。通过这种合同，风险承受者免除转移者对承受者承受损失的责任。如外科医生在给病人动手术之前，往往要求病人（或家属）签字同意，若手术不成功，医生不负责任。在这份契约中，风险承受者（病人）免除了转移者（医生）对承受者（病人）承受损失的法律责任，在这种形式中，通过开脱责任合同，风险本身被消除了。

控制型风险转移与风险回避所不同的是，风险回避是放弃或中止存在的风险单位，而此风险转移技术容许风险单位继续存在，然而将损失的法律责任转移给自己以外的第三者（保险业除外）。控制型风险转移与损失控制不同的是，损失控制直接对风险所致的损失频率和幅度加以改善，而此风险转移技术将风险转移给别人而间接达成减低损失频率和减小损失幅度的目的。

3. 保险转移

保险（insurance）是指投保人根据合同约定，向保险人支付保险费，保险人对于合同约定的可能发生的事故因其发生所造成的财产损失承担赔偿保险金责任，或者当被保险人死亡、伤残、疾病或者达到合同约定的年龄、期限时承担给付保险金责任的商业保险行为。采用保险方式，一方面，风险转移到保险公司之前，投保人必须履行其义务，有责任缴纳保险金。另一方面，当损失出现时，保险公司将会代替投保人承受因风险变化所带来的损失。

（四）风险承受

风险承受是指企业对风险承受度之内的风险，在权衡成本效益之后，不准备采取控制措施降低风险或者减轻损失的策略。风险承受的前提是自留风险可能导致的损失比转移风险所需要的费用小。风险承受是最省事的风险规避方法，在许多情况下也是最省钱的。但企业也应考虑到，若仅从降低成本、节省费用出发，将风险承受作为一种主动积极的方式应用时，可能会由于风险意外扩大，而使企业面临严重的损失后果。

三、风险应对策略的选择

风险应对的 4 种策略是根据企业的风险偏好和风险承受度制定的，风险规避策略在采用其他任何风险应对措施都不能将风险降低到企业风险承受度以内的情况下适用；风险降低和风险分担策略则是通过相关措施，使企业的剩余风险与企业的风险承受度相一致；风险承受则意味着风险在企业可承受范围之内。企业应该结合具体情况及时调整风险应对策略。

企业可选择的风险应对策略有风险规避、风险降低、风险分担和风险承受，管理层可以选择一个或多个策略结合使用，如表 8-6 所示。

表 8-6 风险应对策略

策略	含义	方式	例子
风险规避	企业对超出风险承受度的风险，通过放弃或者停止与该风险相关的业务活动以避免和减轻损失的策略	放弃或者停止与该风险相关的业务活动	1. 由于雨雪天气，航空公司取消某次航班 2. 企业拒绝与不守信用的厂商进行业务往来 3. 新产品在试制阶段发现问题果断停止研发
风险降低	企业在权衡成本效益之后，准备采取适当的控制措施改变不利后果发生的概率，从而降低风险或减轻损失	不相容职务分离控制、授权审批控制、会计系统控制、财产保护控制、预算控制、运营分析控制、绩效考评控制和合同控制	财产保护控制中，企业储备必要的零配件以备设备出现问题及时更换，以保证企业的正常生产
风险分担	企业准备借助他人的力量，采取业务分包、购买保险等方式和适当的控制措施，将风险控制在风险承受度之内的策略	财务型非保险转移、控制型非保险风险转移和保险转移	企业将非核心竞争力项目外包；企业购买财产保险等
风险承受	企业对风险承受度之内的风险，在权衡成本效益之后，不准备采取控制措施降低风险或者减轻损失的策略	不准备采取任何措施	企业设有一个小型仓库，平时就存放一些待处理的设备（市场价值很小），如果为了这些设备被偷盗而专门雇佣一个保管员，那么这时支付保管员的费用要远高于设备的价值，显然不符合成本效益原则

《企业内部控制基本规范》第二十七条规定：企业应当结合不同发展阶段和业务拓展情况，持续收集与风险变化相关的信息，进行风险识别和风险分析，及时调整风险应对策略。

企业对超出整体风险承受能力或者具体业务层次上的达到不可接受风险水平的风险，应实行风险回避；在整体风险承受能力和具体业务层次上的可接受风险水平之内的风险，在权衡成本效益之后无意采取进一步控制措施的，可实行风险承担；对在整体风险承受能力和具体业务层次上的可接受风险水平之内的风险，在权衡成本效益之后如愿单独采取进一步的控制措施以降低风险、提高收益或者减轻损失的，可以实行风险降低；对在整体风险承受能力和具体业务层次上的可接受风险水平之内的风险，在权衡成本效益之后愿意借助他人力量，采取进一步的控制措施以降低风险，提高收益或者减轻损失的，可以实行风险分担。

风险应对策略与企业的具体业务或者事项相联系，不同的业务或事项可以采取不同的风险应对策略，同一业务或事项在不同的时期可以采取不同的风险应对策略，同一业务或事项在同一时期也可以综合运用风险降低和风险分担应对策略。

【知识链接】

风险管理——风险评估技术

风险管理——风险评估技术（ISO/IEC 31010:2009）标准主要解决风险评估的概念、风险评估的流程和风险评估技术的选择等问题，回答可能发生什么情况，原因是什么，后果是什么，发生的概率是多少，是否有什么因素可以减轻风险的后果或降低发生的概率等问题。标准中介绍了一系列技术的应用方法，还具体引用了对概念和技术应用有更详细介绍的其他国际标准。风险评估不是一项孤立的工作，应该充分融入风险管理流程的其他环节中去。

思考题

1. 目标设定包含哪些内容？
2. 风险的主要来源有哪些？
3. 风险识别有哪些技术？
4. 风险评估的方法有哪几种？分别是什么？
5. 如何选择风险应对策略？
6. 如何针对不同业务选择风险应对策略？

第九章 控制活动

【教学目标】

通过本章的学习，学生能了解业务流程控制及控制活动的种类，熟悉控制活动的内容，掌握控制活动的基本原理，并能结合风险应对策略，综合运用控制程序，对各种业务和事项实施有效控制。

【引例】

有7个人在一个星期内要共同分食一锅粥，由于粥少人多，对于如何分粥大家意见不一。

方案1：指定专人，分粥，但分粥人总是给自己分最多，此法不公平；

方案2：每个人轮流分粥，但这样每个人只有自己分粥那天能吃饱，此法只是表面公平；

方案3：分别选举分粥委员会和监督委员会，但监督委员会经常提出议案，分粥委员会又据理力争，等商量好分粥方案，粥都凉了，此法效率极低；

方案4：每个人轮流值日分粥，但分粥的那个人要最后一个领粥，此法得到了一致拥护。因为每个主持分粥的人都意识到，如果不保证公平，他确定无疑将会得到最少的那一份。

“分粥原理”用一个浅显的道理说明了企业制度设计与建设的管理理念。现代市场竞争激烈，内部控制尤为重要，而制度的设计与建设无疑是内部控制的一项重要内容。“分粥理论”告诉我们：公平与效率往往来自程序的完善，先进、适用、合理、高效率的程序是搞好内部控制的基础，而落后、僵化、脱离实际、形同虚设的程序，不但无助于提高企业的水平，反而会成为企业日常管理中的一幅枷锁和羁绊；政策与程序的好坏，不在于多少，也不在于搬来多少别人的管理经验，而在于简洁实用，在于高效公平。

控制活动就是合理保证目标实现、确保管理阶层的指令得以执行的政策及程序，如核准、授权、验证、调节、复核营业绩效、保障资产安全及职务分工等。

第一节 控制活动的基本原理及种类

内部控制的核心是控制活动，我国《企业内部控制基本规范》认为，控制活动是企业根据风险评估结果，采用相应的控制措施，将风险控制在可承受度范围之内。COSO 指出，内部控制是指对所确认的风险采取必要措施，以保证企业目标实现的政策与程序。政策就是应该做什么，程序是应该怎么做，政策是程序的基础，程序就是对政策的执行。

一、控制活动的基本原理

企业开展经营活动的目的是有效、高效地使用资源。如何保证有效、高效使用资源？一般认为，企业的资源是有限的，有限的资源一定能管控，风险应该被有效控制。如何控制？由于企业资源被各种活动（如交易、经济事项、经营业务等）使用，因此控制了活动就管理了资源。由于活动都要进入相应流程（如资金活动流程、采购业务流程、资产管理流程、销售业务流程、研究与开发流程等），因此，控制活动的总体思路是：通过实施流程控制，在流程中找关键风险点（即控制点），以达到有效管控资源的目标。控制了流程也就控制了活动，企业资源融入流程后形成了企业控制架构。

例如，企业的采购业务流程如图 9-1 所示，由于每天都会频繁发生预算、请购、确定供应商、签订合同发出订单、运输验收、违背合同、付款和入库等业务，单独控制工作量很大，因此，实现流程控制是控制活动的基本原则。

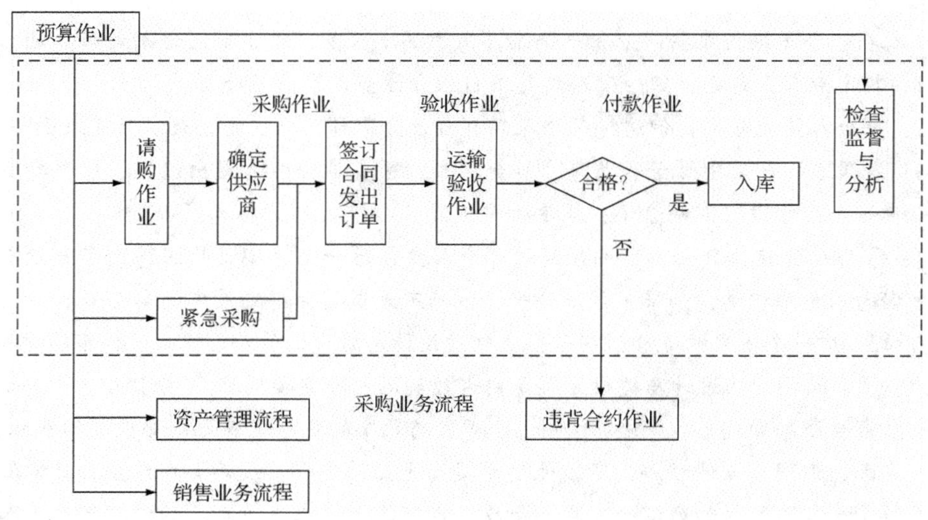

图 9-1　一般采购业务流程控制图

控制行为（政策和程序）也并非盲目实施，我国《企业内部控制基本规范》规定的控制程序包括不相容职务分离控制、授权审批控制、会计系统控制、财产保护控制、预算控制、运营分析控制、绩效考评控制和合同控制等。

不同国家、不同时期控制程序不尽相同，这是由内部控制的动态过程观确定的。表 9-1 是 COSO 报告与我国《企业内部控制基本规范》在控制活动内容方面的比较，通过比较可以看出，两者之间没有太大的区别，预算控制实际上是从授权审批控制中分离出来的政策和程序，从对授权审批控制的理解而言，预算控制属于日常经营管理活动按照既定程序和原则实施的控制。

表 9-1　　COSO 报告与基本规范控制程序的比较

COSO	基本规范
充分的职务分离	不相容职务分离控制
交易与业务行为的适当授权	授权审批控制
充分的文件与记录	会计系统控制
对资产及记录的物理接触控制	财产保护控制
	预算控制
绩效分析	运营分析控制
	绩效考评控制

企业应当根据内部控制目标，结合风险应对策略，依据流程控制原理，综合运用控制程序，对各种业务和事项实施有效控制。控制行为的主要目的是降低风险，针对的是风险降低应对策略。

二、内部控制的种类

内部控制按控制内容可分为一般控制和应用控制，按控制地位可分为主导性控制和补偿性控制，按控制功能可分为预防性控制和发现性控制，按控制时序可分为原因控制、过程控制和结果控制。

（一）按控制内容分为一般控制和应用控制

1. *一般控制*

一般控制是指对企业经营活动赖以进行的内部环境所实施的总体控制，也称基础控制或环境控制。它包括组织控制、人员控制、业务记录以及内部审计等内容。这类控制的特征，是并不直接地作用于企业的生产经营活动，而是通过应用控制对全部业务活动产生影响。

例如，会计基础控制是指通过设计会计程序来保证完整、正确地记录一切合法的经济业务，及时察觉和处理错误。通过该种控制可以实现会计控制的完整性和一致性，保证获得可靠的财务会计信息。会计基础控制是保证会计控制目标实现的首要条件，是其他会计控制的基础，它包括以下四种控制。

（1）合法性控制，即用各种方法检查所记录的经济业务，以保证其能够如实反映经济事项。在会计基础控制方面，它主要通过由熟悉会计制度的人员审查会计文件，以确定所记录的业务是否真正发生，检查其处理过程是否与规定的程序相一致，查明业务处理是否经过授权与批准，有无越权行事等行为，以及是否进行了严格的监督和审核。例如单位的审核员对单位的原始凭证的核实程序。

（2）正确性控制，即为了确保单位每笔经济业务的发生都能够及时用正确的金额与账户记载的一种控制。它通过建立发生额计算、余额计算、账户分类检查、双重核对、事先控制与分工牵制等方法来保证会计记录的正确性。例如，单位审核岗位对记账凭证的复核工作。

（3）完整性控制，即保证发生的一切合法的经济业务均记入控制文件的一种控制。它主要通过凭证的连续编号、总额控制、登记账簿、档案管理并运用备忘录等手段来保证记录的完整性。现在，实行会计电算化的单位已由计算机解决部分完整性的控制工作。

（4）一致性控制，即保证记录一致性的控制。它主要通过实地盘存、对内对外账实核对、差异分析、调账等方法来保证会计记录的一致性。

2. *应用控制*

应用控制是指直接作用于企业生产经营业务活动的具体控制，也称业务控制，如业务处理程序中的批准与授权、审核与复核以及为保证资产安全而采用的限制接近等控制。这类控制的特征，在于它们构成了生产经营业务处理程序的一部分，并都能够防止和纠正一种或几种错弊。

（二）按控制地位分为主导性控制和补偿性控制

1. *主导性控制*

主导性控制是指为实现某项控制目标而首先实施的控制。如凭证连续编号可以保证所有业务活动都得到记录和反映，因此，凭证连续号对于保证业务记录的完整性就是主导性控制；为实现组织的战略目标，管理层要根据组织规划指导各项生产及经营管理工作，并组织专门机构和人员进行定期或不定期的检查，对于发现的偏差进行分析，找出问题的成因、采取措施、予以纠正。这里，管理层的组织专门机构和人员开展的定期或不定期检查活动对于发现偏差就是主导性控制。预防性控制和发现性控制则是为了预防、检查和纠正不利的结果，在正常情况下，主导性控制能够防止错误和舞弊的发生，但如果主导性控制存在缺陷，不能正常运行时，就必须由其他的控制措施进行补充。

2. 补偿性控制

补偿性控制就是针对某些环节的不足或缺陷而采取的控制措施，能够全部或部分弥补主导性控制的缺陷，主要是为了把风险暴露限制在一定的范围内。如果凭证没有连续编号，有些业务活动就可能得不到记录。这时，实施凭证、账证、账账之间的严格核对，就可以基本上保证业务记录的完整性，避免遗漏重大的业务事项。因此，“核对”相对于凭证“连续编号”来说，就是保证业务记录完整性的一项补偿性控制。由独立于银行存款收支业务的人员进行银行存款的核对和调整，是对收支业务中存在的薄弱环节的一种补偿性控制。一项控制和其他控制之间存在一定联系，当该项控制存在控制缺陷的时候，如果其他控制执行有效，可以有效地降低该缺陷导致财务报告错报的影响程度，而且所影响金额也可以明确，那么其他控制就是该控制的补偿性控制。

从上述分析可见，主导性控制与预防性控制存在密切的联系，都是在实现有利结果的同时，避免不利结果的发生。但是，两者也有一定的差别。

（三）按控制功能分为预防性控制和发现性控制

1. 预防性控制

预防性控制是指为防止错误和非法行为的发生，或尽量减少其发生机会所进行的一种控制。它主要解决“如何能够在一开始就防止错弊的发生”这个问题。例如对业务人员事先做出明确的指示和实施严格的现场监督，避免误解指令和发生错弊；对客户的信用进行审核以减少坏账的发生；采用招标方式选择理想的供应商；对机器设备的报废和清理进行审批以保证资产安全等都属于预防性控制。

预防性控制是由不同人员或职能部门在履行各自职责的过程中实施的，属于操作性的控制。预防性控制措施主要包括职务分离、监督性检查、双重检查、编辑校验、合理性校验、完整性校验以及正确性校验等。

2. 发现性控制

发现性控制是指为及时查明已发生的错误和非法行为或增强企业发现错弊机会的能力所进行的各项控制。它主要是解决“如果错弊仍然发生，如何查明”的问题。例如，通过账账核对、实物盘点，以发现记账错误和货物短缺等。具体以双重检查为例，双重检查属于预防性控制，在没有发现性控制加以监督的情况下，只要任何一个审核人员不在场，在场的那位审核人员很可能会滥用职权或草率行事，批准存在错弊的支付行为。可见如果缺乏发现性控制，当预防性控制实施存在困难时，有关人员就会为所欲为，使控制失败；更为严重的是，由于组织难以及时发现存在的问题及影响，从而不能及时采取措施加以解决，从而加大损失影响范围及程度。

一般认为，预防性控制优于发现性控制，因为预防性控制能够在事前防止损失的发生，降低风险。但是，真正全面地采取预防性控制是相当困难的，实际工作中风险很难百分之百地预防，所以必须将两者结合起来控制。

（四）按控制时序分为原因控制、过程控制和结果控制

1. 原因控制

原因控制也称事先控制，是指企业单位为防止人力、物力、财力等资源在质和量上发生偏差，而在行为发生之前所实施的内部控制。例如领取现金支票前的核准、报销费用前的审批等。

2. 过程控制

过程控制也称事中控制，是指企业单位在生产经营活动过程中针对正在发生的行为所进行的控制。例如，对生产过程中使用材料的核算，对在制造产品的监督和对加工工艺的记录等。

3. 结果控制

结果控制也称事后控制，是指企业单位针对生产经营活动的最终结果而采取的各项控制措施，例如对产出产品的质量进行检验，产品数量加以验收和记录等。

【案例 9-1】

“扁鹊兄弟”的启示

魏文王问扁鹊：“你们家兄弟 3 人都精于医术，到底哪一位最好呢？”扁鹊答：“长兄最好，中兄次之，我最差。”文王又问：“那为什么你却最出名呢？”扁鹊答：“长兄治病于病情发作之前，诊疗前后无甚感觉，一般人不知他事先已除病因，所以名气全无；中兄治病于病情初起之时，一般人以为他只能治小病，所以他的名气只及本乡；而我治病于严重时，人们总看到我在经脉上穿针放血，在皮肤上开刀敷药，以为我的医术最高，因此名气响遍全国。”

从魏文王与扁鹊的对话中可以看出，事先控制优于事中控制，事中控制优于事后控制。但是现实却得出相悖的结论，鲜花和掌声往往是给后者的。

另外，以控制手段为标志分类，内部控制还可分为手工控制和自动控制。《企业内部控制基本规范》指出，企业应当运用信息技术加强内部控制，建立与经营管理相适应的信息系统，促进内部控制流程与信息系统的有机结合，实现对业务和事项的自动控制，减少或消除人为操纵因素。

第二节 控制活动的内容

控制活动的内容即控制程序，一般包括不相容职务分离控制、授权审批控制、会计系统控制、财产保护控制、预算控制、运营分析控制、绩效考评控制和合同控制等。

一、不相容职务分离控制

我国《企业内部控制基本规范》第二十九条规定：不相容职务分离控制要求企业全面系统地分析、梳理业务流程中所涉及的不相容职务，实施相应的分离措施，形成各司其职、各负其责、相互

制约的工作机制。

（一）不相容职务分离的含义

所谓不相容职务是指那些不能由一个人兼任，否则既可弄虚作假，又能掩盖其舞弊行为的职务。不相容职务分离就是这些职务由两人或两人以上担任，从而达到相互制约、相互监督的目的，即所谓“四只眼”原则或双人控制原则。

不相容职务的分离基于两个假设，一是两个或两个以上的人或部门无意识地犯同种错误的概率要低于一个人或一个部门犯该种错误的概率；二是两个或两个以上的人或部门有意识地合伙舞弊的可能性大大低于一个人或一个部门舞弊的可能性。

【案例 9-2】

会计舞弊背后的制度问题

某单位余某利用担任出纳、报账员及会计职务之便，于 2005 年 7 月至 2007 年 1 月挪用房屋租金、代管职工工资 78 万元炒股，两年多盈利 140 余万元，后被群众举报东窗事发，退出全部赃款及违法所得。余某因犯挪用公款罪被人民法院一审判处有期徒刑三年，缓刑五年。

（二）不相容职务分离的内容

不相容职务分为不相容部门、不相容岗位和不相容流程。根据大部分企业的经营管理特点和一般业务性质，需要分离的不相容职务一般包括：授权批准职务、业务经办职务、会计记录职务、财产保管职务、稽核检查职务，具体内容如下。

1. 授权批准职务与业务经办职务分离

按照授权批准职务与业务经办职务分离控制的要求，请购与审批、采购与审批、采购合同的订立与审批、销售商品与审批、筹资计划编制与审批、对外投资预算的编制与审批、投资或筹资的决策与执行等职务必须分离，以利于决策、审批人从独立的立场来评判业务行为的合理性、科学性与可行性，从而防范舞弊。例如，销售业务的各个环节，包括销售合同的签订、销售单的编制、发票的开出、售价的确定、销售方式和结算方式、销售折扣折让与退货等，都要经过恰当的批准，并确保与业务经办职务分离。

2. 业务经办职务与稽核检查职务分离

按照业务经办职务与稽核检查职务分离控制的要求，现金出纳、会计与稽核职务相分离，采购员与库管员职务相分离，库管员与盘点稽核人员职务相分离，预算编制、执行与检查职务相分离等。这些职务相分离使相关业务执行人员都受到应有的监督，同时也应使稽核、审计人员处于相对客观、独立、公正的地位，保证监督质量。例如，业务经办职务与稽核检查职务分离，会使经办人员受到牵制和约束，使他们更加尽职尽责地做好本职工作，提高企业内部控制的质量，保证各项经济业务正常开展。

3. 业务经办职务与会计记录职务分离

业务经办职务与会计记录职务分离是企业实施内部控制最基本的要求。例如，销售部门和销售人员必须专职独立，不得兼记会计部门销售收入账和应收账款账；企业的会计不能兼任采购员。如果不进行业务经办与会计记录职务分离，业务执行的过程和结果就缺乏了在记录时所应该进行的复核和确认。

4. 财产保管职务与会计记录职务分离

会计和出纳相分离就是一个最基本的不相容职务分离，也就是钱账分管制度，即管钱的不管账，管账的不管钱，出纳专职负责货币资金的收支业务，除现金和银行存款日记账外，不得兼记总账和债权债务等明细账，不负责汇总记账凭证，不抄寄各种往来结算账户对账单。

5. 业务经办职务与财产保管职务分离

企业财产物资的保管职务应该与实物核对和财务盘存职务相分离。如果一个企业的材料采购员既负责材料采购又负责入库保管，那么这样身兼数职的行为，由于缺乏内部牵制和监督，就有可能给经办人员创造舞弊的机会，形成职务犯罪的隐患，给企业造成损失。

（三）不相容职务分离控制程序

不相容职务分离的核心在于实现牵制、制衡。企业在设计内部控制制度时，首先要确定哪些岗位和职务是不相容的；其次是要明确规定各个机构和岗位的职责、权限。控制不相容职务的方法，就是从组织设计以及职务安排上进行分离，将不相容职务分别安排给不同人员，甚至不同部门，以形成一个可以相互监督、相互牵制、相互核查的业务机制。要做好不相容职务相分离控制，以下两个程序是关键。

（1）设立管理控制机构，企业可以根据自身的经营特点设立审计委员会、价格委员会、报酬委员会等，通过这些机构的设置来监督不相容职务分离实施的过程和效果，对不完善的地方及时做出调整。

（2）推行职务不相容制度，用制度约束不相容职务的兼任对企业来讲是一种有效的办法，通过制度在企业中的制定和实施，杜绝高层管理人员交叉任职，从而可以避免关键人物大权独揽或徇私舞弊。同时，需要坚决贯彻不相容职务相分离的要求。所有经济业务的控制，必须按照不相容分离的要求，合理设计相关岗位，明确职责权限，形成内部牵制、内部制衡机制。

二、授权审批控制

我国《企业内部控制基本规范》第三十条规定：授权审批控制要求企业根据常规授权和特别授权的规定，明确各岗位办理业务和事项的权限范围、审批程序和相应责任。

企业对于重大的业务和事项，应当实行集体决策审批或者联签制度，任何个人不得单独进行决策或者擅自改变集体决策。

（一）授权审批的含义

授权是对一般交易或特殊交易的政策性制度进行决策，审批是对公司授权制度的具体执行，表现形式为签字。授权审批是指单位在办理各项经济业务时，必须经过规定授权审批的程序。如采购部门采购材料，会计部门进行账务处理，人力资源部门招聘员工等。

（二）授权审批的形式

授权审批的形式通常有常规授权和特别授权两类。

常规授权又称一般授权，是指企业在日常经营管理活动中按照既定的职责和程序进行的授权。所谓既定的职责和程序，就是指已经制定好的职责和程序，如制度、计划和预算等。这种授权一般来说稳定、不易变动，时效性较长，主要是由管理当局制定整个组织应当遵循的政策，内部员工在日常业务处理过程中，可以按照规定的权限范围和有关职责自行办理或执行各项业务。

特别授权是指企业在特殊情况、特定条件下进行的授权。特别授权是一种临时性的，通常是一次有效。例如，总经理委托其助理代理某个合同的签署，就必须授予他必要的签约权力，一旦合同签订完毕，授权也自动终止；又如离岗授权。

（三）授权审批的体系与原则

企业应当编制常规授权的权限指引，规范特别授权的范围、权限、程序和责任，严格控制特别授权。不论采取哪种授权批准方式，企业都必须建立授权批准体系，主要包括以下内容。

1. 授权审批的范围

授权审批的范围不仅要包括控制各种业务的预算制定情况，还要对相应的办理手续、业绩报告、业绩考核等明确授权。通常企业的所有经营活动都应纳入授权审批的范围，以便于全面预算和全面控制。

2. 授权审批的层次

授权审批应根据经济活动的重要性和金额大小确定不同的授权批准层次，从而保证各管理层有权亦有责。但重大事项应集体决策和集体联签，防止“一支笔”现象的发生。

3. 授权审批的责任

授权审批的责任应当明确被授权者在履行权力时应对哪些方面负责，以避免授权责任不清，一旦出现问题又难追究其责任。同时，防止以授权名义授责。

4. 授权审批程序

授权审批程序应规定每一类经济业务审批程序，以便按程序办理审批，避免越级审批、违规审批的情况发生。

除此之外，企业还要在授权目的明确、职权与责任配比、使用人员的正确选择等方面加以注意。表 9-2 是某公司销售业务流程延伸权限指引。

为了使授权批准制度获得较好的效果，企业一定要遵循以下几个原则：一是有关事项必须经过授权批准，且在业务发生之前；二是授权批准责任一定要明确；三是所有过程都必须有书面证明；四是对于越权行为一定要有相应的惩罚制度。

【案例 9-3】

杜邦公司：从集权到分权

19 世纪的杜邦公司规模不大，经营的产品较为单一，市场变化也不甚复杂，而杜邦公司的产品质量占有绝对优势，竞争者难以逾越，在这样的背景下，杜邦公司采用的是单人决策式的组织经营模式并获得了成功。

但这一绝对集权化的组织决策模式到 20 世纪，随着公司规模扩大和市场环境的复杂化却使公司陷入了困境，为了化解危机，杜邦公司精心设计了一个集团式经营的管理体制，成为美国第一家把单人决策改为集团式经营的公司。这一集团化的组织管理体制，以统一指挥、垂直领导和专业分工为原则，在实现权力高度集中的同时，职责清晰，效率显著提高，大大促进了杜邦公司的发展。

杜邦公司创造了一个多分部的组织机构和管理体制，其原则是把政策制定和行政管理相分离，公司最高层专注于全局性公司政策的制定，更多的经营权力下放给分部门的中层管理人员。这种新分权化的组织使杜邦公司成为一个具有效能的集团。

表 9-2 某公司销售业务流程延伸权限指引

（本表所列权限指经总部批准的预算/计划项下的授权）

授权级别 / 权限 / 业务类型	执行部门	1	2	2.1	3	4	4.1	5	5.1	6	6.1	会签部门或复核单位
		股东大会	董事会	董事长	总经理	副总经理/总师	副总师	职能部门/部长	职能部门/副部长	职能部门/科长	职能部门/副科长	
1. 一般产品销售业务流程												
（1）销售计划	生产经营部	—	年度生产经营预算	—	审定月度产品销售计划	—	—	拟订、执行年度、月度销售计划	—	—	—	
（2）销售价格	营销部	—	—	—	确定销售价格	○						
（3）客户信用	营销部	—	—	—	—	○				—	—	
（4）销售合同	营销部	—	—	—	一类企业≥1 000 万元的合同，及≥100 万元的赊销合同	一类企业 1 000 万元>单笔≥500 万元的合同，及 100 万元>单笔≥50 万元的赊销合同	—	一类企业<50 万元的合同，及<50 万元的赊销合同	<300 万元的合同	—	—	董秘法律部
2. 一般产品出口代理业务流程	生产经营部	—	—	—	①与外贸公司签订合同 ②单笔≥200 万美元	单笔<200 万美元	—	—	—	—	—	财务部、董秘法律部

备注：本表中“—”表示暂未在该级别设置权限；“○”表示禁止在该级别设置权限。

三、会计系统控制

（一）会计系统控制的含义

会计系统是一个企业管理系统的核心子系统之一。一方面，它通过记录和报告历史经济业务来反映企业的资产状况、经营成果以及现金流量的状况；另一方面，这些信息为企业经营决策和与企业利益相关的外部使用者的投资决策提供依据。真实、完整的会计信息对企业来说是非常重要的，它是企业进行有效经济分析和准确预测与决策的基础。

会计系统控制就是与保护财产安全的企业会计责任及会计记录可靠性有关的组织、计划、程序、方法，是企业所有业务活动价值结果的终点。其基本思路就是通过对会计主体所发生的各项能用货币计量的经济业务进行记录、归集、分类、编报等活动进行控制。会计系统控制要求企业严格执行国家统一的会计准则、制度，加强会计基础工作，明确会计凭证、会计账簿和财务报告的处理程序，规范会计政策的选用标准和审批程序，建立、完善会计档案保管和会计工作交接办法，实行会计人员岗位责任制，充分发挥会计的监督职能，保证会计资料的真实、完整。

（二）会计系统控制的目标

会计系统控制以保护财产物资和确保会计资料可靠性为目的，是与保护财产物资的安全性、会计信息的真实一致性和完整性以及财务活动的合法性有关的控制。会计系统控制的目标是通过对财产物资保管和会计信息等控制对象制定一系列控制方法、措施和程序所要达到的最终目的和要求，它是建立、完善会计系统控制，以及有效实施会计系统控制的指南。会计系统控制应达到的基本目标如下。

（1）规范企业会计行为，保证会计资料的真实、完整性，即所有已发生或完成的事项都被记录下来，且记录充分，这是会计系统控制的首要目标。

（2）堵塞漏洞、消除隐患，防止并及时发现、纠正错误及舞弊行为，保护企业资产的安全、完整。

（3）确保企业贯彻执行国家有关法律法规和企业的规章制度。

【案例9-4】

没有良好的制度，好人也会变坏

某单位原会计叶某贪污案被人民法院开庭审理。叶某自调入该单位任会计二十余年，在众人的眼里一直是一个工作兢兢业业、做事中规中矩的人。审计人员在对该单位进行审计过程中却发现，叶某在近三年的时间里，利用单位财务管理中存在的漏洞，通过以收款收据收取款项后不入账，或以收款收据收取款项后，再将其中的一部分开具正式收款票据入账，从而截留其中的部分收入等手段隐瞒、截留代管费、水电费等收入74万元。如今，即将退休在家安度晚年的他却要饱尝铁窗之苦，为自己的行为付出了沉重的代价。

【案例9-5】

女会计被骗136万，“公司群”里除了自己全是骗子

2016年6月的某天，锡城一家公司的顾总、李总主动加了会计钱某的微信，顾总是公司的副总经理，李总则是公司的法人代表。钱某被顾总拉入微信群中，群名正是公司的名字。看微信群中都是公司的员工，钱某以为这是工作群。其实，微信群是假的，里面的人都是骗子。骗子编造退还客户保证金、支付定金等理由，骗得钱某两次转账总计 136 万元。

警方分析很可能是会计或其同事登录过钓鱼网站，微信信息被复制，所以骗子才能建立一个以假乱真的“工作群”。

（三）会计系统控制的内容

会计系统控制包括以下几个方面的主要内容。

1. 会计凭证填制的控制

由于会计凭证中详细记录了各类经济交易与事项的具体内容和经济活动的基本财务信息，因此，会计凭证处理是整个会计信息系统运行的第一个环节，也是会计账簿信息和财务报表信息产生的基础。会计凭证包括原始凭证和记账凭证。原始凭证的控制应遵循只有当某个交易或事项真实发生时才能取得或填制相应的原始凭证这一原则。企业在取得已经发生的相关经济交易与事项的原始凭证后，会计人员应及时对原始凭证进行审核，并据以编制记账凭证。

2. 会计账簿登记控制

会计账簿登记控制是指在设置、启用和登记会计账簿时实施的相应控制措施。企业应当结合会计信息使用者的需要和会计内部经营管理的具体要求，建立完整的会计账簿体系。在登记账簿过程中，遵循不相容职务分离原则，不能由一人同时登记总账和明细账。会计账簿应妥善保管，同时企业应在日常会计处理过程中及时进行对账，达到账证相符、账账相符、账实相符，确保会计记录的数字真实、内容完整、计算准确、依据充分、时间适当。

3. 会计报告编制控制

会计报告是会计信息系统运行的最后一个、也是最重要的环节，企业应当按照国家统一的会计准则或制度规定的会计报表格式和内容，根据登记完整、核对无误的会计账簿记录和其他资料编制会计报表。为了保证会计报表的真实性，财务部门应编制会计凭证汇总表与会计账簿、会计报表进行分析核对，编制内部财务报告与预算平衡表和总账相核对，一旦发现异常应及时解决和处理。

4. 会计机构和人员设置

企业应当依法设置会计机构，配备会计从业人员。从事会计工作的人员，必须取得会计从业资格证书。会计机构负责人应当具备会计师以上专业技术职务资格。大中型企业应当设置总会计师，设置总会计师的企业，不得设置与其职权重叠的副职。

四、财产保护控制

我国《企业内部控制基本规范》第三十二条规定：财产保护控制要求企业建立财产日常管理制度，采取财产记录、实物保管、定期盘点、账实核对等措施，确保财产安全；企业应当严格限制未经授权的人员接触和处置财产。

【小看板】

财产保全与财产保护

财产保全与财产保护虽只有一字之差，但两者并不相同。对财产保全与财产保护的认识经常存在着这样一种误解，即认为财产保全与财产保护是一回事，其实不然。财产保全既包括财产的实物形态，同时也包括财产的价值形态；而财产保护只包括财产的实物形态的保护，因此两者并不等同。也就是说，做到了财产保护却未必做到财产保全。

【小看板】

“睡虎地秦简”上的财产保护控制

“睡虎地秦简”（以下简称“秦简”）是云梦睡虎地十一号秦墓出土的竹简，从这些竹简上的记载可以看出，我国内部控制制度早在战国时期就出现了，因为那时人们比较重视财产，竹简上有关财产保护控制记载较为详细，主要有粮食管理制度和财产物资的盘存制度。秦国为了确保粮食的安全，对粮食的收、发、存建立了严格的责任制度。

《效律》曰：“入禾、万石一积而比黎之为户。”

意思是说：“粮食入仓时，以一万石为一积而加以排列，设置仓门，登记写明是什么品种粮食，数量多少石，各责任人的姓名。”

《仓律》曰：“令度之，度之当堤，令出之。”

意思是说：粮食出仓时，也应分清责任，称量的结果与批准的出仓量相同才能出仓；年中经办人员要对原仓登记之数定期进行盘点核实，年终要结出粮食的年末余额，汇总上报。”

《内史杂》：“令人勿近舍，非其官人也，毋敢舍焉。善宿卫，闭门辄靡其旁火，慎守唯敬。”

这里是指以法律规定限制未经授权人员接触粮仓，以保证粮食安全。

企业的财产可以分为两类：有形资产和无形资产。有形资产又可以分为固定资产、存货等。无形资产又分为商标、商誉、专利权、非专利技术、土地使用权等。公司的财产是公司可利用的资源，是公司生存和发展的物质保证，因此加强财产安全保护，防止财产流失、浪费是非常重要的。财产保护控制的主要内容如下。

1. 限制接近控制

企业应当严格限制无关人员对资产的直接接近，只有经过授权批准的人员才能够接触资产。另外，不仅对资产接近加以限制，同时对授权使用和处分资产的文件加以限制，才能形成充分的保护措施。主要包括保证存货、小型工具、证券等贵重和流动资产存入地点的安全；限制接近未使用票据并恰当注销已使用票据；每日及时将现金收入送存银行；限制接近计算机、终端代码、磁盘文件、数据库要素；限制单独接近可转让证券及其他便携式有价资产，以免未经授权的挪用发生。

2. 定期盘点控制

盘点应当根据实际需要定期和不定期进行，应当建立盘点制度和盘点流程，明确责任人，确保财产安全。盘点可以采用先盘点实物再核对账务的形式，也可以采用先核对账务再确认实物的形式。对盘点中出现的财产差异应进行调查、分析和处置，并修正相关制度。定期盘点制度包括确定各账户余额下的财产的数量和金额。典型的盘点和复核方法有：永续盘存记录和定期清点及复核制度；建立应收账款、应付账款、投资项目、实收资本的明细账，并把总账以及重要财产账户与各明细分类账加总数比较核对；每月核对银行存款余额调节表；每月审核现金记录；送款单与现金记录相核对等。

3. 记录保护控制

记录保护控制是指对企业各种文件资料尤其是资产、会计等资料妥善保管，以避免记录受损、被盗窃及毁坏。对某些重要资料，应当留有备份记录，以便在遭受意外损失或毁坏时能重新恢复。

4. 财产保险控制

财产保险控制是指通过对资产投保，增加实物受损后的补偿机会，保护实物安全。企业的主要财产应当投保火灾险、盗窃险、责任险等，降低企业经营风险，确保财产安全、保值、增值。

【案例 9-6】

宝马失踪，家贼难防

2008 年 8 月 22 日，武汉一家进口汽车销售公司高层主管去汉口黄浦路 4S 销售展厅进行盘库时，发现前不久还停在这儿的价值 128.5 万元的越野宝马车不见了。根据保安门岗的监控记录，失踪的宝马是销售经理李琳在 8 月 6 日开走的，却没在财务办理任何手续。按照 4S 店的财务管理规定，每卖出一辆车，财务要凭汽车合格证和客户身份证开具机动车销售统一发票，发票共 6 联，其中 3 联留存在公司财务做账或作为完税凭证，另外 3 联给客户留存。而李琳共从财务那里拿走 8 份发票，每份发票的 1～6 联全部拿走，且至今未还。继续盘库发现，一辆客户已付 133.6 万元预定款的宝马 X5 越野车也被李琳开走，且款项被挪于其他客户的应交车款。经检查机关侦查发现，自 2007 年 5 月至 2008 年 8 月，李琳共用两种手段侵占公司车款近 600 余万元，一是将客户购车款不入公司账户，直接打入她的指定账户；二是利用公司销售款到账时间差，用后面的售车款“填补”前面的售车款。

2008 年 8 月 23 日，检察机关以涉嫌职务侵占罪，对李琳正式起诉。后经调查发现，李琳共侵占公司资产 656.365 1 万元，仅有 10 余万元及 3 辆车被追回，余款则早已被她挥霍一空。

【案例 9-7】

可口可乐 VS 百事可乐

2006 年 7 月 5 日，从美国传来一个令人震惊的消息，世界著名饮料巨头可口可乐的“内鬼”，企图将包括其新饮料样品在内的商业机密出卖给其主要竞争对手百事可乐。但幸运的是百事可乐拒绝了这一不正当的交易，并将这一信息通报给了可口可乐。

百事可乐的做法不但得到了自己竞争对手的感谢，而且也得到了公众的赞许。这一事件首先表明百事可乐作为一个优秀品牌有其自己的价值观；其次百事可乐有自己独特的配方，根本无需借助可口可乐的配方。而做自己的品牌就必须有自己的东西，这也是“内鬼”最笨的地方，他们想把百事可乐最不想要的东西卖给他们，反而是送给了百事一个最好的营销机遇。

五、预算控制

我国《企业内部控制基本规范》第三十三条规定：预算控制要求企业实施全面预算管理制度，明确各责任单位在预算管理中的职责权限，规范预算的编制、审定、下达和执行程序，强化预算约束。

预算是企业战略管理的重要组成部分，是实施企业战略目标、提高企业管理水平与经济效益的重要措施。预算控制是利用预算对企业内部各部门、各单位的各种财务及非财务资源进行分配、考核和控制，以便有效地组织和协调企业的生产经营活动，完成既定的经营目标。企业应当重视预算控制工作，将预算作为制定、落实内部经济责任制的依据。预算控制有以下主要内容。

1. 预算编制控制

在预算编制控制方面，企业应当对编制依据、编制程序、编制方法等做出明确规定，确保预算编制依据合理、程序适当、方法科学，明确预算编制机构和预算审批机构的职责权限。

企业预算的编制，应坚持效益优先的原则，实行总量平衡，进行全面预算管理；坚持积极稳健的原则，确保以收定支，加强财务风险控制；坚持权责对等的原则，确保切实可行，并围绕经营战略实施。编制程序一般按照“上下结合，分级编制，逐级汇总”的程序进行，采用自上而下或自下而上的编制程序。

同时，企业应遵循经济活动规律，确定符合自身经济业务特点、生产经营周期和管理需要的预算编制方法。不同的预算项目采用不同的编制方法。企业应遵循成本效益原则，可以选择或综合运用固定预算、弹性预算、零基预算、滚动预算等方法进行编制，以达到预算控制的目的。

2. 预算执行控制

在预算执行控制方面，企业应当对预算指标的分解方式、预算执行责任制的建立、重大预算项目的特别关注、预算资金支出的审批要求、预算执行情况的报告与预警机制等做出明确规定，确保预算严格执行。

企业预算一经批准下达，各预算执行单位必须认真组织实施，将预算指标层层分解，从横向和纵向落实到内部各部门、各环节和各岗位，形成全方位的预算执行体系。企业应当建立预算执行责任制度，对照已确定的责任指标，定期或不定期地对相关部门及人员的执行情况进行检查，并实施考评。

对于重大预算项目和内容，企业应密切跟踪其实施进度和完成情况，实行严格监控。例如，货币资金收支业务的预算控制要求企业应及时组织预算资金的收入，严格控制预算资金的支付，调节资金收付平衡。企业应当健全凭证记录，完善预算管理制度，严格执行生产经营月度计划和成本费用的定额、定率标准，并对执行过程进行监控。同时建立预算执行内部报告制度，及时掌握预算执行动态及结果。

预算执行情况预警机制要求企业科学选择预警指标，合理确定预警范围，及时发出预警信号，积极采取应对措施。建立预算执行结果质询制度，要求预算执行单位对预算指标及实际结果之间的重大差异做出解释，并采取相应措施。

3. 预算调整控制

预算调整是指当企业的内外环境发生变化，预算出现较大偏差，原有预算不再适宜时所进行的预算修改。

企业正式下达执行的预算不得随意调整。企业在预算执行过程中，需要调整预算的，应当报原预算审批机构批准。调整预算由预算执行单位逐级向原预算审批机构提出书面报告，阐述预算执行的具体情况、客观因素变化情况及其对预算执行造成的影响程度，提出预算的调整幅度。企业预算管理部门应当对预算执行单位提交的预算调整报告进行审核分析，集中编制企业年度预算调整方案，提交原预算审批机构审议批准，然后下达执行。

4. 预算分析与考核控制

预算分析与考核控制主要是通过建立预算执行分析制度、审计制度、考核与奖惩制度等，确保预算分析科学、及时，预算考核严格、有据。

预算执行分析制度要求企业预算管理部门应当定期召开预算执行分析会议，通报并全面掌握预算执行情况，研究、解决预算执行中存在的问题，提出改进措施，纠正预算的执行偏差。

预算执行情况内部审计制度要求企业预算委员会通过定期或不定期的预算审计，实施审计监督，及时发现和纠正预算执行中存在的问题，充分发挥内部审计的监督作用，维护预算管理的严肃性。

预算执行情况考核制度要求企业预算管理部门定期组织预算执行情况考核，考核时坚持公开、公平、公正的原则，考核结果应有完整记录。同时建立预算执行情况奖惩制度，明确奖惩办法，落实奖惩措施。

六、运营分析控制

我国《企业内部控制基本规范》第三十四条规定：运营分析控制要求企业建立运营情况分析制度，经理层应当综合运用生产、购销、投资、财务等方面的信息，通过因素分析、对比分析、趋势分析等方法，定期开展运营情况分析，发现存在的问题，及时查明原因并加以改进。

企业在经营的过程中，运营分析是非常重要的，可以随时了解企业的经营状况，避免盲目行为。对于存在问题的方面，通过运营分析可以及时发现问题，并调整方向或采取补救措施；对于比较理想的方面，通过运营分析可以判断是否极大地发挥了企业的现有条件和优势，是否存在对企业更有利的措施。营运分析的基本流程如图 9-2 所示。

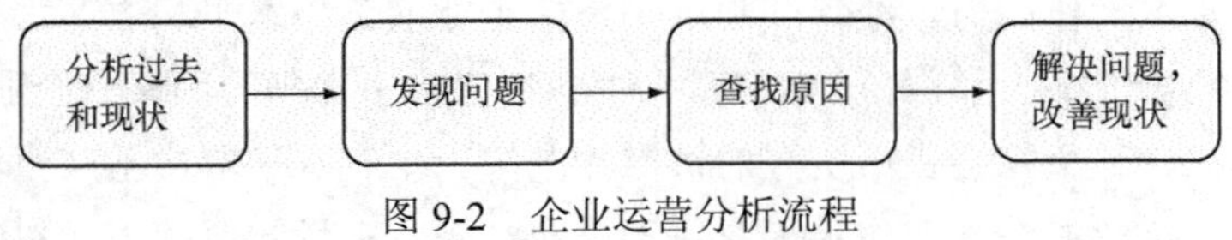

图 9-2　企业运营分析流程

运营分析控制制度应明确规定运营分析的内容、方法、程序等方面，其具体要点有以下几个方面。

（一）明确分析对象

运营状况包含的内容非常丰富，它是对企业各种情况的综合概括，包括筹资能力、偿债能力、营运能力、盈利能力、发展能力等。企业在分析运营状况之前，应明确具体的分析对象，对于不同时期不同的分析目的，其分析对象也应有所差别。当企业的经营活动或者外部经营环境的变化涉及某运营指标时，该指标通常应作为分析的重点对象。

1. 筹资能力

筹资能力是企业筹集生产经营所需资金的能力。广义的筹资能力包括企业内部筹资能力和企业外部筹资能力。企业内部筹资能力主要来源于企业留存收益，取决于企业的获利水平。外部筹资按筹集资金的性质可分为债务筹资和权益筹资。外部筹资主要来源于金融机构、证券市场、商业信用、租赁市场等。外部筹资能力取决于企业的综合状况，包括资产状况、信用状况、公关能力、盈利能力、发展趋势和潜力等因素，另外还取决于市场资金的供求状况、证券市场的行情等外部因素。

2. 偿债能力

偿债能力是指企业偿还到期债务的能力。偿债能力包括短期偿债能力和长期偿债能力。短期偿债能力是指企业流动资产对流动负债及时足额偿还的保证程度，是衡量企业当前财务能力，特别是流动资产变现能力的重要指标。企业短期偿债能力的衡量指标主要有流动比率、速度比率和现金负债率等。长期偿债能力是指企业偿还一年以上债务的能力，与企业的盈利能力、资产结构有十分密切的关系。对于企业的长期债权人和所有者来说，他们更关心的是企业的长期偿债能力。反映长期偿债能力的比率有资产负债率、权益乘数、产权比率、利息保障倍数等。

3. 营运能力

营运能力反映企业资产的利用效率。其实质是要以尽可能少的资产占用，在尽可能短的时间内周转，生产尽可能多的产品，创造尽可能多的营业收入。因此，企业的营运能力是影响企业财务状况稳定与否和获利能力强弱的关键。营运能力分析主要通过对资产效率的分析来反映一个企业的资产管理水平和资产周转情况。企业的营运能力分析，实际上就是分析企业资源运用的效率，通常主要是从企业资金使用角度来进行的，因此有人也称之为资产管理效率分析。常用的分析指标包括总资产周转率、流动资产周转率、固定资产周转率、存货周转率、应收账款周转率等，利用这些指标可以分析出企业对这些可利用资产的使用效果。

4. 盈利能力

盈利能力是指企业利用各种经济资源赚取利润的能力。它是企业的重要经营目标，是企业生存和发展的物质基础，它关系到企业的所有利益相关者。通常盈利能力也有广义和狭义之分。狭义的盈利能力通常仅指企业的经营获利水平，即来自于销售产品或提供劳务的能力；而广义的盈利能力包括企业的资本运作能力。经营获利水平是指企业的销售水平和生产水平。销售水平又取决于销售量水平和销售价格水平。影响销售量水平和销售价格水平的因素有企业的市场营销能力、整个市场的供需状况、整个社会货币资金的供需状况等。生产水平取决于产量和成本。产量取决于企业的生产能力。企业的资本运作水平取决于企业对资本市场的洞察力、决策能力以及整个资本市场的状况。企业可以使用内含报酬率、净现值、会计收益率、投资回收期等指标来分析资本运作水平。

5. 发展能力

企业的发展能力也称企业的成长性，它是企业通过自身的生产经营活动不断扩大积累而形成的发展潜能。企业能否健康发展取决于多种因素，包括外部经营环境、企业内在素质及资源条件等。衡量企业发展能力的核心是企业价值增长率。通常用净收益增长率来近似地描述企业价值的增长，并将其作为企业发展能力分析的重要指标。另外，营业收入增长率、资产保值增值率、资本积累率、总资产增长率、营业利润增长率、技术投入比率等均可作为评价发展能力的指标。

（二）收集充分的信息

在进行运营情况分析时，应充分收集与分析对象相关的信息。这些信息既包括企业内部的也包括企业外部的，既包括财务的也包括非财务的，既包括数据型的又包括非数据型的等。在收集信息的过程中，应坚持准确性、全面性和及时性等原则，以保证信息的质量。内部信息主要包括财务信息、生产经营信息、资本运作信息、技术创新信息、综合管理信息等。企业可以通过会计资料、经营管理资料、调查研究报告、会议记录纪要、内部报刊网络等渠道和方式获取所需的内部信息；外部信息主要包括政策法规信息、经济形势信息、市场竞争信息、行业动态信息、科技进步信息等。企业可以通过立法监管部门、社会中介机构、行业协会组织、业务往来单位、市场调查研究等渠道和方式获取所需的外部信息。

（三）选择适当的分析方法

企业应选择适当的方法对收集到的信息加以分析，从而全面系统地评价企业的运营状况。运营分析有很多种方法，常见的有因素分析、对比分析、比率分析、趋势分析等方法。

1. *因素分析法*

所谓的因素分析法是指依据某指标与其驱动因素之间的关系，从数量上确定各因素对指标的影响程度的一种方法。因素分析法既可以全面分析各因素对某一经济指标的影响，又可以单独分析某个因素对经济指标的影响。

2. *对比分析法*

对比分析法是指将同一个指标在不同时期的执行结果进行对比，从而分析差异的一种方法。可以用实际与计划进行对比，也可以用当期与上期进行对比，还可以用行业之间进行对比的方法。对比分析法根据分析的特殊需要又有绝对数比较和相对数比较两种形式，绝对数比较是利用绝对数进行对比，从而寻找差异的一种方法；相对数比较是用增长百分比或完成百分比指标来进行分析的一种方法。

3. *比率分析法*

比率分析法是指将有关指标进行对比，用比率来反映它们之间的关系，以解释企业经营状况的一种方法。根据不同的分析内容和要求，可以计算各种不同的比率并进行对比，其中有相关指标比率、构成比率等。

4. *趋势分析法*

趋势分析法是根据企业连续若干会计期间（至少 3 年）的分析资料，运用指数或动态比率的计算，比较与研究不同会计期间相关项目的变动情况和发展趋势的一种财务分析方法，也叫动态分析方法。趋势分析法既可以用文字表述，也可以用图解、表格或比较报告的形式。

七、绩效考评控制

我国《内部控制基本规范》第三十五条规定：绩效考评控制要求企业建立和实施绩效考评制度，科学设置考评指标体系，对企业内部各责任单位和全体员工的业绩进行定期考评和客观评价，将考评结果作为确定员工薪酬以及职务晋升、评优、降级、调岗、辞退等的依据。

绩效考评控制是保证企业内部公平的必要条件。一个成功的绩效考评制度可以有效地甄别出员工对企业的贡献并予以相应的激励，有利于企业改进组织绩效，提高经济效益。所以，每个企业都应建立一套完善合理的内部控制绩效考评制度，对企业内部各责任单位和全体员工的执行内部控制情况进行定期考评和客观评价。因此，企业应该科学地设置绩效考评指标，合理确定考评主体及类型。在设定了科学的绩效考评指标的基础上，企业应根据这些指标进行客观公正的考评。

（一）绩效考评指标

绩效考评指标是指对员工绩效进行考核与评价的项目，必须将员工内部控制执行情况作为绩效考评的主要指标或指标体系的主要内容。指标定义要明确，具有可测量性，且必须与战略目标保持一致。绩效考评指标通常分为三类，分别为业绩考评指标、能力考评指标、态度考评指标。业绩考评指标就是考评工作行为所产生的结果，如销售额、市场份额增长率等。业绩考评指标反映了绩效管理的最终目的，即提高企业的整体绩效以实现既定的目标。能力考评指标是指考评员工与岗位或内容相关的工作技能。能力考评指标有利于鼓励员工提高与工作相关的工作能力。态度考评指标，是指不考虑员工的业绩和能力，只考评他们对工作的精神状态。将工作态度也作为考评指标是因为态度往往决定一切，即便某些员工工作能力比较强，但如果他们的工作态度不正确，其工作业绩也往往不理想。因此，为了引导员工积极向上的工作态度，从而达到绩效管理目标，将工作态度纳入绩效考评范围是十分有必要的。

（二）绩效考评主体

考评主体即由谁进行考评，考评主体的确定应遵循一个原则，那就是考评者对被考评者的工作性质、岗位要求、工作状态等必须有一定的了解。即便如此，企业也应对考评主体进行必要的培训，包括道德、纪律、考评资料收集、考评体系等方面的培训，力求使考评主体具有良好的考评技能、公正的考评心理，从而进行有效的绩效考评。

（三）绩效考评的类型

绩效考评按时间可以分为定期与不定期考评，按考评性质可分为定性和定量考评，按考评主体又可分为上级考评、专业机构考评、自我考评等。

八、合同控制

合同控制是企业经营管理的一项重要内容，也是企业依法经营、依法维护自身合法权益的一个重要方面。企业加强合同控制不仅有利于依法订立并履行合同协议，减少合同纠纷，保障企业自身的经营利益，还有利于企业加强和改善经营管理、提高经济效益和实现健康、良好的发展。

企业的合同控制是一个动态的管理过程，要求企业的管理人员运用科学的管理方法实现预期的合同管理目标。在合同的管理过程中，涉及合同的签订、履行、变更、解除等活动，这些活动既相互独立，各自有着不同的内容，相互之间又存在密切的联系。在合同控制的过程中，企业应该提高风险防范意识，以科学的态度和方法开展风险管理活动，降低风险的损害程度，从而保障企业健康发展。

在合同控制过程中，企业应当关注的风险有：未订立合同、未经授权或越权对外订立合同、合同对方主体资格未达要求、合同内容存在重大疏漏和欺诈，可能导致企业合法权益受到侵害；合同未全面履行或监控不当，可能损害企业利益、信誉和形象；合同协议纠纷处理不当，可能损害企业利益、信誉和形象。

在合同控制中，企业应该关注合同的签署、合同的履行以及合同的评估，从而完善合同控制的流程。

（一）合同的签订

企业对外发生经济行为，除即时结清方式外，应当订立书面合同。企业应注重从合同的签约对象、合同标的谈判与协商、合同文本、合同审核与内部会签、合同签订权限管理等几个方面加强合同控制。

（二）合同的履行

企业应当遵循诚实信用原则严格履行合同，对合同履行实施有效监控，强化对合同履行情况及效果的检查、分析和验收，确保合同全面有效履行。

合同生效后，企业就质量、价款、履行地点等内容与合同对方没有约定或者约定不明确的，可以签订补充协议；如果不能达成补充协议的，则按照国家相关法律法规、合同有关条款或者交易习惯确定。

在合同履行过程中发现有失公平、条款有误或对方有欺诈行为等情形，或因政策调整、市场变化等客观因素，已经或可能导致企业利益受损，应当按照规定程序及时报告，并经双方协商一致，按照规定权限和程序办理合同变更或解除事宜。

企业应当加强合同纠纷管理，在履行合同过程中发生纠纷的，应当依据国家相关法律法规，在规定时效内与对方当事人协商并按规定权限和程序及时报告。合同纠纷经协商一致的，双方应当签订书面协议。合同纠纷经协商无法解决的，应当根据合同约定选择仲裁或诉讼方式解决。企业内部授权处理合同纠纷的，应当签署授权委托书。纠纷处理过程中，未经授权批准，相关经办人员不得向对方当事人做出实质性答复或承诺。

企业财会部门应当根据审核后合同条款的办理结算义务。未按合同条款履约的，或应签订书面合同而未签订的，财会部门有权拒绝付款，并及时向企业有关负责人报告。

（三）合同的评估

企业应当建立合同履行情况评估制度，至少每年年末对合同履行的总体情况和重大合同履行的具体情况进行分析评估，对分析评估中发现合同履行中存在的不足，应当及时加以改进。企业应当健全合同控制考核与责任追究制度。对合同订立、履行过程中出现的违法违规行为，应当追究有关部门或人员的责任。

【案例 9-8】

合同条款不清，导致多起诉讼

BP 公司由前英国石油、阿莫科、阿科和嘉实多等公司整合重组形成，是世界上最大的石油和石油集体公司之一。BP 公司总部设在英国伦敦，在百余个国家从事生产和经营活动。从 2004 年起，BP 石油（上海）与 W 公司因为 BP 石油单方面援引合同条款终止《经销商合同》而引发诉讼，W 公司先后在陕西西安市、河南三门峡市和洛阳市与 BP 石油及其关联企业 S 公司打了近十起官司。

双方最主要的争议焦点是，在双方签署的多份《经销商合同》中都有一个允许单方面解除合同的“自愿终止条款”。根据这一条款，任何一方都可以在提前 30 天做出书面通知的情况下无条件地、单方面终止合同。作为经销商的 W 公司认为《经销商合同》的自愿终止无效，BP 石油和 S 公司单方终止合同的行为构成违约并需做出巨额赔偿，而 BP 石油和 S 公司则认为该条款对等地赋予双方解除合同的权利，符合公平原则。

第三节 业务流程控制

企业的资源是有限的，如何有效并高效地使用资源成为企业的重要难题之一。从内部控制的角度，企业应着力对业务流程进行控制，为实现内部控制的目标服务。

一、控制活动类业务流程

为了有效保证公司各项经营活动高效地运作，保证会计信息的可靠、完整，资产安全，有效地降低公司经营风险，《企业内部控制应用指引》从业务层面将企业的活动分为资金活动、采购业务、资产管理、销售业务、研究与开发、工程项目、担保业务、业务外包、财务报告九个方面，并逐一做了说明。下面以《企业内部控制应用指引》为基础，介绍业务层面的九个控制流程。

（一）资金活动

资金活动是指企业筹资、投资和资金营运等活动的总称。资金是企业生产经营循环的血液，是企业生存和发展的基础，决定着企业的竞争能力和可持续发展能力。企业资金活动中可能存在的风险无一不是重要风险，一旦转变为现实，则危害重大。概括地讲，企业资金活动面临的重要风险包括：筹资决策不当，引发资本结构不合理或无效融资，可能导致企业筹资成本过高或债务危机；企业投资决策失误，引发盲目扩张或丧失发展机遇，可能导致资金链断裂或资金使用效益低下；资金调度不合理、营运不畅，可能导致企业陷入财务困境或资金冗余；资金活动管控不严，可能导致资金被挪用、侵占、抽逃或遭受欺诈。

针对上述风险，资金活动应用指引分别对筹资、投资和资金营运活动提出下列管控措施。

（1）根据筹资目标和规划，结合年度全面预算，拟订筹资方案，并对筹资方案进行科学论证；重大筹资方案还应当形成可行性研究报告，全面反映风险评估情况。

（2）对筹资方案进行严格审批后，按照规定权限和程序筹集资金。同时，严格按照筹资方案确定的用途使用资金，防止资金挪用；确需改变资金用途的，应当履行相应的审批程序。

（3）加强债务偿还和股利支付环节的管理，对偿还本息和支付股利等做出适当安排，防止发生违约风险，导致诉讼损失。

（4）根据投资目标和规划，合理安排资金投放结构，科学确定投资项目，拟订投资方案，重点关注投资项目的收益和风险；选择投资项目应当突出主业，谨慎从事衍生金融产品等高风险投资。如，在国际金融危机中，我国少数企业从事的投资项目偏离主业，同时又缺乏相关专业人才和风险管控经验，导致企业发生巨亏。这些教训值得认真汲取。

（5）严格控制采用并购方式进行投资企业的并购风险，重点关注并购对象的隐性债务、承诺事项、可持续发展能力、员工状况及其与本企业治理层及管理层的关联关系，合理确定支付对价，确保实现并购目标。这项要求对于我国企业境外并购具有很好的提示作用。

（6）加强对投资方案的可行性研究，并按照规定的权限和程序对投资项目进行决策审批；审批后，与被投资方签订投资合同或协议，明确出资时间、金额、方式、双方权利义务和违约责任等内容。

（7）加强对投资收回和处置环节的控制；对于到期无法收回的投资，应当建立责任追究制度。

（8）加强对资金营运全过程的管理，统筹协调内部各机构在生产经营过程中的资金需求，切实做好资金在采购、生产、销售等各环节的综合平衡，实现资金营运的良性循环，提升资金营运效率。

【案例 9-9】

上海辰华：资金链断裂导致最大的纸业集中采购平台突然倒下

2014 年 4 月 7 日下午，上海辰华纸业公司（以下简称“辰华纸业”）经营遇到困难，遭遇银行抽贷，被传倒闭。4 月 10 日调查得知，辰华纸业收购 4 家纸箱厂和 1 家造纸厂想扩大经营，但没想到银行贷款政策突变，对企业经营造成突如其来的打击。

2010 年，辰华纸业联手上海市包装技术协会纸委会和民生银行共同创建了“上海市纸包装行业工业用纸集中采购平台”，到 2014 年，号称营业额做到 50 亿元，成为行业最大的采购平台。

（二）采购业务

采购是指购买物资（或接受劳务）及支付款项等相关活动。部分企业在办理采购业务时不同程度地存在以下问题：采购计划安排不合理，市场变化趋势预测不准确，造成库存短缺或积压，导致企业生产停滞或资源浪费；供应商选择不当，采购方式不合理，招投标或定价机制不科学，授权审批不规范，致使采购物资质次价高，出现舞弊或遭受欺诈；采购验收不规范，付款审核不严，造成采购物资、资金损失或信用受损。

为此，采购业务应用指引要求企业加强请购、审批、购买、验收、付款、采购后评估等环节的风险管控，确保物资采购满足企业生产经营需要。

（1）企业的采购业务尽量集中，避免多头采购或分散采购，以提高采购业务效率，降低采购成本，堵塞管理漏洞。

（2）建立采购申请制度，依据购买物资或接受劳务的类型，确定规管部门，明确相关部门或人员的职责权限及相应的请购和审批程序。

（3）建立科学的供应商评估和准入制度，根据市场情况和采购计划合理选择采购方式，建立科学的采购物资定价机制，并根据确定的供应商、采购方式、采购价格等情况签订采购合同，明确双方权利、义务和违约责任。

（4）建立严格的采购验收制度，确定检验方式，由专门的验收机构或验收人员进行验收；对于验收过程中发现的异常情况，应当查明原因并及时处理。

（5）加强采购付款的管理，明确付款审核人的责任和权利，严格审核采购预算、合同、相关单据凭证、审批程序等内容，审核无误后按照合同规定及时办理付款。

（6）建立退货管理制度，对退货条件、退货手续、货物出库、退货货款回收等做出明确规定，并在采购合同中明确退货事宜，及时收回退货货款。

【案例 9-10】

某公司采购业务控制问题

某公司属于国有控股公司，最高权力机构是股东大会，执行机构是董事会，另外还设有职工代表大会以及各职能部门、分公司等。其内部控制制度及业务活动情况如下。

财务部经理的妻子担任出纳，并兼任满足行政部门需要的日常业务，亲自办理取款、购买、报销等手续。

支票等票据由会计保管，支取款项的印章都由总经理亲自保管。材料采购等由供应部经理审批、由专门采购员实施。

根据规定，各项费用由总经理签字都可报销，某日出纳在采购时发现当地主要媒体宣传另一公司A产品正在开展促销活动，称其为高科技产品，可以替代本企业主要原料并能够节约成本30%，促销时间仅仅两天。

采购员认为时间过于紧张，来不及请示供应部经理，因此直接电告企业总经理，总经理决定采购。出纳当即采购并由仓库验收入库，经总经理签字，办理了货款支付手续。

后来生产车间反映，该批材料不适应生产要求，只能折价处理，造成损失30万元。总经理指示调整成本预算，将30万元损失记入正常材料耗费。

（三）资产管理

资产是指企业拥有或控制的存货、固定资产和无形资产。加强各项资产管理，保证资产安全完整，提高资产使用效能，有利于维持企业正常生产经营，有利于促进企业发展战略目标的实现。当前，在企业存货、固定资产和无形资产等资产的管理实务中，存在的问题主要包括：存货积压或短缺，造成流动资金占用过量、存货价值贬损或生产中断；固定资产更新改造不够、使用效能低下、维护不当、产能过剩，致使企业缺乏竞争力、资产价值贬损、安全事故频发或资源浪费；无形资产缺乏核心技术、权属不清、技术落后、存在重大技术安全隐患，导致法律纠纷，企业缺乏可持续发展能力。

为防范和化解资产管理中存在的这些重要风险，资产管理应用指引针对性提出了如下应对措施。

（1）采用先进的存货管理技术和方法，规范存货管理流程，明确存货取得、验收入库、原料加工、仓储保管、领用发出、盘点处置等环节的管理要求，充分利用信息系统，强化会计、出入库等相关记录，确保存货管理全过程的风险得到有效控制。

（2）根据各种存货采购间隔期和当前库存，综合考虑企业生产经营计划、市场供求等因素，合理确定存货采购日期和数量，确保存货处于最佳库存状态。

（3）加强房屋建筑物、机器设备等各类固定资产的维护、清查、处置管理，重视固定资产的技术升级和更新改造，不断提升固定资产的使用效能，确保固定资产处于良好运行状态。

（4）强化对生产线等关键设备运转的监控，严格操作流程，实行岗前培训和岗位许可制度，确保设备安全运转。

（5）严格执行固定资产投保政策，及时办理投保手续。

（6）规范固定资产抵押管理，确定固定资产抵押程序和审批权限等。

（7）加强对品牌、商标、专利、专有技术、土地使用权等无形资产的管理，促进无形资产有效利用，充分发挥无形资产对提升企业核心竞争力的作用。

（四）销售业务

销售是指企业出售商品（或提供劳务）及收取款项等相关活动。企业应当加强销售、发货、收款等环节的管理，采取有效控制措施，规范销售行为，扩大市场份额，确保实现销售目标。企业销售过程中存在的重要风险主要包括：销售政策和策略不当，市场预测不准确，销售渠道管理不当等，导致销售不畅、库存积压、经营难以为继；客户信用管理不到位，结算方式选择不当，账款回收不力等，造成销售款项不能收回或遭受欺诈；销售过程存在舞弊行为，可能导致企业利益受损。

销售业务应用指引就此提出了相应的管控措施。

（1）加强市场调查，合理确定定价机制和信用方式，根据市场变化及时调整销售策略，灵活运用多种策略和营销方式，促进销售目标实现，不断提高市场占有率。

（2）通过与客户进行业务洽谈、磋商或谈判，关注客户信用状况、销售定价、结算方式等相关内容，并签署销售合同，明确双方的权利和义务。

（3）销售部门按照经批准的销售合同开具相关销售通知，发货和仓储部门严格按照销售通知所列项目组织发货，确保货物的安全发运。

（4）完善客户服务制度，加强客户服务和跟踪，提升客户满意度和忠诚度，不断改进产品质量和服务水平。

（5）完善应收款项管理制度，明确销售、财会等部门的职责，并严格考核，实行奖惩。

（6）加强应收款项坏账的管理；应收款项全部或部分无法收回的，应当查明原因，明确责任。

（五）研究与开发

研究与开发是指企业为获取新产品、新技术、新工艺等所开展的各种研发活动，是企业进行自主创新的重要手段。企业通过研发新产品和新技术，创造新工艺，能够增强核心竞争力，促进发展战略实现。但是，研究与开发活动通常隐含着重大风险。例如，研究项目未经科学论证或论证不充分，可能导致创新不足或资源浪费；研发人员配备不合理或研发过程管理不善，可能导致研发成本过高、舞弊或研发失败；研究成果转化应用不足、保护措施不力，可能导致企业利益受损。

就此，研究与开发应用指引提出了以下管控措施。

（1）结合研发计划，提出研究项目立项申请，开展可行性研究，编制可行性研究报告。

（2）按照规定的权限和程序审批研究项目，重大研究项目应当报经董事会或类似权力机构集体审议决策。

（3）加强对研究过程的管理，合理配备专业人员，严格落实岗位责任制，确保研究过程高效、可控。

（4）建立和完善研究成果验收制度，组织专业人员对研究成果进行独立评审和验收。

（5）明确界定核心研究人员范围和名册清单，签署保密协议，并在劳动合同中约定研究成果归属、离职条件、离职移交程序、离职后保密义务、离职后竞业限制年限及违约责任等内容。研发骨干人员的管理，应当引起研发型企业的高度重视。

（6）加强研究成果的开发与保护，形成科研、生产、市场一体化的自主创新机制，促进研究成果转化为实际生产力。

【案例 9-11】

乐视网业绩变脸

乐视网（300104）是集视频产业、内容产业和智能终端的“平台+内容+终端+应用”为一体的完整生态系统，是行业内全球首家 IPO 上市公司，乐视网旗下公司设计了视频、手机、影业等一系列业务，公司市值达到 600 亿元，乐视网法定代表人贾跃亭表示将公司未来发展的主力聚焦于乐视网。

从乐视网发布的《2016年度总结报告》可见，乐视网的净利润在八年来首次出现下滑。乐视网的业绩变脸引起各界广泛关注，也损害了广大投资者的权益。乐视网经审计后的财务报表结果与其此前发布的业绩报告并不相符，影响了众多投资者的权益。乐视网公司此前预计的净利润为7.66亿元，但经过审计后为5.55亿元，变动幅度较大，虽然公开解释了利润减少的原因，财务问题仍不容忽视。乐视网在业绩预告中披露的营业利润为4 479.14万元，但是经审计后为亏损3.37亿元，变动比例达到-853.49%，其利润总额预计为4 019.35万元，审计后为-3.29亿元。乐视网财务报表方面的重大亏损反映出公司治理和经营管理方面的诸多问题，如易到危机、乐视影业艰难重组、资金吃紧等。乐视网作为乐视生态的主力，其业绩大变脸增加了整个乐视生态的压力，如若不妥善处理，有可能引发一系列关联交易的风险，危机投资者权益。乐视网此次业绩大变脸决定乐视生态未来的命运，是否能安然度过危机，其影响因素众多。

（六）工程项目

工程项目是企业自行或者委托其他单位所进行的建造、安装活动。工程项目通常与企业发展战略密切相关，周期较长，并涉及大额资金及物资的流转，存在较大的不确定性和风险。如果工程立项缺乏可行性研究，或者可行性研究流于形式，决策不当，盲目上马，很可能导致难以实现预期效益或项目失败；如果项目招标暗箱操作，存在商业贿赂，则可能导致中标人实质上难以承担工程项目、中标价格失实及相关人员涉案；如果工程造价信息不对称，技术方案不落实，概预算脱离实际，又可能导致项目投资失控；倘若工程物资质次价高，工程监理不到位，项目资金不落实，还可能导致工程质量低劣，进度延迟或中断；最后，如果竣工验收不规范，最终把关不严，还会导致工程交付使用后存在重大隐患。

为此，《工程项目应用指引》明确指出，企业必须强化对工程建设全过程的监控，制定和完善工程项目各项管理制度，明确相关机构和岗位的职责权限，规范工程立项、招标、造价、建设、验收等环节的工作流程及控制措施，保证工程项目的质量和进度。具体要求如下。

（1）根据发展战略和年度投资计划，提出项目建议书，编制可行性研究报告，并组织内部相关机构专业人员进行充分论证和评审，在此基础上，按照规定的权限和程序进行决策。重大工程项目应当报经董事会或类似决策机构集体审议批准，任何个人不得单独决策或擅自改变集体决策意见。

（2）采用公开招标的方式，择优选择具有相应资质的承包单位和监理单位，规范工程招标的开标、评标和定标工作，不得将应由一个承包单位完成的工程肢解为若干部分发包给几个承包单位。

（3）加强工程造价的管理，明确初步设计概算、施工图预算的编制方法，按照规定的权限和程序进行审核和批准，确保概预算科学合理。

（4）加强对工程建设过程的监控，实行严格的概预算管理和工程监理制度，切实做到及时备料，科学施工，保障资金，落实责任，确保工程项目达到设计要求。工程建设过程中涉及项目变更的，应当严格审批；重大项目变更还应当按照项目决策和概预算控制的有关程序和要求重新履行审批手续。

（5）收到承包单位的工程竣工报告后，及时编制竣工决算，开展竣工决算审计，办理竣工验收手续。企业还应当建立完工项目后评估制度，重点评价工程项目预期目标的实现情况和项目投资效益等，并以此作为绩效考评和责任追究的依据。

【案例 9-12】

职工活动中心工程项目问题

2008 年 5 月，某集团公司子公司开工建设职工活动中心，2009 年 6 月完工。工程原定总投资 3 500 万元，决算金额为 3 950 万元。

据查，该工程由该子公司工会提出申请，由工会有关人员进行可行性研究，经该子公司董事会审批同意并授权由工会主席张某具体负责工程项目的实施和对工程价款支付的审批。随后，张某私自决定将工程交由某个体施工队承建。

在工程即将完工时，施工队负责人向张某提出，职工活动中心应有配套健身设施，建议增建保龄球馆。张某认为这一建议可取，指示工会有关人员提出工程项目变更申请，经其签字批准后，由工会有关人员办理了竣工验收手续，由财务部门将交付使用资产登记入账。

职工活动中心交付使用后，发现包括保龄球道在内的多项工程设施存在严重质量问题。

（七）担保业务

担保是企业按照公平、自愿、互利的原则向被担保人提供一定方式的担保并依法承担相应法律责任的行为。对外担保涉及被担保人和提供担保人（企业）。如果企业对被担保人的资信状况调查不深，审批不严或越权审批，可能导致企业担保决策失误或遭受欺诈；如果对被担保人在担保期内出现财务困难或经营陷入困境等状况监控不力，应对措施不当，又可能会导致企业承担法律责任；如果被担保人和企业在担保过程中存在舞弊行为，则会导致经办审批等相关人员涉案或企业利益受损。

为此，一般情况下，企业应当严格限制担保业务活动，如确需对外提供担保的，应当在担保业务政策及相关管理制度中明确担保的对象、范围、方式、条件、程序、担保限额和禁止担保等事项，规范调查评估、审核批准、担保执行等环节的工作流程及控制措施，切实防范担保业务风险。担保业务应用指引就此提出如下具体要求。

（1）对担保申请人进行资信调查和风险评估，并出具书面报告。企业自身不具备条件的，应委托中介机构对担保业务进行调查和评估。对于符合条件的担保申请人，经办人员应当在职责范围内，按照审批人员批准意见办理担保业务；对于审批人超越权限审批的担保业务，经办人员有权拒绝办理。

（2）加强对子公司担保业务的统一监控，企业内设机构未经授权不得办理担保业务；企业为关联方提供担保的，与关联方存在经济利益或近亲属关系的有关人员在评估与审批环节应当予以回避。

（3）根据审核批准的担保业务订立担保合同，定期监测被担保人的经营情况和财务状况，了解担保项目的执行、资金的使用、贷款的归还、财务运行及风险等情况，确定担保合同有效履行。

（4）加强对担保业务的会计系统控制，建立担保事项台账，及时足额收取担保费用；规范对反担保财产的管理，妥善保管被担保人用于反担保的财产和权利凭证，定期核实财产的存续状况和价值，发现问题及时处理。

（5）在担保合同到期时，全面清理用于担保的财产、权利凭证，按照合同约定及时终止担保关系。

（八）业务外包

业务外包是企业利用专业化分工优势，将日常经营中的部分业务委托给本企业以外的专业服务机构或其他经济组织（承包方）完成的经营行为。目前，业务外包活动已经广泛应用于电信、金融等各行各业，为企业优化资源配置、加速业务重组、提高经营效率提供了活力。但是，企业在将业务外包的同时，也承担着一些重大风险，主要包括：外包范围和价格确定不合理，承包方选择不当，可能导致企业遭受损失；业务外包监控不严、服务质量低劣，可能导致企业难以体现业务外包的优势；业务外包存在商业贿赂等舞弊行为，可能导致企业相关人员涉案。

为此，业务外包应用指引明确指出，存在业务外包活动的企业应当着手建立和完善业务外包管理制度，规定业务外包的范围、方式、条件、程序和实施等相关内容，明确相关机构和岗位的职责权限，强化业务外包全过程的监控，防范外包风险。其具体要求如下。

（1）合理确定外包业务范围，综合考虑成本效益原则，权衡利弊，避免将核心业务外包。

（2）拟定业务外包实施方案，按照规定的权限和程序审核批准。重大外包业务方案应当提交董事会或类似决策机构审批。

（3）按照批准的业务外包实施方案，择优选择外包业务的承包方，签订外包合同，合理确定外包价格，严格控制外包业务成本，切实做到相关业务外包后的成本在保证质量的前提下低于原经营方式。外包业务涉及保密的，还要求企业在外包业务合同或另行签订的保密协议中明确规定承包方的保密义务和责任。

（4）加强业务外包实施的管理，注重与承包方的沟通与协调，并对承包方的履约能力进行持续评估。有确凿证据表明承包方存在重大违约行为，导致外包业务合同无法履行的，企业应当及时终止合同并更换承包方；承包方违约并造成企业损失的，企业应当进行索赔，并追究相关责任人责任。

（九）财务报告

财务报告是企业财务信息对外报告的重要形式之一。对上市公司而言，财务报告是投资者进行决策的重要依据；对国有企业，则可能成为政府进行经济决策时关注的重要信息来源。总结我国企业尤其是上市公司近年来财务舞弊和财务管理失误等方面的案例，财务报告应用指引概括出以下相关重要风险：企业财务报告的编制违反会计法律法规和国家统一的会计准则制度，导致企业承担法律责任、遭受损失和声誉受损；企业提供虚假财务报告，误导财务报告使用者，造成报告使用者的决策失误，干扰市场秩序；企业不能有效利用财务报告，难以及时发现企业经营管理中的问题，还可能导致企业财务和经营风险失控。

为有效防范财务报告过程中的风险，财务报告应用指引明确提出如下要求。

（1）编制财务报告时，重点关注会计政策和会计估计；对财务报告产生重大影响的交易和事项的处理，还要按照规定的权限和程序进行审批。

（2）按照国家统一的会计准则制度规定，根据登记完整、核对无误的会计账簿记录和其他有关资料编制财务报告，做到内容完整、数字真实、计算准确，不得漏报或者随意进行取舍；企业集团还应编制合并财务报表，明确合并财务报表的合并范围和合并方法，如实反映企业集团的财务状况、经营成果和现金流量。

（3）依照法律法规和国家统一的会计准则制度的规定，及时对外提供财务报告；财务报告需经注册会计师审计的，注册会计师及其所在的事务所出具的审计报告应当随同财务报告一并提供。

（4）重视财务报告分析工作，定期召开财务分析会议，充分利用财务报告反映的综合信息，全面分析企业的经营管理状况和存在的问题，不断提高经营管理水平。同时明确，这些要求也是依据内部控制五要素中“信息与沟通”的相关规定提出的。总会计师或分管会计工作的负责人应当在财务分析工作中发挥主导作用；财务分析报告结果应当及时传递给企业内部有关管理层。

二、控制手段类业务流程

控制手段类指引偏重于“工具”性质，往往涉及企业整体业务或管理。此类指引包括四项：全面预算、合同管理、内部信息传递和信息系统。

（一）全面预算

全面预算是企业对一定期间的经营活动、投资活动、财务活动等做出的预算安排。全面预算作为一种全方位、全过程、全员参与编制与实施的预算管理模式，通过将企业的资金流与实物流、信息流相整合，优化了企业的资源配置，提高了资金的使用效率。然而，企业要想使全面预算管理达到预期的效果，必须要特别关注和防范预算管理中的相关风险。例如，不编制预算或预算不健全，可能导致企业经营缺乏约束或盲目发展；预算目标不合理、编制不科学，可能导致企业资源浪费或发展目标难以实现；预算缺乏刚性、执行不力、考核不严，可能导致预算管理流于形式。

为此，全面预算应用指引要求企业加强全面预算工作的组织领导，明确在预算管理体制以及各预算执行单位的职责权限、授权批准程序和工作协调机制的基础上，着重做到以下几点。

（1）建立和完善预算编制工作制度，明确编制依据、编制程序、编制方法等内容，确保预算编制依据合理、程序适当、方法科学，避免预算指标过高或过低。

（2）根据发展战略和年度生产经营计划，综合考虑预算期内经济政策、市场环境等因素，按照上下结合、分级编制、逐级汇总的程序，编制年度全面预算。企业预算管理委员会应当对预算管理工作机构在综合平衡基础上提交的预算方案进行研究论证，从企业发展全局角度提出建议，形成全面预算草案，并提交董事会审核。企业全面预算按照相关法律法规及企业章程的规定报经审议批准后，应当以文件形式下达。

（3）加强对预算执行的管理。全面预算一经下达，各预算执行单位必须以此为依据，认真组织各项生产经营和投融资活动，严格预算执行和控制。企业预算工作机构和各预算执行单位还应当建立预算执行情况分析制度，定期召开预算执行分析会议，妥善解决预算执行中存在的问题。

（4）建立严格的预算执行考核制度，对各预算执行单位和个人进行考核，切实做到有奖有惩、奖惩分明。必要时，企业可实行预算执行情况内部审计制度。

（二）合同管理

在市场经济环境下，合同已成为企业最常见的契约形式，甚至可以说，市场经济就是合同经济。然而，合同管理往往又是企业内部控制中最为疏忽和薄弱的环节之一。如果企业未订立合同、未经授权对外订立合同、合同对方主体资格未达要求、合同内容存在重大疏漏和欺诈，会导致企业合法权益受到侵害；合同未全面履行或监控不当，又可能导致企业诉讼失败，经济利益受损；合同纠纷处理不当，则会损害企业利益、信誉和形象。

为此，合同管理应用指引，有针对性地提出以下要求。

（1）企业对外发生经济行为，除即时结清方式外，应当订立书面合同。对于影响重大、涉及较高专业技术或法律关系复杂的合同，应当组织法律、技术、财会等专业人员参与谈判，必要时可聘请外部专业人员参与相关工作；谈判过程中的重要事项和参与谈判人员的主要意见，应当予以记录并妥善保存。

（2）根据协商、谈判结果，拟订合同文本，明确双方的权利义务和违约责任，并严格进行审核。合同文本需报经国家有关主管部门审查或备案的，应当履行相应程序。

（3）按照规定的权限和程序与对方当事人签订合同。正式对外订立的合同，应当由企业法定代表人或其授权代理人签名或加盖有关印章。属于上级管理权限的合同，下级单位不得签订。

（4）加强合同信息安全保密工作，未经批准，不得以任何形式泄漏合同订立与履行过程中涉及的商业机密或国家机密。

（5）遵循诚实信用原则严格履行合同，对合同履行实施有效监控，发现有失公平、条款有误或对方有欺诈行为等情形，或因政策调整、市场变化等客观因素，已经或可能导致企业利益受损，应当按照规定程序及时报告，并经双方协商一致，按照规定权限和程序办理合同变更或解除事宜；合同存在纠正情形的，应依据国家相关法律法规，在规定时效内与对方当事人协商并按照规定权限和程序及时报告，协商无法解决的，根据合同约定选择仲裁或诉讼方式解决。

（6）建立合同履行情况评估制度，至少于每年年末对合同履行的总体情况和重大合同履行的具体情况进行分析评估，对分析评估中发现的不足或问题应及时加以改进。

（三）内部信息传递

内部信息传递是企业内部各管理层级之间通过内部报告形式传递生产经营管理信息的过程。《企业内部控制基本规范》十分重视信息与沟通这一控制要素，多次强调内部信息传递的重要性。为此，内部信息传递应用指引梳理出相关重要风险。如果企业内部报告系统缺失、功能不健全、内容不完整，可能会影响生产经营有序运行；内部信息传递不通畅、不及时，则可能导致企业决策失误、相关政策措施难以落实；内部信息传递中泄露商业秘密，则会削弱企业核心竞争力。

针对这些重要风险，内部信息传递应用指引要求企业建立科学的内部信息传递机制，明确内部信息传递的内容、保密要求、传递方式以及各管理层级的职责权限等，促进内部报告的有效利用，以便充分发挥内部报告的作用。具体要求如下。

（1）根据发展战略、风险控制和业绩考核要求，科学规范不同级次内部报告的指标体系，采用经营快报等多种形式，全面反映与企业生产经营管理相关的各种内外部信息。

（2）制定严密的内部报告流程，充分利用信息技术，强化内部报告信息集成和共享，将内部报告纳入企业统一信息平台，构建科学的内部报告网络体系。

（3）拓宽内部报告的渠道，通过落实奖惩措施等多种有效方式，广泛收集合理化建议。

（4）重视内部报告的使用。企业各级管理人员应当充分利用内部报告管理和指导企业的生产经营活动，及时反映全面预算的执行情况，协调企业内部相关部门和各单位的运营进度；企业应当有效利用内部报告进行风险评估，准确识别和系统分析企业生产经营活动中的内外部风险，确定风险应对策略。

（四）信息系统

信息系统是信息内部传递和信息对外报告的技术手段，是企业利用计算机和通信技术，对内部控制进行集成、转化和提升所形成的信息化管理平台。通过信息系统强化内部控制，有利于减少人为因素，提高控制的效率和效果。同时也应意识到，信息系统自身也存在风险，需要加强管理和控制。如果企业信息系统缺乏或规划不合理，可能造成信息孤岛或重复建设，导致企业经营管理效率低下；系统开发不符合内部控制要求，授权管理不当，可能导致无法利用信息技术实施有效控制；系统运行维护和安全措施不到位，可能导致信息泄漏或毁损，系统无法正常运行。

为此，信息系统应用指引指出企业应当结合组织架构、业务范围、地域分布、技术能力等因素，制订信息系统建设整体规划，加大投入力度，有序组织信息系统开发、运行与维护，优化管理流程，防范经营风险。具体要求如下。

（1）根据信息系统建设整体规划提出项目建设方案，明确建设目标、人员配备、职责分工、经费保障和进度安排等相关内容，按照规定的权限和程序审批后实施。

（2）开发信息系统，应当将生产经营管理业务流程、关键控制点和处理规则嵌入系统程序，实现手工环境下难以实现的控制功能。

（3）加强信息系统开发全过程的跟踪管理，组织开发单位与内部各单位的日常沟通和协调，督促开发单位按时保质完成编程工作，对配备的硬件设备和系统软件进行检查验收，组织系统上线运行等。企业还应当组织独立于开发单位的专业人员对开发完成的信息系统进行验收测试，并做好信息系统上线的各项准备工作。

（4）加强信息系统运行与维护的管理，制定信息系统工作程序、信息管理制度以及各模块子系统的具体操作规范，及时跟踪、发现和解决系统运行中存在的问题，确保信息系统按照规定的程序、制度和操作规范持续稳定运行。

（5）重视信息系统运行中的安全保密工作，确定信息系统的安全等级，建立不同等级信息的授权使用制度、用户管理制度和网络安全制度，并定期对数据进行备份，避免损失。对于服务器等关键信息设备，未经授权，任何人不得接触。

思考题

1．如何理解控制活动是内部控制的核心？

2．如何有效、高效使用资源？内部控制为什么实行流程控制？

3．如何限制“一支笔”现象？

4．授权审批控制的主要形式有哪些？说明预算控制在其中的作用。

5．如何理解“零容忍”？

6．如何把握财产保护的“度”？

7．解释内部控制的分权与集权。

8．简述运营分析控制与内部控制的优化。

第十章 信息与沟通

【教学目标】

通过本章的学习，读者能了解信息的类型与来源、沟通的方式、反舞弊工作的内容，熟悉举报人投诉及保护制度，掌握信息的搜集与传递方式，以及对信息技术的利用、建立舞弊防范体系等。

【引例】

2008年9月15日上午10:00，拥有158年历史的美国第四大投资银行——雷曼兄弟公司向法院申请破产保护，消息转瞬间传遍地球的各个角落。令人匪夷所思的是，在如此明朗的情况下，德国国家发展银行在10:10，居然通过计算机自动付款系统，向雷曼兄弟公司即将冻结的银行账户转入了3亿欧元。毫无疑问，3亿欧元将是肉包子打狗有去无回。

转账风波曝光后，德国社会舆论哗然。销量最大的《图片报》在9月18日头版的标题中，指责德国国家发展银行是迄今“德国最愚蠢的银行”。一家律师事务所受德国财政部的委托，进驻银行进行全面调查。几天后，他们向国会和财政部递交了一份调查报告，调查报告记载了被询问人员在这10分钟内忙了些什么。

首席执行官乌尔里奇·施罗德：我知道今天要按照协议的约定转账，至于是否撤销这笔巨额交易，应该让董事会开会讨论决定。

董事长保卢斯：我们还没有得到风险评估报告，无法及时做出正确的决策。

董事会秘书史里芬：我打电话给国际业务部催要风险评估报告，可那里总是占线，我想还是隔一会儿再打吧。

国际业务部经理克鲁克：星期五晚上准备带上全家人去听音乐会，我得提前打电话预订门票。

国际业务部副经理伊梅尔曼：忙于其他事情，没有时间去关心雷曼兄弟公司的消息。

负责处理与雷曼兄弟公司业务的高级经理希特霍芬：我让文员上网浏览新闻，一旦有雷曼兄弟公司的消息就立即报告，之后我就去休息室喝杯咖啡了。

文员施特鲁克：10:03，我在网上看到了雷曼兄弟公司向法院申请破产保护的新闻，马上就跑到希特霍芬的办公室，可是他不在，我就写了张便条放在办公桌上，他回来后会看到的。

结算部经理德尔布吕克：今天是协议规定的交易日，我没有接到停止交易的指令，那就按照原计划转账吧。

结算部自动付款系统操作员曼斯坦因：德尔布吕克让我执行转账操作，我什么也没问就做了。

信贷部经理莫德尔：我在走廊里碰到了施特鲁克，他告诉我雷曼兄弟破产的消息，但是我相信希特霍芬和其他职员的专业素养，一定不会犯低级错误，因此也没必要提醒他们。

公关部经理贝克：雷曼兄弟破产是板上钉钉的事，我想跟乌尔里奇·施罗德谈谈这件事，但上午要会见几个克罗地亚的客人，等下午再找他也不迟，反正不差这几个小时。

德国经济评论家哈恩说，在这家银行，上到董事长，下到操作员，没有一个人是愚蠢的。可悲的是，几乎在同一时间，每个人都开了点小差，加在一起结果就创造出了“德国最愚蠢的银行”。实际上，只要当中有一个人认真负责一点，那么这场悲剧就不会发生。演绎一场悲剧，短短十分钟就已足够。

如果你在当时碰上了同样的情况，会有什么样的反应？企业应如何加强信息与沟通？

第一节 信息与沟通概述

一、信息的含义与分类

（一）信息的含义

信息是指来源于企业内部或外部，与企业经营相关的各种信息，包括获取的行业、经济，以及内部生产经营管理、财务等方面的信息。

企业内部控制基本规范要求通过信息系统识别、获取、处理和报告信息为管理和控制经营活动提供信息支持。信息系统可以是手工信息系统，也可以是利用现代信息技术的信息系统，还可以是手工和信息技术相合的信息系统；可以是正式的信息系统，也可以是非正式的信息系统。信息系统处理的对象既包括企业经营活动等内部生成的信息，也包括与经营活动相关的外部事项、活动和环境等外部信息。信息系统一方面需要定期获取和报告经营活动各方面的信息，包括产品的生产和销售方面的信息；另一方面需要采取措施获取市场变化对产品和劳务等需求方面的信息。信息系统不仅要识别和获取所需的财务信息和非财务信息，而且还必须在一定的时间内，以有助于企业控制其经营活动的方式处理和报告信息。

信息系统应根据所面临的市场变化、竞争对手的创新以及客户需求的重大变化进行调整，以支持企业实现其经营和战略目标，并要求企业将信息系统的规划、设计和执行与企业的整体战略进行整合。信息系统作为经营活动不可分割的组成部分，通过获取决策所需要的信息来实施控制。对信息系统与经营目标进行整合跟踪和记录交易，将企业的各项经营活动包含于整合的系统之中，有助于对经营活动实施控制。企业信息系统中信息技术的使用应当有助于企业经营目标的实现而不在于使用的是否为最先进的信息技术。

信息系统所提供的信息内容应适当、及时、准确，并且信息必须是当前最新和可以获取的。由于信息的质量直接影响企业管理当局在管理和控制中的决策，信息系统本身成为内部控制体系的一个组成部分，必须对其进行控制。另外，由于信息系统在内部控制中的重要性，其本身又是内部控制的对象，企业应当加强对信息系统的开发与维护、访问与变更、数据输入与输出、文件储存与保管、网络安全等方面的控制保证信息系统安全、稳定地运行。

（二）信息的分类

按照信息的来源不同，分为内部信息和外部信息。

内部信息是指企业的各种业务报表和分析报告，有关生产方面、技术方面的资料以及经营管理部门制订的计划、经营决策等方面的情况。内部信息主要包括财务信息、生产经营信息、销售信息、技术创新信息、综合管理信息等。

外部信息是指从企业外部所获取的信息。外部信息主要包括国家法律法规，相关监管机构信息，经济形势信息，客户、供应商信息，科技进步和社会文化信息等。

二、信息与沟通的概念

《企业内部控制基本规范》第三十八条指出：企业应当建立信息与沟通制度，明确企业内部控制相关信息的收集、处理和传递程序，确保信息及时沟通，促进内部控制有效运行。

信息与沟通，包括辨别取得适当的信息并加以有效沟通两个部分内容。美国COSO委员会的《内部控制——整体框架》要求企业以一定的形式、在一定的时间范围内识别、获取和沟通相关信息以使企业内部各层次员工能够顺利履行其职责。信息与沟通是指企业能够准确、及时并最大限度地获取和运用来自企业内外部与本企业生产经营活动有关的政策、法律、技术、市场等各方面的信息，并使信息在企业内部进行有效的传递，为企业管理者的各种决策提供强有力的支持。

作为内部控制基本要素之一的信息与沟通，在内部控制中发挥着不可替代的作用，为内部控制的其他要素有效发挥作用提供了信息支撑，也为企业整个内部控制的有效运行提供了信息支持。要准确理解信息沟通的含义，需要注意以下几点：第一，信息与沟通首先是信息的传递，如果信息没有被传递，信息沟通就没有发生，信息是沟通的对象和内容，而沟通是信息传递的手段；第二，成功的信息与沟通，不仅需要信息被传递，还需要被理解；第三，信息与沟通的主体是人，即信息与沟通主要发生在人与人之间；第四，由于管理过程中各种信息相互关联、交错，所以管理者把各种信息沟通过程看成是一个整体，即管理信息系统。

由于所收集的各种信息来自不同的渠道和信息源，属于零散的、非系统的，企业必须对所收集的各种内部和外部信息进行必要的筛选、整理和加工以提供给有关方面。为了提高内部控制的有效性，企业应当将相关信息在企业内部各管理级次、责任单位、业务环节之间进行内部传递。企业应当建立良好的外部沟通渠道，加强与外部投资者、客户、供应商、中介机构和监管部门等有关方面之间的沟通和反馈。

三、信息与沟通的作用

信息与沟通的作用主要表现在以下几方面。

（一）信息与沟通是有效实施内部控制的重要载体

未来竞争是管理的竞争，竞争的焦点在于企业内外部的有效信息来源以及充分沟通上。经济市场化程度的提高，要求企业必须加强信息的采集、存储、处理、加工和运用。信息与沟通是内部控制体系的重要组成部分，贯穿于内部控制体系的整个过程，是有效实施内部控制的重要载体，直接影响着企业内部控制的贯彻执行以及企业经营目标乃至战略目标的实现。

（二）信息与沟通是整个内部控制系统的生命线

内部控制是一个动态的过程，依据环境来制定相应的措施，整个过程就是通过连续不断的信息反馈来纠正错误，并不断改进与完善。因此，信息与沟通为管理层监督各项活动并在必要时采取纠正措施提供了保证。另外，信息与沟通是保障内部控制效率和效果的重要手段，随着信息系统的广泛应用，企业内部实现了物流、资金流、信息流的集成管理，外部实现了与供应商、客户的信息共享，使得信息传递更加流畅，从而使内控运行的效率得到提高。

（三）信息与沟通是实施内部控制的关键因素

从纵向来看，管理层通过信息与沟通下达任务，了解业务进展情况，及时发现其中隐藏的风险。这种自上而下的沟通方式同样伴随着企业有关目标、风险、管理流程信息的传递。而员工则通过自下而上的沟通方式向管理层反映有关一线经营、生产中存在的问题，使管理层能够及时地了解相关信息，动态地优化管理及控制流程。从横向来看，不同部门、不同职责的员工之间通过有效的沟通来传达各自信息需求、信息缺口，有助于信息交流与共享，从而最大化地提高信息资源的利用效率。

因此，广泛的信息沟通通过辅助决策来促进企业战略目标的实现；通过加强管理和控制来提高经营的效率和效果；通过保障内控效率和效果来保证财务报告和管理信息的真实、可靠和完整，确保资产的安全完整，以及遵循国家法律法规的要求。总地来说，有效的信息与沟通是内部控制目标实现的重要保证。

第二节 信息与沟通的内容

一、信息控制

（一）信息的收集与整理

《企业内部控制基本规范》第三十九条规定：企业应当对收集的各种内部信息和外部信息进行合理筛选、核对、整合，以提高信息的有用性。

1. 信息收集的含义

信息收集（information gathering）是指通过各种方式获取所需要的信息。信息的收集是信息得以利用、传递的第一步，也是关键的一步。信息收集工作的好坏，直接关系到信息与沟通的质量。信息可以分为原始信息和加工信息两大类，原始信息是指在企业管理中直接产生或获取的数据、概念、知识、经验及其总结，是未经加工的信息；加工信息则是对原始信息经过加工、分析、改编和重组而形成的具有新形式、新内容的信息。

根据《企业内部控制基本规范》第三十九条的规定，企业可以通过财务会计资料、经营管理资料、调研报告、专项信息、内部刊物、办公网络等渠道，获取内部信息；外部信息的收集渠道主要有行业协会组织、社会中介机构、业务往来单位、市场调查、来信来访、网络媒体以及有关监管部门等。

2. 信息收集的原则

为了保证信息收集的质量，应坚持以下原则。

（1）准确性原则。该原则要求所收集到的信息要真实可靠。当然，这个原则是信息收集工作最基本的要求。为达到这样的要求，信息收集者就必须对收集到的信息反复核实、不断检验，力求把误差减少到最低限度。

（2）全面性原则。该原则要求所收集到的信息要广泛、全面完整。只有广泛、全面地收集信息，才能完整地反映管理活动和决策对象发展的全貌，为决策的科学性提供保障。当然，实际所收集到的信息不可能做到绝对的全面完整，因此，如何在不完整、不完备的信息下做出科学的决策就是一个非常值得探讨的问题。

（3）时效性原则。信息的利用价值取决于该信息是否能及时地提供，即信息的时效性。信息只有及时、迅速地提供给它的使用者才能有效地发挥作用。特别是决策对信息的要求是“事前”的消息和情报，而不是“马后炮”。所以，只有信息是“事前”的，对决策才是有效的。

3. 信息收集的范围

信息收集的范围可从3个角度来划分。

（1）内容范围。内容范围是指根据信息内容与信息收集目标和需求相关性特征所确定的范围，包括本身内容范围和环境内容范围。本身内容范围是由事物本身信息相关内容特征组成的范围；环境内容范围是由事物周边、与事物相关的信息的内容特征组成的范围。

（2）时间范围。时间范围是指在信息发生的时间上，根据与信息收集目标和需求具有一定相关性的特征所确定的范围，这是由信息的历史性和时效性所决定的。

（3）地域范围。地域范围是指在信息发生的地点上，根据与信息收集目标和需求具有一定相关性的特征所确定的范围。这是由信息的地域分布特征和信息收集的相关性要求所决定的。

4. 信息收集的方法

（1）调查法。调查法一般分为普查和抽样调查两大类。普查是调查有限总体中每个个体的有关指标值。抽样调查是按照一定的科学原理和方法，从事物的总体中抽取部分称为样本（sample）的个体进行调查，用所得到的调查数据推断总体。抽样调查是较常用的调查方法，也是统计学研究的主要内容。抽样调查的关键是样本抽样方法、样本量大小的确定等。样本抽样方法，又称抽样组织的方式，决定样本集合的选择方式，直接影响信息收集的质量。抽样方法一般分为非随机抽样、随机抽样和综合抽样。常用的调查方法主要有访问调查法、问卷调查法、观察调查法、实验调查法、文案调查法等，这里主要介绍访问调查法和问卷调查法。

访问调查法又称采访法，是通过访问信息收集对象，与之直接交谈而获得有关信息的方法。它又分为座谈采访、会议采访以及电话采访和信函采访等方式。采访需要做好充分准备，认真选择调查对象，了解调查对象，收集有关业务资料和相关的背景资料。其主要优点是可以就问题进行深入的讨论，获得高质量的信息；缺点是费用高，采访对象不可能很多，因此受访问者要具有代表性。它对采访者的语言交际素质要求较高。

问卷调查法是一种包含统计调查和定量分析的信息收集方法。这种方法主要考虑的问题是：所收集信息的内容范围和数量，所选定的调查对象的代表性和数量，问卷的精心设计，问卷的回收率控制等。其具有调查面广、费用低的特点，但对调查对象无法控制，问卷回收率一般都不高，回答的质量也较差，受访者的态度具有决定性影响。

（2）观察法。观察法主要通过开会、深入现场、参加生产和经营、实地采样等方法进行现场观察并准确记录（包括测绘、录音、录像、拍照、笔录等）调研情况、收集信息。主要包括两个方面：一是对人的行为的观察，二是对客观事物的观察。观察法应用很广泛，常与询问法、实物搜集结合使用，以提高所收集信息的可靠性。

（3）实验方法。实验方法能通过实验过程获取其他手段难以获得的信息或结论。实验者通过主动控制实验条件，包括对参与者类型的恰当限定、对信息产生条件的恰当限定和对信息产生过程的合理设计，可以获得在真实状况下用调查法或观察法无法获得的、某些重要的、能客观反映事物运动表征的有效信息，还可以在一定程度上直接观察、研究某些参量之间的相互关系，有利于对事物本质的研究。

实验方法也有多种形式，如实验室实验、现场实验、计算机模拟实验、计算机网络环境下人机结合实验等。现代管理科学中新兴的管理实验、现代经济学中正在形成的实验经济学中的经济实验，实质上就是通过实验获取与管理或经济相关的信息。

（4）文献检索。文献检索就是从浩繁的文献中检索出所需的信息的过程。文献检索分为手工检索和计算机检索。手工检索主要是通过信息服务部门收集和建立的文献目录、索引、文摘、参考指南和文献综述等来查找有关的文献信息。计算机文献检索，是文献检索的计算机实现，其特点是检索速度快、信息量大，是当前收集文献信息的主要方法。文献检索过程一般包括分析研究课题和制定检索策略、利用检索工具查找文献线索、根据文献出处索取原始文献三个阶段。

文献根据加工深度的不同可分为四个级别：零次文献、一次文献、二次文献和三次文献，所获取的相应信息分别是零次信息、一次信息、二次信息和三次信息。零次文献是指未经出版社发行的或未进入社会交流的最原始的文献，如私人笔记、考察笔记等，内容新颖，但不成熟，因不公开交流而难以获得；一次文献是以作者本人取得的成果为依据而创作的论文、报告等经公开发表或出版的各种文献，如期刊论文、科技报告等，其特点是内容新颖丰富、叙述详尽以及参考价值大，但数量庞大而且分散；二次文献是指报道和查找一次文献的检索工具书刊，如各种目录、题录、文摘和索引等。二次文献是按照特定目的对一定范围和学科领域内的一次文献进行鉴别、筛选、分析、归纳和加工整理后，使之有序化后出版的。其主要功能是检索、控制一次文献，帮助人们较快地获取所需的信息，具有汇集性、工具性、综合性和交流性等特点；三次文献是根据二次文献提供的线索，选用大量的一次文献的内容，经过筛选、分析、综合和浓缩而再度出版的文献，包括专题评述、年鉴、百科全书、词典、导读与文献服务目录、工具书目录等。

（5）网络信息收集。网络信息是指通过计算机网络发布、传递和存储的各种信息。收集网络信息的最终目标是给广大用户提供网络信息资源服务，整个过程经过网络信息搜索、整合、保存和服务四个步骤，网络信息搜索是基于网络信息收集系统自动完成的。网络信息搜索系统首先按照用户指定的信息需求或主题，调用各种搜索引擎进行网页搜索和数据挖掘，将搜索的信息经过滤等处理过程剔除无关信息，从而完成网络信息资源的“收集”；然后通过计算机自动搜索、重排等处理过程，剔除重复信息，再根据不同类别或主题自动进行信息的分类，从而完成网络信息的“整合”；分类整合后的网络信息采用元数据方案进行索引编目，并采用数据压缩及数据传输技术实现本地化的海量数据存储，从而完成网络信息的“保存”，当然要通过网络及时更新；经过索引编目组织的网络信息正式发布后，即可通过检索为读者提供网络信息资源的“服务”。

5. 信息的整理

信息的整理就是对收集到的原始信息，通过筛选、核对以及整合，在数量上加以浓缩，在品质上加以提高，在形式上给予表现，使之便于传递、利用和贮存。信息整理是整个信息处理工作的核心。

内部控制活动所需要的信息来自于企业内部及外部的、与企业经营管理相关的财务及非财务信息。即，内部控制中的信息收集活动涵盖了企业内部及外部、主观及客观、正式与非正式，并影响企业内部环境、风险评估、控制活动及内部监督的信息。因此，确定信息的收集内容时，应在内部控制覆盖的信息范围内，强化对信息需求的分析。即在与内控相关的信息范围内，根据不同的信息需求收集不同的信息。

（二）信息的传递

信息传递是指人们通过声音、文字或图像相互交流信息的过程。信息传递研究的是什么人向谁表达，用什么方式表达，通过什么途径表达，达到什么目的。信息传递程序中有三个基本环节。第一个环节是传达人为了把信息传达给接受人，必须把信息“译出”，成为接受人所能懂得的语言或图像等。第二个环节是接受人要把信息转化为自己所能理解的解释，称为“译进”。第三个环节是接受人对信息的反应，要再传递给传达人，称为反馈。

《企业内部控制基本规范》第四十条指出：企业应当将内部控制相关信息在企业内部各管理级次、责任单位、业务环节之间，以及企业与外部投资者、债权人、客户、供应商、中介机构和监管部门等有关方面之间进行沟通和反馈。信息与沟通过程中发现的问题，应当及时报告并加以解决。重要信息应当及时传递给董事会、监事会和经理层。

内部信息传递，一方面要完善信息向下传递机制，使企业内部参与经营活动的各个方面和全体人员了解企业实现经营目标方面的信息，明确各自职责，了解自身在内部控制体系中的地位和作用；另一方面要完善信息向上传递机制，使企业员工能够及时将其在企业经营活动中所了解的重要信息向管理层及董事会等方面传递。此外，还需建立信息横向传递机制，特别是要使信息在管理层与企业董事会及其委员会之间进行传递。

【案例 10-1】

济南铁路局：信息混乱，车毁人亡

2008 年 4 月 28 日凌晨 4 时 48 分，山东胶济铁路王村段，限速 80 千米/时处，时速达 131 千米的北京至青岛 T195 次列车，第 9～17 号车厢突然脱轨，侵入了并行的另一条铁轨，和正常运行的对开 5 034 次列车相撞，造成 71 人死亡，416 人受伤。

事故线路是一条呈“S”形的临时线路，而超速被认为是这起事故的直接原因，超速的背后隐含着信息传递的混乱。行经此段的列车限速一月内竟数次更改，而且指令传达不畅通，规章制度形同虚设。事发前几天济南铁路局曾发文限速，但又迅速取消限速。假如在事故产生前的任一信息，按规定能够及时正确地传达到客车司机，司机采取及时有效措施，就可避免该项风险事故的发生。

可见，信息传递不畅是造成事故的主要原因，操作人员责任不到位是造成事故的源头，领导风险意志薄弱是导致风险产生的根源。

（三）信息系统与内部控制

《企业内部控制基本规范》第四十一条规定：企业应当利用信息技术促进信息的集成与共享，充分发挥信息技术在信息与沟通中的作用。企业应当加强对信息系统开发与维护、访问与变更、数据输入与输出、文件储存与保管、网络安全等方面的控制，保证信息系统安全稳定运行。

1. 信息技术与信息集成

随着信息技术的快速发展，企业所面临的竞争环境不断变化，信息已经成为一种资源，能够给企业带来现实的或者潜在的利益。那么，我们应如何使自己尽快适应这种变化？一个关键的工作就是对企业内外部的各种信息进行集成管理，以便被企业有效利用。就大多数企业的现状来看，出于组织结构的设计、实际工作流程的需要等原因，各企业都存在多个不同的信息系统，它们分别关注企业某一方面的信息，具有不同的信息结构和收集、处理渠道，类似于一个个信息孤岛，从而使信息无法得到有效整合。这对企业的管理者来说是非常不利的，尤其是高层管理者在做战略决策时，需要大量相关的信息，单一部门的信息系统根本不能满足其需求。这时，就需要对各部门的信息进行有效的整合和集成。有效整合的信息将对管理者决策提供极大的帮助。信息系统的出现在一定程度上解决了这个问题。

2. 信息技术与内部控制

随着企业信息集成与共享的实现，企业价值链中各环节的资源得到了有效的利用，同时信息技术对内部控制与风险管理也将产生重大的影响。企业的内部控制系统也必然随着信息技术的更新而发生改变，例如数据挖掘技术的发展，使得企业有条件实现信息的实时、动态控制和反馈，相对于过去利用汇总的文件进行检查和评估的事后控制模式，此时的控制模式可以实现事前、事中、事后的全过程控制。

内部控制制度与计算机程序实现融合，对于内控制度的设计提出了更高的要求，常用的控制手段为访问权限的设置、操作口令的管理等。内部控制内容的变化主要体现为信息技术相关的控制范围的增加，如计算机硬软件安全性的控制、信息系统管理人员职责的控制等。信息集成下的内部控制系统能及时发现内部控制的薄弱环节并及时反馈，因此有必要对此类关键的薄弱环节专门设置控制措施，健全内部控制系统，使内部控制差错带来的损失最小。

信息逐渐被人们当作一种战略资源，企业内部各部门之间以及企业之间都会发生大规模的信息交换，不同部门或不同企业间的信息需要协同，因此信息系统的重要性日益增加。随着整个社会信息化进程的加快，企业的日常经营管理活动越来越离不开信息系统的支持。完善的信息系统是企业建立有效的内部控制体系的前提。

【小看板】

COBIT 框架

美国信息系统审计与控制协会（Information Systems Audit and Control Association，ISACA）1967年便开始研究、建立 IT 标准问题，提出了 COBIT 框架，COBIT 是信息及相关技术控制目标（Control Objectives for Information and Related Technology）的简写。1996 年 4 月，国际信息系统审计与控制协会（ISACA）推出了第一版 COBIT 框架；1998 年，ISACA 发布了 COBIT 第二版，增加了控制目标和实施工具；2000 年，IT 治理学会（Information Governance Institute，ITGI）发布了 COBIT 3rd，增加了管理指南和其他详细的控制目标；2005 年 3 月，欧洲共同体（EC）委员会选择了 COBIT，用来保证信息的安全以及对其农业资金支付代理的控制；2005 年 12 月，IT 治理学会发布了 COBIT 4.0，对框架做出重大调整，修改并完善 IT 流程，与其他 IT 治理标准的兼容性更强；2007 年 4 月，IT 治理学会又发布了 COBIT 4.1。2012 年 6 月，COBIT 5 发布，它巩固并集合了 COBIT 4.1。

COBIT 是一个基于 IT（信息技术）治理概念的、面向 IT 建设过程中的 IT 治理实现指南和审计标准，被认为是 COSO 框架的补充框架。COBIT 的目标是为信息系统设计提供具有高度可靠性和可操作性的、公认的信息安全和控制评价标准。

二、沟通控制

【案例 10-2】

盖茨先生的烦恼

20 世纪 30 年代，罗伯特·盖茨先生在底特律创办了一家收音机制造小厂，之后这家小厂发迹成为雄踞全国的一家最大的收音机、电视机和同类产品公司。1965 年它的销售额达 3 亿美元，雇员达 1.5 万人，拥有 10 个加工制造点。在该公司整个成长过程中，创始人始终保持了积极、富有想象力和主动进取的风格。公司在创办初期，每个主管和工人都认识盖茨，而盖茨也能叫出其中大部分人的名字，即使公司壮大到具有相当规模以后，人们仍觉得他们了解公司创始人和最高层主管。

但是，随着公司的繁荣和发展壮大，盖茨先生却担心：公司正在丧失“小公司”精神；担心公司的信息沟通受到妨碍；公司员工不理解他的目标和哲学，因为对公司其他部门从事的工作无知，而造成了大量无效的重复劳动，其结果是新产品的开发和市场营销活动都受到损失。同样，他还担心自己失去了同员工的接触和联系。

为了解决信息沟通问题，他聘用了一个信息沟通主任向他报告有关情况。他们找到了其他公司正在使用的各个信息沟通手段并加以运用。如在每个办公室和分布全国的工厂安装公告栏；办了一份刊载大量影响各个经营点的公司新闻和个人新闻的生机勃勃的公司报；发给每个员工《公司实况》一书，提供关于公司的重要信息；公布定期的利润分配书；公司出面主办讲授信息沟通课程；在公司总部每个月举行一次由 100 名高层主管人员参加的例会；在风景名胜地区每年举行为期 3 天的、由 1 200 名各层次主管参加的例会；以及为讨论公司事务而召开的大量特别委员会会议。然而，在付出了大量时间、精力和费用后，盖茨先生失望了。他发现在公司的信息沟通中仍然存在着问题，而且他的计划的执行结果看来也不乐观。

在一个组织中，沟通是指组织内部以及组织和外部组织间旨在完成组织目标而进行的信息交换。沟通交换了有意义、有价值的各种信息，从而使团队合作、组织协调、企业战略制定等企业组织功能得以实现。可以看出，沟通的对象并不局限于管理者与被管理者之间，员工与员工、员工与管理层、管理层与管理层之间需要沟通，企业内部与外部也需要沟通。

沟通是信息系统所固有的功能，信息系统必须将其信息提供给相关人员，以使其能够合理地履行相关的职责。信息应在更为广泛的范围内自上而下、自下而上地在整个企业内外进行沟通。信息沟通按沟通的对象可以分为内部信息沟通和外部信息沟通。内部信息沟通指的是企业经营、管理所需的内部信息、外部信息在企业内部的传递和共享；外部信息沟通是指企业与利益相关者之间信息的沟通。

（一）内部信息沟通

一个健康的企业需要长期保持系统上下开放式的沟通交流。开放式沟通能够避免和消除误解，并使信息得到最好的利用。一个企业或组织要协调全体员工实现某项目标，必须使每个员工都明确其目标，这就需要某种形式的沟通。缺乏沟通，其员工将如一盘散沙，因为，所有的协调活动都是在一定形式的沟通下进行的，缺乏有效的交流、沟通，就无法协调。通过组织内部的沟通，可以了解各部门的生产或工作进度、各部门之间的关系、各部门员工的士气以及管理的效能等，从而做出如何协调的决定。充分的内部沟通对于企业控制环境、控制作业、风险评估等各方面都起着至关重要的作用，企业所采取的沟通方式要能够达到顺畅沟通的目的，使员工们了解自己应承担的责任、应实现的目标以及这些目标对企业的影响。有效的信息沟通需要合理考虑来自不同部门和岗位、不同渠道的相关信息，并进行合理筛选和相互核对。企业应当采取互联网、电子邮件、电话传真、信息快报、例行会议、专项报告、调查研究、员工手册、教育培训、内部刊物等多种方式，实现所需的内部信息和外部信息在企业内部准确、及时地传递和共享，从而确保董事会、管理层和员工之间的有效沟通。

（二）外部信息沟通

企业有责任建立良好的外部沟通渠道，对外部有关方面的建议、投诉和收到的其他信息进行记录，并及时予以处理、反馈。有效的外部沟通既可以扩大企业的影响力，还可以获得很多有效内部控制的重要信息。外部沟通应当重点关注以下方面。

1. 与投资者和债权人的沟通

企业应当根据《中华人民共和国公司法》《中华人民共和国证券法》等法律法规、企业规章的规定，通过股东大会、投资者会议、定向信息报告等方式，及时向投资者和债权人报告企业的战略规划、经营方针、投融资计划、年度预算、经营成果、财务状况、利润分配方案以及重大担保、合并分立、资产重组等方面的信息，听取投资者和债权人的意见和要求，妥善处理企业与投资者和债权人之间的关系。

2. 与客户的沟通

企业可以通过客户座谈会、走访客户等多种形式，定期听取客户对消费偏好、销售策略、产品质量、售后服务、货款结算等方面的意见和建议，收集客户需求和客户的意见，妥善解决可能存在的控制不当问题。

3. 与供应商的沟通

企业可以通过供需见面会、订货会、业务洽谈会等多种形式与供应商就供货渠道、产品质量、技术性能、交易价格、信用政策等问题进行沟通，及时发现可能存在的控制不当问题。

4. 与监管机构的沟通

企业应当及时向监管机构了解监管政策和监管要求及其变化，并相应完善自身的管理制度；同时，认真了解自身存在的问题，积极反映诉求和建议，努力加强与监管机构的协调。

5. 与外部审计师的沟通

企业应当定期与外部审计师进行会晤，听取外部审计师有关财务报表审计、内部控制等方面的建议，以保证内部控制的有效运行以及双方工作的协调。

【案例 10-3】

TCL 笔记本电脑战略失败源于沟通存在问题

彩电、手机及笔记本电脑曾是 TCL 集团的三大支柱业务。TCL 电脑科技（深圳）有限公司（以下简称“TCL 公司”）于 1998 年 2 月建立，从创建初始就在国内行业中处于第四的位置，前三位依次为：联想、方正、同方。TCL 电脑公司注册资金为 1 亿元，TCL 集团投资 1.2 亿元。2006 年，TCL 电脑公司出现巨亏。2007 年 11 月 30 日，TCL 集团宣布与昌达科技实业有限公司签署 TCL 电脑公司股权转让协议，TCL 集团将手中 TCL 电脑公司的 82%股权作价 6 000 万元转让给昌达实业。

2006年集团的内部审计部门没有对电脑公司进行内部审计，除了人为因素外，销售体系庞大，会计信息传递缓慢；各职能部门之间对于电脑公司会计信息也没有及时地进行沟通，没有把彼此的意见及时地汇总到一起，对于问题没有引起足够的重视。

【案例10-4】

沃尔玛的沟通管理哲理

沃尔玛公司总部设在美国阿肯色州本顿维尔市，公司的行政管理人员每周花费大部分时间飞往各地的商店，通报公司所有业务情况，让所有员工都掌握沃尔玛公司的业务指标。在任何一个沃尔玛商店里，都定时公布该店的利润、进货和减价的情况，并且不只是向经理及其助理们公布，也向每个员工、计时工和兼职雇员公布各种信息，鼓励他们争取更好的成绩。

沃尔玛公司的股东大会是全美最大的股东大会，每次股东大会时，公司都尽可能让更多的商店经理和员工参加，让他们看到公司全貌，做到心中有数。萨姆·沃尔顿在每次股东大会结束后，都会和妻子一起在家里举办野餐会，邀请所有出席会议的员工（约2 500人）来参加。萨姆·沃尔顿在野餐会上与众多员工一起畅所欲言，讨论公司的现在和未来。

沟通就是为了达成共识，而实现沟通的前提就是让所有员工一起面对现实。沃尔玛公司决心要做的，就是通过信息共享、责任分担实现良好的沟通交流。让员工们了解公司业务进展情况，与员工共享信息，是让员工最大限度地干好其本职工作的重要途径，是与员工沟通和联络感情的核心。

沃尔玛公司借用共享信息和分担责任的途径，适应了员工的沟通与交流需求，达到了自己的目的，即使员工产生责任感和参与感，意识到自己的工作在公司的重要性，感觉自己得到了公司的尊重和信任，从而积极主动地努力争取更好的成绩。萨姆·沃尔顿认为，如果你必须将沃尔玛管理体制浓缩成一种思想，那可能就是沟通，因为它是我们成功的真正关键之一。

第三节 信息与沟通机制

一、反舞弊机制

（一）反舞弊机制的概念

反舞弊机制指为了防止舞弊，加强公司治理和内部控制，降低企业风险，规范经营行为，维护企业合法权益，确保经营目标的实现和企业持续、稳定、健康发展，保护股东合法权益，根据经营目标及法律、法规，结合企业的实际情况，制定的用以规范企业中高级管理人员及所有员工的职业行为的一种制度。

企业应当建立反舞弊机制，坚持“惩防并举、重在预防”的原则，明确反舞弊工作的重点领域、关键环节和有关机构在反舞弊工作中的职责权限，规范舞弊案件的举报、调查、处理、报告和补救程序。通过反舞弊机制的建立，企业要将反舞弊工作的重点放在重点领域和关键环节，防范舞弊行为的发生并及时发现发生的舞弊行为。在所建立的反舞弊机制中，要规范相应的舞弊案件查处程序，以便对舞弊案件及时进行处理和纠正，并在反舞弊过程中不断完善内部控制体系。

（二）反舞弊机制的重点

《企业内部控制基本规范》第四十二条规定：企业至少应当将下列情形作为反舞弊工作的重点：未经授权或者采取其他不法方式侵占、挪用企业资产，牟取不当利益；在财务会计报告和信息披露等方面存在的虚假记载、误导性陈述或者重大遗漏等；董事、监事、经理及其他高级管理人员滥用职权；相关机构或人员串通舞弊。

（三）反舞弊工作的内容

1. 舞弊的含义

舞弊是一种采取不正当和欺骗的手段，有意识地违反既定的公众认可的规则以损害或牟取组织经济利益的行为。

【小看板】

基于防家贼的控制设计哲理

世上本无所谓最好的制度安排，制度的设计就取决于企业的控制哲学，西方哲学强调“性本恶”，制度设计旨在“惩恶”，即使十恶不赦者亦无机可乘，即“零容忍”（zero tolerance）原则。中国也有类似观念，如“防家贼”。控制制度设计的前提是，假定“家贼”想“投机”，想“冒险”，想钻空子“骗钱”，想“捞一把”，而非基于信任，假定“家贼”会“出于公心”，谋求企业利益最大化。

控制设计越严密，对家贼的诱惑和提供舞弊的机会就越小，才能做到把人们的潜在犯罪冲动，封杀在头脑的“黑箱”中。风险控制制度实行谨慎原则，控制成本既包括对控制本身的投入，也包括控制引起的可能成本（如流程环节增加，时间延长等）。

控制未必真正影响企业获利的效率，如果时间不能带来直接利益，时间就不是效率。

2. 舞弊的种类

（1）按照舞弊主体的不同进行分类。按照舞弊主体的不同，即作弊者身份的不同，可以将舞弊划分为两类，管理舞弊与非管理舞弊。

管理舞弊是指管理层蓄谋的舞弊行为，是指企业最高管理当局进行的舞弊。这种舞弊隐蔽性大，难以发现，影响力也很大，舞弊者的层次越高，越难有效地进行预防与检查，危害也越大。其主要表现为财务报表舞弊。

非管理舞弊也称为员工舞弊，是指企业中的职员利用内部控制的各种漏洞，采用涂改或伪造单据、账册及其他手段贪污、盗窃或挪用财产的不法行为，常常表现在将现金或其他资产窃为己有。

【案例 10-5】

亚太实业：连续五年业绩造假

亚太实业（000691.SZ）于 2016 年 2 月 23 日晚公告收到证监会《行政处罚决定书》，被指 2010 年至 2014 年年报均存在信息披露违法情形。不仅违法行为次数多、持续时间长，而且虚增、虚减营业收入和净利润的数额，占公司当期披露数的比重较大。

根据证监会的调查，亚太实业投资持股企业济南固锝电子器件有限公司（以下简称“济南固锝”）对“质量索赔款”会计处理不当，导致亚太实业 2012 年虚减净利润 257.04 万元、2013 年虚增净利润 257.04 万元。

此外，亚太实业2013年还因未计提所持济南固锝长期股权投资减值准备，导致2013年虚增利润237.79万元。因此，亚太实业在2013年累计虚增利润494.83万元。对于2013年公告净利润仅262.63万元的亚太实业来说，如果减去虚增的494.83万元，其2013年净利润将为负值。

（2）按照内部审计具体准则第6号的规定进行分类。《内部审计具体准则第6号——舞弊的预防、检查与报告》将舞弊分为：损害组织经济利益的舞弊行为以及谋取组织经济利益的行为。

损害组织经济利益的舞弊，是指组织内外人员为谋取自身利益，采用欺骗等违法违规手段使组织经济利益遭受损害的不正当行为。

有下列情形之一者属于损害组织经济利益的舞弊行为：收受贿赂或回扣；将正常情况下可以使组织获利的交易事项转移给他人；贪污、挪用、盗窃组织资财；使组织为虚假的交易事项支付款项；故意隐瞒、错报交易事项；泄露组织的商业秘密；其他损害组织经济利益的舞弊行为。

谋取组织经济利益的舞弊，是指组织内部人员为使本组织获得不当经济利益而其自身也可能获得相关利益，采用欺骗等违法违规手段，损害国家和其他组织或个人利益的不正当行为。

有下列情形之一者属于谋取组织经济利益的舞弊行为：支付贿赂或回扣；出售不存在或不真实的资产；故意错报交易事项、记录虚假的交易事项，使财务报表使用者误解而做出不适当的投融资决策；隐瞒或删除应对外披露的重要信息；从事违法违规的经营活动；偷逃税款；其他谋取组织经济利益的舞弊行为。

（四）反舞弊的理论研究

1. 舞弊GONE理论

“GONE”理论（四因素论）是由Bologua等人在1993年提出的，是在美国流传最广，也是最有意思的一个企业会计舞弊与反会计舞弊的著名理论。该理论认为，舞弊由G（greed，贪婪）、O（opportunity，机会）、N（need，需要）、E（exposure，暴露）四个因子组成，它们相互作用，密不可分，没有哪一个因子比其他因子更重要。因此，它们共同决定了企业舞弊风险的程度。

GONE理论实质上表达了会计舞弊产生的4个条件，即舞弊者既有贪婪之心，且又十分需要钱财时，只要有机会，并被认为事后不会被发现，他就一定会舞弊，导致“You can consider your money gone”（被欺骗者的钱、物、权益等离他而去）。因此，产生了一种很巧妙的说法，即“在贪婪、机会、需要和暴露四因子共同作用的特定环境中，会滋生舞弊，促使被欺骗者的钱、物、权益等离他而去”。

GONE理论中“贪婪”和“需要”与行为人个体强相关，使个体成为潜在的犯罪者；“机会”和“暴露”则更多与组织环境有关，使组织成为潜在的受害者。组织一方面要加强制度建设，但制度并非十全十美，可能给“贪婪”“需要”的人以机会，另一方面就要对舞弊行为暴露（发现并加以查处）。

2. 舞弊三角理论

舞弊三角理论由美国注册舞弊审核师协会（ACFE）的创始人、曾任美国会计学会会长的史蒂文·阿伯雷齐特（W. Steve Albrecht）提出，他认为，企业舞弊的产生是由压力、机会和自我合理化三要素组成，就像必须同时具备一定的热度、燃料、氧气这三要素才能燃烧一样，缺少了上述任何一项要素都不可能真正形成企业舞弊。

【小看板】

注册舞弊审核师协会（ACFE）

美国舞弊审核职业的历史可以追溯到1939年，通过近50年在审计业内部的发展后于1988年分离成为单独的行业，并且拥有了行业自身的组织——注册舞弊审核师协会（Association Of Certified Fraud Examiners，ACFE）。从1988年起，ACFE拥有55 000名注册舞弊审核师（Certified Fraud Examiners，CFE），是全球最大的反舞弊专业协会，也是迄今为止全球唯一一个专门针对反舞弊的专业性组织。注册舞弊审核师协会是舞弊审核师的职业组织，协会宗旨是减少舞弊和白领犯罪的影响，帮助会员增强侦察力和稳固力。

企业舞弊产生的原因是由动机、机会和借口三要素组成的，这三者也是美国最新的反舞弊准则（SAS No.99）提醒注册会计师应该关注的舞弊产生的主要条件。

（1）实施舞弊的动机或压力。舞弊者具有舞弊的动机是舞弊发生的首要条件，压力可能是经营或财务上的困境以及对资本的急切需求等。例如，高级管理人员的报酬与财务业绩或公司股票的市场表现挂钩、公司正在申请融资等情况都可能促使管理层产生舞弊的动机。

（2）实施舞弊的机会。舞弊者需要有舞弊的机会，舞弊才能成功。舞弊的机会一般源于内部控制在设计和运行上的缺陷，如公司对资产管理的松懈，公司管理层能够凌驾于内部控制之上而可以随意操纵会计记录等。实施舞弊的机会主要有六种情况，分别是缺乏发现企业舞弊行为的内部控制；无法判断工作的质量；缺乏惩罚措施；信息不对称；能力不足和审计制度不健全。

（3）为舞弊行为寻找借口的能力。借口是指存在某种态度、性格或价值观念，使得管理层或员工能够做出不诚实的行为，或者管理层或员工所处的环境促使其能够将舞弊行为予以合理化。借口是舞弊发生的重要条件之一。只有舞弊者能够对舞弊行为予以合理化，舞弊者才可能做出舞弊行为，做出舞弊行为后才能够心安理得。例如，侵占资产的员工可能认为单位对自身不公，编制虚假报告者可能认为造假不是出于个人私利而是出于公司集体利益。企业舞弊者常用的理由有：这是公司欠我的；我只是暂时借用这笔资金、肯定会归还的；我的目的是善意的，用途是正当的，等等。

压力、机会和借口三要素，缺少任何一项要素都不可能真正形成企业舞弊行为。

【案例10-6】

舞弊三角理论与世通公司

世界通信公司（以下简称“世通公司”）成立于1983年，在不到20年的时间内，便发展成为美国的第二大长途电信营运商[仅次于1877年成立的美国电报电话公司（AT&T）]。世通公司的成功应归功于其创始人本纳德·埃伯斯及首席财务官司考特·D·苏利文。从1983年成立至2001年，世通公司共完成了65项重大收购兼并项目。2002年7月21日申请破产保护前，世通公司是一个业务范围覆盖65个国家、拥有85 000名员工、1 000多亿美元资产、350多亿美元营业收入，为2 000多万个人客户和数万家公司客户提供语音话务、数据传输和因特网服务的超大型跨国公司。在20世纪90年代，电信市场竞争激烈异常，公司力求壮大资本实力，保持技术更新，扩大电信网络设施，为实施收购兼并等，实行外延扩张策略，最后，铤而走险，不惜采用会计造假手法，以迎合华尔街对世通公司的盈利预测。

公司管理层在具备舞弊动机时，是什么以及在何种情形下造就了舞弊机会？世通公司董事会下设有三个专门委员会，即审计委员会、薪酬委员会、提名委员会。提名委员会主要是根据埃伯斯的请求，决定其他两个专门委员会的人选。审计委员会基本上名存实亡，其职责仅涉及会计和审计，且成员中居然没有一个是会计、审计专业背景。再者，世通公司的内部控制中存在着内部审计不直接向审计委员会负责，而直接接受首席财务官苏文利的领导，导致内部审计部缺乏最起码的独立性，加大了内部审计部对世通进行会计监督的难度。内部审计部只负责经营绩效审计和预算执行情况审计，而内部财务审计被外包给了安达信，财务会计的双重审计监督被弱化为单一审计监督。由于世通公司治理机制中所存在的这些缺陷，致使埃伯斯、苏文利等人的造假阴谋屡屡得逞。

管理层下令进行会计舞弊是为了符合先前向投资者提供的盈利预测，这样能够提升公司的形象和信誉。一般情况下，具体进行舞弊操作的财务人员即使缺乏必要的会计凭证作为依据，也会因为上级的命令产生压力而采取行动。

3. 企业舞弊风险因子理论

该理论是伯洛格那（G.Jack・Bologana）等人在 GONE 理论的基础上发展形成的，是迄今最为完善的关于形成企业舞弊的风险因子的学说。它把舞弊风险因子分为个别风险因子与一般风险因子。当一般风险因子与个别风险因子结合在一起，并且被舞弊者认为有利时，舞弊就会发生。

（1）一般风险因子。一般风险因子是指那些主要由进行自我防护的组织或实体来控制的因素，包括：潜在企业舞弊者进行舞弊的机会；企业舞弊发生时发现企业舞弊的概率；企业舞弊发现后企业舞弊者受罚的性质和程度。

首先，企业舞弊发生的机会。这一因子主要指相对于企业舞弊所针对的财产或对象而言的企业舞弊者的职位。企业舞弊发生的机会因子不可能完全消除，消除机会的任何努力将是非经济性和反生产力的，只要组织存在有价值的财产，而且这些财产由其他人（包括雇员、顾客及供应商）流转、交易或控制，企业舞弊发生的机会就永远存在。将企业舞弊机会因子控制在合理水平内的企业反舞弊举措包括：对每个雇员均应明确或规定一个适当的最低舞弊机会水平；严格禁止灾难性舞弊机会水平的出现。这一水平主要取决于具体环境，尤指组织规模。

其次，发现舞弊的概率。在企业舞弊发生机会的既定水平下，可以通过增加发现企业舞弊的概率来降低企业舞弊风险。企业舞弊发现的可能性主要取决于内部控制制度，尽管这些控制措施不能杜绝一切企业舞弊行为，但在理论上它们应该足以防止多数重大企业舞弊行为的长期存在。

最后，惩罚的性质和程度。发现企业舞弊本身并不足以威慑企业舞弊行为，还必须存在潜在的犯罪逆向结果，即应存在着会产生逆向结果的观念。虽然目前还没有惩罚与企业舞弊发生率关系的相关研究，但传统理念表明，惩罚的性质与程度在逻辑上具有威慑作用。组织或团体应当制定关于惩罚性质与程度的明确政策，并严格实施。例如，凡发现舞弊者的舞弊行为，均应报告主管部门，并对此进行指控。

（2）个别风险因子。个别风险因子指那些因人而异，且在组织或团体控制范围之外的因素，包括道德品质与动机两大类。

首先，道德品质。该因子在这里表现了更宽泛的道德品质方面的内容，它与个性、正直、诚实等一样，与个人的内在特性息息相关。

其次，动机。企业舞弊者进行企业舞弊的动机有很多，但大多数与经济需要有关。对于这类存在于雇员头脑中的黑匣子式的各种复杂动机，企业可采取的反舞弊措施包括：营造有利的环境，以减少企业雇员的舞弊动机（如坦诚对待雇员，保持沟通渠道公开化，以及建立可让雇员舒缓不满情绪的机制等）；业绩评价和奖励制度，尽量确保公平对待每个雇员；员工资助方案，包括为面临个人问题的员工提供免费咨询或其他服务，它们可以有效防止突发的企业舞弊问题；员工培训和监督。

4. 企业反舞弊四层次机制理论

该理论首先在美国著名的特雷德维委员会（Treadway Committee）的调查报告中提出，它全面地阐述了企业反舞弊的防止体系。该理论建议任何组织实体可通过建立下列四道防线来防止企业舞弊：高层的管理理念、业务经营过程的内部控制、内部审计、外部独立审计。

这些控制机制相辅相成，共同形成综合的、多层面性的企业反舞弊防线，能有效地检查和威慑企业舞弊。

（1）高层的管理理念。企业舞弊，尤其是企业舞弊性财务报告的产生环境，在很大程度上取决于整个公司的管理思想，其具体表现形式为公司书面及非书面的管理规章等。该防线是防止企业舞弊性财务报告举足轻重的一环。为确定和宣传正确的管理思想，上层管理人员必须辨别和判断可能导致企业舞弊的各种因素，并设立内部控制制度，以合理保证防止和及早发现企业舞弊。所有公司均应制订、完善并执行有效的公司管理规章，规范员工的可为行为与不可为行为。

此外，稳定的规章制度是公司防止企业舞弊的重要前提。只有建立成文的、完善的公司管理规章，才能为内部成员树立明确的道德守则，引导员工行为趋向公司利益最大化，从整体上透彻理解整个公司的目标和活动。

（2）业务经营过程的内部控制。广义地讲，可将保护某一实体的资产或法定权益免受损失或虚报的任何控制方面称为一项内部控制。这一内部控制系统包括五个密切联系的组成要素：控制环境、风险评价、控制活动、信息与沟通以及监控。其中控制环境奠定了其他四个控制要素的基础，并确定整个公司的管理思想，它包含了管理哲学、经营风格、授权与责任方式、组织结构、董事会指示、员工的团结观念和竞争意识等许多因素，因而属于企业反舞弊第一道防线的范畴。其他四个控制要素，则属企业反舞弊第二道、第三道防线的内容。

上述内部控制诸因素相互联系，密切配合，不可或缺，形成组织内部的有机整体。任何一种控制因素的缺乏或不足，均将导致整个控制系统目标的失败。从企业反舞弊角度出发，这些目标包括：使企业舞弊难以发生；使企业舞弊在某些场合下不可能发生；使已产生的企业舞弊易于发现，并使相关的企业舞弊责任易于确认。

此外，以企业反舞弊思想为出发点的内部控制设计还强调了热线（如建立直接的举报电话等）的重要功能，使发现可疑现象的人员有机会直接将问题反映到企业监督部门或上层，而这一点往往被传统的内部控制所忽视。

经营业务过程的内部控制实为企业反舞弊防线成功的重要保证，是高层管理者管理思想和相关载体形式得以最终贯彻实施的基础设施，因而亦是企业反舞弊防线中更为基础的一环。

（3）内部审计。有效、客观的内部审计对公司内部防止和检查企业舞弊性财务报告起着主要的作用。公司内部审计人员的资格、组织、地位、报告渠道及其与董事会下属审计委员会的关系等，均应充分保证内部审计的有效性和客观性。内部审计人员应在公司财务报告的相关联系中考查其审计结果，并在适当程度上密切配合注册会计师的工作。

由于与注册会计师相比，内部审计人员与公司高层管理人员有着更为密切的联系和频繁的接触，因而容易觉察整个公司的管理思想和危险信号。他们可以通过适当授权、协调分工、交叉审核、贷款审批、定期报告及预算差异的分析等多种程序，及时避免有关差错和企业舞弊行为。内部审计人员还可以审查公司对可疑付款的调查和处理情况；审计大额的、非正常的或无充分理由的费用支出（尤其是超越授权权限的超额支出）；审查敏感性支出，诸如诉讼费用、咨询费用、广告费用以及国外销售佣金等；调查对公司的反常捐助等。这些均将增强企业反舞弊防线的防范功能，同时也增强了与内部审计人员日常事务息息相关的道德准则建设。

（4）外部独立审计。外部独立审计在企业反舞弊防线中同样有着不可忽视的作用。作为企业反舞弊四道防线的最后一道，注册会计师有着不同于其他三道防线的特点与功能，首先是其客观的、公正的、独立的鉴证地位。综合四道防线而言，前三道防线均直接或间接地受管理当局的监督与控制，属于组织内部防线；而注册会计师这一道防线则独立于受审对象，乃为组织外部的防线。事实上，无论是公司管理当局还是社会公众均依赖于注册会计师所提供的客观、公正、独立的鉴证活动（审计意见）。从企业反舞弊角度而言，公司管理当局希望注册会计师发现其内部审计人员及管理当局自身未能发现的企业舞弊行为及相关内部控制系统的薄弱环节；而社会公众则希望注册会计师确保对外公布的财务报告无企业舞弊，尤其是保证管理当局没有做出误导、欺骗社会公众的报告陈述。

总之，社会反舞弊的需求明确了注册会计师对企业舞弊性财务报告所承担的审计责任，亦自然将其承担的外部审计职能作为企业反舞弊防线的最后关隘。从而，外部独立审计较其他防线承担了更多的社会期望。

过去由于我国一直将企业舞弊活动作为腐败现象予以惩处，而从来没有将企业舞弊作为一项理论问题进行研究，所以，至今还没有提出比较系统的企业反舞弊理论。这不利于提高我国企业反舞弊活动的效率。虽然世界各国因具体国情不同而存在着差异，我们并不能直接套用国外发展了多年、比较成熟的企业舞弊及企业反舞弊理论，但“他山之石，可以攻玉”，我们可以从中吸取很多经验、教训，这将有利于尽快研究出适合我国国情的企业舞弊与企业反舞弊理论，以完善我国企业管理理论体系。

二、举报投诉制度

《企业内部控制基本规范》第四十三条规定：企业应当建立举报投诉制度和举报人保护制度，设置举报专线，明确举报投诉处理程序、办理时限和办结要求，确保举报、投诉成为企业有效掌握信息的重要途径。举报投诉制度和举报人保护制度应当及时传达至全体员工。

投诉是信息沟通的重要手段之一，是信息自下而上沟通的重要形式。企业员工处于经营活动的第一线，能够及时发现经营活动及内部控制实施过程中存在的不足、问题和缺陷以及舞弊行为，并能就完善内部控制体系提出合理化建议和改进意见。为此，企业应当建立举报投诉制度，设置举报专线明确举报投诉处理程序、办理时限和办结要求，确保举报、投诉成为企业有效掌握信息的重要途径。

（一）投诉举报范围及管理职责归属

1. 投诉举报范围

投诉举报范围主要包括以下几个方面。

（1）收受贿赂或回扣；

（2）将正常情况下可以使企业合法获利的交易事项转移给他人；

（3）故意隐瞒、错报交易事项，使信息披露存在虚假记载、误导性陈述或重大遗漏；

（4）贪污、挪用、盗窃企业资产；

（5）伪造、变造会计记录或凭证，提供虚假财务报告；

（6）泄露公司的商业机密、技术秘密；

（7）董事、监事、经理及其他高管人员以权谋私；

（8）其他损害公司经济利益或谋取不正当利益的经济行为以及使员工个人的正当利益受到损害的行为。

2. 管理职责归属

一般而言，企业内部审计、监察等部门是投诉及举报人保护的管理部门，具体职责如下。

（1）负责管理投诉举报电话、电子邮箱，接收实名或匿名投诉举报，并根据需要公布投诉举报电话号码、电子邮箱、通信地址等；

（2）书面记录举报内容并及时向管理层或董事会报告；

（3）对接受的投诉举报进行调查并将调查结果向管理层或董事会报告；

（4）对投诉举报和调查处理后的报告材料及时立卷归档。

（二）投诉举报方式

投诉举报人可以采用书面、电子邮件、电话等形式进行投诉举报。投诉举报时应当说明事情的基本经过，被投诉举报对象的名称、地址、具体当事人、投诉举报人的姓名、联系方式、投诉举报人的具体投诉要求，并应同时提供投诉举报人利益或公司利益受到侵害的证据，以及与投诉举报事项相关的其他材料。

企业应提倡实名投诉举报。凡实名投诉举报的，审计、监察部门将严格保密并以适当的方式将处理结果反馈给投诉举报人。

（三）投诉举报处理程序

投诉举报的处理程序主要包括以下几个方面。

（1）投诉举报时投诉举报人应当如实提供情况，审计、监察部门接收工作人员应对投诉举报内容进行记录。投诉举报人捏造事实，伪造证据，利用投诉举报诬告、陷害他人的，应当承担相应的责任。

（2）对涉及普通员工及中级管理人员（包括控股子公司管理层）的实名投诉举报，审计、监察部门自接到投诉举报后两个工作日内报总经理；对涉及普通员工及中级管理人员（包括控股子公司管理层）的匿名投诉举报，审计、监察部门进行初步评估后报总经理。由总经理决定是否接受该投诉举报。

（3）对投诉举报牵涉到公司高级管理人员的，审计、监察部门自接到投诉举报后一定（如两个）工作日内报公司董事会，由董事会决定是否接受该投诉举报。董事会在接受投诉举报后，视需要可聘请外部审计师或其他机构协助调查。

（4）接受投诉举报事项后，审计、监察部门对其展开调查，对涉及普通员工及中级管理人员（包括控股子公司管理层）的调查结果上报总经理并形成处理意见，对牵涉到高级管理人员的调查结果上报董事会并形成处理意见。

（5）接受投诉举报事项后，审计、监察部门应在规定期限内将调查情况或处理结果告知投诉举报人。具体分为以下几种情况。

① 对属于职权范围内的，自收到举报后一定时期（如 2 个月）内，将调查情况或处理结果告知投诉举报人；逾期不能告知的，应当向投诉举报人说明原因。

② 对不属于职权范围内的，自收到投诉举报后一定时期（如 10 日）内，将不予接受的原因告知投诉举报人，并告知受理机关；需要代转或送交有关部门办理的，应告知投诉举报人所转送部门和转办时间。

③ 投诉举报人未署真实姓名、地址，无法告知的，不适用前两款规定。

（6）投诉举报人认为接收、办理投诉举报的工作人员与被投诉举报人是近亲属或有利害关系，可能影响举报事项客观、公正处理的，有权提出回避要求。情况属实的，有关人员必须回避。

（7）投诉举报人对处理结果有异议或多次投诉举报不予接受的，可以向董事会陈述意见，并由董事会在一定时期（如 30 日）内将办理情况答复投诉举报人。

三、举报人保护制度

1. 举报人保护制度的主要内容

企业应建立专门的举报人保护制度，如举报人信息的保密制度、举报人面临人身威胁与财产损失时的救济制度、用于补助与鼓励举报人的基金制度等。主要包括以下内容。

（1）妥善保管和使用举报材料，不得私自摘抄、复制、扣压、销毁举报材料；

（2）严禁泄露举报人的姓名、部门、住址等情况；严禁将举报情况透露给被举报人或有可能对举报人产生不利后果的其他部门和员工；

（3）调查核实情况时，不得出示举报材料原件或复印件，不得暴露举报人的身份；

（4）对匿名的举报书信、材料及电话录音，不得鉴定笔迹和声音。

2. 投诉举报过程中的违规行为及处理

任何单位和个人不得干扰和妨碍办理投诉举报的工作人员查处投诉举报事项。接收及办理投诉举报事项的工作人员，应遵守下列工作准则。

（1）接收当面投诉举报应当在能够保密的场所进行，专人接谈，无关人员不得旁听和询问。

（2）投诉举报信件的收发、拆阅、登记、转办、保管和面述或者电话举报的接待、接听、记录、录音等工作，应当严格遵循保密原则，严防泄露举报内容和遗失举报材料。

（3）投诉举报材料不准私自摘抄和复制。

（4）调查被投诉举报人或被投诉举报单位的情况时，应在做好保密工作、不暴露投诉举报人身份的情况下进行，不得出示投诉举报材料。

（5）不得将本单位办理投诉举报的内部研究情况透露给投诉举报人，不得与无关人员谈论投诉举报内容。

（6）不得扣压、隐匿或私自销毁投诉举报材料。

（7）不得刁难、威胁投诉举报人。

建立举报人保护制度关键在于对于举报人的信息必须严格保密，控制知晓者的范围，并明确知晓者所承担的保密义务；当举报人遭到打击报复时，应该及时干预，并给予严格惩处。当然，对借投诉或举报之名故意捏造虚假事实，诬告、陷害他人，或以投诉举报为名制造事端、干扰正常工作的，将依照有关规定严肃处理；构成犯罪的移送司法机关处理。

3. 投诉举报人保护措施

（1）保护投诉举报人应当遵循保密、奖励和其合法权益不受侵犯的原则。

（2）各部门及子公司都必须正确对待投诉举报人依法举报的行为，不得以任何借口打击报复投诉举报人。

（3）严禁将投诉举报人的姓名、单位、住址等有关情况和投诉举报内容透露给被投诉举报人和被投诉举报单位；被投诉举报人是单位负责人的，不得将投诉举报材料转给该负责人所在单位。违反前款规定的，应追究相应的责任，经司法机关认定触犯法律的，送交司法机关处理。

（4）对投诉举报有功人员，应按有关规定给予表彰、奖励。在宣传报道和奖励举报有功人员时，除征得投诉举报人的同意外，不得公开投诉举报人的姓名和单位。

（5）投诉举报人受到打击报复时，有权向负责单位或上级主管反映。所谓打击报复，是指被投诉举报人及其单位实施的侵害投诉举报人及其亲属的人身权利以及其他合法权利的行为。

（6）对投诉举报人打击报复的应追究相应的法律责任，经司法机关认定触犯法律的，送交司法机关处理。对投诉举报人打击报复行为包括纵容、包庇或收买、指使他人对投诉举报人打击报复。

（7）投诉举报人因投诉举报而受到纪律处分以及其他不公正待遇的，应按照管辖权限予以纠正，或建议做出处理决定的单位及其上级单位予以纠正。投诉举报人的人身安全受到威胁时，有关部门应及时采取保护措施。因投诉举报造成投诉举报人及其亲属的名誉、财产受到侵害的，应要求侵权人停止侵害、赔礼道歉、赔偿损失。投诉举报人也可向法院起诉。

【范例】

××公司反舞弊制度

第一章　总则

第一条　为了规范××股份有限公司（以下简称“公司”）反舞弊工作，根据《中华人民共和国公司法》《企业内部控制基本规范》《深圳证券交易所股票上市规则》及《公司章程》的有关规定，结合公司实际，特制定本制度。

第二条　公司反舞弊制度是预防舞弊的内部控制体系的一部分，本制度所指舞弊行为，是指公司内、外人员采用欺骗等违法、违规手段，牟取个人不正当利益，损害公司正当经济利益的行为；或谋取不当的公司经济利益，同时可能为个人带来不正当利益的行为。

第三条　公司反舞弊工作的宗旨是规范公司中高级管理人员及相关员工的职业行为，严格遵守相关法律法规、职业道德及公司的内部控制制度，防止损害公司及股东利益的行为发生。

第四条　公司反舞弊内控机制，包括设立举报投诉渠道以防范和发现舞弊行为，实施控制措施以降低舞弊发生的机会，对舞弊行为带来的危害采取适当且有效的补救措施。

第五条　本制度适用于公司本部、分公司及所属子公司。

第二章　舞弊行为及反舞弊职责归属

第六条　有下列情形之一者属于舞弊行为：

（一）收受贿赂或回扣；

（二）非法使用公司资产，占有、挪用、盗窃公司资产；

（三）将正常情况下可以使组织获利的交易事项转移给他人；

（四）故意隐瞒、错报交易事项，使信息披露存在虚假记载、误导性陈述或重大遗漏；

（五）伪造、编造会计记录或凭证，提供虚假财务报告；

（六）泄露公司的商业或技术秘密；

（七）其他损害公司经济利益或谋取组织不当经济利益的舞弊行为。

第七条　公司内部审计部门或人事部是反舞弊工作的管理部门，具体职责：

（一）负责管理舞弊案件的举报电话、电子邮箱，接收员工实名或匿名、外部第三方实名或匿名举报。并根据需要公布举报电话号码、电子邮箱、通信地址等；

（二）书面记录举报的舞弊事件的内容并及时向管理层或董事会报告；

（三）对受理的舞弊案件进行调查并将调查结果向管理层或董事会报告；

（四）对举报和调查处理后的舞弊案件报告材料及时立卷归档。

第三章　舞弊案件的举报、接收及报告

第八条　公司各级员工及与公司直接或间接发生经济关系的社会各方可通过举报电话、电子信箱、信函等途径举报公司及其人员实际或疑似舞弊案件的信息，包括对公司及其人员违反职业道德情况的投诉、举报信息。

第九条　对涉及普通员工及中级管理人员（包括控股子公司管理层）的实名举报，公司内部审计部门或人事部自接到举报后 2 个工作日内报总经理；对涉及普通员工及中级管理人员（包括控股子公司管理层）的匿名举报，公司内部审计部门或人事部进行初步评估并决定是否上报总经理。

第十条　对举报牵涉公司高级管理人员的，公司内部审计部门或人事部自接到举报后 2 个工作日内报公司董事会，由董事会决定进一步调查事项。董事会在进行有关调查时，视需要可聘请外部审计师或其他机构协助调查。

第十一条　受理举报投诉或负责舞弊案件调查的工作人员不得擅自向任何部门及个人提供举报人的相关资料及举报内容；确因工作需要查阅投诉举报相关资料的，查阅人员必须对查阅的内容、时间、查阅人员的有关情况在审计部进行登记。

第十二条　投诉、举报人在协助调查工作中必须受到保护。公司禁止任何非法歧视或报复行为，禁止对参与调查的人员采取敌对行为。对违规泄露举报人员信息或对举报人员采取打击报复的人员，根据情节轻重将予以警告、撤职等处罚。触犯法律的，将交由司法机关依法处理。

第十三条　投诉、举报的处理如有结果，公司内部审计部门或人事部应将舞弊行为的调查处理结果向举报人进行通报。

第四章　反舞弊信息的沟通渠道

第十四条　公司内部审计部门或人事部将通过网络等方式，将公司反舞弊制度和举报程序对外发布。定期进行职业道德守则的培训和宣传教育，以保证员工能够理解公司反舞弊政策的所有相关内容，清楚公司对防止舞弊行为的严肃态度，明确在遵守公司反舞弊政策方面的角色和自身的职责。同时保留培训、宣传教育的相关文档。

第十五条　公司与用户、供货商以及其他相关单位的业务往来要建立在诚信公平的基础之上，并应向他们传递公司反舞弊工作的相关信息及要求。

第十六条　公司各类经营活动的主要负责人要有足够的舞弊风险识别力、预防及反舞弊的控制力、对已发生的舞弊行为所带来的危害进行及时补救的应对能力，并及时收集各类预防反舞弊机制的相关信息，以实现相关信息的共享。

第十七条　公司内部审计部门或人事部对重大舞弊事件要及时分析是否具有普遍性，并及时提出预防及控制措施。对重大舞弊事件的处理结果要向全体员工通报，使其认识到违规事件的危害性，起到引以为戒的警示作用。

第五章　舞弊行为的责任追究、补救措施及处罚

第十八条　对舞弊责任进行追究，其中包括领导责任和直接责任。

（一）领导责任是指负有相应领导职权的管理人员在其主管或分管工作范围内因失职、失察导致发生舞弊事件，造成会计信息失真、隐瞒损失等应承担的责任。

（二）直接责任是指公司管理人员及其相关人员在其职责范围内，直接操作或参与相关决策，或授意、指使、强令、纵容、包庇他人等舞弊以及未履行、未正确履行职责等过失行为，造成会计信息失真、隐瞒损失等应承担的责任。

第十九条　发生舞弊案件后，公司应及时采取补救措施，对受影响的业务单位的内部控制要进行评估并改进。

第二十条　公司对准备聘用或晋升到重要岗位的人员须进行教育背景、工作经历、诚信和行为记录等方面的调查。凡有舞弊行为记录的均不能被聘用或晋升到重要岗位。

第二十一条　对证实有舞弊行为的员工，公司按相关规定予以相应的处分；行为触犯法律的，交由司法机关依法处理。

第六章　附则

第二十二条　本办法由公司内部审计部门负责解释。

第二十三条　本办法自公司董事会审议通过之日起执行。

【知识链接】

COSO《舞弊财务报告：美国公司的分析（1987～1997）》

为了进一步推进反舞弊的斗争，COSO 展开了一项实证研究。该研究从 1987 年至 1997 年间被美国证券会（SEC）认定为提供了舞弊性财务报告的公众公司中随机选取 200 家，对这些公司的近 300 个财务报告舞弊案例进行统计分析，旨在捕获有关舞弊公司的特征、典型的舞弊手法等信息，从而为打击舞弊性财务报告奠定基础。COSO 致力于此项研究的根本目的，在于防止舞弊并力求解决下列问题：谁在进行舞弊？舞弊的性质、种类和技术手段是什么？1999 年，COSO 委员会完成并发布了《舞弊财务报告：美国公司的分析（1987～1997）》研究报告。该报告对公司和管理人员的舞弊特征进行了辨别，在某种程度上可为审计人员提供预警信号。

COSO 在研究报告中指出，参与舞弊的公司财务状况一般较差，多数公司在实施舞弊之前一年亏损或者微利，所有公司利润的中位数仅为 17.5 万美元。从 COSO 的分析中，我们可以发现经营不善是导致公司铤而走险制造财务舞弊的主要原因。因此，搞好经营、确保经营的效果和效率是避免财务舞弊的根本途径。

【知识链接】

反舞弊准则（SAS No. 99）

2002年7月25日美国通过的《公司改革法案》（Sarbanes-Oxley Act），使传统的注册会计师行业自律模式被打破，代之以政府监督下的独立监管为主的模式，即由美国证券交易委员会（SEC）监督下的公众公司会计监管委员会（PCAOB）来负责制定或审批审计准则、事务所质量控制准则、职业道德准则、独立性准则以及其他与审计报告相关的准则。这意味着AICPA正在逐步失去审计准则制定权。

在上述压力下，AICPA隶属的审计准则委员会（ASB）于2002年10月15日发布了《审计准则第99号——考虑财务报告中的舞弊》（SAS No. 99），全面取代1997年颁布的旧准则。相对于旧准则中指出的“注册会计师既不能认为管理层不可靠，也不能认为完全可靠”的较为中性的看法，新准则进一步提升了“职业怀疑精神”。首先假设不同层次上管理层舞弊的可能性，包括共谋、违反内部控制的规定等，并要求在整个审计过程中保持这种精神。

新准则提出了新的舞弊风险评价模式，即将重点放在舞弊产生的根源上，而非舞弊产生的表面结果。该准则建议注册会计师将足够的注意力放在舞弊产生的主要条件上，这些条件可以归纳为：压力、机会和借口。当三个条件同时成立时，就意味着出现舞弊的可能性很大，注册会计师必须给予足够的关注，并采取有效的审计程序以控制风险。

【知识链接】

中国注册会计师审计准则第1151号——与治理层的沟通

2006年2月发布的《中国注册会计师审计准则第1151号——与治理层的沟通》细化了注册会计与治理层之间的责任与关系。准则所称治理层是指对被审计单位战略方向以及对管理层履行经营管理责任负有监督责任的人员或组织，治理层的责任包括对财务报告过程的监督。准则所称管理层是指对被审计单位经营活动的执行负有管理责任的人员或组织，管理层负责编制财务报表并受到治理层的监督。审计委员会作为公司治理的基本要素，在财务信息披露过程中扮演了重要角色。

本准则的目的在于规范注册会计师与被审计单位治理层的沟通。准则共6章，67条，主要包括沟通的对象、沟通的事项、沟通的过程和记录等内容。

思考题

1. 信息的来源有哪些渠道？阐述信息收集与传递的重要性。
2. 何为沟通？内部沟通和外部沟通的内容是什么？
3. 为什么说信息与沟通是内部控制要素的载体？
4. 在实施内部控制的过程中如何更好地利用信息技术？
5. 基于舞弊的种类分析如何有效地防范舞弊行为发生。
6. 反舞弊机制的重点是什么？
7. 企业为什么要建立举报投诉制度和举报人保护制度？

第十一章 内部监督与评价

【教学目标】

通过本章的学习，读者可以了解内部控制缺陷的标准、内部控制监督的记录与报告、内部控制评价报告，熟悉内部监督、内部控制评价的定义，内部控制审计与财务报表审计的联系与区别，掌握内部监督的方式、内部控制评价的内容和标准。

【引例】

石家庄三鹿集团股份有限公司（以下简称“三鹿集团”）是一家位于我国河北省石家庄市的中外合资企业，前身是“幸福乳业生产合作社”，经过50年艰苦创业，一度成为我国最大奶粉制造商之一，其奶粉产销量连续15年全国第一。当时三鹿集团已发展成为集奶牛饲养、乳品加工、科研开发为一体的大型企业集团，主要经营产品为奶粉。其控股方是持股56%的石家庄三鹿有限公司，该公司96%左右的股份由900多名老职工持有。合资方为新西兰恒天然集团，持股44%。三鹿集团的实际控制人田文华，从1987年开始担任三鹿集团董事长、总经理，到2008年9月17日被警方刑拘，长达21年。很明显，董事长与总经理之间的制衡关系无从谈起，公司内部人控制不可避免，治理机构的制衡机制失效。

近些年国内乳业得到了迅速的发展，原料奶的供应形势也十分紧张，供小于求。三鹿集团的原奶采购模式是“奶农——奶站——乳企”，散户奶农的牛奶通过奶站最终被集中到三鹿集团的各家工厂。三鹿集团旗下的子公司、联营企业、合营企业大多厂房破旧，设备简陋。

2007年12月，三鹿集团接到患儿家属投诉。随后公司对样品进行检测，发现不合格，但是公司考虑到自身经济利益和发展前途，采取三聚氰胺含量低的奶粉逐渐与市场上流通的高成分的奶粉调包的方式进行处理，起初效果不错，但因其占据国内中档奶粉市场的半壁江山，需求很大，最后的结果就是高成分的奶粉也流向市场，酿成了惨剧。进入2008年后，一些媒体开始进行不点名的报道。面对如此严峻的形势，在2007年12月至2008年8月2日的8个月中，三鹿集团在明知自己的产品中含有可能致人伤害的三聚氰胺的情况下，也未向石家庄市政府和有关部门报告，仍存有侥幸之心，采取了能推就推、能拖就拖、能瞒就瞒的处理方式，继续生产和对外销售，一再贻误终止惨剧的时机，最终导致事态恶化，从而触犯刑法。石家庄市政府也直到9月8日才将有关情况的书面报告提交给河北省政府。

三鹿集团出现重大质量问题很大原因在于监督体系不完善，内部监督流于形式。三鹿集团的监督体系无论是内部监督体系还是外部监督体系都存在缺陷。内部监督是内部控制有效实施和运行的重要保证，三鹿集团内部监控中重要一环是通过向养殖区派出驻站员，监督原奶的整个生产过程，但是三鹿集团的驻站员并没有尽到监督的责任，使不符合质量要求的原奶大量进入三鹿集团的生产企业。外部监督主要是指质检部门，质检部门未能在早期检测出三鹿产品三聚氰胺超标，部分原因是受限于蛋白质的检测技术，但是三聚氰胺微溶于水，完全可以通过沉淀物的异常来推断被检产品质量存在问题。

第一节 内部监督

一、内部监督比较

内部控制制度的有效实施，依赖于有效的内部监督系统。内部监督作为内部控制的基本要素之一，对于内部控制的有效运行，以及内部控制的不断完善起着重要的作用。内部监督是对企业内部控制整体运行情况的跟踪、监测和调节。内部监督是在尽可能不影响企业正常经营管理活动的情况下，对内部控制实施情况进行评价，及时纠正企业发生的错误和舞弊，将内部控制制度的缺陷和改进意见反馈给管理者，对发现的内部控制缺陷及时予以弥补。

COSO 的《企业内部控制整体框架》（COSO92）和《企业风险管理框架》中都规定监督为其构成要素。表 11-1 对 COSO 报告与我国《企业内部控制基本规范》在内部监督的定义、内容与组织机构方面进行了比较。我国《企业内部控制基本规范》指出内部监督是企业对内部控制建立与实施情况进行监督检查，评价内部控制的有效性，发现内部控制缺陷，应当及时加以改进，内部监督的主要内容包括日常监督和专项监督、缺陷报告、档案记录与验证，内部监督的主要进行机构为内部审计机构（或经授权的其他监督机构）。从表 11-1 国内外内部监督定义、内容和组织机构比较可见，我国《企业内部控制基本规范》在内部监督方面更多地借鉴了 COSO92 的做法。

表 11-1　　　　内部监督的比较

名称	定义	内容	组织机构
COSO92 监控	对内部控制在一定时期内的运行质量进行评估的过程。企业可以通过持续性的监督活动、单独评估或两者并用来实现这个过程	持续监控活动 个别评价 报告缺陷	内部审计部门
COSO04 监控	对企业风险管理进行监控以确定企业风险管理的运行是否有效的过程	同上	企业风险管理部门
企业内部控制 基本规范 内部监督	企业对内部控制建立与实施情况进行监督检查，评价内部控制的有效性，发现内部控制缺陷，应当及时加以改进	日常监督和专项监督 缺陷报告 档案记录与验证	内部审计机构（或经授权的其他监督机构）

二、内部监督的内容

（一）内部监督及其职能

企业内部监督一般应由内部审计承担。内部审计作为企业内部控制的一部分，能够协调管理层更有效地履行其责任，提高企业的运作效率并增强其活动的附加值。内部审计是由被审计单位内部的机构或人员，对其内部控制的有效性、财务信息的真实完整性以及经营活动的效率和效果等开展的一种评价活动，是与独立审计、政府审计并列的三种审计类型之一。它的目的是发现并预防错误和舞弊，提高企业的运作效率，为企业增加价值。它采取系统化、规范化的方法对企业的内部控制、风险管理进行检查和评价，并提供建议等咨询服务，来提高他们的效率，从而帮助实现企业的目标。

企业内部审计的职能如下。

（1）监督职能。监督职能是内部审计的基本职能。

（2）控制职能。内部审计机构是集团的一个重要职能部门，它独立于其他各部门和其他控制系统，是对其他控制的一种再控制，与其他控制形式相比，更具有独立性、权威性和全面性。内部审计又是内部控制的特殊构成要素，是对内部控制实施的再控制。

（3）评价职能。通过内部审计可以熟悉子公司的生产经营情况和财务状况，并且由于内部审计部门独立于子公司，更能客观、公正地评价子公司的管理情况和运行业绩。

（4）服务职能。内部审计可以通过事前、事中和事后控制为管理当局的决策、计划、控制提供依据，这些都充分体现了内部审计的服务职能。

企业制定内部审计规范，明确审计的范围、责任和计划，以此为基础合理配置审计人员，并要求他们遵守企业职业道德规范及内部审计规范；内部审计部门应具有适当的地位并有足够的资源履行其职责；内部审计部门根据授权可以参加有关经营及财务管理的决策会议，对管理中存在的薄弱环节、违反国家法律法规的行为、内部控制管理漏洞，向管理层及时提出调整意见。

【案例 11-1】

上海姚记扑克内部审计规范

上海姚记股份有限公司在董事会下设审计委员会，建立内部审计制度，设立内部审计部门，对公司内部控制制度的建立和实施、财务信息的真实性和完整性等情况进行检查监督。内部审计部门向审计委员会负责，向审计委员会报告工作。内部审计部门应当保持独立性，不得置于财务部门的领导下，或者与财务部门合署办公。具体要求如下。

（1）公司应当依据公司规模、生产经营特点及有关规定，配置专职人员从事内部审计工作，且专职人员应当不少于3人。

（2）内部审计部门的负责人应当为专职，由审计委员会提名，董事会任免。公司应当披露内部审计部门负责人的学历、职称、工作经历、与实际控制人的关系等情况，并报深圳证券交易所备案。

（3）内部审计人员应具备良好的政治素质和业务能力及相应的专业知识，应忠于职守、客观公正、实事求是、廉洁高效、遵守职业道德和专业标准，在执业过程中保持应有的执业谨慎。

（4）对滥用职权、徇私舞弊、玩忽职守、泄露公司商业机密，以及违反本制度相关规定的内部审计人员，情节较轻的，责令纠正或给予处分，情节严重的，免除职务或给予解聘，公司保留追究相关人员法律责任的权利。

（5）公司的内部机构或职能部门、控股子公司以及具有重大影响的参股公司应当配合内部审计部门依法履行职责，不得妨碍内部审计部门的工作。

（二）内部监督的程序

我国《企业内部控制基本规范》第四十五条规定：企业应当制定内部控制缺陷认定标准，对监督过程中发现的内部控制缺陷，应当分析缺陷的性质和产生的原因，提出整改方案，采取适当的形式及时向董事会、监事会或者经理层报告。因此，企业应强化内部监督，保证内部控制持续有效。

1. 制定内部控制缺陷标准

（1）内部控制缺陷的相关概念

内部控制缺陷，是指内部控制的设计存在漏洞，不能有效防范错误与舞弊，或者内部控制的运行存在弱点和偏差，不能及时发现并纠正错误与舞弊的情形。

内部控制的缺陷包括设计缺陷和运行缺陷。设计缺陷是指缺少为实现控制目标所必需的控制，或现存控制设计不适当，即使正常运行也难以实现控制目标，包括内部控制不健全、内部控制制度不适当。例如，"未建立定期的现金盘点程序"即属于控制设计问题。运行缺陷是指现存设计完好的控制没有按设计意图运行，或执行者没有获得必要授权或缺乏胜任能力以有效地实施控制。比较常见的例子就是企业内部控制制度设计健全，但工作人员我行我素，并不按照制度执行。例如，"物资采购申请金额已超过其采购权限，却未向上级公司申请安排大宗物品采购"，这是存在权限管理规定，却未在实际操作中按照执行。

（2）内部控制缺陷的分类

企业根据内部控制缺陷影响整体控制目标实现的严重程度，将内部控制缺陷分为重大缺陷、重要缺陷和一般缺陷。

① 重大缺陷是指一个或多个一般缺陷的组合，可能严重影响内部整体控制的有效性，进而导致企业无法及时防范或发现严重偏离整体控制目标的情形。主要考虑如下因素：影响整体控制目标实现的多个一般缺陷的组合是否构成重大缺陷；针对同一细化控制目标所采取的不同控制活动之间的相互作用；针对同一细化控制目标是否存在其他补偿性控制活动。例如，有关控制漏洞为企业带来重大的损失或造成企业财务报表重大的错报、漏报。又如，凭证连续编号可以保证所有业务活动都得到记录和反映，如果凭证没有连续编号的话，为了避免遗漏重大的业务事项，采用严格的凭证之间、账证之间、账账之间的核对就是保证业务记录完整性的补偿性控制。

② 重要缺陷是指一个或多个一般缺陷的组合，其严重程度低于重大缺陷，但导致企业无法及时防范或发现偏离整体控制目标的严重程度依然重大，需引起企业管理层关注。例如，有关缺陷造成的负面影响在部分区域流传，为公司声誉带来损害。

③ 一般缺陷是指以上两种缺陷之外的缺陷。

【案例 11-2】

XX 公司财务报告内部控制缺陷的认定标准

1. 按定量标准

A. 重大缺陷：出现实质性漏洞，或是一个或多个控制缺陷的组合，同时导致公司财产损失金额大于公司合并范围总资产的5‰。

B. 重要缺陷：出现一个或多个一般缺陷的组合，同时导致公司财产损失金额大于公司合并范围总资产的3‰小于公司合并范围总资产的5‰。

C. 一般缺陷：指除重要缺陷、重大缺陷外的其他财务报告内部控制缺陷，且该缺陷导致公司财产损失金额小于公司合并范围总资产的3‰。

2. 按定性标准

A. 重大缺陷：a. 高级管理层中存在舞弊行为。b. 财务报告存在重大错报，相应的内部控制措施未能有效识别该错报。c. 公司更正已公布的财务报告。d. 注册会计师发现的却未被公司内部控制识别的当期财务报告中的重大错报。

B. 重要缺陷：a. 未建立必要的反舞弊控制，或不能保证其有效实施。b. 对于期末财务报告过程的控制存在一项或者多项缺陷且不能合理保证编制的财务报表达到真实、准确的目标。c. 对于非常规或特殊交易的账务处理没有建立相应的控制机制或没有实施，且没有相应的补偿性机制。

C. 一般缺陷：不构成重大缺陷和重要缺陷的财务报告内部控制缺陷，应认定为一般缺陷。

2. 评估控制结果

内部控制的有效性是指企业的内部控制政策和措施应符合国家法律、法规的相关规定，不能有与法律、法规相抵触的地方；同时，内部控制制度也要设计完整、合理，在企业生产过程中能够得到有效贯彻执行，并实现内部控制的目标。

内部控制的无效性是指企业的内部控制政策和措施可能有与法律、法规相抵触的地方；或者内部控制制度设计不够完整、合理，在企业生产过程中没有得到有效的贯彻执行，从而无法实现内部控制的目标。

对于为实现单个或整体控制目标而设计与运行的控制不存在重大缺陷的情形，企业应当认定针对这些整体控制目标的内部控制是有效的。

对于为实现某一整体控制目标而设计与运行的控制存在一个或多个重大缺陷的情形，企业应当认定针对该项整体控制目标的内部控制是无效的。

对于因业务流程外包等原因造成企业无法评价特定业务、特定流程的内部控制有效性的情形，内部控制评价机构应当充分考虑该项业务流程及其相关控制的重要性，确定其对整体控制目标有效性评价的影响。

3. 记录与报告

企业应组织对内部控制体系进行设计和记录，形成一系列文件，包括业务流程描述、风险控制文档、控制程序文件、风险数据库、自评表等。

通过不断收集整理资料和召开研讨会议，评估人员将评估过程及结果（包括存在的问题和已有的改正措施）进行记录，报负责人复核。被评估单位对评估结果签字确认。

企业应制定相关的管理规定，明确缺陷报告的职责、报告的内容，规范缺陷报告程序及跟进措施等。

（三）内部监督的方法

内部监督的方法有两种，包括日常监督和专项监督。内部控制体系日常监督的有效性程度越高，对专项监督的需要程度就越低。管理层为了合理确认内部控制体系的有效性所必须进行的个别评估的频率取决于管理层的判断。通常情况下，日常监督和专项监督的合并使用在某种程度上将会保证内部控制体系随着时间的变化而保持有效性。

1. 日常监督

日常监督是指企业对建立和实施内部控制的整体情况所进行的连续的、全面的、系统的、动态的监督。日常监督是在及时的基础上执行的，能对环境的改变做出动态的反应，它存在于单位的日常管理活动之中，能及时地发现问题。日常监督的范围和频率越大，其有效性就越高，则企业所需的日常监督就越少。

日常监督活动的重要环节主要包括以下几方面。

（1）获得内部控制执行的证据。获得内部控制执行的证据是指企业员工在实施日常生产经营生活时，取得必要的、相关的证据证明内部控制系统发挥功能的程度。

（2）外部反映对内部信息的印证程度。即与外界各方的沟通能够印证内部生成的信息或揭示问题。

（3）定期核对财务系统数据与实物资产。也就是说，将信息系统所记录的数据与实物资产相比较，做到账实相符。

（4）内外部审计定期提供建议。审计人员评估内部控制的设计以及测试其有效性，识别潜在的缺陷，并向管理层建议采取替代方案，为决策提供有用的信息。

（5）管理层对内部控制执行的监督。管理层可以通过以下渠道进行监督：审计委员会接收、保留及处理各种投诉及举报，并保证其保密性；管理层通过培训、会议了解内部控制的执行情况；管理层认真审核员工提出的各项合理建议，并不断完善建议机制。

（6）定期考核员工。内部监督部门和人力资源管理部门根据公司管理层的授权定期要求企业员工明确说明他们是否理解并遵守员工行为准则，是否遵守员工职业道德规范，并汇报控制活动的开展情况等。

（7）内部审计活动的有效性。适当的组织结构以及监督活动可促进内部控制职能的执行，识别内部控制的缺陷。

2. 专项监督

专项监督又称个别评估，是指企业对内部控制建立与实施的某一方面或者某些方面的情况进行的不定期、有针对性的监督检查。专项监督的范围和频率应根据风险评估结果以及日常监督的有效性等予以确定。一般来说，风险水平较高并且重要的控制，对其进行专项监督的频率应较高。

通常，专项监督采用自我评估形式，即负责某一单位或职责的人员对受其控制的活动的有效性进行评价。

专项监督主要关注以下两个方面。

（1）高风险且重要的项目。审计部门依据持续监督的结果，对风险较高且重要的项目要进行个别评估。考虑到成本效益原则，对风险很高但不重要的项目或很重要但是风险很小的项目可以减少个别评估的次数。应该将高风险且重要的项目作为专项监督对象。

（2）内部环境变化。当内控环境发生变化时，要进行专项监督，以确定内部控制是否还能适应新的内控环境。

日常监督和专项监督应当有机结合。前者是后者的基础，后者是前者的有效补充。日常监督的程度越高，其有效性也越高，则企业所需的专项监督次数就越少。如果发现专项监督需要经常性地进行，企业就有必要将其纳入日常监督中，进行日常持续的监控。通常情况下，两种监督有效组合能确保企业内部控制在一定时期内保持有效性。

第二节 内部控制评价

一、内部控制评价的组织与实施

内部控制评价是由企业董事会和管理层实施的。进行评价的具体内容应围绕《企业内部控制基本规范》中提及的内部控制五个要素，即内部环境、风险评估、控制活动、信息与沟通、内部监督，以及《企业内部控制基本规范》及《企业内部控制应用指引》中的内容。在确定具体内容后，企业应制定内部控制评价程序，对内部控制有效性进行全面评价，包括财务报告内部控制有效性和非财务报告内部控制有效性；同时为内部评价工作形成工作底稿，详细记录企业执行评价工作的内容，包括评价要素、关键风险点、采取的控制措施、有关证据资料以及认定结果等；企业还应在评价工作中明确内部控制缺陷的认定准则；完成评价后，企业应当准备一份内部控制自我评价报告，在其年报中进行披露；企业董事会应当对内部控制评价报告的真实性负责。

（一）内部控制评价的相关概念

内部控制评价一般是指由专门的机构或人员，通过对单位内部控制系统的了解、测试和分析，对其完整性、合理性及有效性提出意见，并进行报告，以利于单位进一步健全和完善内部控制体系。

我国《企业内部控制基本规范》第四十六条指出：企业应当结合内部监督情况，定期对内部控制的有效性进行自我评价，出具内部控制自我评价报告。内部控制自我评价的方式、范围、程序和频率，由企业根据经营业务调整、经营环境变化、业务发展状况、实际风险水平等自行确定。

（二）内部控制评价应当遵循的原则

根据《企业内部控制评价指引》第三条的规定，内部控制评价应遵循以下 3 个原则。

1. 全面性原则

评价工作应当包括内部控制的设计与运行，涵盖企业及其所属单位的各种业务和事项。

2. 重要性原则

评价工作应当在全面评价的基础上，关注重要业务单位、重大业务事项和高风险领域。

3. 客观性原则

评价工作应当准确地揭示经营管理的风险状况，如实反映内部控制设计与运行的有效性。

（三）内部控制评价的内容

根据《企业内部控制评价指引》的要求，内部控制评价涉及以下 7 个方面。

（1）企业应当根据《企业内部控制基本规范》、应用指引以及本企业的内部控制制度，围绕内部环境、风险评估、控制活动、信息与沟通、内部监督等要素，确定内部控制评价的具体内容，对内部控制设计与运行情况进行全面评价。

（2）企业组织开展内部环境评价，应当以组织架构、发展战略、人力资源、企业文化、社会责任等应用指引为依据，结合本企业的内部控制制度，对内部环境的设计及实际运行情况进行认定和评价。

（3）企业组织开展风险评估机制评价，应当以《企业内部控制基本规范》有关风险评估的要求，以及各项应用指引中所列主要风险为依据，结合本企业的内部控制制度，对日常经营管理过程中的风险识别、风险分析、应对策略等进行认定和评价。

（4）企业组织开展控制活动评价，应当以《企业内部控制基本规范》和各项应用指引中的控制措施为依据，结合本企业的内部控制制度，对相关控制措施的设计和运行情况进行认定和评价。

（5）企业组织开展信息与沟通评价，应当以内部信息传递、财务报告、信息系统等相关应用指引为依据，结合本企业的内部控制制度，对信息收集、处理和传递的及时性、反舞弊机制的健全性、财务报告的真实性、信息系统的安全性，以及利用信息系统实施内部控制的有效性等进行认定和评价。

（6）企业组织开展内部监督评价，应当以《企业内部控制基本规范》有关内部监督的要求，以及各项应用指引中有关日常管控的规定为依据，结合本企业的内部控制制度，对内部监督机制的有效性进行认定和评价，重点关注监事会、审计委员会、内部审计机构等是否在内部控制设计和运行中有效发挥监督作用。

（7）内部控制评价工作应当形成工作底稿，详细记录企业执行评价工作的内容，包括评价要素、主要风险点、采取的控制措施、有关证据资料以及认定结果等。评价工作底稿应当设计合理、证据充分、简便易行、便于操作。

（四）内部控制评价的程序

根据《企业内部控制评价指引》第十二条的要求，企业应按照内部控制评价办法规定程序，有序开展内部控制评价工作。内部控制评价程序一般包括制订评价控制方案、组成评价工作组、实施评价工作与测试、认定控制缺陷、汇总评价结果及编报评价报告等环节。在这里重点讲解制订评价控制方案、组成评价工作组、实施评价工作与测试、汇总评价结果四个环节。

1. 制订评价控制方案

企业可以授权审计部门或专门机构负责内部控制评价组织的实施工作。承担内部控制评价的部门或机构应具备以下条件。

（1）能够独立行使对内部控制系统建立与运行过程及结果进行监督的权力；

（2）具备与监督和评价内部控制系统相适应的专业胜任能力和职业道德素养；

（3）与企业其他职能机构就监督与评价内部控制系统方面应当保持协调一致，在工作中相互配合、相互制约；

（4）能够得到企业董事会和经理层的支持，通常直接接受董事会及其审计委员会的领导和监事会的监督，有足够的权威性来保证内部控制评价工作的顺利开展。

内部控制评价部门或机构应根据内部监督情况和要求，制订评价工作方案，明确评价范围、工作任务、人员组织、进度安排和费用预算等相关内容，报经董事会或其授权审批后实施。这是一个进行内部控制评估前的全面计划，提供内部控制评价的效率和效果。

2. 组成评价工作组

内部控制评价部门或机构在评价方案获得批准后，需要组织评价工作组，具体承担内部控制检查评价任务。评价工作组成员应具备独立性、业务胜任能力和职业道德素养及吸收企业内部相关机构熟悉情况、参与日常监控的负责人或业务骨干参加。

企业可根据自身的条件建立内部控制培训机制，为评价工作组成员提供培训，使其尽快掌握内部控制知识，熟悉企业业务流程及应关注重点、评价工作流程、方法以及工作底稿准备的要求。对于拥有内部审计部门的企业来说，内审部门很有可能也同样地担当内部控制评价组的工作。但如果企业决定利用外聘会计师事务所为其提供内部控制评价服务，根据《企业内部控制基本规范》的要求，则该事务所不应同时为企业提供内部控制的审计服务。

3. 实施评价工作与测试

评价工作组需通过了解企业层面基本情况、各业务层面的主要流程，识别有关主要风险后，才能开展实施及测试设计和运行有效性的内部控制工作。

（1）了解公司层面基本情况。评价工作组与被评价单位进行充分沟通，了解其经营业务范围、企业文化、发展战略、组织结构、人力资源等内部环境及内部控制内容中五个要素的运作情况。

（2）了解各业务层面的主要流程及风险。在这一阶段，评价工作组把工作重点放在主要业务流程上，如资金管理流程、销售流程和采购流程等。为支持评估工作与相关测试有效进行，企业应建立全面文档记录。文档记录可以帮助评价工作组了解各个主要业务领域的流程，识别相关的风险关注点及可能存在的内部控制措施。评价工作组可审阅的内控流程文档可能有以下几种。

① 风险控制矩阵文档。关注点在于复核风险流程的合理性，例如，文档是否包含了流程面临的所有风险、列示的风险是否得到定期或及时的更新、对于各项风险的重要性水平分析是否合理，以及复核控制点的识别，关键控制点、重要控制点、一般控制点的判断是否合适。

② 流程图文档。关注点在于流程图是否与实际操作及风险控制矩阵描述相符合，流程图是否清楚地标示所有风险点及控制点，流程图中责任部门、岗位以及其他管理机构是否表述清晰、表述的流程路径是否清晰、是否存在交叉，以及内容是否涵盖所有流程实际操作及相应的控制活动。

③ 审批权限表文档。关注点在于部门及岗位的描述是否准确、权限的划分和设置是否合理。

评价工作组应识别业务流程中的关键业务或固有风险，提出对于每一重大流程在交易过程中“可能出错”而产生重大错误的问题，在这些控制点上识别降低风险的控制，这些控制应当能够为防止发生重要的错误或者能发现并更正错误提供合理保证。有些控制可能并不显而易见，可能是电子化或者是人工的，并且同时是高层及基层实施。这些关注点将是评价工作组进行设计或运行有效性并做出结论的地方。例如，银行账户管理中，银行账户的开立、变更及撤销未经合理的审批及授权，对于该风险点应该采取相应控制措施，提交给银行的开立账户申请书需要经过公司总经理书面批准（签章），提交给银行的变更账户申请需要经过财务经理和总经理审批，提交给银行的撤销账户申请需要经过财务经理和总经理审批。再以资金管理流程为例，企业面临的一个关键业务风险可能是客户需求的波动，当客户需求下降时，企业收入减少，进而发生资金的短缺并增加对营运资金需求的压力，资金需求将会直接导致银行融资或企业债券融资的增加，进而导致企业的财务费用成本增加。

固有风险是指假设不存在相关的内部控制，某一业务风险事项发生的可能性。例如，某企业所处行业的性质决定该类企业资金、在建工程与固定资产的交易比存货（通常为一些低值易耗品）的交易更容易出现差错。一些产生经营风险的外部因素也可能影响固有风险，如“节能减排”的目标要求企业投资建立高效率、低消耗的新型生产线，并对旧装备进行技术改造，这些都会影响资金流。

在各重要流程中，管理层可能已实施不同程度的控制以应对风险。例如，在资金管理流程、银行账户的开立的风险点中，可能有的控制措施是要求提交给银行的开立账户申请书需要经过公司总经理书面批准或签章。

（3）确定检查评价范围和重点。评价工作组根据掌握的情况确定评价范围、检查重点和抽样数量，进行分工与测试。评价范围、方式、程序和频率，将因企业经营业务调整、经营环境、风险水平等因素而异。

（4）开展现场检查测试。评价工作组可综合运用个别访谈、调查问卷、专题讨论、穿行测试、实地查验、抽样和比较分析等评价方法，收集被评价单位内部控制设计与运行是否有效的证据，按照要求填写工作底稿、记录有关测试结果。如果发现内部控制出现缺陷，则需与管理层沟通，对有关缺陷进行认定并进行记录。

① 个别访谈。评价工作组人员可以个别访谈企业或被评价单位的不同人员，了解公司内部控制的现状与运行。个别访谈通常用于企业层面与业务层面评价的阶段。

② 调查问卷。调查问卷多用于企业层面的评价，通过扩大对象范围，如企业中的全体员工，收集简单结果，如对公司企业文化的认同。

③ 专题讨论。这是一种集合企业中有关专业人员就内部控制执行情况或控制问题进行的分析和讨论。

④ 穿行测试。穿行测试是指在流程中任意选取一项交易为样本，获取原始单据，跟踪交易从最初起源，到会计处理、信息系统和财务报告编制，直到这项交易在财务报表中报告出来的全过程。通过执行“穿行测试”，评价工作人员可获取对一个流程的了解，查找潜在的内控设计问题并识别出相关控制。

⑤ 实地查验。这是一个用于业务层面评价的方法。例如，评价工作人员进行实地盘点以测试企业记录存货的数量，或有关控制的有效性。

⑥ 抽样。抽样方法可以分为随机抽样和其他抽样法。随机抽样一般被认为是最具有代表性或是基于统计学的取样方式，从样本库中抽取一定数量的样本，进行控制测试，以获取有关控制的运行状况。随机选取通常是采用计算机来完成。其他抽样如分层抽样、整群抽样及系统抽样等。

⑦ 比较分析。这是一种通过数据分析，识别评价关注点的方法。例如，通过比较月度的销售情况，识别异常区间，进行检查。

⑧ 审阅与检查。这也是在业务层面评价的常用方法，通过核对有关证据而获取有关控制的运行状况，如选择某些调节表上的差异，追溯到相应的单据记录（如银行对账单）或检查调节表是否有相关负责人签字。

4. 汇总评价结果

评价工作组人员应当在其工作底稿中，记录评价所实施的程序及有关结果。企业内部控制评价工作组应当建立评价质量交叉复核制度，有关评价报告应由评价工作组负责人严格审核确认；与被评价单位进行通报，在提交内部控制评价部门或机构前得到被评价单位相关责任人签字确认。如果在评价工作中发现所有差异，如穿行测试及控制测试中发现的与访谈结果的差异、与流程手册的差异，也应在汇总中适当地记录。

企业内部控制评价部门或机构应编制内部控制缺陷认定汇总表，结合日常监督和专项监督发现的内部控制缺陷及其持续改进情况，对内部控制缺陷及其成因、表现形式和影响程度进行综合分析和全面复核，提出认定意见，并以适当的形式向董事会、监事会或者经理层报告。重大缺陷应当由董事会予以最终认定。企业对于认定的重大缺陷，应当及时采取应对策略，切实将风险控制在可承受度之内，并追究有关部门或相关人员的责任。

二、内部控制缺陷的认定

1. 内部控制缺陷的分类

对于内部控制缺陷的分类，在第一节“内部监督”中已做相关阐述，这里不再赘述。

需要强调的是，企业对内部控制缺陷的认定，应当以日常监督和专项监督为基础，结合年度内部控制评价，由内部控制评价部门或机构进行综合分析后提出认定意见，按照规定的权限和程序进行审核后予以最终认定。

对于按严重程度分类的内部控制，内部控制评价部门或机构和管理层应当合理确定相关目标发生偏差的可容忍水平，从而对严重偏离的情形予以确定。

2. 内部控制认定程序与整改

如果评价工作人员在实施测试中发现控制差异，应分析差异是否属于控制缺陷并评价其严重程度。如果审查了解控制差异的起因和结果后，断定控制目标未能达到。同时，评价工作组人员不能通过增加其他测试程序证明已发现的差异不能代表所有内控的情况，将形成缺陷的结论。管理层应评价其严重程度并在其年度自我评价报告中披露，同时，有责任对有关控制缺陷进行整改，做出补救措施。由于控制缺陷可以分为设计缺陷和执行缺陷，因此，整改方案应根据缺陷的不同类别制定不同的整改方法。对于需整改的内控设计缺陷，企业需在已有的内控管理制度体系中补充相关规定或修改原有规定，按照企业既定的管理制度报批程序对做出的补充或修改进行审批。对于需整改的内控执行缺陷，企业需加强内控的执行力度，要求控制执行人严格按照相关规定执行。

对于重大缺陷和重要缺陷的整改方案，应向董事会（审计委员会）、监事会或经理层报告，并由由董事会、监事会或经理层审定。如果出现不适合向经理层报告的情形，例如，存在与管理层舞弊相关的内部控制缺陷，内部控制评价组应当直接向董事会（审计委员会）、监事会报告。重要缺陷并不影响企业内部控制的整体有效性，但是应当引起董事会和管理层的重视。对于一般缺陷，可以向企业管理层报告，并视情况考虑是否需要向董事会（审计委员会）、监事会报告。

三、内部控制评价工作底稿与报告

（一）内部控制评价工作底稿

根据《企业内部控制评价指引》第十一条的要求，内部控制评价工作应当形成工作底稿，详细记录企业执行评价工作的内容，包括评价要素、主要风险点、采取的控制措施、有关证据资料以及认定结果等。评价工作底稿应当设计合理、证据充分、简便易行、便于操作。

（二）内部控制评价报告

根据《企业内部控制基本规范》《企业内部控制评价指引》的相关规定，企业应当结合内部监督情况，定期对内部控制的有效性进行自我评价，出具内部控制自我评价报告。

1. 内部控制评价报告的内容

根据《企业内部控制评价指引》第二十二条的规定，内部控制评价报告至少应当披露下列内容：（1）董事会对内部控制报告真实性的声明；（2）内部控制评价工作的总体情况；（3）内部控制评价的依据；（4）内部控制评价的范围；（5）内部控制评价的程序和方法；（6）内部控制缺陷及其认定情况；（7）内部控制的整改情况及对重大缺陷拟采取的整改措施；（8）内部控制有效性的结论。

2. 报告时间及要求

内部控制评价报告应当报经董事会或类似权力机构批准后与审计报告一起对外披露。

企业应当以 12 月 31 日作为年度内部控制评价报告的基准日，内部控制评价报告应当在基准日后 4 个月内报出。

企业内部控制评价部门应当关注自内部控制评价报告基准日至内部控制评价报告发出日之间是否发生影响内部控制有效性的因素，并根据其性质和影响程度对评价结论进行相应调整。

【范例】

XX公司20XX年度内部控制评价报告

××公司全体股东：

根据《企业内部控制基本规范》及其配套指引的规定和要求，结合本公司（以下简称公司）内部控制制度和评价办法，在内部控制日常监督和专项监督的基础上，我们对公司内部控制的有效性进行了自我评价。

一、董事会声明

公司董事会及全体董事保证本报告内容不存在任何虚假记载、误导性陈述或重大遗漏，并对报告内容的真实性、准确性和完整性承担个别及连带责任。

建立健全并有效实施内部控制是公司董事会的责任，监事会对董事会建立与实施内部控制进行监督，经理层负责组织领导公司内部控制的日常运行。

公司内部控制的目标是：（一般包括合理保证经营合法合规、资产安全、财务报告及相关信息真实完整，提高经营效率和效果，促进实现发展战略）。由于内部控制存在固有局限性，故仅能对实现上述目标提供合理保证。

二、内部控制评价工作的总体情况

公司董事会授权内部审计机构（或其他专门机构）负责内部控制评价的具体组织实施工作，对纳入评价范围的高风险领域和单位进行评价（描述评价工作的组织领导体制，一般包括评价工作组织结构图、主要负责人及汇报途径等）。

公司（是/否）聘请了专业机构（中介机构名称）提供内部控制咨询服务；公司（是/否）聘请了专业机构（中介机构名称）协助开展内部控制评价工作；公司（是/否）聘请了会计师事务所（会计师事务所名称）对公司内部控制进行独立审计。

三、内部控制评价的范围

内部控制评价的范围涵盖了公司及其所属单位的主要业务和事项（列明评价范围占公司总资产比例或占公司收入比例等），重点关注下列高风险领域：

（列示公司根据风险评估结果确定的内部控制前十大主要风险）

纳入评价范围的单位包括：

（无须罗列单位名称，而是描述纳入评价范围单位的行业性质、层级等）

纳入评价范围的业务和事项包括（根据实际情况调整，未尽事项可以充实）：

（一）组织架构

（二）发展战略

（三）人力资源

（四）社会责任

（五）企业文化

（六）资金活动

（七）采购业务

（八）资产管理

（九）销售业务

（十）研究与开发

（十一）工程项目

（十二）担保业务

（十三）业务外包

（十四）财务报告

（十五）全面预算

（十六）合同管理

（十七）内部信息传递

（十八）信息系统

上述业务和事项的内部控制涵盖了公司经营管理的主要方面，不存在重大遗漏。

（如存在重大遗漏）公司本年度未能对以下构成内部控制重要方面的单位或业务（事项）进行内部控制评价：

[逐条说明未纳入评价范围的重要单位或业务（事项），包括单位或业务（事项）描述、未纳入的原因、对内部控制评价报告真实、完整性产生的重大影响等。]

四、内部控制评价的程序和方法

内部控制评价工作严格遵循基本规范、评价指引及公司内部控制评价办法规定的程序执行（描述公司开展内部控制检查评价工作的基本流程）。

评价过程中，我们采用了（个别访谈、调查问题、专题讨论、穿行测试、实地查验、抽样和比较分析）等适当方法，广泛收集公司内部控制设计和运行是否有效的证据，如实填写评价工作底稿，分析、识别内部控制缺陷（说明评价方法的适当性及证据的充分性）。

五、内部控制缺陷及其认定

公司董事会根据基本规范、评价指引对重大缺陷、重要缺陷和一般缺陷的认定要求，结合公司规模、行业特征、风险偏好和风险承受度等因素，研究确定了适用本公司的内部控制缺陷具体认定标准，并与以前年度保持了一致（描述公司内部控制缺陷的定性及定量标准），或做出了调整（描述具体调整标准及原因）。

根据上述认定标准，结合日常监督和专项监督情况，我们发现报告期内存在（数量）个缺陷，其中重大缺陷（数量）个，重要缺陷（数量）个。重大缺陷分别为：（对重大缺陷进行描述，并说明其对实现相关控制目标的影响程度）。

六、内部控制缺陷的整改情况

针对报告期内发现的内部控制缺陷（含上一期间未完成整改的内部控制缺陷），公司采取了相应的整改措施（描述整改措施的具体内容和实际效果）。对于整改完成的重大缺陷，公司有足够的测试样本显示，与重大缺陷（描述该重大缺陷）相关的内部控制设计且运行有效（运行有效的结论需提供 90 天内有效运行的证据）。

经过整改，公司在报告期末仍存在（数量）个缺陷，其中重大缺陷（数量）个，重要缺陷（数量）个。重大缺陷分别为：（对重大缺陷进行描述）。

针对报告期末未完成整改的重大缺陷，公司拟进一步采取相应措施加以整改（描述整改措施的具体内容及预期达到的效果）。

七、内部控制有效性的结论

公司已经根据基本规范、评价指引及其他相关法律法规的要求，对公司截至20××年12月31日的内部控制设计与运行的有效性进行了自我评价。

（存在重大缺陷的情形）报告期内，公司在内部控制设计与运行方面存在尚未完成整改的重大缺陷（描述该缺陷的性质及其对实现相关控制目标的影响程度）。由于存在上述缺陷，可能会给公司未来生产经营带来相关风险（描述该风险）。

（不存在重大缺陷的情形）报告期内，公司对纳入评价范围的业务与事项均已建立了内部控制，并得以有效执行，达到了公司内部控制的目标，不存在重大缺陷。

自内部控制评价报告基准日至内部控制评价报告发出日之间（是/否）发生对评价结论产生实质性影响的内部控制的重大变化。（如存在，描述该事项对评价结论的影响及董事会拟采取的应对措施。）

我们注意到，内部控制应当与公司经营规模、业务范围、竞争状况和风险水平等相适应，并随着情况的变化及时加以调整。（简要描述下一年度内部控制工作计划）未来期间，公司将继续完善内部控制制度，规范内部控制制度执行，强化内部控制监督检查，促进公司健康、可持续发展。

董事长：[签名]

××公司

20××年××月××日

【案例11-3】

光大证券2013年度内部控制评价报告：内部控制缺陷认定及整改情况

一、内部控制缺陷认定

1. 财务报告内部控制缺陷认定及整改情况

根据上述财务报告内部控制缺陷的认定标准，报告期内公司不存在财务报告内部控制重大及重要缺陷。

2. 非财务报告内部控制缺陷认定及整改情况

根据上述非财务报告内部控制缺陷的认定标准，报告期内发现公司非财务报告内部控制重大缺陷1项、重要缺陷1项。

重大缺陷：公司策略投资部策略交易内部控制缺陷（设计缺陷）

二、缺陷整改情况

“8·16事件”发生后，公司启动了包括全资子公司在内的全面风险排查工作，重点排查了包括量化交易在内的新业务IT系统，重点关注资金校验、指令校验的前端控制节点，对于存在风险隐患的系统责令相关部门进行整改。在此基础上，公司全面检讨内控、合规及风险管理现状，进一步完善并落实各项管理制度，切实消除风险隐患，防范类似事件的再次发生，主要整改措施如下。

1. 公司停止策略投资部的业务运作，取消未纳入公司统一交易平台的量化交易。

2. 公司层面强化信息技术的归口管理，明确归口管理部门，制订并颁布了信息技术归口管理系列制度。部署信息技术部对公司既有系统进行安全测试，通过测试的系统，经过严格的上线审核后方可使用。

3. 进一步加强自营业务的风险控制，对风控系统的监控功能进行重新梳理和升级，针对触发阀值的指标进行警示，以满足对自营交易的规模与异常交易等重要风险点的监控。

4. 进一步完善自营业务前、中、后台间的相互制衡、监督机制，确保投资决策、交易执行、风险控制、清算交收、资金划拨等环节的分离制衡得到有效实施。

5. 进一步完善“三重一大”决策体系，明确了公司重大决策、重要人事任免、重大项目安排以及大额度资金运作的决策标准与决策流程。

6. 对“8·16事件”相关责任人员进行责任追究，分别给予撤职、降级、解除劳动关系等处罚。

7. 通过集中融入资金，处置金融资产，调控了业务规模；对“8·16事件”中因对冲风险而购入的股指期货空头合约进行了平仓，公告“8·16事件”购入股票的处置方案，减持金额不超过30亿元的股票，剩余部分在以后年度择机处置。

通过上述多项措施，公司有效化解了流动性危机，各项监控指标重新符合监管要求，“8·16事件”中暴露的风险隐患与薄弱环节得到有效管控。后续公司将按照统一部署，继续做好相关资产处置、民事诉讼等各项处置工作。

三、内部控制评价结论

根据公司财务报告内部控制重大及重要缺陷的认定情况，于内部控制评价报告基准日，不存在财务报告内部控制重大及重要缺陷，董事会认为，公司已按照企业内部控制规范体系和相关规定的要求在所有重大方面保持了有效的财务报告内部控制。

根据公司非财务报告内部控制重大及重要缺陷认定情况，于内部控制评价报告基准日，公司发现1项非财务报告内部控制重大缺陷，1项非财务报告内部控制重要缺陷。

自内部控制评价报告基准日至内部控制评价报告发出日之间未发生影响内部控制有效性评价结论的因素。

第三节 内部控制审计

一、审计范围与审计目标

内部控制作为企业中一项重要的管理活动，用来促进提高经营的效率效果，实现企业的发展战略。一些国家和地区，如美国、日本、欧盟等对内部控制审计已提出强制性要求。同样，我国《企业内部控制基本规范》中除了要求企业为其内部控制的设计与运行情况进行全面的评价、披露年度自我评价报告外，在第十条中明确指出：上市公司和非上市大中型企业聘请符合资格的会计师事务所，根据规范及配套办法和相关执业准则，对企业财务报告内部控制的有效性进行审计并出具审计报告。会计师事务所及其签字的从业人员应当对发布的内部控制审计意见负责。为企业内部控制提供咨询的会计师事务所，不得同时为同一企业提供内部控制审计服务。

（一）内部控制审计的定义

内部控制审计是通过对被审计单位的内控制度的审查、分析测试、评价，确定其可信程度，从而对内部控制是否有效做出鉴定的一种现代审计方法。

内部控制审计是内部控制的再控制，它是企业改善经营管理、提高经济效益的自我需要。

一般地，企业内部审计部门负责内部控制审计，也可以委托不负责年审的会计师事务所开展内部控制审计。

（二）内部控制审计的范围

内部控制审计的范围限于特定日期与财务报表相关的内部控制。通常，注册会计师对某特定日期的内部控制进行审核。特定日期可以是会计年度结束日，也可以是某中期结束日。注册会计师对某特定日期的内部控制审核时，应在接近于此日期之前的一段时间内对内部控制进行了解和测试，并对该日期的内部控制有效性发表审核意见。

（三）内部控制审计的目标

1. 内控审计目标的具体界定

内部控制审计的目标是检查并评价内部控制的合法性、充分性、有效性及适宜性。内部控制的合法性、充分性、有效性及适宜性，具体表现为其能够保障资产、资金的安全，即保障资产、资金的存在、完整、为我所有、金额正确、处于增值状态。

2. 内控审计目标与财务报表审计目标的联系与区别

（1）两者的联系。内部控制审计的前四个目标实际就是财务报表审计的具体目标。企业管理层对外提供的资产负债表，表上反映有多少资产，其明示或暗示了这样几个声明：资产负债表上反映的资产是存在的、是完整的、是属于自身的、金额是正确的。相应地，外部财务报表审计的具体目标也就是鉴证企业管理层的这些声明是否属实。

（2）两者的区别。财务报表审计直接评价的是财务报表，或者说直接评价资产、资金本身的安全状态，其目标对象是资产、资金本身，而内部控制审计直接评价的是内部控制能否保障资产、资金的安全，其目标对象是内部控制，而资产、资金只是作为中间的观察对象而存在。

财务报表审计主要评价财务报表所反映的存量资产、资金的“静的安全”，一般不评价资产、资金的“动的安全”，即不评价资产、资金在流转中的增值性；而由于内部控制既要保障资产、资金“静的安全”，又要保障其“动的安全”，所以内部控制审计既检查资产、资金的“静的安全”，又检查资产、资金的“动的安全”。

二、审计工作计划与实施

（一）审计工作计划

《企业内部审计指引》第六条的规定：注册会计师应该恰当地计划内部控制审计工作，配备具有专业胜任能力的项目组，并对助理人员进行适当的督导。

《企业内部审计指引》第七条的规定：在计划审计工作时，注册会计师应当评价下列事项对内部控制、财务报表以及审计工作的影响：与企业相关的风险；相关法律法规和行业概况；企业组织结构和经营特点、资本结构等相关事项；企业内部控制最近发生变化的程度；与企业沟通过的内部控制缺陷；重要性、风险等与确定内部控制重大缺陷相关的因素对内部控制有效性的初步判断；可获取的、与内部控制有效性相关的证据的类型和范围。

注册会计师应当以风险评估为基础，选择拟测试的控制，确定测试所需收集的证据。内部控制的特定领域存在重大缺陷的风险越高，给予该领域的审计关注就越多。

注册会计师应当对企业内部控制自我评价工作进行评估，判断是否利用内部审计人员、内部控制评价人员和其他相关人员的工作以及可利用的程度，相应减少本应由注册会计师执行的工作。注册会计师利用企业内部审计人员、内部控制评价人员和其他相关人员的工作，应当对其专业胜任能力和客观性进行充分评价。

注册会计师应当对发表的审计意见独立承担责任，其责任不因为利用企业内部审计人员、内部控制评价人员和其他相关人员的工作而减轻。

（二）审计工作实施

《企业内部审计指引》第十条规定：注册会计师应当按照自上而下的方法实施审计工作。自上而下的方法是注册会计师识别风险，选择拟测试控制的基本思路。注册会计师在实施审计工作时，可以将企业层面控制和业务层面控制的测试结合进行。

“自上而下”的方法始于财务报表层次，以注册会计师对财务报告内部控制整体风险的了解开始，然后注册会计师将关注重点放在企业层面的控制上，并将工作逐渐下移至重大账户、列报及相关的认定。

1. 识别企业层面控制

通过了解企业与财务报告相关的整体风险，注册会计师可以识别出为保持有效的财务报告内部控制而必需的企业层面内部控制。注册会计师测试企业层面控制，应当把握重要性原则，至少应当关注以下几方面。

（1）与内部环境相关的控制。内部环境，即控制环境，包括治理职能和管理职能，以及治理层和管理层对内部控制及其重要性的态度、认识和措施。在评价控制环境的设计时，注册会计师应当考虑构成控制环境的下列要素，以及这些要素如何被纳入企业业务流程：①对诚信和道德价值观念的沟通与落实；②对胜任能力的重视；③治理层的参与程度；④管理层的理念和经营风格；⑤组织结构；⑥职权与责任的分配；⑦人力资源政策与落实。

（2）针对董事会、经理层凌驾于控制之上的风险而设计的控制。注册会计师可以根据对企业舞弊风险的评估做出判断，选择相关的企业层面控制进行测试，并评价这些控制能否有效应对管理层凌驾于控制之上的风险。注册会计师应当特别关注由于管理层凌驾于账户记录控制之上，或规避控制行为而产生的重大错报风险，并考虑企业如何纠正不正确的交易处理。

（3）企业的风险评估过程。包括识别与财务报告相关的经营风险和其他经营管理风险，以及针对这些风险采取的措施。注册会计师在对企业整体层面的风险评估过程进行了解和评估时，考虑的主要因素可能包括：企业是否已建立并沟通其整体目标，并辅以具体策略和业务流程层面的计划；是否已建立风险评估过程，包括识别风险，估计风险的重大性，评估风险发生的可能性以及确定需要采取的应对措施；是否已建立某种机制，识别和应对可能对企业产生重大且普遍影响的变化；会计部门是否建立了某种流程，以识别会计准则的重大变化；业务操作发生变化并影响交易记录的流程时，是否存在沟通渠道以通知会计部门；风险管理部门是否建立了某种流程，以识别经营环境，包括监管环境发生的重大变化。

（4）对内部信息传递和财务报告流程的控制。注册会计师应当从下列方面了解与财务报告相关的信息系统：对财务报表具有重大影响的各类交易；在信息技术和人工系统中，交易生成、记录、处理和报告的程序；与交易生成、记录、处理和报告有关的会计记录、支持性信息和财务报表中的特定项目；信息系统如何获取除各类交易之外的对财务报表具有重大影响的事项和情况；企业编制财务报告的过程，包括做出的重大会计估计和披露。财务报告流程的控制可以确保管理层按照适当的会计准则编制合理、可靠的财务报告并对外报告。

（5）对控制有效性的内部监督和自我评价。企业对控制有效性的内部监督和自我评价可以在企业层面上实施，也可以在业务流程层面上实施，包括对运行报告的复核和核对、与外部人士的沟通、对其他未参与控制执行人员的监控活动，以及将信息系统记录数据与实物资产进行核对等。

2. 识别业务层面控制

注册会计师测试业务层面控制，应当把握重要性原则，结合企业实际内部控制各项应用指引的要求和企业层面控制的测试情况，重点对生产经营活动中的重要业务与事项的控制进行测试。

注册会计师应首先确定企业的重要业务流程和影响重大账户的重要交易类别，了解重要交易从发生到记入账目的整个流程，与重大账户及其相关认定相结合，在重要交易整个流程中确定错报可能会在什么环节发生，即确定相应的控制目标；然后根据确定的审计测试策略、计划对内部控制进行进一步了解和评估，对重要交易流程中设计的防止或发现并纠正可能错报的相关控制加以识别；再通过执行穿行测试，来证实对重要交易流程和相关控制的了解，并确定相关控制是否得到执行；最后对相关控制的设计和是否得到执行进行评价，以确定进一步的审计程序。

三、评价控制缺陷与报告

（一）评价控制缺陷

注册会计师需要评价其注意到的各项控制缺陷的严重程度，以确定这些缺陷单独或组合起来，是否构成重大缺陷。但是，在计划和实施审计工作时，不要求注册会计师寻找单独或组合起来不构成重大缺陷的控制缺陷。

企业内部控制可能存在重大缺陷情形有：（1）注册会计师发现董事、监事和高级管理人员舞弊；（2）企业更正已经公布的财务报表；（3）注册会计师发现当期财务报表存在重大错报，而内部控制在运行过程中未能发现该错报；（4）企业审计委员会和内部审计机构对内部控制的监督无效。

财务报告内部控制缺陷的严重程度取决于：控制缺陷导致账户余额或列报错报的可能性；因一个或多个控制缺陷的组合导致潜在错报的金额大小。

控制缺陷的严重程度与账户余额或列报是否发生错报无必然对应关系，而取决于控制缺陷是否可能导致错报。评价控制缺陷时，注册会计师需要根据财务报表审计中确定的重要性水平，支持对财务报告控制缺陷重要性的评价。注册会计师需要运用职业判断，考虑并衡量定量和定性因素，同时要对整个思考判断过程进行记录，尤其是详细记录关键判断和得出结论的理由。而且，对于“可能性”和“重大错报”的判断，在评价控制缺陷严重性的记录中，注册会计师需要给予明确的考量和陈述。

【案例 11-4】

单个控制缺陷的识别

某公司每月处理大量的公司间常规交易。公司间的单项交易并不重大，主要是涉及资产负债表的活动。公司制度要求逐月进行公司间对账，并在业务单元间函证余额。注册会计师了解到，目前公司没有按时开展对账工作，但公司管理层每月执行相应的程序，对挑选出的大额公司间账目进行调查，并编制详细的营业费用差异分析表来评估其合理性。

基于上述情况，注册会计师可以确定此控制缺陷为重要缺陷。因为，由于该控制缺陷引起的财务报表错报可以被合理地预计为介于重要和重大之间，由于公司间单项交易并不重大，这些交易限于资产负债表科目，而且每月执行的补偿性控制应该能够发现重大错报。

如果公司每月处理的大量公司间交易涉及广泛的业务活动，包括涉及公司间利润的存货转移，研究开发成本向业务单元的分摊，公司间单项交易常常是重大的。公司制度要求逐月进行公司间对账，并在业务单元间函证余额。注册会计师了解到，目前公司没有按时开展对账工作，这些账目经常出现重大差异。而且，公司管理层没有执行任何补偿性控制来调查重大的公司间账目差异。

基于上述情况，注册会计师可以确定此控制缺陷为重大缺陷。因为，该控制缺陷引起的财务报表错报可以被合理地预计为是重大缺陷，公司间单项交易常常是重大的，而且涉及大范围活动。另外，在公司间账目上尚未对账的差异是重要的，由于这种错报常常发生，财务报表错报可能出现，而且补偿性控制无效。

【案例 11-5】

多个控制缺陷的识别

注册会计师识别出以下控制缺陷：（1）对特定信息系统访问控制的权限分配不当；（2）存在若干明细账不合理交易记录（交易无论单个还是合计都是不重要的）；（3）缺乏对受不合理交易记录影响的账户余额的及时对账。

上述每个缺陷均单独代表一个重要缺陷。基于这一情况，注册会计师可以确定这些重要缺陷合并构成重大缺陷。因为，就个别重要缺陷而言，这些缺陷有一定可能性，各自导致金额未达到重要性水平的财务报表错报。可是，这些重要缺陷影响同类会计账户，有一定可能性导致不能防止或发现并纠正重大错报的发生。因此，这些重要缺陷组合在一起符合重大缺陷的定义。

（二）内部控制缺陷的报告

1. 对内报告

内部控制缺陷报告应当采取书面形式。对于一般缺陷和重要缺陷，通常向企业经理层报告，并视情况考虑是否需要向董事会及其审计委员会、监事会报告；对于重大缺陷，应当及时向董事会及其审计委员会、监事会和经理层报告。如果出现不适合向经理层报告的情形，如存在与经理层舞弊相关的内部控制缺陷，或存在经理层凌驾于内部控制之上的情形等，应当直接向董事会及其审计委员会、监事会报告。企业应根据内部控制缺陷的影响程度合理确定内部控制缺陷报告的时限，一般缺陷、重要缺陷应定期报告，重大缺陷即时报告。

2. 对外报告

我国《企业内部控制审计指引》第四条规定：注册会计师应当对财务报告内部控制的有效性发表审计意见，并对内部控制审计过程中注意到的非财务报告内部控制的重大缺陷，在内部控制审计报告中增加“非财务报告内部控制重大缺陷描述段”予以披露。

内部控制信息披露服务于投资者的权益保护以及投资者对企业投资回报的预期。财务报告之所以是投资决策的重要依据，原因在于它有助于投资者评估企业未来产生现金流量的金额、时间和不确定性，从而服务于投资决策。但是，依据财务数据对企业前景的预期能否成为现实、差异的波动方向取决于对未来不确定因素的管控。内部控制的有效性以及缺陷的严重程度决定着它管控未来风险的能力以及预期变为现实的可靠程度。对外披露内控缺陷信息是企业必须承担的义务。但是，无论从法律赋予管理层的义务层面讲，还是受托者对委托者承担的道义责任层面讲，并不是所有的内部控制缺陷都必须对外披露。对外披露的缺陷应该是对投资者制定投资决策、修正以往投资决策产生影响的缺陷信息。缺陷的披露实际上起风险提示的作用，只有较大可能偏离目标且危害程度较严重的缺陷才有必要对外披露。

3. 注册会计师内部控制审计意见类型

企业内部控制审计意见包括无保留意见、否定意见和无法表示意见三种类型。具体又可分为无保留意见、带强调段的无保留意见、否定意见和无法表示意见四种类型。

（1）无保留审计意见。发表无保留审计意见必须同时符合两个条件：①企业按照内部控制有关法律法规以及企业内部控制制度要求，在所有重大方面建立并实施有效的内部控制；②注册会计师按照有关内部控制审计准则的要求计划和实施审计工作，在审计过程未受到限制。

（2）带强调段的无保留意见。注册会计师认为财务报告内部控制虽不存在重大缺陷，但仍有一项或者多项重大事项需要提请审计报告使用者注意的，应在审计报告中增加强调事项段予以说明。该段内容仅用于提醒内部控制审计报告使用者关注，并不影响对财务报告内部控制发表的审计意见。

（3）否定意见。注册会计师认为财务报告内部控制存在一项或多项重大缺陷的，除非审计范围受到限制，否则应对财务报告内部控制发表否定意见。注册会计师出具否定意见的内部控制审计报告中需包括重大缺陷的定义、重大缺陷的性质及其对财务报告内部控制的影响程度等内容。

（4）无法表示意见。注册会计师审计范围受到限制的，应当解除业务约定或出具无法表示意见的内部控制审计报告，在报告中指明审计范围受到限制，无法对内部控制有效性发表意见。注册会计师在已执行的有效程序中发现内部控制存在重大缺陷的，应当在“无法表示意见”的审计报告中对已发现的重大缺陷做出详细说明。

【范例】

标准内部控制审计报告的参考格式

内部控制审计报告

××股份有限公司全体股东：

按照《企业内部控制审计指引》及中国注册会计师执业准则的相关要求，我们审计了××股份有限公司（以下简称“××公司”）××年×月×日的财务报告内部控制的有效性。

一、企业对内部控制的责任

按照《企业内部控制基本规范》《企业内部控制应用指引》《企业内部控制评价指引》的规定，建立健全和有效实施内部控制，并评价其有效性是企业董事会的责任。

二、注册会计师的责任

我们的责任是在实施审计工作的基础上，对财务报告内部控制的有效性发表审计意见，并对注意到的非财务报告内部控制的重大缺陷进行披露。

三、内部控制的固有局限性

内部控制具有固有局限性，存在不能防止和发现错报的可能性。此外，由于情况的变化可能导致内部控制变得不恰当，或对控制政策和程序遵循的程度降低，根据内部控制审计结果推测未来内部控制的有效性具有一定风险。

四、财务报告内部控制审计意见

我们认为，××公司按照《企业内部控制基本规范》和相关规定在所有重大方面保持了有效的财务报告内部控制。

五、非财务报告内部控制的重大缺陷

在内部控制审计过程中，我们注意到××公司的非财务报告内部控制存在重大缺陷（描述该缺陷的性质及其对实现相关控制目标的影响程度）。由于存在上述重大缺陷，我们提醒本报告使用者注意相关风险。需要指出的是，我们并不对××公司的非财务报告内部控制发表意见或提供保证。本段内容不影响对财务报告内部控制有效性发表的审计意见。

××会计师事务所　　　　中国注册会计师：（签名并盖章）
（盖章）　　　　　　　　中国注册会计师：（签名并盖章）
中国××市　　　　　　　××年×月×日

【范例】

带强调事项段的无保留意见内部控制审计报告的参考格式

内部控制审计报告

××股份有限公司全体股东：

按照《企业内部控制审计指引》及中国注册会计师执业准则的相关要求，我们审计了××股份有限公司（以下简称××公司）××年×月×日的财务报告内部控制的有效性。

（“一、企业对内部控制的责任”至“五、非财务报告内部控制的重大缺陷”参见标准内部控制审计报告相关段落表述。）

六、强调事项

我们提醒内部控制审计报告使用者关注（描述强调事项的性质及其对内部控制的重大影响）。本段内容不影响已对财务报告内部控制发表的审计意见。

××会计师事务所　　　　中国注册会计师：（签名并盖章）
（盖章）　　　　　　　　中国注册会计师：（签名并盖章）
中国××市　　　　　　　××年×月×日

【范例】

否定意见内部控制审计报告的参考格式

内部控制审计报告

××股份有限公司全体股东：

按照《企业内部控制审计指引》及中国注册会计师执业准则的相关要求，我们审计了××股份有限公司（以下简称“××公司”）××年×月×日的财务报告内部控制的有效性。（“一、企业对内部控制的责任”至“三、内部控制的固有局限性”参见标准内部控制审计报告相关段落表述。）

四、导致否定意见的事项

重大缺陷是指一个或多个控制缺陷的组合，可能导致企业严重偏离控制目标。

（指出注册会计师已识别出的重大缺陷，并说明重大缺陷的性质及其对财务报告内部控制的影响程度。）

有效的内部控制能够为财务报告及相关信息的真实完整提供合理保证，而上述重大缺陷使××公司内部控制失去这一功能。

五、财务报告内部控制审计意见

我们认为，由于存在上述重大缺陷及其对实现控制目标的影响，××公司未能按照《企业内部控制基本规范》和相关规定在所有重大方面保持有效的财务报告内部控制。

六、非财务报告内部控制的重大缺陷

（参见标准内部控制审计报告相关段落表述。）

××会计师事务所　　　中国注册会计师：（签名并盖章）

（盖章）　　　　　　　中国注册会计师：（签名并盖章）

中国××市　　　　　　××年×月×日

【范例】

无法表示意见内部控制审计报告的参考格式

内部控制审计报告

××股份有限公司全体股东：

我们接受委托，对××股份有限公司（以下简称“××公司”）××年×月×日的财务报告内部控制进行审计。

（删除注册会计师的责任段，“一、企业对内部控制的责任”和“二、内部控制的固有局限性”参见标准内部控制审计报告相关段落表述。）

三、导致无法表示意见的事项

（描述审计范围受到限制的具体情况。）

四、财务报告内部控制审计意见

由于审计范围受到上述限制，我们未能实施必要的审计程序以获取发表意见所需的充分、适当证据，因此，我们无法对××公司财务报告内部控制的有效性发表意见。

五、识别的财务报告内部控制重大缺陷（如在审计范围受到限制前，执行有限程序未能识别出重大缺陷，则应删除本段。）

重大缺陷，是指一个或多个控制缺陷的组合，可能导致企业严重偏离控制目标。

尽管我们无法对××公司财务报告内部控制的有效性发表意见，但在我们实施的有限程序的过程中，发现了以下重大缺陷：

（指出注册会计师已识别出的重大缺陷，并说明重大缺陷的性质及其对财务报告内部控制的影响程度。）

有效的内部控制能够为财务报告及相关信息的真实完整提供合理保证，而上述重大缺陷使××公司内部控制失去这一功能。

六、非财务报告内部控制的重大缺陷

（参见标准内部控制审计报告相关段落表述。）

××会计师事务所　　　中国注册会计师：（签名并盖章）

（盖章）　　　　　　　中国注册会计师：（签名并盖章）

中国××市　　　　　　××年×月×日

【知识链接】

COSO《监督内部控制系统的指南》

COSO委员会于2009年1月发布了《监督内部控制系统的指南》(Guidance on Monitoring Internal Control Systems，以下简称《监督指南》)。该指南以风险导向为核心理念，以将监督有效地植入公司的持续控制过程为根本目标，从而能最小化内部控制失败并提高决策所需信息的可靠性，它在实质上推动了内部控制监督要素的应用性发展。《监督指南》包括三卷:《第一卷：指南》提出了监督的特征和目的，并给出了一个有效监督的模型;《第二卷：应用》是第一卷的具体展开，详细描述了第一卷提出的监督模型的具体应用;《第三卷：案例》介绍了46个小案例和3个综合案例，阐述了指南中所提出的概念在企业的实际应用。

思考题

1. 何谓内部监督？内部监督的方式有哪些？
2. 内部控制评价的内容包含哪些方面？如何对内部控制的有效性进行评价？
3. 内部监督与内部控制的联系与区别有哪些？
4. 如何理解内部控制缺陷的类型？
5. 内部控制评价报告的格式如何？
6. 内部控制审计与财务报表审计的区别是什么？
7. 对内部控制缺陷的报告要求是什么？
8. 怎样平衡设计、执行与监督的关系？

关键术语

1．安全策略　security policy
2．白衣骑士　white knight
3．不相容职务分离控制　separation of incompatible duties control
4．财产保护控制　the property protection control
5．代理成本理论　the agency cost theory
6．单层制　single system
7．敌意收购　hostile takeover
8．董事　member of the board，director
9．董事会　board of directors
10．毒丸策略　poison pills
11．独立董事　Independent Director
12．发展战略　development strategy
13．访问控制　access control
14．风险评估　risk assessment
15．风险识别　risk identification
16．风险应对　risk response
17．IT 治理　IT governance
18．公司治理　corporate governance
19．公司治理结构　corporate governance structure
20．沟通　communication
21．规避风险　avoidance
22．会计系统控制　accounting system control
23．计划和组织　plan and organize
24．交付和支持　deliver and support
25．绩效考评控制　performance evaluation and control
26．监控　monitoring
27．监事　member of the board of supervisors
28．监事会　The Board of Supervisors
29．监督和评价　monitor and evaluate
30．金降落伞　golden parachurtes
31．控制环境　control environment
32．控制活动　control activities
33．利益相关者　stakeholder
34．内部环境　internal environment
35．内部监督　internal supervision
36．内部控制　internal control
37．内部控制流程　the procedures of internal control
38．内部控制目标　internal control objective
39．内部控制目标　the objectives of internal control
40．内部控制要素　the elements of internal control
41．内部控制原则　the principle of internal control
42．内部牵制　internal containing
43．内部人交易　insider trading
44．内部责任　internal responsibility
45．企业风险管理　enterprise risk management
46．企业文化　corporate culture
47．取得和实施　acquire and implement
48．契约　contract
49．契约关系　private contractual relations
50．人力资源　human resources
51．人力资源安全　human resources security
52．萨班斯—奥克斯利法案　Sarbanes-Oxley Act
53．社会责任　community responsibility
54．授权审批控制　authorization control
55．双层制　the double layer system
56．通信和操作安全　communications and operations management
57．委托代理　agency by agreement
58．委托代理理论　the principal-agent theory
59．物理和环境安全　physical and environmental security
60．信息控制　information control
61．信息与沟通　information & communication
62．信息技术　information technology
63．信息系统　information system
64．信息安全组织　organizing information security
65．信息安全事件管理　information security incident management
66．信息系统获得、发展和保持　information’s acquisition development and maintenance
67．预算控制　budgeting control
68．业务连续性管理　business continuity management
69．运营分析控制　operational analysis control
70．战略目标　strategic objective
71．自我交易　self-dealing
72．组织结构　organizational structure
73．资产管理　asset management

参考文献

[1] 巴顿等．企业风险管理．王剑峰，寇国龙译．北京：中国人民大学出版社，2004．

[2] 陈文浩．公司治理．上海：上海财经大学出版社，2011．

[3] 池国华，樊子君．内部控制习题与案例．大连：东北财经大学出版社，2011．

[4] 池国华．内部控制学．北京：北京大学出版社，2010．

[5] 方红星，池国华．内部控制．大连：东北财经大学出版社，2011．

[6] 菲利普•乔瑞．VAR：风险价值——金融风险管理新标准．北京：中信出版社，2000．

[7] 高闯北．公司治理：原理与前沿问题．北京：经济管理出版社，2009．

[8] 高立法．企业内部控制实务．北京：经济管理出版社，2011．

[9] 高明华．公司治理学．北京：中国经济出版社，2009．

[10] 龚杰，方时雄．企业内部控制——控制理论、风险评估与控制活动．杭州：浙江大学出版社，2010．

[11] 顾梦迪，雷朋．风险管理．北京：清华大学出版社，2009．

[12] 胡晓明．IS 审计与 IT 控制研究．长春：吉林大学出版社，2009，11．

[13] 李连华．内部控制理论结构．厦门：厦门大学出版社，2007．

[14] 李敏．企业内部控制简明教程．上海：立信会计出版社，2009．

[15] 李凤鸣．内部控制学．北京：北京大学出版社，2002．

[16] 李维安，李建标等．公司治理理论精要．北京：机械工业出版社，2006．

[17] 李维安，武立东．公司治理教程．上海：上海人民出版社，2002．

[18] 李维安．公司治理学．北京：高等教育出版社，2006．

[19] 美国 COSO 制定发布．企业风险管理：应用技术——公司治理•内部控制前沿译丛．张宜霞译．大连：东北财经大学出版社，2006．

[20] 美国 COSO 制定发布．企业风险管理——整合框架．方红星，王宏译．大连：东北财经大学出版社，2005．

[21] 潘秀丽．企业内部控制研究．北京：中国财政经济出版社，2005．

[22] 潘琰．内部控制．北京：高等教育出版社，2008．

[23] 上海国家会计学院．公司治理．北京：经济科学出版社，2011．

[24] 宋良荣，周冬华．企业内部控制——自我评价与 CPA 审计．上海：立信会计出版社，2012．

[25] 苏琦，姜岳新．公司治理经典案例．北京：机械工业出版社，2005．

[26] 孙永尧．内部控制案例分析．北京：中国时代经济出版社，2007．

[27] 天亮．公司治理概论．北京：中国金融出版社，2011．

[28] 王国成．公司治理案例精选．北京：经济管理出版社，2005．

[29] 王泽霞．识别上市公司管理舞弊之预警信号：来自中国证券市场的经验证据．上海：上海三联出版社，2007．5．1．

[30] 文宗瑜．现代公司治理：董事会于 CEO 的较量与制衡．北京：经济科学出版社，2005．

[31] 吴谦立．公司治理．北京：中国政法大学出版社，2006．

[32] 许国才．企业内部控制流程手册．北京：人民邮电出版社，2012．

[33] 闫长乐．公司治理．北京：人民邮电出版社，2008．

[34] 杨瑞平．企业内部控制探索．北京：中国市场出版社，2009．

[35] 杨锡才，彭浪．企业内部控制．北京：经济管理出版社，2009．

[36] 友联时骏管理顾问．企业内部控制和风险管理——《萨班斯—奥克斯利法案》释义．上海：复旦大学出版社，2005．

[37] 张立辉，皮飞峰等．内部控制与公司治理：战略观点．北京：中国税务出版社，2006．

[38] 张宜霞．企业内部控制论．大连：东北财经大学出版社，2008．

[39] 张俊民．内部控制理论与实务．大连：东北财经大学出版社，2012．

[40] 张立辉等．内部控制与公司治理：战略的观点．北京：中国税务出版社，2005．

[41] 赵玲．公司治理：理论与制度．北京：法律出版社，2009．

[42] 中国注册会计师协会．审计．北京：经济科学出版社，2011．

[43] 中国注册会计师协会．公司战略与经营风险．北京：经济科学出版社，2013．

[44] 中国商业联合会，中国企业联合会．公司治理．上海：上海人民出版社，2006．

[45] 郑洪涛，张颖．企业内部控制学．大连：东北财经大学出版社，2009．

[46] 朱长春．公司治理指引．北京：机械工业出版社，2011．

[47] 朱荣恩，应唯等．企业内部控制制度设计．上海：上海财经大学出版社，2005．

[48] 财政部，证监会，审计署，银监会等．企业内部控制基本规范．2008．

[49] 财政部，证监会，审计署，银监会等．企业内部控制应用指引．2010．

[50] 财政部，证监会，审计署，银监会等．企业内部控制评价指引．2010．

[51] 财政部，证监会，审计署，银监会等．企业内部控制审计指引．2010．

[52] 阚京华．遏制财务舞弊的制度安排．财会通讯，2004．12．

[53] 胡晓明．完善我国企业 IT 控制的思考．科技管理研究，2010．6．

[54] 胡晓明．基于 ERM 的企业 IS 内部控制要素构建及思考．南京财经大学学报，2008．3．

[55] 胡晓明．企业 IT 控制基本框架构建研究．会计研究，2009．3．

[56] 胡晓明．论内部控制的动态过程观．财会学习，2013．5．

[57] 胡晓明．企业内部环境构成因素比较研究．财会学习，2012．1．

[58] 杨秀芝，贾春梅．投资项目因素敏感性分析．边疆经济与文化，2005．12．

[59] 杨有红，李宇立．内部控制缺陷的识别、认定与报告．会计研究，2011．3．

[60] American Accounting Association．A Statement of Basic Auditing Concepts，1973．

[61] Atsushi Takayanagi．Why IT Projects Fail．London：the INTOSAI IT Journal：into IT，2002．14．

[62] Andrede Korvin，Margaret F. Shipley，Khursheed Omer; Assessing risks due to internal control in a computer-based accounting information system: a approach based fuzzy set theory，Intelligent Systems in Accounting．Finance and Management;Apr-Jun 2004．12．

[63] Cornelius E. T. OMB Circular A-123 and Sarbanes-Oxley: Management's Responsibility for Internal Control in Federal Agencies．长春：吉林长白出版社，2006．

[64] David Flint．Philosophy and Principles of Auditing: An introduction．Macmillan Education Ltd．1988．

[65] C．G Somiah．Editorial the Committee's Aims．London：the INTOSAI IT Journal：into IT，1995．1．

[66] Frederick Gallegos，Daniel P Manson，Sandra Allen-Senft Information technology control and audit．USA:CRC Press LLC，1999．

[67] Guy Dumas London：the INTOSAI IT Journal：Into IT Reviewing Information Security：A Practical Approach．London：the INTOSAIIT Journal：Into IT，1995(7)，2．

[68] Grembergen. W. V.，Saull, R.，Haes, S. D.，Linking the IT Balanced Scorecard to the Business Objectives at a Major Canadian Financial group．Journal of Information Technology Cases and Applications，2003．

[69] Information Systems And Rand Control Association．Stand yards for Information Systems Control Professionals，2002．

[70] Information System Audit and Control Foundation，IT Governance Institute，COBIT3rd Edition Control Objectives，2000，7．

[71] ISACA．Control Objectives for Information and Related Technology．COBIT3rd Edition．

[72] ISACA．IS Standards，Guidelines and Procedures for Audition and Control Professionals．

[73] ISACA. Certified Information System Auditor TM Review Manual，2003.

[74] IT Governance Institute. Control Objectives for Information and related Technology，2007.

[75] Jerry D. Sullivan，etal. Montgomery's Auditing，10th edition，John Wiley & Sons，1985.

[76] Jill Solomon，Aris Solomon. Corporate Governance and Accountability，John Wiley and Sons Ltd，2004.

[77] Jonathan Charkham. Keeping Good Company:A Study of Corporate Governance in Five Countries，2005.

[78] Marios Damiaides. Sarbanes-Oxley and IT governance: new guidance on control and compliance，information systems management; winter 2005. 22: 77-85.

[79] Michael Chatfield，a History of Accounting Thought，Robert E. Krieger Publishing Company，Newyork，1977.

[80] OGC. Managing Successful Projects with Prince2. Reference Manual，1998.

[81] Philippe Jorion. Philippe Jorion. OPH，2005.

[82] Ricchuite，D. N.. Auditing Concepts and Standards，South-Western Publishing Co.，1982.

[83] Rodney J. Anderson. The External Audit: Concepts & Techniques，Cop Clark Pitman，1977.

[84] Ron A. Weber. Information systems control and audit. Upper Saddle River，NJ：Prentice Hall Inc.，1999.

[85] Satyajit Das. RISK MANAGEMENT 3RD EDITION REVISED. JWS，2007.

[86] S. Anantha Sayana. Benefits of IS Audit. http://www. isaca. org. /，2003.

[87] Sherer M. and David Kent. Auditing and Accountability，Pitman Books Ltd，1983.

[88] Tom James. Energy markets；price risk management and trading. OUP，2007.

[89] Thomas R，Peltier. Information Security Risk Analysis. Roth-stein Associates Inc，2001.

[90] Thomas Wijsman，Peter Paans. Control Of Information Security. London：the INTOSAI IT Journal：Into IT，1996(7). 4.

[91] Tricker，R. I. Corporate Governance Gower Publishing Company Limited，1984.

[92] Yasuhiko Ueta，Toshiyuki Sait0，Noriaki Katsuno. How the Broad Of Audit Of Japan Handles EDP Audit in a Rapidly Changing Audit Environment. London，the INTOSAIIT Journal Into IT，1996(1)，3.